COLLECTION
FOLIO ESSAIS

Antoine Arjakovsky

Qu'est-ce que l'orthodoxie ?

Gallimard

Antoine Arjakovsky est directeur de recherches au Collège des Bernardins à Paris et directeur émérite de l'Institut d'études œcuméniques de Lviv en Ukraine.

Avant-propos

En l'an 2000 l'École française de Rome a publié un recueil visant à expliquer de façon « scientifique » ce qu'est l'orthodoxie[1]*. Les chercheurs de la villa Médicis, de l'université de Californie à Berkeley et de l'École des hautes études en sciences sociales à Paris ont travaillé à partir de 1995 sur cette notion d'orthodoxie de façon résolument non confessionnelle. En extrayant l'orthodoxie du seul domaine de la théologie où elle est généralement confinée ils ont cherché à mettre en lumière les processus par lesquels la vérité et l'identité d'un groupe sont constamment réélaborés. Plutôt que de définir l'orthodoxie, ils ont choisi d'observer de quelle manière celle-ci est définie, maintenue et remise en cause au cours des âges et selon les régions. Ils se sont rapprochés de la sorte des analyses de Michel Foucault présentées dans *Surveiller et punir* sur les mécanismes de construction sociale de la « normalisation[2] ». La notion d'orthodoxie sortait de la sorte de son ghetto épistémique.

* Les notes sont regroupées en fin de volume, p. 507.

De fait le rapport entre vérité et orthodoxie ne peut être circonscrit par la seule intelligence de la révélation religieuse. Saisie de façon dynamique, postmoderne, la compréhension de l'orthodoxie fait appel à la philosophie, à la sociologie, à l'histoire et plus largement à toutes les sciences. Les chercheurs de Rome, Berkeley et Paris privilégient non pas l'étude des contenus de vérité définis par l'Église mais les processus conflictuels et de négociation au sein de communautés en permanente redéfinition permettant ou non l'adhésion et l'intériorisation, le rejet et l'innovation de telle ou telle croyance. Dans ces processus, comme l'écrit Pierre-Antoine Fabre, l'orthodoxie occupe une position particulière. « Elle ne se définit pas elle-même, mais apparaît comme toujours définie, et par là même indéfinissable. »

Dès lors plusieurs questions se posent : Comment l'orthodoxie fonde-t-elle un pouvoir en même temps que ce pouvoir constitue l'orthodoxie ? Comment se constitue le rapport de légitimation mutuelle entre orthodoxie et tradition ? Enfin comment un même énoncé peut-il ou non relever d'une énonciation correcte qui établira ou non son caractère d'orthodoxie ? Par rapport à la période historiographique précédente qui avait mis l'accent sur l'étude des hérésies, l'attention contemporaine des historiens se tourne donc aujourd'hui vers la question de l'assentiment : « l'historien, écrit Dominique Julia, s'intéresse davantage aux moyens par lesquels une société réussit à établir des dispositifs qui règlent tout à la fois la profession publique, la circulation des opinions et les pratiques[3] ».

Cette méthode nouvelle est importante dans la mesure où elle permet de révéler la vérité appliquée, la dimension sociale, linguistique et institutionnelle de l'orthodoxie. Présentons brièvement certaines conclusions de ces auteurs, en commençant par la période de l'antiquité chrétienne. Daniel Caner, professeur d'histoire à l'université du Connecticut aux États-Unis, explique la dimension à la fois philosophique et sociale des mots *districtio* ou *akribeia* employés par les auteurs de la fin du IVe et du début du Ve siècle. Ces termes signifiant la discipline rigoureuse sont utilisés pour décrire les pratiques monastiques correctes, c'est-à-dire orthodoxes, mais aussi la continuité existant entre tradition apostolique et tradition monastique, et le degré de conformité possible avec les codes sociaux de l'époque considérée. La vérité dans cette configuration de l'orthodoxie représentée par Jean Cassien ou Grégoire de Nysse n'est pas encore conceptuelle et détachée de la vertu personnelle. Dans l'Évangile de Matthieu (6, 25-33) en effet l'existence soucieuse ne se dépasse que dans la quête du Royaume de Dieu et donc dans le risque de la pauvreté sociale. La définition de l'orthodoxie dans cette perspective ne peut être précise. Elle suppose un travail permanent de construction du sens à partir des mots employés dans les Écritures et des exemples interprétatifs fournis par la tradition. Le père Robert Dodaro, directeur de l'Institut patristique augustinien de l'université du Latran à Rome, montre toute l'importance de la rhétorique, et en particulier de la notion de « propriété » — qui pose la nécessaire harmonie entre l'idée et son expression verbale —, pour la définition de l'orthodoxie dans l'œuvre de saint Augustin. Professeur d'histoire à l'université de Berkeley, Susanna Elm étudie pour sa part les œuvres de Grégoire de Nazianze. Elle y discerne une mutation de la notion d'orthodoxie autour de l'an 364. Pour l'un des pères de la pensée chrétienne orthodoxe il ne suffit plus d'être un homme libre de noble naissance pour être un bon pasteur, comme ce fut le cas du propre père de Grégoire qui était d'une piété irréprochable. En raison des « maladies théologiques actuelles, l'athéisme, le judaïsme et le polythéisme[4] », il convient selon lui désormais d'intégrer le fait que l'orthodoxie est fondamentalement un travail continu d'imitation, intellectuelle et ascétique, des prototypes de pasteur présentés dans les Écritures. Mais le travail d'intelligence demandé par Grégoire a également des conséquences juridiques et donc politiques. C'est ce que montre Caroline Humfress, professeur d'histoire à l'université de Londres, en insistant sur le fait que la notion de « croyance erronée » n'existait pas dans le droit romain avant le IVe siècle apr. J.-C. car aucun sentiment intime n'était requis dans les pratiques rituelles de l'Empire. Les éventuelles « superstitiones » qu'on pouvait trouver chez les adeptes de Mani étaient tout simplement considérées comme des crimes de droit commun ou comme des atteintes à l'ordre public. Mais avec le christianisme la juste glorification devait être accompagnée d'une droite doctrine. Celles-ci étaient elles-mêmes déterminées par la catholicité, par le degré de communion entre les disciples du Christ. Très tôt, dès le temps de Simon le Magicien (Act. 8, 4-25) — un homme de Samarie baptisé par Philippe mais qui fut rejeté pour avoir proposé de l'argent à l'apôtre en contrepartie du don d'imposition des mains —, l'Église rejeta les innovations non reconnues par les apôtres. C'est la raison pour laquelle Constantin considéra l'hérésie doctrinale comme un *crimen publicum*. Ceci fut intégré aussi par l'Église d'Antioche en 341. Quarante ans plus tard, par l'édit de Thessalonique de 381, l'empereur Théodose se réserva le droit de déterminer l'interprétation correcte du credo de Nicée en faisant appel à la communion existante entre certains évêques. C'est donc en raison de cette innovation du lien entre la connaissance et la pratique rituelle que se produisit une catégorisation juridique des différentes croyances religieuses et des différentes hérésies, catégorisation qui finit par influer elle-même sur la définition de la doctrine chrétienne. Mais seule la collaboration entre l'évêque et le magistrat civil permet de porter un jugement sur un accusé. Cela prépara les mentalités médiévales à vouloir « indexer la vérité judiciaire sur le jugement dernier[5] ».

L'époque médiévale est également étudiée par les chercheurs européens et américains. André Vauchez, directeur de l'École française de Rome entre 1995 et 2003, explique d'une part que l'étude des hérésies est inséparable de l'étude de l'orthodoxie et d'autre part que la connaissance du contexte de la formation des institutions orthodoxes n'a de sens que si elle est immergée dans l'histoire religieuse générale. Mentionnant en particulier les travaux de Janet Nelson selon qui « une crise de la théodicée se serait produite autour de l'an mil et expliquerait la naissance — ou la renaissance — de l'hérésie en Occident à partir de ce moment-là[6] », il souligne combien cette mutation des représentations est synchronique avec la transformation du pouvoir ecclésiastique. Ce dernier, en devenant de plus en plus vertical au moment de la réforme grégorienne, en distinguant de plus en plus le sacré clérical du profane laïc, suscita de façon croissante des mouvements contestataires jusqu'à la rupture finale de la Réforme et à l'avènement des Lumières. Une nouvelle configuration de l'orthodoxie en vient à exclure la possibilité de l'erreur de l'identité chrétienne, sur un plan intellectuel puis social. Ainsi pour Vauchez « l'hérésie n'existe pas en soi, elle est en quelque sorte créée ou inventée par l'orthodoxie[7] ». L'historien français suggère qu'en voulant s'attaquer à la simonie l'Église en est venue à vouloir mettre fin au vieux modèle anthropologique du don comme ensemble d'échanges entre partenaires situés au même niveau. De même, en voulant s'attaquer aux pratiques sexuelles désordonnées, l'Église en vint à assimiler les clercs aux moines bouleversant de la sorte non pas seulement les liens politiques et sociaux mais également l'« économie du salut[8] ». Nina Caputo, professeur d'histoire à l'université de Floride, montre à partir de son étude de la définition de l'orthodoxie au sein du judaïsme médiéval comment certaines figures éminentes, telles que Nahmanide de Gérone (Moïse ben Nahman, 1195-1270), sont parvenues, malgré le désir d'un groupe de rabbins de Montpellier d'exclure les écrits de Maïmonide des commentaires canoniques, à maintenir cette compréhension biblique de l'unité possible entre diversité des traditions et cohérence d'une doctrine à partir d'une approche sémantique des Écritures. Directrice du programme d'études médiévales au Carleton College, aux États-Unis, Victoria M. Morse révèle, à partir de l'étude de l'œuvre d'Opicino de Canistris (1296-1354), la conscience qui existait au XIVe siècle des limites de l'orthodoxie institutionnelle et du besoin de travailler au niveau de l'imagination des individus à travers une analyse par chacun de sa propre conscience. Deux siècles plus tard Ignace de Loyola reprit cette demande dans ses *Exercices spirituels* qui servent précisément à produire les modalités d'une imagination «orthodoxe». Dominique Julia, pour sa part, insiste sur l'importance de la naissance des universités médiévales, institutions nouvelles de définition de l'orthodoxie, au moment de la prise de conscience au XIIe siècle de l'insuffisance de la règle du consensus patristique pour définir la vérité. Chez le théologien catholique et philosophe nominaliste Guillaume d'Ockham toutes les vérités ne sont plus nécessairement «catholiques» ni nécessaires au salut. «Il y a dès lors des genres (*genera*) dans l'erreur comme dans la vérité et, à l'intérieur de ces genres, des degrés (*gradus*). L'hérésie qui s'oppose à une vérité *fide divina credenda* se distingue de l'erreur contraire à une vérité *fide tantum ecclesiastica credenda*[9]. »

Mais à l'époque moderne, montre Jacques Le Brun, directeur d'études honoraire à l'École pratique des hautes études à Paris, le concept d'orthodoxie perd de sa pertinence dans l'élaboration théologique à partir de la Réforme. Les dictionnaires français du XVIIe siècle témoignent de l'évolution de la notion. Le dictionnaire de Furetière, en particulier, présente en 1690 l'orthodoxie comme un adjectif du nom catholique. «Orthodoxe, adj. Catholique qui croit les vérités décidées par l'Écriture. Ce prélat est *orthodoxe*, est dans la croyance de l'Église romaine. On le dit aussi de la sainte doctrine. Toutes les propositions contenues dans ce livre sont *orthodoxes*.» L'orthodoxie devient de plus en plus synonyme d'appartenance, au point, comme l'écrit Pascal, de se défaire de son sens doctrinal[10]. Par ailleurs Bossuet définit «le vrai orthodoxe» comme un être entier sachant s'opposer de façon nette à la quasi-hérésie, c'est-à-dire en termes contemporains à l'idéologie. L'opinion personnelle, le désir de confrontation deviennent suspects. Dans cette perspective, l'orthodoxie est la conséquence d'une vérité plus qu'un critère de discernement. Cette définition de l'orthodoxie a perduré jusqu'à nos jours. Jacques Le Brun voit dans l'absence d'une définition de l'orthodoxie dans le *Dictionnaire critique de théologie*, paru sous la direction de Jean-Yves Lacoste en 1998, le signe que nous vivons encore à l'ère de la compréhension confessionnelle de l'orthodoxie. De fait, à suivre Pierre-Antoine Fabre, directeur d'études à l'EHESS, qui étudie «Ignace de Loyola en procès d'orthodoxie (1525-1622)», le procédé de la canonisation au moment de la Contre-Réforme a été utilisé par l'Église romaine pour renforcer sa propre orthodoxie institutionnelle. À un moment de crise du rapport entre la foi et la raison, et donc en l'absence de toute certitude de la sainte élection de l'individu concerné, l'autorité du jugement l'emporte sur son évidence. Pour Fabre, définir les fonctions de l'orthodoxie, c'est risquer de tomber sous le coup d'une approche confessionnelle de l'orthodoxie. Il s'agit désormais pour l'historien d'étudier «des relations ou des rapports qui autorisent la définition d'une orthodoxie». Les trois couples d'autorité et de pouvoir, de tradition et d'origine, d'énonciation et d'énoncé doivent baliser un triple écart «par rapport à une approche institutionnelle, dogmatique et discursive de l'orthodoxie[11]». Voici notre attention portée sur les limites de l'orthodoxie au sein de chaque confession[12]. Plus exactement, pour reprendre les termes de Bruno Neveu, l'orthodoxie est le fil qui unit les perles du collier, « invisible mais indispensable[13] ». Pour lui, l'orthodoxie n'est pas seulement l'« opération par laquelle une communauté croyante se donne forme, établit un lien d'appartenance », elle est aussi un « acte de définition qui confère une authenticité dogmatique[14] ». Et elle apparaît comme une « opération normative de caractère expérimental procédant par approximations successives et comportant un certain nombre de processus collectifs à la fois génétiques et dialectiques[15] ». L'historien reconnaît que l'Église s'est affirmée historiquement comme une autorité épistémique et une autorité déontique. Mais il recommande de distinguer l'exercice de ces deux pouvoirs[16]. L'évolution récente du magistère l'invite à penser que celui-ci est « *ipso facto* mis en demeure de faire connaître la nature et l'étendue de l'assentiment demandé ». Seule une telle réflexion du magistère sur lui-même permettra de réintégrer l'hétérodoxie (qu'il ne faut pas identifier avec l'hérésie) dans le champ de la vérité ecclésiale et de sortir ainsi d'une vision épistémique, rationaliste et institutionnelle de la vérité : « L'hétérodoxe n'occupe pas une position assignable : il évolue en dehors de l'orthodoxie, il incarne une altérité qui l'expose à la suspicion et l'incline au désaccord avec ce que définit comme doxa l'institution ecclésiale. » L'orthodoxie « assure une dogmaticité indissociable de l'identité ecclésiale ». L'universitaire rejoint ainsi le théologien qui identifie la tradition à l'œuvre de l'Esprit Saint. « Elle est invisible parce que omniprésente. » L'orthodoxie est en ce sens selon lui « conscience et thérapie »[17].

Ces approches « scientifiques » de la notion d'orthodoxie ont leurs limites. En refusant de définir historiquement et donc conceptuellement l'orthodoxie, elles empêchent en réalité toute compréhension synthétique du rapport entre vérité et orthodoxie. Même si selon les termes d'Éric Rebillard, la formation historique de l'orthodoxie est un rapport de permanente réinterprétation des Écritures, de « production de normes à partir de valeurs », il n'en demeure pas moins qu'il existe selon la majorité des théologiens chrétiens une unité doctrinale de l'orthodoxie, unité sans laquelle il serait vain d'employer la notion même d'orthodoxie. L'adage patristique affirme en effet que la règle de foi est de croire ce qui a été cru de tout temps en tous lieux et par tous. Cet adage, devenu aujourd'hui incompréhensible, signifie fondamentalement une conformité de toutes les époques de l'Église à la révélation évangélique. C'est la raison pour laquelle Claire Sotinel[18] pose « le consensus implicite » comme « le fondement de l'orthodoxie »[19].

Par ailleurs, en se limitant à une approche essentiellement sémantique et sociologique de l'orthodoxie, les chercheurs réunis par l'École française de Rome se privent d'une intelligence historique de la dynamique d'ensemble de la civilisation occidentale. Alain Le Boulluec, refusant la réalité d'une orthodoxie doctrinale pour les trois premiers siècles de l'Église, admet que la *lex credendi* est inséparable de la *lex orandi*, elle-même source et borne de l'orthodoxie du christianisme primitif. S'il entend vouloir « faire abstraction du contenu de l'orthodoxie pour s'en tenir à son efficacité constituante [...] et à l'histoire de sa malléabilité », William North explique de son côté que, au temps de l'évêque Bruno de Segni (1045-1123) et de Yves de Chartres (1040-1116), l'orthodoxie institutionnelle était remodelée sans cesse par la nécessité de répondre aux tensions entre la permanence de l'institution et de son orthodoxie, d'une part, et le changement constant de ses représentants et de leurs orthodoxies privées, d'autre part. L'évêque français permit de résoudre la querelle des investitures grâce à une trouvaille juridique fondamentale[20]. L'investiture laïque devenait un péché des mains et non de l'esprit. Mais cette distinction opérée entre les vérités de la foi et les lois de l'Église ne devint paradigmatique qu'à partir de l'âge moderne. Il est donc erroné de tirer des conclusions générales sur la fabrique de l'orthodoxie pour une époque où les lois de l'État devaient correspondre aux lois de l'Église. On pourrait faire la même remarque à Claire Sotinel. Celle-ci rappelle justement que le pape de Rome n'était pas par lui-même un garant de l'orthodoxie au moment de la condamnation des Trois Chapitres par Justinien en 545. Mais cela signifie-t-il pour autant que, dans la tradition chrétienne du premier millénaire, le siège de Rome ne dispose pas d'une autorité spécifique, distincte de sa position statutaire dans l'Église ? Dans sa conclusion aux travaux du colloque, Dominique Julia a reconnu lui-même les limites de la méthode employée : « Je ne suis pas sûr que le fait de prendre le terme d'orthodoxie sur la longue durée ne recelait pas des dangers. Car avons-nous parlé réellement du même objet selon que nous nous trouvions au Ve et au XVIe siècle[21] ? »

Par ailleurs, en privilégiant le regard microhistorique et discontinu par crainte d'une « histoire linéaire de l'orthodoxie[22] », la méthode proposée ne parvient pas à saisir le caractère événementiel du discours dogmatique. L'étude réalisée par Helen

Sillett, historienne de Los Angeles, de l'œuvre analytique, et non chronologique, des hérésies de Théodoret de Cyr, *Haereticarum fabularum compendium* (451), permet de retrouver, par une classification plus juste des différents groupes de croyants, le rapport de fécondation mutuelle entre chrétiens orthodoxes et hérétiques. Cependant seule une approche historique et contextuelle permet de saisir les raisons et le sens d'une délimitation particulière des frontières de la vérité.

Enfin ladite « démarche scientifique qui refuse tout engagement confessionnel » proclamée par S. Elm, P.-A. Fabre, É. Rebillard, A. Romano, C. Sotinel repose elle-même sur de nombreux a priori. Plusieurs auteurs, comme Jacques Le Brun, Alain Le Boulluec ou Cécile Caby, font référence à Pierre Legendre, et à son livre de 1974 *L'amour du censeur. Essai sur l'ordre dogmatique*, pour justifier leur lecture juridique du registre dogmatique[23]. On sait que la thèse de ce dernier consistait à « observer comment se propage la soumission, devenue désir de la soumission, quand le grand œuvre du Pouvoir consiste à se faire aimer[24] ». De fait les travaux d'un des auteurs du recueil, Cécile Caby, sur le concile de Florence montrent qu'il existe dans toute société une demande d'orthodoxie qui contribue à la construire par un double phénomène d'appropriation et de conformation. Ainsi, par exemple, l'humaniste Ambrogio Traversari, entré dans l'ordre camaldule en 1400, grand philologue et acteur décisif du concile de Florence, a certes défendu dans ses ouvrages la vérité chrétienne et eu recours à l'autocensure en raison de son statut religieux pour éviter de traduire de la philosophie païenne. Pourtant, en dépit de son désir de se consacrer à la philosophie chrétienne, il accepta de traduire des ouvrages de philosophie païenne pour obéir à la demande de l'archevêque de Gênes[25]. Cette approche valorise les va-et-vient entre la conscience éthique et la conscience sociale des personnes en quête du «*serenum veritatis*». Elle fournit de nombreux enseignements sur les mécanismes intellectuels et sociologiques de formation de l'orthodoxie. Elle met en valeur les possibilités qui s'offraient au moment de la Renaissance humaniste à l'intelligence pratique pour être à la fois «*religionis filii*» et «*sapientiae et doctrinae discipuli*»[26]. Mais elle ne peut épuiser la notion d'orthodoxie d'un point de vue historique et théologique par ce seul regard lacanien. De même l'utilisation par J. Rebecca Lyman, professeur d'histoire à la Church Divinity School of the Pacific à Berkeley, des thèses de Michel Foucault sur l'idéologie des institutions fondée sur «la nécessité d'un combat[27]» peut éclairer l'étude de l'hérésiologie d'Épiphane de Salamine, un évêque de Chypre (à partir de 365) reconnu comme un des Pères de l'Église. La «stratégie» d'Épiphane consistait à identifier l'Église à un corps biologique et à considérer que seule l'obéissance à l'autorité doctrinale garantissait la bonne santé de l'Église quel que soit le degré d'ascétisme ou de culture théologique. Pour l'historienne américaine, «la bonne santé de l'orthodoxie nécessitait de sa part une vigilance constante et légitimait donc son intervention dans différents débats. Cette intériorisation des exigences de l'orthodoxie a fait de l'orthodoxie la prison de l'Église, tout comme Foucault soutenait que le contrôle de l'âme a fait de l'âme la prison du corps[28]». Bien que J. Rebecca Lyman admette que Basile de

Césarée ou Jean Chrysostome faisaient place à la négociation et au changement dans la formulation de l'orthodoxie, on doute qu'une telle définition scientifique de l'orthodoxie puisse convaincre les intellectuels chrétiens de la réalité de leur enfermement. De même Virginia Burrus, professeur d'histoire de l'Église ancienne à l'université Drew aux États-Unis, utilise la notion d'« appareil » théorisée par M. Foucault en 1977 comme « un ensemble de discours et d'institutions définis par un objectif stratégique commun ». Elle l'applique à l'histoire du christianisme pour comprendre l'orthodoxie de façon métadoctrinale. L'approche est stimulante mais n'empêche pas pour autant un récit narratif de l'évolution de l'« orthodoxie[29] ».

Pour nous, une définition à la fois théologique et scientifique de la notion d'orthodoxie est possible. Celle-ci est nécessairement mais pas exclusivement historique. Car elle ne peut se détourner du contenu même de la révélation chrétienne. En réalité, comme le colloque de l'École française de Rome le montre, l'orthodoxie doit être étudiée de façon complexe, pluridisciplinaire, en privilégiant le rapport structurel existant entre la vérité doxique et la vérité épistémique, entre ouverture à la transcendance et intelligence des réalités immanentes. On trouve en effet bien des similitudes entre l'histoire de la pensée philosophique et scientifique et l'évolution, au cours des siècles, de la pensée religieuse. Par ailleurs, bien des mécanismes de l'orthodoxie religieuse se retrouvent également dans la formation de l'orthodoxie séculière contemporaine, celle des médias comme celle des départements de recherche. Au même titre que l'orthodoxie est souvent insaisissable, l'idéologie se présente elle-même rarement à visage découvert. Le philosophe Nicolas Berdiaev a fait un parallèle saisissant entre les procès de l'Inquisition espagnole et les procès de Moscou des années 1930. Seule « une histoire au second degré » permet en définitive de tenir ensemble cette double exigence de scientificité et de prise au sérieux du contenu de la révélation. Pierre Nora définit celle-ci de la façon suivante : « Faire, comme je crois que l'historien du contemporain y est obligé, une "histoire au second degré", c'est contribuer à ce que la critique historique se transforme en histoire devenue tout entière critique d'elle-même, et pas seulement de ses instruments de travail[30]. »

On découvre ce faisant que le concept moderne de vérité, comme conformité à la réalité, et la notion chrétienne de vérité, comme participation à la vie d'une personne divino-humaine, cheminent côte à côte à travers les siècles. En s'intéressant à la sphère de la doxa, on rejoint le souhait de Michel Foucault d'arracher la question de la vérité à la seule sphère de la logique ou de l'épistémologie[31]. Dans ses cours au Collège de France, le philosophe français cherchait derrière le souci de dire le vrai une certaine puissance éthique, un engagement personnel que résume l'expression du « courage de la vérité ». En retrouvant le sens de l'*orthos*, de la droiture, de la courbure de l'opinion vers l'au-delà de soi, on trouve le désir du philosophe français de proposer une sagesse qui soit d'abord un style de vie. Mais il ne peut y avoir de coupure absolue entre la sphère de l'opinion et celle de la vérité. C'est pourquoi on rejoint la définition de l'orthodoxie proposée *in fine* par Dominique Julia au colloque de Rome. « La production d'orthodoxie pourrait être alors le travail ou l'acte par lequel chaque génération, dans le mouvement arrière qui l'amène à relire activement ses origines et ses traditions, l'altère pour la garder vivante. Cette réinterprétation, qui se veut explicitement dénégation de la nouveauté, est en même temps l'opération d'énonciation par laquelle elle s'approprie et intériorise à chaque moment de l'histoire son héritage à l'intérieur d'*épistémê* différentes[32]. » Cette définition, il s'agit pour la rendre opératoire de la compléter par une analyse des contenus de la révélation chrétienne et des modalités de leur transmission. L'étude des discours des historiens de l'Église permettra l'équilibre entre les deux sphères de la doxa et de l'épistémê. Les historiens sont en effet les acteurs par excellence de cette opération de transformation de l'opinion mémorielle en vérité d'une communauté. Et la mission des historiens de l'Église est de fixer la mémoire ecclésiale de la révélation en histoire universelle de la vérité.

Avant de commencer notre étude de l'orthodoxie, de sa formation historique et de ses liens dynamiques avec la vérité philosophique, il convient de proposer une présentation à la fois compréhensive et critique de l'institution qui à ce jour s'identifie le plus avec l'orthodoxie, à savoir l'Église Orthodoxe. On s'interrogera en particulier sur la légitimité des prétentions de l'Église chrétienne d'Orient, devenue mondiale à l'époque moderne, à s'identifier de façon institutionnelle et doctrinale avec l'orthodoxie. L'Église Orthodoxe est en effet confrontée à une crise identitaire sans précédent depuis la chute du mur de Berlin. Elle prend progressivement conscience que cette crise touche en premier lieu sa compréhension même de l'orthodoxie. L'identité chrétienne orientale est profondément eschatologique, selon Jean Zizioulas. En voulant continuer à se comprendre comme la seconde Rome (pour l'Église de Constantinople) ou comme la troisième Rome (pour l'Église de Moscou), l'Église Orthodoxe ne peut envisager le processus historique de la mondialisation moderne que comme une atteinte à sa propre mission universelle. Cette conscience eschatologique intéresse l'historien de l'orthodoxie. Selon R. Koselleck, celui-ci est autant un guetteur des horizons d'attente qu'un témoin des espaces d'expérience. C'est la raison pour laquelle les enjeux du temps présent ne lui sont pas étrangers. Si on admet que les Églises chalcédoniennes ne disposent pas du monopole de l'orthodoxie chrétienne, et surtout si les Églises Orthodoxes reconnaissent qu'elles doivent intégrer leurs propres cheminements historiques dans la constitution de leur conscience identitaire, au même titre que Rome et Genève, il leur faudra nécessairement en tirer des enseignements lors de la tenue de leur prochain concile.

La redécouverte en cours par la philosophie postmoderne et par la théologie postconfessionnelle de la notion d'orthodoxie offre des solutions tant aux confessions chrétiennes désireuses de soigner leurs blessures internes et externes qu'aux différentes disciplines scientifiques de plus en plus atomisées au sein de leurs institutions nourricières. Il s'agit donc, dans ce second temps de notre réflexion, de tirer à la fois les conséquences du travail œcuménique réalisé au XXe siècle et du travail de reconstruction philosophique de la vérité réalisé le plus souvent, après la grande vague de déconstruction francophone des années 1970, au sein des grandes universités anglo-saxonnes. Au plan philosophique, on portera une attention particulière au mouvement Radical Orthodoxy, né à Cambridge à la fin des années 1990. Les années 2000 ont également été l'occasion de récolter les fruits du dialogue œcuménique. On a présenté ailleurs les principaux résultats du dialogue œcuménique réalisé par les Églises Orthodoxes[33]. D'autres auteurs en ont fait de même pour les Églises catholiques et protestantes[34]. Il reste aujourd'hui à tirer les conséquences de ces évolutions contemporaines du rapport entre vérité épistémique et vérité doxique au point de vue ecclésiologique, philosophique et historique.

Cette histoire au temps présent de l'orthodoxie s'achève par une relecture historique et sémantique de la notion d'orthodoxie dans l'historiographie chrétienne. On met au jour la formation de quatre paradigmes majeurs de la notion de vérité dans les récits des historiens de l'Église. Une histoire qui, bien comprise, suggère que l'âge séculier, qui s'étend du XVe au XXe siècle, pourrait se transformer au XXIe siècle, selon Charles Taylor, en une époque nouvelle de fécondation mutuelle entre le monde temporel et le monde spirituel. Une telle transformation ne peut être le fruit que d'une évolution majeure du rapport entre vérité épistémique et vérité doxique : le passage de la coupure cartésienne entre foi ecclésiale et raison individuelle à la synthèse, encore incertaine, de la connaissance juste.

PREMIÈRE PARTIE

L'ÉGLISE ORTHODOXE ET L'ORTHODOXIE

Qu'est-ce que l'orthodoxie ? Qu'est-ce que la « vérité droite », selon la traduction la plus courante du terme d'orthodoxie ? L'Église Orthodoxe dispose-t-elle d'un monopole de l'orthodoxie ? Kallistos Ware, l'un des évêques les plus reconnus dans le monde chrétien orthodoxe, a répondu à cette dernière question dans son livre *Le royaume intérieur*. Il a défini l'orthodoxie comme « la plénitude de la vie en Christ », en ajoutant que l'Église Orthodoxe ne disposait pas d'un monopole exclusif de la vérité. À ceux qui veulent trouver des réponses immédiates dans l'Église Orthodoxe, qui opposent la vérité de l'Église à la vérité du siècle, l'orthodoxie de l'Orient aux hérésies de l'Occident, K. Ware propose une vision plus large de l'orthodoxie : « Pourquoi devrait-on renier Dante, Montaigne, Shakespeare, Milton, Victor Hugo et tous les autres ? N'appartiennent-ils pas à notre héritage culturel ? [...] La vérité n'est pas un argumentaire qui donne des réponses systématiques à toutes les questions ; c'est une lumière. Et comme toute lumière, elle est entourée d'ombres et d'obscurité. Ayons l'humilité de reconnaître qu'il y a beaucoup de questions qui nous échappent, mais auxquelles l'Occident, avec la tradition qui est la sienne, peut nous aider à trouver des réponses[1]. »

Comment définir dès lors l'orthodoxie, la source de légitimation de la doctrine, de la spiritualité et des pratiques des Églises Orthodoxes ? Les présentations traditionnelles, c'est-à-dire confessionnelles, de cette Église, qu'elles soient historiques, géographiques ou doctrinales, ont tendance, comme l'a remarqué John Erickson[2], soit à ignorer sa réalité terrestre et institutionnelle, soit à l'inverse à l'amplifier, au point d'exclure de sa vie sacramentelle des millions de chrétiens baptisés. Pourtant plusieurs décennies de dialogue œcuménique et interreligieux obligent les historiens chrétiens orthodoxes à réécrire leur histoire tant les certitudes identitaires ont été ébranlées voire entièrement remises en question. Côté catholique et protestant, de nombreux théologiens tels que Jean-Marie Tillard, longtemps président de la commission œcuménique « Foi et Constitution », ou Rowan Williams, archevêque de Canterbury, ont reconnu partager la même foi et la même rationalité que les chrétiens des Églises Orthodoxes[3]. Du côté des orthodoxes, John Jillions, ancien directeur de l'Institut d'études orthodoxes de Cambridge, a posé récemment la question de façon directe : « Le concept de l'Église comme entité confessionnelle (orthodoxe, anglicane, luthérienne...) est historiquement un phénomène assez tardif et en est venu à compliquer les choses de façon alarmante. Pouvons-nous dire que l'eucharistie qui unit ensemble juifs et Grecs, hommes et femmes, Noirs et Blancs peut également unir anglicans, luthériens et orthodoxes en un lieu donné[4] ? »

En s'appuyant sur l'autorité de Jean Zizioulas, l'un

des théologiens orthodoxes contemporains les plus réputés, John Jillions affirme qu'une institution confessionnelle (ce qu'est devenue l'Orthodoxie aujourd'hui selon le théologien grec) ne peut s'autodéfinir comme Église si, au lieu d'incarner dans un lieu donné un peuple composé de cultures différentes, y compris de cultures ecclésiales différentes, elle se comprend comme un club d'idées et de croyances[5]. Les bouleversements politiques, économiques et sociaux qui se sont produits dans le monde depuis que, dans les années 1960, ont été rédigées les principales synthèses sur l'Église Orthodoxe ne font qu'amplifier cette nécessité. Les « cimetières sociologiques » des Églises confessionnelles, selon l'expression de Paul Evdokimov, sont balayés par les grands vents de la mondialisation, de la sécularisation et des migrations massives.

Chapitre premier

HISTOIRE ET MÉMOIRES DE L'ÉGLISE ORTHODOXE

L'établissement d'une chronologie de l'Église Orthodoxe ne va pas de soi. Très peu d'auteurs orthodoxes, au sens confessionnel du terme, s'y risquent. Les manuels classiques sur l'Église Orthodoxe n'en proposent pas pour la plupart. On n'en trouvera ni chez Kallistos Ware (*L'orthodoxie, l'Église des sept conciles*), ni chez Jean Meyendorff (*L'Église Orthodoxe, hier et aujourd'hui*), ni chez Paul Evdokimov (*L'Orthodoxie*). Il y a plusieurs raisons à cela. Cet exercice veut qu'on distingue soigneusement l'Orthodoxie en tant que vie *ad intra* de l'Église et l'orthodoxie en tant qu'expérience de la vérité dans toutes les dimensions de la vie. Faut-il, par exemple, mentionner la naissance de l'islam dans une histoire de l'Église Orthodoxe ? De plus l'établissement d'une chronologie de l'Église Orthodoxe implique de distinguer la vie des Églises se reconnaissant mutuellement comme orthodoxes de la vie des Églises se désignant elles-mêmes comme orthodoxes. L'Église Orthodoxe d'Amérique mérite-t-elle d'être mentionnée si elle n'est toujours pas reconnue à ce jour par le patriarche œcuménique de Constantinople ? Par ailleurs synthétiser le passé demande de poser des limites temporelles à la conscience de la vérité, et donc de pouvoir distinguer entre la conscience actuelle de la vérité et la conscience de celle-ci dans le passé. Peut-on intégrer à l'histoire de l'Église Orthodoxe le récit de la célébration liturgique à Sainte-Sophie de Constantinople, en 1453, unissant Grecs et Latins dans la même prière et dans la même eucharistie alors que, depuis 1755, tout baptisé catholique est condamné à l'enfer dans le droit canon de l'Église grecque? La chronologie pose en outre de vraies questions théologiques. De quand date la naissance de l'Église? De la naissance du Christ si l'Église se définit comme corps du Christ? De l'effusion de l'Esprit Saint à la Pentecôte si elle est comprise comme Temple de l'Esprit? Mais n'est-elle pas éternelle par nature puisque l'une de ses figures bibliques, la Sagesse de Dieu, était déjà présente auprès de Dieu lors de la création du monde?

Malgré tous ces risques de présentation partielle de la vérité, c'est-à-dire d'hérésie en langage théologique, certains auteurs téméraires se définissant comme orthodoxes se sont risqués à élaborer des chronologies de l'« Église Orthodoxe », ou de la « spiritualité orthodoxe », ou de la « chrétienté orthodoxe ». La simplification rationnelle qu'ils ont été obligés d'opérer en procédant à une sélection d'événements essentiels, incontournables, fondateurs est très précieuse. La chronologie, par son exigence de synthèse, révèle en effet les sources et les mécanismes des mémoires dans l'Église Orthodoxe. Elle fait apparaître en particulier la conviction des individus selon laquelle la vérité se trouve à travers la logique d'une succession d'événements dans le temps. Pourtant, en dépit de son apparence objective et impersonnelle, la chronologie contemporaine est devenue le lieu par excellence de la simplification, de la mythification, un aide-mémoire plus qu'un aide-histoire.

Les trois sources que nous avons sélectionnées, toutes en provenance d'auteurs chrétiens orthodoxes reconnus comme tels, sont les suivantes : Maurice Zinovieff, « Rappel de quelques grandes dates », dans *La chrétienté orthodoxe*, Paris, Publisud, 1997. Né en 1932 à Paris, Maurice Zinovieff est diplômé de l'École nationale des langues orientales vivantes et docteur en sciences politiques. Placide Deseille a publié une « chronologie » dans *La spiritualité orthodoxe et la Philocalie*, Paris, Bayard, 1997. Le père Placide Deseille est archimandrite du monastère Simonos Petra au mont Athos, enseignant à l'institut Saint-Serge de Paris. Il fut également moine à l'abbaye cistercienne de Bellefontaine où il a créé la collection « Spiritualité orientale ». Enfin « A Chronology of the Eastern Churches » dans *The Cambridge Companion to Orthodox Christian Theology*, Cambridge, CUP, 2009, a été réalisé par Mary B. Cunningham, enseignante de théologie à l'université de Nottingham, et Elizabeth Theokritoff, théologienne orthodoxe et ancienne secrétaire du Fellowship Saint Alban and Saint Sergius en Grande-Bretagne.

Nous avons conservé tous les événements historiques retenus par ces auteurs afin de disposer d'une plus grande objectivité. Nous avons maintenu cependant, à côté de chaque fait sélectionné, les initiales de chaque auteur (MZ, PD, MC-ET) afin de garder présente à l'esprit l'intention de chacun. Lorsque le même événement se répète dans une autre chronologie, nous avons choisi la formulation la plus précise et mentionné simplement par des initiales sa présence dans les autres sources. À la suite de cette triple chronologie, on montrera le caractère éminemment subjectif d'un document qui se présente pourtant comme l'outil le plus objectif qui soit. Puis on tentera d'éclairer à partir d'une histoire du temps présent certains enjeux théologico-politiques qui traversent le monde orthodoxe contemporain.

TROIS BRÈVES CHRONOLOGIES DU CHRISTIANISME ORTHODOXE

1 : Naissance de N.-S. Jésus-Christ (MZ).
33 : Mort et Résurrection du Christ ; Pentecôte (MZ).
34 : Martyre du premier diacre, saint Étienne (Stephanos) (MZ).
50-52 : Mission de l'apôtre Paul en Grèce (MZ).
52 : Concile de Jérusalem. Décision de convertir les « gentils » (païens) (MZ).
64 : Persécution des chrétiens par Néron et martyre de l'apôtre Pierre à Rome (MZ).
64-313 : Persécution des chrétiens par les empereurs romains et les gouverneurs (MC-ET).
67 : Martyre de l'apôtre Paul à Rome (MZ).
95 : Exil de l'apôtre Jean à Patmos (MZ).
IIe-IIIe siècles : Les sectes gnostiques et hétérodoxes défient l'orthodoxie (MC-ET).
112 : Persécutions de l'empereur Trajan (MZ).
v. 130-200 : Saint Irénée de Lyon (MC-ET).

161 : Persécutions de l'empereur Marc Aurèle (MZ).
v. 185-254 : Origène d'Alexandrie (MC-ET).
202 : Persécutions de Septime Sévère (MZ).
v. 251-356 : Saint Antoine d'Égypte, fondateur du monachisme (MC-ET).
258 : Persécutions de Valérien (MZ).
v. 270 : Saint Antoine se retire au désert (PD).
v. 296-373 : Saint Athanase le Grand (MC-ET).
v. 300 : L'Arménie adopte le christianisme (premier État chrétien) (MC-ET).
303 : Persécutions de Dioclétien (MZ, PD).
306 : Constantin empereur (PD).
312 : Conversion de l'empereur Constantin Ier (MC-ET).
313 : Édit de Milan de l'empereur Constantin Ier. Fin de la persécution du christianisme (MZ, MC-ET, PD).
315 : Amoun au désert de Nitrie (PD).
324 : Constantin devient empereur d'Occident et d'Orient ; il décide d'installer à Constantinople sa capitale (MZ).
325 : Concile de Nicée ; premier concile œcuménique ; condamnation d'Arius qui nie la divinité de Jésus-Christ ; rédaction du Credo (MZ, PD).
326 : Découverte des reliques de la sainte Croix par sainte Hélène (MZ).
328 : Saint Athanase, évêque d'Alexandrie (PD).
329/30-89/90 : Saint Grégoire de Nazianze, dit « le Théologien » (MC-ET).
v. 330-379 : Saint Grégoire de Nysse (MC-ET).
330 : Saint Macaire d'Égypte au désert de Scété (PD).
347-407 : Saint Jean Chrysostome (MC-ET).

350 : Fondation de l'Église de Géorgie (MC-ET).
355 : Saint Basile embrasse la vie monastique (PD).
356 : Mort de saint Antoine (PD).
v. 360 : *Vie de saint Antoine* par saint Athanase (PD).
361-363 : Julien l'Apostat empereur (PD).
370 : Saint Basile, archevêque de Césarée (PD).
370-399 : Évagre le Pontique et saint Cassien en Égypte (PD, MC-ET).
376 : L'empereur Valens permet aux Wisigoths de s'établir dans l'empire (PD).
379 : Mort de saint Basile.
379-395 : Théodose empereur (PD).
381 : Deuxième concile œcuménique à Constantinople ; condamnation des Macédoniens qui nient la divinité du Saint-Esprit et adoption définitive du Credo, dit « Symbole de la foi de Nicée-Constantinople » (MZ, PD, MC-ET).
395 : Mort de l'empereur Théodose ; division de l'Empire romain en deux parties, Orient et Occident (MZ).
Fin IVe s. : *Homélies* de Macaire.
v. 410 : Saint Honorat fonde le monastère de l'île de Lérins (PD).
410 : Prise de Rome par Alaric (PD).
v. 420 : Saint Cassien à Marseille (PD).
431 : Troisième concile œcuménique à Éphèse ; condamnation de Nestorius qui nie que Marie soit la mère de Dieu (Théotokos) ; l'évêque de Constantinople, seconde Rome, est admis au deuxième rang dans la hiérarchie d'honneur, après l'évêque de Rome (MZ, PD, MC-ET).

apr. 450 : Saint Diadoque de Photicée (PD). Né vers 400, mort après 446 (MC-ET).

451 : Quatrième concile œcuménique à Chalcédoine ; définition des deux natures du Christ, divine et humaine ; condamnation du monophysisme (séparation des Coptes, Arméniens, Éthiopiens et Syriens) ; répartition de l'Église en cinq patriarchies : Rome, Constantinople, Alexandrie, Antioche et Jérusalem (MZ, PD, MC-ET).

476 : Le dernier empereur romain d'Occident est déposé par le général hérule Odoacre (MC-ET).

v. 488 : Mort de saint Isaïe l'Anachorète (PD).

496 : Baptême de Clovis (PD).

v. 500 : Les moines de Gaza : saint Barsanuphe, saint Jean le Prophète, saint Dorothée (PD).

v. 500 : Écrits du pseudo-Denys l'Aréopagite (MC-ET).

527-565 : Règne de Justinien.

537 : Église Sainte-Sophie à Constantinople reconstruite par Justinien (MC-ET).

553 : Cinquième concile œcuménique à Constantinople ; confirmation des conciles précédents et condamnation de l'origénisme, idée platonicienne sur la préexistence des âmes (MZ, PD). Constantinople obtient la seconde place après Rome (MC-ET).

555 : Décès de saint Romanos le Mélode, hymnographe (MC-ET).

v. 575 - v. 650 : Saint Jean Climaque (PD). Auteur de *L'Échelle de la divine ascension* (MC-ET).

580-662 : Saint Maxime le Confesseur (PD, MC-ET).

582 : Le patriarche de Constantinople prend le titre de patriarche œcuménique (universel) qui cor-

respond à une primauté d'honneur sur les Églises d'Orient (MZ).
589 : Addition du *filioque* au Credo en Espagne lors du troisième concile de Tolède (MC-ET).
622 : L'hégire (PD). Les musulmans conquièrent Damas en 635, Jérusalem en 638 et Alexandrie en 642 (MC-ET).
675-679 : Saint Jean Damascène (PD). Mort en 750 ; hymnographe, théologien, défenseur des icônes (MC-ET).
680 : Sixième concile œcuménique, à Constantinople ; condamnation du monothélisme, selon lequel il y aurait deux natures du Christ, mais une seule volonté (divine) (MZ, PD). Affirme deux volontés en Christ (MC-ET).
692 : Concile de Constantinople dit « quinisexte », qui établit cent deux règles canoniques, dont celle qui stipule que les hommes mariés peuvent être ordonnés diacres et prêtres mais que les évêques seront choisis parmi les célibataires ou les veufs (MZ). Canons sur l'art sacré (MC-ET).
v. 700 : Saint Isaac le Syrien (PD). Père spirituel, évêque de Ninive (MC-ET).
754-780 : Persécutions iconoclastes (MZ, PD).
759-826 : Saint Théodore Studite (PD). Hymnographe, théologien, défenseur des icônes (MC-ET).
717-718 : Les Arabes attaquent Constantinople.
732 : Charles Martel vainc les Arabes à Poitiers (PD).
751 : Pépin le Bref, roi des Francs (PD).
787 : Septième concile œcuménique de Nicée II ; reconnaissance de la vénération des icônes, images représentant le Christ et les saints (MZ, PD, MC-ET).
800 : Charlemagne empereur d'Occident (PD).

813 : Reprise de l'iconoclasme (PD).
843 : Triomphe de l'orthodoxie (PD). Restauration des icônes par l'impératrice Théodora (MC-ET).
858-867, 878-886 : Saint Photius, comme patriarche de Constantinople (MC-ET).
863-865 : Mission de Cyrille et Méthode en Moravie et baptême des Bulgares (MC-ET, MZ).
864-885 : Travail missionnaire de saints Cyrille et Méthode parmi les Slaves (MC-ET). Conversion des Serbes au christianisme en 867-874 (MZ).
909 : Fondation de Cluny en Bourgogne (PD).
917 : Établissement du patriarcat de Bulgarie (MC-ET).
949-1022 : Saint Syméon le Nouveau Théologien, higoumène, théologien, poète (MC-ET, PD).
962 : Otton Ier fonde le Saint Empire (PD).
963-964 : Fondation du monastère de la Grande Laure sur le mont Athos (MC-ET, MZ, PD).
987 : Hugues Capet, roi de France (PD).
988 : Baptême de la Rus' de Kiev ; prince Vladimir de Kiev (MC-ET, MZ, PD).
apr. 1000-1090 : Nicétas Stéthanos (PD).
1027-1107 : Pierre de Damas, théologien et moine (MC-ET).
1054 : « Grand Schisme » : anathèmes échangés entre Rome et Constantinople (MC-ET, MZ, PD).
1055 : Saint Antoine venu de l'Athos fonde le monastère des Grottes de Kiev (PD).
1090-1153 : Saint Bernard de Clairvaux (PD).
1095-1099 : Première croisade : les croisés occupent Jérusalem et Antioche, et installent une hiérarchie latine (MC-ET, MZ, PD).
1098 : Fondation de Cîteaux (PD).

1204 : Sac de Constantinople par la quatrième croisade (MC-ET, MZ, PD).
1237 : Invasion de la Russie par les Tatars (MC-ET, PD).
apr. 1250 : Nicéphore le Solitaire (PD).
1250-v. 1320 : Théolepte de Philadelphie (PD).
1255/65-1337 : Saint Grégoire du Sinaï, hésychaste, maître de la prière de Jésus (MC-ET).
1255-1346 : Saint Grégoire le Sinaïte (PD).
1268 : Michel VIII Paléologue reprend Constantinople (MZ).
1274 : Concile de Lyon : échec de la tentative de réunion entre Constantinople et Rome (MC-ET, MZ).
v. 1296-1359 : Saint Grégoire Palamas, archevêque de Thessalonique, défenseur des hésychastes (MC-ET).
v. 1314-1392 : Saint Serge de Radonège, fondateur du monastère de la Sainte-Trinité près de Moscou (MC-ET).
v. 1322-1390 : Saint Nicolas Cabasilas, théologien laïque, hésychaste (MC-ET).
1325-v. 1395 : Calliste Angélicoudès (PD).
1340-1396 : Saint Stéphane de Perm, savant et missionnaire auprès des Zyrianes (MC-ET).
1341, 1347, 1351 : Conciles de Constantinople portant sur l'enseignement de Grégoire Palamas (MC-ET).
1346 : Fondation du patriarcat de Pec (Serbie). L'Église de Serbie avait été fondée, en 1219, par saint Sava (MC-ET).
1380 : Bataille de Koulikovo. Le prince russe saint Dimitri Donskoï vainc les Tatars (MC-ET).
1389 : Bataille de Kosovo. Le prince serbe saint Lazar est battu par les Turcs (MC-ET, MZ).

1433-1508 : Saint Nil de la Sora, hésychaste, « non-possesseur » (MC-ET, PD).

1438-1439 : Concile de Florence-Ferrare : fin officielle du schisme entre Rome et les Églises d'Orient (mais remis en cause en 1484) (MC-ET).

1439/40-1515 : Saint Joseph de Volokolamsk, higoumène, « possesseur ».

1448 : Autocéphalie de l'Église de Russie (MC-ET).

1453 : Chute de Constantinople face aux Turcs (MC-ET, MZ, PD).

1459 : Défaite de la Serbie contre les Turcs (MC-ET).

1480 : Fin de la domination mongole en Russie (PD).

1517 : Les Turcs Ottomans occupent la Syrie et l'Égypte (MC-ET).

1572-1638 : Cyrille Loukaris, auteur d'une confession procalviniste (MC-ET).

1573-1581 : Des savants luthériens correspondent avec le patriarche Jérémie II.

1589 : Le premier patriarche de Russie est élu (MC-ET, MZ).

1596 : Union de Brest : création d'une Église uniate en Ukraine ; établissement de « fraternités » laïques pour défendre l'Orthodoxie (MC-ET, MZ).

1597-1646 : Pierre Mohyla, métropolite de Kiev (MC-ET).

1625-1672 : Proclamation de différentes « confessions orthodoxes » (MC-ET).

1652 : Réformes liturgiques du patriarche Nikon de Moscou et schisme des vieux-croyants (MC-ET).

1682-1725 : Pierre le Grand (PD).

1683 : L'armée de Jean Sobieski bat les Turcs devant Vienne (MZ).

1692-1767 : Basile de Poïana Marului (PD).
1700 : Synode d'Alba Julia : naissance de l'Église uniate roumaine de Transylvanie (MZ).
1721 : Abolition du patriarcat de Moscou par Pierre le Grand (MC-ET).
1722-1794 : Saint Paissi Vélitchkovsky, traducteur de la Philocalie en slavon (1793) (MC-ET, PD).
1724 : Schisme à Antioche : les melchites s'unissent à Rome (MC-ET).
1749-1809 : Saint Nicodème de la Sainte Montagne ; il publie la Philocalie en 1782 et le Pédalion (MC-ET, PD).
1759-1833 : Saint Séraphin de Sarov, moine et père spirituel (MC-ET, PD).
1762-1796 : Catherine II (PD).
1774 : Traité de Kutchuk-Kaïnardji ; le tsar de Russie devient le protecteur des chrétiens orthodoxes de l'Empire ottoman (MZ).
1789-1799 : Révolution française (PD).
1793 : Parution de la Philocalie slavonne (PD).
1794 : Mission russe en Alaska : saint Germain (MC-ET, MZ).
1804 : Napoléon empereur (PD).
1807-1867 : Saint Ignace Briantchaninov (PD).
1812 : Campagne de Russie de Napoléon (PD).
1812-1891 : Saint Ambroise d'Optino (PD).
1815-1894 : Saint Théophane le Reclus (PD).
1821 : La Grèce se libère de la domination ottomane (MC-ET).
1829 : Le starets Léonide à Optino (PD).
1830 : En France révolution de Juillet (PD).
années 1840 : Mouvement slavophile en Russie ; Alexis Khomiakov (1804-1860) (MC-ET).
1846-1920 : Saint Nectaire d'Égine (PD).

années 1850 : Massacres des Ottomans en Syrie ; émigration des chrétiens (MC-ET).

1848 : Mouvements révolutionnaires en Europe (PD).

1853-1930 : Callinique l'Hésychaste (mont Athos) (PD).

1853-1900 : Vladimir Soloviev, philosophe religieux (MC-ET).

1861 : Mission russe au Japon : saint Nicolas Kassatkine de Tokyo.

1866-1938 : Saint Silouane l'Athonite (PD).

1871-1944 : Serge Boulgakov, économiste, théologien et œcuméniste (MC-ET).

1872 : Concile présidé par le patriarche de Constantinople en présence des patriarches d'Alexandrie et d'Antioche ; condamnation du phylétisme : rivalités nationales et querelles entre peuples à l'intérieur de l'Église du Christ (MZ).

1877-1889 : La Philocalie russe de saint Théophane le Reclus (PD).

Fin XIXe s. : Des paroisses russes, grecques et arabes sont formées en Australie et en Amérique du Nord (MC-ET).

1882-1937 : Paul Florensky, théologien et scientifique (MC-ET).

1891-1909 : L'archiprêtre Alexis Toth conduit aux États-Unis des paroisses uniates à rejoindre l'Église Orthodoxe (MC-ET).

1893-1979 : Georges Florovsky, théologien patrologue et historien de l'Église (MC-ET).

1899 : Meletius Al-Doumani est élu patriarche d'Antioche ; la hiérarchie arabe est restaurée à Antioche (MC-ET).

1905 : Première révolution russe (PD).

1914-1918 : Première Guerre mondiale (PD).
1917 : Révolution soviétique (PD).
1917-1918 : Concile de Moscou : restauration du patriarcat de Moscou et élection du patriarche Tikhon (MZ, MC-ET).
1918-1941 : Persécution des chrétiens en Union soviétique (MZ).
1922 : Persécution des chrétiens en Asie Mineure et en Thrace (MZ). Exode l'année suivante (PD).
1926 : Fondation de l'Institut de théologie orthodoxe Saint-Serge à Paris (MC-ET).
1938 : Fondation du séminaire Saint-Vladimir à New York (MC-ET).
1939-1945 : Seconde Guerre mondiale (PD).
1942 : Fondation du Mouvement de jeunesse orthodoxe à Antioche (MC-ET).
1946 : L'Église Orthodoxe d'Ouganda est reçue au sein du patriarcat d'Alexandrie.
1947 : Extension des régimes communistes (PD).
1947-1982 : La Philocalie roumaine publiée par le père Dumitru Staniloae (PD).
1953 : Fondation de Syndesmos, Fédération mondiale de la jeunesse orthodoxe (MC-ET).
1959 : Mort de Joseph l'Hésychaste (mont Athos) (PD).
1961 : Première conférence panorthodoxe à Rhodes (MZ).
1965 : Levée des anathèmes de 1054 par le pape Paul VI et le patriarche Athênagoras Ier de Constantinople (MZ, MC-ET).
1970 : La métropole russe en Amérique du Nord reçoit l'autocéphalie par le patriarcat de Moscou et devient l'Église Orthodoxe en Amérique (MC-ET).

1982 : L'Église Orthodoxe du Ghana est reçue au sein du patriarcat d'Alexandrie (MC-ET).

1988 : Millénaire du baptême de la Russie (PD).

1989-1991 : Effondrement des régimes communistes (PD).

1989 : Le dialogue entre orthodoxes orientaux et orthodoxes chalcédoniens aboutit à un accord de consensus (MC-ET).

1992 : Mgr Anastasios est élu primat de l'Église d'Albanie (MC-ET).

1993 : Mort du starets Sophrony (Maldon, Grande-Bretagne) (PD).

CHRONOLOGIE OU MYTHOLOGIE ?

Une représentation identitaire de soi

Les mémoires se présentent toujours comme des histoires objectives. Ces récits sont néanmoins très précieux. Ils révèlent l'attractivité, la prégnance, voire la prédominance de certains aspects de l'orthodoxie sur d'autres dans les mentalités des contemporains. Les uns considèrent qu'à la fin du XIXe siècle le grand homme est saint Théophane le Reclus, un moine qu'apprécie tout particulièrement le courant zélote de l'Église Orthodoxe, les autres estiment qu'il s'agit du patriarche de Constantinople, connu dans les cercles prosélytes pour son opposition au nationalisme religieux, les derniers enfin mentionnent Vladimir Soloviev, l'un des principaux auteurs du courant spirituel de l'Orthodoxie. Les premiers seront donc sensibles à la figure des ascètes, les seconds mentionneront les grands missionnaires, les troisièmes s'intéresseront aux philosophes religieux.

Chacun poursuit également des objectifs très précis sans considérer pour autant devoir s'en justifier. Ainsi le lecteur pourra constater que certains auteurs, pour des raisons didactiques, font débuter la chronologie de l'Église Orthodoxe avec la naissance de Jésus-Christ. D'autres, plus préoccupés de spiritualité, commencent leur récit par la vie de saint Antoine le Grand au IIIe siècle. Cela a l'avantage de poser le monachisme chrétien comme un phénomène nouveau dans l'histoire, mais au risque de perdre la continuité de ce témoignage chrétien avec l'ensemble de la chaîne des saints de l'Église décrite dans les Actes des Apôtres. Enfin les derniers, soucieux de faire apparaître le caractère politique de l'Église, datent son émergence dans leur « histoire » des premières persécutions de l'Empire romain. Cette approche est également risquée, car elle perd de vue la notion d'Église comme assemblée baptismale, eucharistique et pastorale.

Tous cependant ont pour préoccupation de fonder une représentation identitaire de soi. C'est la raison pour laquelle certaines Églises Orthodoxes n'apparaissent qu'au moment de leur séparation avec d'autres Églises dissidentes. On ne saura, par exemple, pas grand-chose de la vie ecclésiale des chrétiens du patriarcat d'Antioche avant le XVIIIe siècle. En revanche leur rupture avec l'Église melchite en 1724 n'échappera pas aux chronographes de Cambridge. De même, toujours en raison de leur caractère identitaire, les chronologies ne peuvent s'empêcher, en dépit de leur souci d'objectivité, de mettre en valeur le caractère illustre des ancêtres dont le chronographe se considère l'héritier. Ainsi saint Antoine des Grottes de Kiev est présenté simplement par le père Placide Deseille comme un ancien « moine de l'Athos ». Son origine slave n'est pas mentionnée. C'est pourtant un fait de la plus haute importance pour l'histoire de l'Église Orthodoxe de la Rus'. Au xxe siècle le russe saint Silouane n'est également défini que comme « l'Athonite ».

On remarquera également que certains auteurs adoptent une position confessante en considérant comme centrale pour l'histoire de l'Église Orthodoxe le moment de la mort et de la résurrection du Christ. Pour d'autres, en revanche, l'histoire de la spiritualité orthodoxe est un récit synchronique entre les événements intérieurs (tels que la vie des grands saints) et les événements extérieurs (tels que la vie des empires). Dans cette perspective, saint Bernard de Clairvaux, qui a vécu entre 1090 et 1153, après le schisme de 1054 donc, appartient toujours, chez Placide Deseille, à la mémoire de l'orthodoxie. Les troisièmes adoptent une position confessionnelle en acceptant comme orthodoxes certains conciles œcuméniques et en rejetant d'autres, tels que celui de 879, tenus pour œcuméniques en leur temps et disparus, à la suite d'un schisme, de la mémoire des Églises Orthodoxes. Dans les premier et troisième cas, l'histoire du monde est présentée sur le même plan que celle de l'Église, tandis que, dans le deuxième cas, l'« histoire générale » (essentiellement politique, militaire et ecclésiale) est mise à part de l'histoire des moines et des auteurs hésychastes.

Outre ces logiques internes, les chronologies ont souvent pour objet de faire apparaître les liens de continuité entre le temps présent et les événements fondateurs du passé. On mentionnera volontiers le baptême de Clovis lorsqu'on est moine, français et orthodoxe, mais on laissera dans l'ombre le baptême du roi Mirian de Géorgie au IVe siècle, qui fut l'œuvre pour une grande part de sainte Nina († 335), pourtant vénérée par l'Église Orthodoxe comme « égale aux apôtres ». Notons cependant que la mention d'Hugues Capet roi de France, pour l'année 987, a le mérite d'équilibrer la mémoire de l'actualité de l'Église Orthodoxe en Europe. Celle-ci est en effet le plus souvent concentrée sur le baptême de la Rus' en 988 et oublie l'appartenance du royaume de France à l'orthodoxie chrétienne. Après le schisme de 1054, les rois capétiens disparaissent de la mémoire de l'Église. L'histoire de Jeanne d'Arc (1412-1431), canonisée en 1920 par l'Église catholique, est irrecevable.

L'impossible neutralité de la classification temporelle

Les « passeurs » en Occident de la spiritualité orientale (tels que saint Cassien ou saint Païssi Vélitchkovsky) revêtent une importance particulière. Mais tous les passeurs ne sont pas mentionnés. Ainsi le père Placide Deseille ne dit mot de saint Irénée de Lyon pourtant célèbre pour avoir fréquenté le premier cercle apostolique. La raison en est peut-être que l'évêque de Lyon symbolise une spiritualité orthodoxe qui n'appartient pas aux critères de la spiritualité philocalique. Irénée en effet combattait les hérésies mais ne rejetait pas tout mariage entre la foi et la raison, entre la gnose et la surconnaissance chrétienne. Saint Irénée n'a pas composé de centuries contre les passions de la « chair ». Il considérait que la déification de l'homme consistait en premier lieu en une circulation de la gloire entre Dieu et l'homme.

Cette continuité qu'assure la chronologie entre l'identité contemporaine et le temps passé justifie également tous les raccourcis les plus injustes sur le plan historique. La transcription des termes, en particulier, est très significative de l'état d'esprit du chronographe. Il confondra volontiers Byzance et Constantinople mais ignorera Istanbul. Il parlera, comme dans la chronologie de Cambridge pour l'année 1237, de la « Russie » de Kiev, ce qui est un anachronisme, et ne saura distinguer la *Rus'* de la Moscovie. Elle russifie le nom du prince Vladimir de Kiev en perdant de vue la transcription originelle (Volodymyr). Le cas de partialité le moins conscientisé de la part des mémorialistes orthodoxes est probablement la mention de la quatrième croisade et de la prise de Constantinople. Blessure dite « inguérissable », elle est entretenue inlassablement dans la mémoire du peuple de l'Église d'Orient par les mémorialistes orthodoxes comme une traîtrise cuisante, sans qu'une seule fois ceux-ci ne s'intéressent aux crimes perpétrés par les Byzantins contre les Latins, y compris contre les délégués du pape, quelques années seulement avant le sac de la ville par les croisés. Robert Taft considère que cette mémoire sélective de la plupart des « historiens » orthodoxes est bien plus responsable de la division des communautés chrétiennes que les divergences dogmatiques ou les instrumentalisations traditionnelles des dissensions religieuses par le pouvoir politique[1]. La mentalité de victime, en quête perpétuelle de bouc émissaire, campant dans un refus permanent d'assumer ses propres responsabilités, a été régulièrement cultivée au long des siècles par des « vecteurs d'opinion ». Le cas le plus connu étant celui de la génération dite des penseurs de la synthèse néopatristique (G. Florovsky, J. Meyendorff) pour qui la crise du monde orthodoxe contemporain — sa division interne, la faiblesse de ses structures académiques ou caritatives, etc. — tient pour l'essentiel en la répétition chronique — trahison des Latins, asservissement par les envahisseurs turcs, persécutions des idéologues communistes — de la catastrophe qui s'est abattue sur le peuple juif lors de sa captivité à Babylone[2].

Le style des chronologies, en raison de leur simplification extrême, réactualise les disputes qui ont jalonné l'histoire de l'Église Orthodoxe. En effet quand on écrit que la condamnation de Nestorius par le concile d'Éphèse est liée à son refus de reconnaître que « Marie soit la mère de Dieu », on saisit une partie des raisons pour lesquelles les communautés orthodoxes qui se sont divisées en 431 ne sont pas parvenues à se réconcilier depuis lors. D'autant plus que certains chercheurs du XXe siècle ont considéré que, comme l'écrit le professeur Bethune Baker, « Nestorius n'était pas nestorien[3] ». On sait en effet que le concile d'Éphèse a affirmé avec force que Marie était « Théotokos », c'est-à-dire ayant « enfanté Dieu », ce que ne contestait pas l'école théologique d'Antioche. En revanche les Antiochiens se refusaient à fondre en une seule « nature » la divino-humanité du Christ. Les pères du concile n'ont pas utilisé l'expression *mitera to theou*, signifiant « mère de Dieu». Ils ont préféré une expression qui affirme clairement, contre Nestorius, que celui qui a pris chair en Marie peut être appelé Dieu, mais qui conserve la révélation également biblique que Marie, sa mère, était parfaitement humaine. La synthèse entre Cyrille d'Alexandrie et Jean d'Antioche fut trouvée en 433 avec la formule d'union suivante: «Né du Père selon la divinité, le même est né de la Vierge Marie selon l'humanité[4].» Le théologien orthodoxe Jaroslav Pelikan a défini le sens du terme *theotokos*: «celle qui donne naissance à celui qui est Dieu». La traduction populaire de *theotokos* par «mère de Dieu» est donc inexacte historiquement et n'a été retenue par la tradition qu'à condition de maintenir le sens de *deipare*. La Vierge est «véritablement mère de Dieu», en tant que celui-ci est défini comme le Dieu-Homme. La Vierge Marie ne peut être considérée comme mère de Dieu en tant que celui-ci est compris comme le Dieu trinitaire. Cette ambiguïté sémantique devint par la suite l'une des sources du rejet par Mahomet de la doctrine chrétienne[5]. Les chronologies actuelles devraient garder au moins le souvenir des causes sémantiques des disputes théologico-politiques[6].

Les chronologies font également apparaître de surprenants adoucissements de situations conflictuelles. Ainsi lorsque le patriarche de Constantinople s'attribua le titre d'œcuménique à partir de 582 et que le chronographe explicite ce geste comme l'affirmation d'une simple «primauté d'honneur sur les Églises d'Orient», il semble que les récriminations du pape Grégoire Ier (590-604) à l'encontre du patriarche Jean IV (582-595) soient devenues inaudibles. Ce nouveau titre de patriarche œcuménique avait en effet des répercussions politiques autrement plus sérieuses que l'affirmation d'une simple primauté d'honneur en Orient. Le titre de patriarche œcuménique, « *oikoumenikos patriarches* », est apparu dans les nouvelles lois (*Novellae*) de l'empereur Justinien édictées dans les années 530. Il a donc une origine politique et juridique. Il fut traduit en latin par « *universalis patriarches* ». Ce titre, qui associait le pouvoir de l'évêque de Constantinople à celui, universel, du basileus byzantin, ne pouvait être accepté par l'évêque de Rome, surtout à un moment où ce dernier devait faire face à l'invasion des Lombards et à la remise en question de son pouvoir de juridiction dans les Balkans. Il le fit savoir le 1er juin 595 par une série de lettres destinées aux patriarches d'Orient et à l'empereur. Ces lettres révèlent bien le sens politique qu'attribuait le pape au titre de patriarche universel. C'est pourquoi le pape cherche à remettre en question les fondements apostoliques du siège de Constantinople et donc son assise politique. Pour Grégoire le Grand, avec ce titre d'œcuménique, le patriarche de Constantinople devenait le « seul évêque » et les autres évêques ne recevaient plus leur autorité que par lui seul. Ce qui était proprement inacceptable au plan tant de l'ecclésiologie que de l'autorité terrestre de chaque évêque. Elle ne pouvait être acceptable dans l'Église selon Grégoire, même pour le pouvoir de l'évêque de Rome. Les patriarches d'Orient se souviendront de cette argumentation lorsque, au XIe siècle, les papes cherchèrent à s'attribuer un tel pouvoir universel… Les chronographes, en revanche, ne se souviennent que d'une simple primauté d'honneur que s'attribua soudain l'évêque de Constantinople. Ils peinent à imaginer que, comme l'a montré l'historien américain George Demacopoulos, c'est précisément cette prétention au titre de patriarche œcuménique qui conduisit par la suite les papes romains à développer la rhétorique du pouvoir monarchique universel dans l'Église[7]. Aujourd'hui encore la Congrégation pour la doctrine de la foi au Vatican considère toujours que le défaut de l'ecclésiologie des Églises Orthodoxes consiste en ce qu'elles ne croient pas que l'appartenance à l'Église du Christ dépende en premier lieu de l'union avec l'évêque de Rome[8].

On est surpris également que la persécution des chrétiens en URSS s'achève en 1941 chez Maurice Zinovieff. Comme si la résistance de l'Église russe face à l'envahisseur allemand avait suffi pour convaincre l'État soviétique de l'utilité sociale de l'Église Orthodoxe. En réalité la persécution a duré jusqu'à la chute de l'URSS en 1991, soit un demi-siècle plus tard. Est-ce une façon de minimiser l'emprise que l'État soviétique a eue sur l'Église pendant trois quarts de siècle ? Il est vrai qu'en 1997, au moment où paraît la chronologie de M. Zinovieff, la presse se faisait l'écho de nombreux documents accusant les hiérarques orthodoxes des pays d'Europe centrale et orientale de collaboration active avec les gouvernements de l'époque soviétique[9].

Il y a des points communs cependant à l'ensemble de ces récits. La mémoire de l'Église Orthodoxe reconnaît que l'édit de Milan de 313 constitue un tournant important dans son histoire. De même chacune des trois chronologies relate les sept conciles ayant réuni l'Église universelle en Asie Mineure entre 325 et 787. Mais les trois chronologies « oublient » plusieurs événements significatifs. Elles ne signalent pas le concile œcuménique d'union de 879 rétablissant la communion entre les différents sièges de la chrétienté. Malgré la proposition de Jean Meyendorff, théologien orthodoxe américain, de rétablir ce concile dans la mémoire de l'Orthodoxie, de nombreuses encyclopédies considèrent également que ce concile n'a pas été retenu par les Églises comme œcuménique. Le véritable huitième concile œcuménique serait-il le concile de la discorde de 869, ignoré lui aussi par les chronographes, au cours duquel le patriarche Photius fut condamné puis destitué[10] ? Le moment de rupture avec le christianisme « occidental » est également un jalon incontournable de l'identité chrétienne « orientale ». Bien qu'il ne soit considéré par les historiens que comme un moment parmi d'autres dans la longue histoire de l'« estrangement » entre Église de Rome et Église de Constantinople, il est toujours conservé dans les mémoires comme la cause première de la séparation. C'est ici que la question de la nature de l'ecclésialité de la mémoire présentée comme histoire doit être posée. En effet si les « historiens » de l'orthodoxie souhaitaient obtenir une légitimité académique et non pas seulement communautaire de leurs récits, ils devraient admettre certains faits historiques tels que le concile de Florence de 1439 (qui n'est mentionné que pour dire qu'il fut refusé en 1484, ce qui n'est pas valable pour l'ensemble des Églises Orthodoxes) et éviter de privilégier systématiquement la mémoire sur l'histoire. Il y a en effet dans l'histoire des différentes réceptions conciliaires de nombreux exemples qui montrent qu'un concile ne s'efface pas d'un trait de plume. L'histoire récente de la réconciliation christologique entre chrétiens chalcédoniens et non chalcédoniens, près de quatorze siècles après la dispute de 451, en est l'un des meilleurs exemples.

Enfin signalons comme dernier exemple caractéristique de l'hypertrophie confessionnelle de la mémoire orthodoxe contemporaine l'absence dans les trois chronologies de la participation de certaines Églises Orthodoxes à la création du Conseil œcuménique des Églises en 1948 à Amsterdam, conseil auquel participe aujourd'hui la majorité des Églises Orthodoxes. Il y a donc plusieurs niveaux de conscience de la «vérité» selon le degré d'appartenance confessionnelle à une tradition mémorielle. Les récits mémoriels varient en fonction du degré de *participation* à la vérité historique. Ils varient en particulier en fonction du degré de reconnaissance du travail de purification historique opéré par le repentir des consciences[11].

CHRONOLOGIE CONFESSIONNELLE ET SOPHIOLOGIE DU TEMPS PRÉSENT

En d'autres termes, il y a plusieurs types d'historiographies orthodoxes. L'historien de l'âge confessionnel, qu'il soit chrétien ou non, se donne pour mission de faire apparaître les frontières identitaires de la vérité. Pour lui, la temporalité est marquée par un déchirement irrémédiable entre le passé, le présent et l'avenir. C'est pourquoi la vérité doit se présenter à lui comme intemporelle et immuable. Elle est accessible par l'opération intellectuelle d'objectivation historique. Celle-ci consiste à ménager « l'espace d'un déploiement sans entraves à ce qui est radicalement autre que nous ». L'historien moderne « croit » en effet, depuis Descartes et Locke, qu'en se retirant du monde il permet à celui-ci de se faire jour tel qu'il est. Le philosophe Michel Bitbol explique que cette croyance a des causes profondes et légitimes. L'intelligence humaine a besoin en effet de mettre à distance ce à quoi elle participe afin de pouvoir partager son expérience. Mais « l'impératif de s'inscrire dans le commun » peut conduire selon lui à rétrécir le champ des expériences possibles, à commencer par l'expérience de la rencontre interpersonnelle qui n'est jamais générale[12]. En réalité l'acte d'objectivation n'est pas pure passivité comme il tend à se présenter lui-même. Il est un acte de consentement. Il n'est pas retrait mais « aspiration jamais achevée » au retrait. C'est pourquoi Michel Bitbol en appelle à une position « plus englobante », capable de réduire l'objectivation à un moment seulement de la définition de la vérité, capable aussi de réhabiliter la respectabilité de la pensée empathique, contemplative, spéculative, ou esthétique.

Dans cette perspective, une historiographie chrétienne, c'est-à-dire symbolique, compréhensive, eschatologique, peut redevenir légitime au regard de l'historien moderne. Le philosophe russe Nicolas Berdiaev a montré la voie à cette nouvelle historiographie orthodoxe. Pour lui, la vérité n'entre pas en nous comme un objet. « La Vérité, écrit-il, implique l'activité de l'esprit de l'homme... » Et il ajoute : « ... la connaissance de la vérité dépend des degrés de communauté qui peuvent exister entre les hommes, de leur communion dans l'Esprit[13] ». C'est la fameuse doctrine de la *sobornost'*, de la conciliarité, qu'il a tirée d'Alexis Khomiakov (1804-1860) mais qui caractérise plus fondamentalement la pensée patristique. La connaissance, parce qu'elle est de nature participative, ne dépend pas seulement du logos. Elle est aussi érotique. C'est pourquoi elle doit être comprise comme « kat'holique », symphonique. On ne peut dans cette perspective opposer connaissance à être et sujet à objet. Tout en reconnaissant l'importance de la phénoménologie, Berdiaev a défini sa philosophie personnaliste comme une philosophie existentielle. Il écrivait en 1934 :

> Selon Husserl on trouve les objets réels sans médiation dans les essences, et l'évidence n'est pas un état de conscience, mais la présence même de l'objet. C'est la conscience pure qui est décrite par la phénoménologie, et ce qu'elle donne c'est la vision des essences (*Wesenheiten*). Mais la vision des essences ne révèle pas le mystère de l'existence[14].

Or, chez Berdiaev, l'existentialité du sujet permet d'accéder, comme l'une des voies de l'esprit, à la découverte du mystère de l'être existant. Et par suite « la connaissance n'est plus mise en face de l'être, elle s'opère au plus intime de lui-même et conjointement avec lui [...] la connaissance est une illumination de l'être[15] ». L'opération qui permet un dépassement du rapport objectivation-subjectivation est donc celle, selon Berdiaev, du transcendement. Il écrit :

> Il y a dans l'être un tréfonds obscur auquel la pensée ne s'identifie pas, que sa tâche est d'éclairer, où la connaissance doit projeter la lumière. La connaissance est au bord du gouffre obscur de l'être ; mais elle doit

> être elle-même claire et lucide. Il est vrai qu'elle est immanente à l'être ; mais c'est aussi, il faut le dire, un *transcendement* qui s'opère à l'intérieur de l'être et, avec lui, une plongée dans les grandes profondeurs au-delà de tout être donné. La connaissance ne reflète pas, elle ajoute quelque chose par elle-même. Au-delà de tout être donné se trouve encore un être plus profond : le transcendement est le passage jusqu'à lui[16].

Ainsi il y a deux attitudes à l'égard du passé, des choses et des êtres qui ont péri. En premier lieu l'attitude conservatrice cherche à garder le passé et à retourner à lui. Cette attitude est indispensable pour Berdiaev, qui rejoint ainsi Bitbol dans la défense de l'objectivation à un certain niveau de formation de la conscience. Il écrit : « Prendre la conscience critique de la production de l'objet par le sujet c'est se délivrer de la domination que celui-ci accordait à celui-là en acceptant naïvement le monde matériel comme s'il s'imposait à lui du dehors[17]. »

Il existe donc une autre manière, postconfessionnelle, personnaliste et sophiologique, de « faire de l'histoire ». La théologie de la Sophia, de la Sagesse de Dieu de Serge Boulgakov, témoigne elle aussi de cette prise de conscience. Dans cette représentation sapientielle de la temporalité, le commencement est une réalité d'ordre plus personnel que mécanique. On peut en effet, selon Boulgakov, mais aussi selon une très ancienne tradition talmudique, interpréter le « Au commencement » de la Genèse comme une expression de la Sagesse de Dieu, présente auprès du Créateur au moment de la création du monde. C'est en effet ce que rapporte le huitième chapitre du livre des Proverbes dans la Bible. Pour Boulgakov comme pour Berdiaev la temporalité est donc une réalité participative. La mémoire n'est pas considérée par eux seulement comme une source d'objectivation. Elle est d'abord le lieu de la rencontre entre le passé et l'avenir. C'est tout le sens de la nouvelle historiographie des lieux de mémoire initiée par Pierre Nora. Pour l'académicien, la mémoire « n'est plus ce qu'il faut retenir du passé pour préparer l'avenir que l'on veut ; elle est ce qui rend le présent présent à lui-même[18] ». Cette école historiographique n'a rien de confessionnel. Mais elle réhabilite l'approche symbolique de la vérité historique.

Ainsi l'historien postmoderne peut constater la réalité de la division entre les confessions chrétiennes dans l'histoire. Mais il observe surtout que la vérité vers laquelle tendent ces diverses confessions ne peut être circonscrite par leurs seules frontières communautaires. Il constate également un décalage entre le discours conceptuel, qui consiste à se représenter la vérité de façon homogène et univoque, et le discours dogmatique, qui consiste à se représenter la vérité comme l'espace-temps de la rencontre entre l'homme et Dieu. Selon cette seconde représentation, il y a place pour la critique des sociomorphismes et des anthropomorphismes, tandis que, dans le premier cas, la vérité doit être acceptée ou rejetée en bloc. Chez les historiens confessionnels, le passé est objectif, distinct du sujet. Il est représentable mais non participable.

D'un point de vue compréhensif, la définition chrétienne de la vérité n'est pas conceptuelle et communautaire mais personnelle et métacommunautaire. Conscient du travail de hiérarchisation des vérités qui définit toute personne en quête d'orthodoxie, l'historien postmoderne considère que le récit de ce qui unit une communauté a au moins autant d'importance que le récit de ce qui la divise, de ce qui l'a séparée intellectuellement, politiquement, socialement, culturellement d'une autre communauté. On considérera donc que tout récit capable de transfigurer les mémoires, capable d'orienter celles-ci vers la réconciliation et l'oubli des causes de la discorde, doit l'emporter sur le récit de la répétition traumatique des blessures ancestrales, sur celui des traditions confessionnelles identifiées avec les frontières historiques de la vérité.

Chapitre II

L'ÉGLISE ORTHODOXE DANS LE MONDE

GÉOGRAPHIE DES ÉGLISES ORTHODOXES

La population orthodoxe a doublé au cours du XXe siècle en passant, selon le nouvel *Atlas du christianisme mondial*[1], de 124 923 000 fidèles à 274 447 000 fidèles en 2010. Compte tenu de l'accroissement plus rapide de la population humaine sur la planète, les chrétiens orthodoxes, qui représentaient 7,1 % de la population mondiale, n'en forment plus que 4 %. Cette population orthodoxe correspond à 12 % de l'ensemble de la population chrétienne de la planète qui compte 2 292 454 000 individus (un tiers de la population globale). À titre de comparaison, la population musulmane représente 22,4 % de la population mondiale avec 1 549 444 000 fidèles. La population agnostique mondiale quant à elle est de 639 852 000, soit 9,3 % de la population globale, tandis que la part mondiale de la population athée s'élève à 2 %.

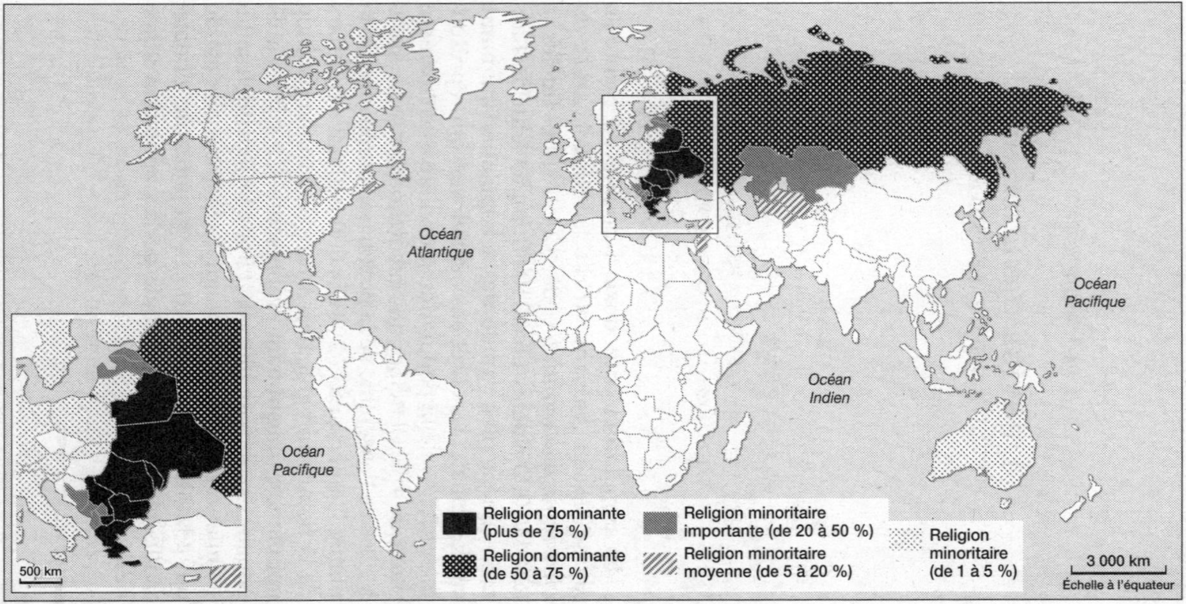

Église Orthodoxe de tradition chalcédonienne (Orthodoxie d'Orient[2]).

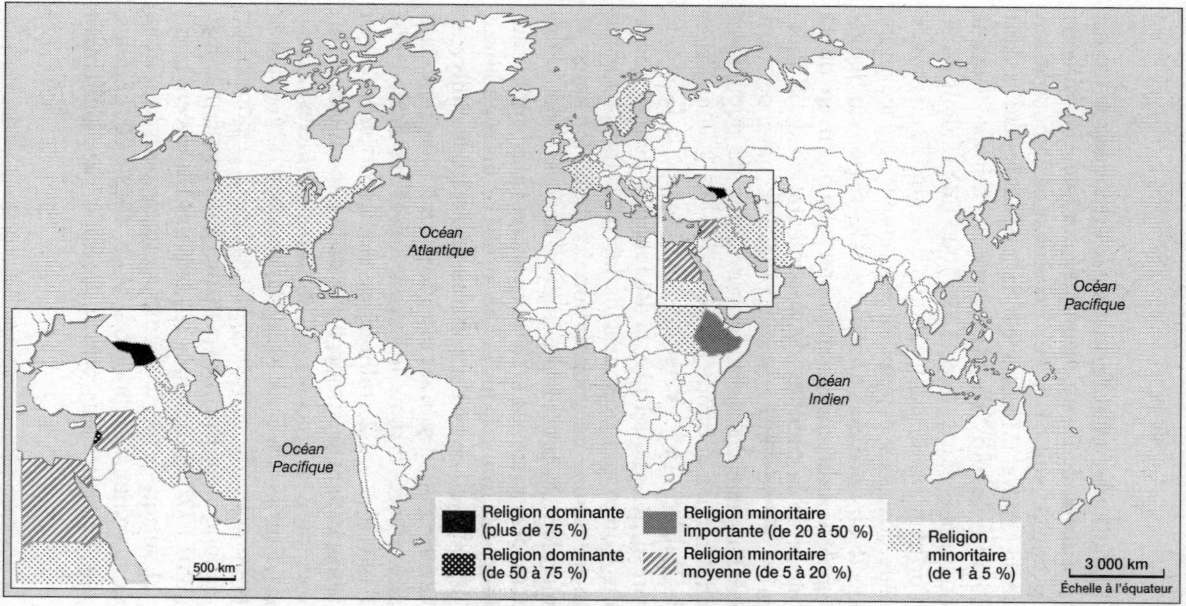

Église Orthodoxe de tradition non chalcédonienne (Orthodoxie orientale[2]).

La grande majorité du monde orthodoxe se trouve en Europe de l'Est puisqu'on y compte 177 millions de fidèles, soit 61 % de l'ensemble de la population de ces pays. Moscou est la cité européenne qui compte le plus de chrétiens en Europe (devant Londres et Paris) avec 10 967 000 fidèles dont 84 % d'orthodoxes. Le centre mondial de gravité du monde orthodoxe s'est cependant légèrement déplacé en un siècle du nord de l'Ukraine vers la région de Sébastopol. Il faut cependant noter qu'en raison de la baisse de la natalité, de l'augmentation de la mortalité et de l'émigration, plusieurs pays de l'Est connaissent des pertes importantes de population chrétienne, notamment l'Ukraine, la Roumanie et la Bulgarie (à l'inverse de pays comme la Chine, le Brésil, les États-Unis, la République démocratique du Congo qui connaissent les plus forts taux de progression de population chrétienne dans le monde). On prévoit qu'en 2050 la Russie ne comptera plus que 91 117 000 chrétiens (115 120 000 aujourd'hui), tandis que la Chine, où l'on en dénombrait 115 009 000 en 2011, pourrait atteindre le chiffre de 225 075 000, devenant ainsi le second plus important pays chrétien dans le monde après les États-Unis. Il n'y a que 2,2 millions de fidèles orthodoxes en Europe de l'Ouest, soit 1,2 % de la population. L'Europe du Nord recense 2,1 millions de fidèles (2,1 %) et l'Europe du Sud 19,6 millions, soit 12,8 % de la population de cette région. Au total la population orthodoxe en Europe (pays de l'Est compris) s'élève à 201 197 000 individus (27,5 % des Européens).

L'Afrique est le deuxième continent pour le nombre de chrétiens orthodoxes avec 48 286 000 fidèles, soit 4,7 % des Africains. L'Océanie, essentiellement l'Australie et la Nouvelle-Zélande, ne compte que 928 000 fidèles mais ce chiffre, rapporté au total de la population, correspond à un pourcentage de 2,6 %. Les orthodoxes sont moins visibles en Asie (0,4 % de la population globale), en Amérique du Nord (0,3 %) et en Amérique latine (0,2 %).

Alors que, en 1910, 89,2 % de la population orthodoxe vivait en Europe, en 2010 ce pourcentage est tombé à 73,3 % (87 700 communautés). La part de la population orthodoxe sur le continent africain a considérablement augmenté, passant de 4,3 % à 17,6 % (17 300 communautés) de l'ensemble de la population orthodoxe. Le Kenya, qui ne connaissait pas d'Églises Orthodoxes au début du XXe siècle, compte aujourd'hui 620 000 fidèles. Il s'agit de la plus importante progression de population orthodoxe au XXe siècle (11,8 % par an). Plusieurs autres pays d'Afrique et du Moyen-Orient ont fait preuve des plus forts taux de progression de la population orthodoxe dans le monde : la Libye (9,19 % par an), les Émirats arabes unis (9,12 %), la Somalie (8,99 %), l'Arabie saoudite (8,99 %), la Côte d'Ivoire (8,78 %), le Nigeria (8,74 %). On compte désormais 93 600 fidèles en Afrique de l'Ouest qui n'en comptabilisait pas un seul en 1910.

La part de l'Asie est restée stable (6,1 à 5,8 %, soit 10 800 communautés). Ces dix dernières années, l'Asie de l'Est, qui compte 102 000 fidèles, a connu la plus forte progression d'orthodoxes dans le monde (avec un taux de progression annuel de 6,83 %, alors que la population n'augmente que de 0,57 % par an). La Chine en particulier est le pays du monde qui a connu la plus importante progression de fidèles orthodoxes des dix dernières années (devant la Norvège et l'Islande).

On estime à environ un million le nombre de chrétiens orthodoxes aux États-Unis et à environ 434 000 au Canada[3].

L'Amérique latine (560 communautés) et l'Océanie (460) sont les continents où les orthodoxes sont les moins nombreux. Cependant les Caraïbes, qui ne comptaient que 58 000 fidèles en 2010, connaissent néanmoins l'une des plus fortes progressions de la population orthodoxe au XXe siècle (avec un taux d'augmentation de 9,06 % par an, pour une augmentation de la population de 1,66 % par an).

L'Église russe orthodoxe comptabilise 119 973 000 de fidèles (dont 110 904 000 en Russie) ce qui en fait l'Église la plus importante du monde orthodoxe (43,7 %). Viennent ensuite l'Église d'Éthiopie avec 37 395 000 fidèles (13,6 %), l'Église Orthodoxe ukrainienne avec 30 397 000 fidèles (11,1 %), l'Église Orthodoxe roumaine : 19 305 000 (7 %), l'Église grecque orthodoxe : 15 198 000 (5,5 %), l'Église copte orthodoxe : 9 747 000 (3,6 %), l'Église serbe orthodoxe : 7 355 000 (2,7 %), l'Église bulgare orthodoxe : 6 249 000 (2,3 %), l'Église arménienne orthodoxe : 5 913 000 (2,2 %). Viennent ensuite les Églises Orthodoxes biélorusse (1,8 %), géorgienne (1,1 %), moldave (1,1 %), syro-malabare (1 %), antiochienne (0,5 %), macédonienne (0,5 %), syro-antiochienne (0,4 %), polonaise (0,2 %), assyrienne (0,2 %), albanaise (0,1 %), lettonienne (0,1 %), estonienne (0,1 %).

Les pays où la population orthodoxe forme la plus grande partie de la population nationale sont, en 2010, la Moldavie (92,9 %), la Grèce (92 %), la Roumanie (91,5 %), Chypre (84,9 %), la Géorgie (82,9 %), la Bulgarie (81 %), la Russie (79 %), l'Arménie (75,8 %), le Monténégro (70,9 %), l'Ukraine (69,9 %).

ORGANISATION DES ÉGLISES ORTHODOXES

*Brève présentation des Églises Orthodoxes chalcédoniennes (*Eastern Orthodox*) et non chalcédoniennes (*Oriental Orthodox*)*

Les distinctions entre les Églises Orthodoxes se faisaient jusqu'il y a peu en fonction de leur acceptation des conciles œcuméniques qui se sont succédé entre 325 et 787. Encore dans les années 1960, on distinguait aisément les Églises ayant accepté le concile de Chalcédoine de 451 des Églises l'ayant refusé. Aujourd'hui les nombreuses rencontres œcuméniques entre les Églises et le phénomène de mondialisation ont rendu plus complexes les lignes de partage. Leur tracé tient compte désormais à la fois du degré de réception de ces conciles par les Églises et du degré de reconnaissance de cette évolution mémorielle d'une Église par les autres Églises. Ainsi, par exemple, le patriarcat de l'Église Orthodoxe d'Antioche (dont le siège se trouve à Damas) est prêt à reconnaître l'Église syrienne orthodoxe (dont le siège est également à Damas), et réciproquement, mais il ne le fait pas par solidarité avec le patriarcat de Moscou arrivé plus tard dans la discussion œcuménique. Faute d'une nouvelle terminologie unanimement reconnue, et pour tenir compte du fait que ces Églises ont eu historiquement un cheminement différent après le concile de Chalcédoine de 451, on continue dans le monde francophone à distinguer les Églises dites « non chalcédoniennes » — Églises assyrienne, arménienne, copte, éthiopienne, érythréenne, syrienne-occidentale, malankare (de l'Inde du Sud) — des Églises dites « chalcédoniennes ». Dans le monde anglo-saxon on préfère utiliser le terme de « Oriental Orthodox Churches » pour désigner les premières et « Eastern Orthodox Churches » pour désigner les secondes.

Les Églises « orthodoxes orientales » ou « non chalcédoniennes[4] »

La majorité des membres des Églises Orthodoxes « non chalcédoniennes » vit en Éthiopie, en Érythrée, en Égypte, en Arménie, en Inde, en Syrie et au Liban. Il existe aussi d'importantes communautés de diaspora au Moyen-Orient, en Europe, en Asie, en Amérique du Nord et du Sud, et en Australie. Les Églises Orthodoxes orientales sont des Églises anciennes qui ont été fondées aux temps apostoliques par les apôtres ou par les premiers disciples des apôtres. Leur positionnement ecclésial se fonde historiquement sur les enseignements des deux (pour l'Église assyrienne) ou trois (pour les six autres) premiers conciles œcuméniques (Nicée en 325, Constantinople en 381 et Éphèse en 431).

Les Églises Orthodoxes orientales, toutes membres du Conseil œcuménique des Églises, représentent environ soixante millions de chrétiens.

L'Église arménienne apostolique trouve ses origines chez les apôtres Thaddée et Barthélemy. Elle a été fondée au IIIe siècle par saint Grégoire l'Illuminateur. Premier État chrétien en 301, le royaume arménien resta d'abord étranger à la crise « monophysite » en raison de son combat contre les envahisseurs perses. L'Église apostolique arménienne est dirigée par le catholicos de tous les Arméniens d'Etchmiadzine, près d'Erevan en Arménie, et dispose de trois centres de décision : le catholicos de Sis en Cilicie, replié au Liban depuis le génocide arménien par les Turcs en 1915, le patriarche de Jérusalem, et le patriarche de Constantinople. On compte environ huit millions d'Arméniens dans le monde dont trois millions sept cent mille en Arménie.

L'Église assyrienne de l'Orient est l'héritière de l'Église dite nestorienne. De rite syrien, elle s'étendit jusqu'en Mésopotamie au VIe siècle. Au XIVe siècle, cette Église parvint en Inde et en Chine. Elle compte aujourd'hui près de deux millions de fidèles, en Inde, au Liban, en Irak, mais l'émigration importante en Suède et en Allemagne a provoqué la création de plusieurs diocèses dans la diaspora, aux États-Unis et en Amérique latine. Il convient de distinguer au sein de la tradition antiochienne l'Église assyrienne de l'Église syrienne, dite parfois également Église jacobite. L'Église syrienne orthodoxe, qui trouve elle aussi son origine dans sa fondation par l'apôtre Pierre, à Antioche, en 37, fut unie au patriarcat d'Antioche jusqu'au VIe siècle. Elle est aujourd'hui composée d'environ un million de fidèles qui ont conservé le rite syrien. Comme l'Église assyrienne, ils se trouvent surtout en Irak, au Liban, en Inde et en Syrie. La diaspora est importante en Scandinavie et aux États-Unis. Son siège se trouve près de Damas depuis 1959. Au sein du christianisme de tradition syrienne et non chalcédonienne, il convient de faire une place à part à une troisième Église. L'Église malankare orthodoxe syrienne est liée à l'Église jacobite depuis 1665 et au moins jusqu'en 1912 (environ un million de fidèles conservent encore leur appartenance au siège de Damas). Elle se trouve surtout en Inde dans la province du Kerala. La tradition veut qu'elle remonte à l'apôtre saint Thomas, qui l'aurait évangélisée dès 52 après Jésus-Christ. Sa tradition liturgique syrienne témoigne de son ancienneté dès les premiers siècles. Elle a connu bien des vicissitudes liées à la colonisation et à l'évangélisation latine.

L'Église copte orthodoxe fut fondée à Alexandrie dès le Iᵉʳ siècle, par l'apôtre Marc selon la tradition. Cette Église considéra progressivement, à partir du IVᵉ siècle, l'Empire byzantin comme un oppresseur. L'Égypte fut conquise par les Perses en 616. En 642 l'Église accueillit en libérateurs les Arabes qui lui donnèrent ce nom de « copte », déformation du nom *aegyptos* (égyptien). Elle compte aujourd'hui près de huit millions de fidèles. L'Église éthiopienne orthodoxe considère que son premier fidèle fut l'eunuque ministre de la reine de Saba dont les Actes des Apôtres (8, 26-40) rapportent la conversion au christianisme. Cette Église est depuis 1950 autonome par rapport à son « Église mère », le patriarcat d'Alexandrie. Son patriarche réside à Addis-Abeba. En difficulté sous le pouvoir marxiste, elle est aujourd'hui en pleine reconstitution. Depuis que l'Érythrée a obtenu la reconnaissance de son indépendance en 1993, l'Église Orthodoxe d'Érythrée dispose d'une relation directe avec l'Église copte orthodoxe et a élu son premier patriarche en 1998.

Les deux familles d'Église chalcédonienne et non chalcédonienne ne sont pas en communion eucharistique l'une avec l'autre. La rupture intervenue en 451 s'est produite à propos de l'enseignement christologique du concile de Chalcédoine[5]. Les représentants des Églises Orthodoxes orientales crurent que les pères de Chalcédoine introduisaient une division dans la personne du Christ en parlant de ses deux « natures » ou « *physeis* ». Ils préféraient parler, avec Cyrille d'Alexandrie († 444), qui ne distinguait pas encore les termes de *physis* (substance) et de *ousia* (nature), « d'une *physis* de Dieu le Verbe incarné ». Inversement, l'école antiochienne de théologie, qui l'emporta au concile de Chalcédoine, craignait qu'avec cette expression une des deux natures divine et humaine du Christ ne disparaisse. Ils traitèrent donc de « monophysites » ceux qu'on accusait de ne reconnaître qu'une seule nature dans le Christ. Pourtant Jean d'Antioche avait proposé, après le concile d'Éphèse, une formule qui réconciliait les positions des deux écoles en insistant sur l'unité personnelle des deux natures divine et humaine du Christ[6]. Cette formule triompha à Chalcédoine grâce en particulier à l'intervention du pape Léon de Rome. Mais l'opposition politique entre le patriarche d'Alexandrie et celui de Constantinople, soutenu par l'empereur, l'emporta sur toute considération théologique. Le schisme se produisit, entraînant, comme l'écrit Christine Chaillot, un séisme plus profond encore : « Si ce schisme n'avait pas eu lieu, l'islam n'aurait jamais pu pénétrer et s'implanter aussi facilement et rapidement comme il l'a fait en Orient et tout autour de la

Méditerranée à partir du VIIe siècle[7]. » On sait en effet que Mahomet critiqua la doctrine chrétienne qu'il ne connaissait que par l'intermédiaire de chrétiens de tradition monophysite et nestorienne.

Au fil des siècles, les relations entre Églises Orthodoxes orientales et chalcédoniennes ont été marquées par la confrontation et l'éloignement, mais aussi par le dialogue et le rapprochement. Comme l'a compris dès 1933 le père Serge Boulgakov, l'opposition entre « monophysites » (pour les uns) et « diphysites » (pour les autres) était d'ordre plus sémantique que théologique. Pour le professeur de dogmatique de l'Institut orthodoxe Saint-Serge, dans les débats qui suivirent le concile de Chalcédoine, « la réaction contre le dogme (les différentes formes du monophysisme) fut motivée non pas tant par un refus hérétique que par un malentendu dogmatique et même terminologique [...]. Dans les cercles monophysites on faisait comme par le passé (dans la tradition cyrillienne) équivaloir les termes : nature, hypostase et personne[8] ». Cette redécouverte de l'orthodoxie comme vérité et non plus seulement comme tradition provoqua une prise de conscience chez certains élèves de Boulgakov, en particulier Jean Meyendorff. Après des siècles d'isolement les unes des autres, les Églises « orthodoxes » et « orientales » se sont rencontrées finalement en 1965 à Addis-Abeba. Lors de cette rencontre historique, les responsables de ces Églises ont réaffirmé leur appartenance à la même foi. En 1985, après deux décennies de rencontres non officielles, les deux groupes se sont engagés dans un dialogue théologique officiel qui a débouché en 1989-1990 sur des accords christologiques. En 1993, les deux familles d'Églises, réunies à Chambésy, ont proposé que soient levés les anathèmes de la période byzantine, ce qui conduirait à la restauration immédiate de la communion sacramentelle. Cette proposition ne fut pas suivie d'effet. La principale question qui demeure en effet est celle de la réception de ces accords dans l'ensemble des Églises concernées. Le défi demeure de donner plus de visibilité et d'expression tangible à l'unité de foi des Églises Orthodoxes orientales. Parmi les questions qu'elles doivent affronter ensemble figurent l'influence de la sécularisation, la résurgence du fondamentalisme religieux et la migration croissante des fidèles quittant leur pays d'origine pour s'installer dans d'autres parties du monde[9].

En plus de son dialogue avec les orthodoxes chalcédoniens, la famille orthodoxe orientale est aussi engagée dans des dialogues théologiques avec l'Alliance réformée mondiale, l'Église catholique et la Communion anglicane. L'Église syrienne orthodoxe est parvenue, le 23 juin 1984, à un accord d'intercommunion avec l'Église catholique romaine. Le pape Jean-Paul II et le patriarche Zakka Iwas Ier ont signé une déclaration de foi commune dont le point 9 tire les conséquences suivantes :

> Cette identité de foi, quoique incomplète, nous autorise à envisager une collaboration pastorale dans les situations qui se présentent fréquemment de nos jours en raison tant de la dispersion de nos fidèles à travers le monde que des conditions pastorales précaires que créent les difficultés des temps. Il n'est pas rare en effet que, pour nos fidèles, l'accès à un prêtre de leur Église s'avère matériellement ou moralement impossible. Soucieux de répondre à leurs nécessités et en vue de leur utilité spirituelle, nous les autorisons

dans ce cas à demander aux pasteurs légitimes de l'autre Église le secours des sacrements de pénitence, d'eucharistie et d'onction des malades, selon leurs besoins. Coopérer aussi dans la formation des prêtres et dans l'enseignement théologique serait un corollaire logique de la collaboration pastorale. Nous encourageons les évêques à promouvoir la mise en commun des moyens à leur disposition pour l'éducation théologique partout où ils jugeront que c'est souhaitable. Ce faisant, nous n'oublions pas que nous devons encore faire tout ce qui est en notre pouvoir pour arriver à la pleine communion visible entre l'Église catholique et l'Église syrienne d'Antioche et implorer sans cesse le Seigneur qu'il nous rende cette unité qui seule nous permettra de donner devant le monde un témoignage pleinement unanime à l'Évangile[10].

Les Églises « orthodoxes d'Orient » ou « chalcédoniennes »

Selon Nicolas Lossky, auteur d'une notice sur les Églises Orthodoxes pour le *Dictionary of the Ecumenical Movement*, l'Église Orthodoxe chalcédonienne « affirme descendre directement et de façon ininterrompue de l'Église des apôtres[11] ». Cela s'exprime « dans sa fidélité à la foi apostolique telle qu'énoncée et explicitée dans les sept conciles œcuméniques ainsi que dans sa tradition patristique ». Ainsi, les Églises chalcédoniennes sont unies dans la foi, et « chacune jouit d'une autonomie interne sous la primauté du Patriarcat de Constantinople, qui est *primus inter pares*[12] ».

Depuis leur séparation d'avec l'Occident chrétien, les Églises Orthodoxes chalcédoniennes suivent, pour l'essentiel, la tradition liturgique syro-byzantine dont l'évolution doit beaucoup aux Pères de l'Église d'Orient et aux grands centres monastiques (celui du mont Athos en Grèce, qui regroupe une vingtaine de monastères et quantité d'ermitages, est aujourd'hui le plus important). Les Églises Orthodoxes chalcédoniennes « autocéphales » sont les Églises qui élisent leur primat sans référence à une autre Église autocéphale. Elles sont quatorze ou quinze — selon leur degré de reconnaissance. Il s'agit des sièges de Constantinople, Alexandrie, Antioche, Jérusalem, Moscou, Serbie, Roumanie, Bulgarie, Géorgie, Chypre, Grèce, Pologne, Albanie, Tchéquie et Slovaquie ; Amérique. Les Églises Orthodoxes chalcédoniennes autonomes, c'est-à-dire celles qui jouissent d'une autonomie interne mais dont le primat est élu sous l'égide de l'une des Églises autocéphales, sont quatre à sept — selon leur degré de reconnaissance. Il s'agit des Églises du Sinaï (Jérusalem), de Finlande (Constantinople), d'Estonie (Constantinople), du Japon (Moscou), de Chine (Moscou), d'Ukraine en Amérique et au Canada (Constantinople), de l'archidiocèse d'Ochrid (Serbie[13]).

Les Églises Orthodoxes sont constituées aujourd'hui par quatre des cinq patriarcats de l'époque byzantine à savoir : Constantinople (patriarche Bartholomée Ier ; environ deux millions de fidèles, dont quelques milliers seulement se trouvent en Turquie et près de la moitié en Amérique[14]) ; Alexandrie (patriarche Pierre VII ; environ cent mille fidèles ; cette Église a accepté le concile de Chalcédoine contre la majorité des Égyptiens et est devenue une minorité grécophone à partir du ve siècle ; mais le patriarche exerce une autorité sur toute l'Afrique) ;

Antioche (l'ancien siège d'Antioche étant devenu une petite bourgade turque, le siège primatial est désormais à Damas : patriarche Ignace IV (décédé en 2012) ; environ quatre cent cinquante mille fidèles, dont au moins cent mille aux États-Unis) ; et Jérusalem (patriarche Irénée Ier ; environ cinquante mille fidèles ; la hiérarchie de cette Église est grécophone, le bas clergé palestinien et arabophone ; elle se consacre essentiellement à la garde des lieux saints ; son important patrimoine immobilier est une source de conflits avec le gouvernement israélien). Le concile œcuménique de Chalcédoine a accordé au patriarche de Constantinople le droit de recevoir en appel les causes jugées dans les autres Églises (canon 17) et a mis sous sa juridiction des évêchés missionnaires situés dans le prolongement des diocèses romains de Thrace, d'Asie et du Pont (canon 28). Ce canon est interprété aujourd'hui par certains canonistes comme un droit de prééminence sur l'ensemble de la diaspora en pays « barbares ».

Plusieurs Églises autocéphales sont majoritaires en leur pays. La plus importante en nombre est l'Église russe, reconnue autocéphale par le patriarche œcuménique Jérémie II en 1589 (elle a élu en concile, en janvier 2009, le patriarche Cyrille ; environ cent millions de fidèles en 1917, environ cent six millions de baptisés en 2010). Comme le montre son site internet en langue française (http ://mospat.ru/fr/), l'Église russe est particulièrement dynamique depuis la fin de l'URSS et dispose de solides soutiens de la part de l'État russe. Il y a aussi l'Église de Serbie, fondée en 1219 par saint Sava (patriarcat à Belgrade : patriarche Irénée, environ huit millions de fidèles) ; l'Église de Roumanie est autocéphale depuis 1885 (patriarche Daniel, environ quatorze millions de fidèles[15]) ; l'Église de Grèce, séparée du patriarcat de Constantinople depuis 1833, a son propre primat, l'archevêque d'Athènes (Jérôme, environ sept millions et demi de fidèles) ; l'Église de Bulgarie n'a été reconnue par Constantinople qu'en 1945 (patriarche Maxime, décédé en 2012, environ six millions de fidèles) ; l'Église de Géorgie, beaucoup plus ancienne que l'Église russe, fut fondée au IVe siècle grâce à l'activité missionnaire d'une femme, sainte Nina, considérée comme « égale des apôtres » dans le sanctoral orthodoxe (patriarche : le catholicos Élias II ; deux millions et demi de fidèles en 1917) ; l'Église de Chypre, autocéphale depuis le concile d'Éphèse en 431 (archevêque Chrysostome, environ quatre cent cinquante mille fidèles).

Certaines Églises autocéphales représentent une minorité orthodoxe parmi d'autres chrétiens dans un pays donné : ce sont l'Église Orthodoxe de Tchéquie et Slovaquie, reconnue par Constantinople depuis 1998 (Mgr Christophore, environ trois cent cinquante mille fidèles en 1950), l'Église Orthodoxe de Pologne, reconnue autocéphale depuis 1924 par Constantinople (métropolite Sabbas, environ trois cent cinquante mille fidèles) et l'Église Orthodoxe d'Albanie (environ deux cent dix mille fidèles en 1944) qui a commencé à renaître en 1991 sous la direction de l'archevêque Anastase (Yannoulatos).

Parmi les Églises autonomes on compte l'Église de Finlande (environ soixante-dix mille fidèles, relevant de la juridiction de Constantinople depuis 1923), l'Église de Crète (qui dépend elle aussi de Constantinople), l'Église Orthodoxe du Japon (environ trente-six mille fidèles, relevant de la juridiction de Moscou) et la Mission orthodoxe russe en Chine (probablement quelque vingt mille fidèles). L'archevêque du monastère Sainte-Catherine au Sinaï jouit d'un statut d'autonomie et reçoit son sacre du patriarche de Jérusalem. Il faut faire une place spécifique aux *missions non encore autonomes* : c'est le cas en particulier de la mission orthodoxe en Corée (relevant de la juridiction de l'archidiocèse grec d'Amérique du Nord) et de l'orthodoxie africaine, fondée en Ouganda par des dissidents de l'Église anglicane et actuellement présente au Kenya, en République démocratique du Congo, au Ghana et au Zimbabwe, qui relève de la juridiction du patriarcat d'Alexandrie. L'Église Orthodoxe autocéphale ukrainienne aux États-Unis et au Canada est reconnue par le patriarcat œcuménique de Constantinople depuis 1994[16].

Enfin, il y a la diaspora orthodoxe. Depuis le XIXe siècle, beaucoup d'orthodoxes ont émigré dans des pays occidentaux pour des raisons politiques et économiques. De ce fait, on trouve des orthodoxes pratiquement dans le monde entier. Un rapport récent sur l'Église Orthodoxe en Amérique chiffre à 797 600 le nombre de fidèles de cette Église aux États-Unis. Il montre que la mosaïque juridictionnelle des Églises Orthodoxes n'empêche pas la lente formation d'une Église locale américaine (la langue anglaise est utilisée dans 73 % des paroisses[17]). Cette diaspora orthodoxe, forte de plusieurs millions de fidèles dans le monde (environ six cent mille en France[18]), a remis en cause au XXe siècle l'organisation confessionnelle de l'Église Orthodoxe. Avant d'expliquer en quoi cette diaspora bouleverse aujourd'hui l'organisation de l'Église Orthodoxe, il convient de dire quelques mots sur la crise identitaire contemporaine du monde orthodoxe et sur la préparation du prochain concile panorthodoxe.

La crise de la représentation traditionnelle de soi de l'Église Orthodoxe[19]

En 1973 l'assemblée des évêques orthodoxes d'Amérique considérait que « l'Église Orthodoxe est la réalisation visible, historique de l'Église Une que Jésus-Christ a fondée sur la terre et confiée à ses disciples sous la guidance de l'Esprit Saint[20] ». Les Églises Orthodoxes se comprennent comme une communion de communautés unies entre elles par des liens de reconnaissance mutuelle et par la conviction, enracinée dans la même foi, dans les mêmes Écritures et dans la même tradition, qu'elles constituent l'Église une, sainte, catholique et apostolique[21]. Les Églises Orthodoxes sont également unies par leur idéal d'unité vécue présenté dans les Actes des Apôtres (2, 42, s.) : assiduité à l'enseignement, union fraternelle, fraction du pain, prières, et vie commune dans le partage des biens. Les Églises, qui toutes se définissent comme orthodoxes, reconnaissent une primauté au patriarcat œcuménique de Constantinople (Istanbul) et prennent des décisions communes au moyen de synodes et conciles panorthodoxes[22]. Ces liens de reconnaissance ne sont pas homogènes et statiques mais peuvent varier dans l'espace et dans le temps[23]. Il existe donc dans l'ecclésiologie orthodoxe une distinction entre l'Église Orthodoxe (comprise comme une réalité de foi, l'Église Une, Sainte, Catholique et Apostolique) et les Églises

Orthodoxes incarnées dans l'histoire[24]. Celles-ci *incarnent* et *tendent* à la fois vers l'Église comme Royaume de la Divino-humanité. Comme l'écrivent les ecclésiologues catholiques et orthodoxes, « d'une part l'Église célèbre l'Eucharistie comme expression en ce temps-ci de la liturgie céleste. Mais d'autre part l'Eucharistie édifie l'Église, en ce sens que par Elle l'Esprit du Christ ressuscité façonne l'Église en Corps du Christ[25] ». Il y a donc bien une relation de tension entre l'Église et les Églises, ainsi qu'entre l'Église présente, la tradition, et le Royaume à venir[26].

En insistant trop sur le pôle de l'unité de l'Église Orthodoxe, on en vient à diminuer de façon anhistorique, monophysite pourrait-on dire, la réalité de la diversité ecclésiale de l'Orthodoxie. Celle-ci est pourtant attestée dès les trois premiers chapitres du livre de la Révélation. Si l'Église Orthodoxe est une, elle n'est pas monolithique. Par ailleurs, comme l'a écrit le théologien orthodoxe grec Nikos Nissiotis, « le terme [Orthodoxie] est exclusif pour tous ceux qui se détournent volontairement du courant historique de vie de l'Église Une, mais est inclusif pour tous ceux qui professent leur appartenance spirituelle à ce courant[27] ». De plus, bien que toutes les Églises Orthodoxes aient adopté en 1986, à Chambésy, une position commune exprimant les raisons de leur participation au mouvement œcuménique, elles ont également adopté chacune séparément des textes spécifiques, et parfois différents entre eux, régulant le mode de leur participation à ce mouvement. Ainsi, par exemple, les Églises de Géorgie et de Bulgarie sont les seules Églises Orthodoxes à ne pas faire partie du Conseil œcuménique des Églises. L'Église de Finlande, à la différence de l'Église russe ou antiochienne, a adopté un calendrier liturgique qui lui permet de célébrer les fêtes de Noël et de Pâques en même temps que les Églises catholiques et protestantes. Et, au sein d'une même Église, on peut observer une variété de points de vue qui ne doit pas être effacée au seul motif de l'unité essentielle du monde orthodoxe. Le patriarche de l'Église roumaine Daniel Ciobotea défend contre certains évêques de son Église la notion de catholicité ouverte (*sobornicitatea*[28]) ; les moines du mont Athos s'opposent régulièrement aux points de vue du patriarche œcuménique dont ils relèvent ; etc. Pour les penseurs de l'École de Paris (Boulgakov, Berdiaev...), il est nécessaire de connaître et de respecter les consensus des Pères de l'Église, du moins tels qu'ils ont été forgés par la tradition ecclésiale. Mais il est aussi utile de tenir compte des contextes particuliers dans lesquels vivent les Églises. Les traditions locales, souvent non écrites, elles aussi actualisent, ou ont actualisé à une époque, l'orthopraxie de cette foi. La tradition vivante de l'Église Orthodoxe n'est rien d'autre qu'un travail permanent de l'histoire au temps présent sur les mémoires coexistant dans l'Église[29].

Ainsi l'Église n'est pas en premier lieu une institution. Parce qu'elle se révèle dans l'histoire comme une réalité interpersonnelle et communautaire, elle devient institutionnelle. Cela a plusieurs conséquences. Premièrement, la notion de communauté l'emporte sur celle de territoire sans pour autant pouvoir en faire abstraction ; l'Église à la fois est incarnée en un lieu et se comprend comme étendue jusqu'aux confins de l'*oikouménè*, ce qui impose une jonction du principe territorial au principe pastoral.

Deuxièmement, la prise de conscience de soi comme Église locale, capable d'un certain degré d'autonomie voire d'autocéphalie, n'est possible que dans l'adhésion à la foi de la tradition orthodoxe œcuménique distincte des traditions particulières de chaque communauté, ce qui impose aux Églises un travail d'évidement permanent sur leur propre chair historique. Troisièmement, cette adhésion n'est pas suffisante en soi car elle implique une reconnaissance de la part des autres Églises[30]. Cela implique qu'il puisse y avoir des *degrés* de reconnaissance mutuelle. Dans certains cas, cette organisation peut susciter des situations de communion médiate, lorsque deux Églises qui ne sont pas en communion entre elles le sont de façon médiate à travers leur communion simultanée avec une troisième Église[31]. Ajoutons dès à présent, pour mieux comprendre la vie et le fonctionnement complexe de l'Église, avec sa double nature non confessionnelle et institutionnelle, que dans la tradition orthodoxe la *lex orandi* dispose d'une priorité sur la *lex credendi*. C'est donc, comme l'a rappelé G. Florovsky, la prière, c'est-à-dire le degré de dynamisme spirituel, qui détermine la doctrine et la discipline et non l'inverse[32].

La nécessité d'un concile panorthodoxe[33]

Un certain nombre d'évolutions s'étant produites dans le monde, dont l'avancée du mouvement œcuménique et l'avènement de nombreuses diasporas[34], et compte tenu des divergences apparues entre les différentes Églises locales sur certains sujets, à partir des années 1930 les patriarches œcuméniques de

Constantinople ont souhaité réunir un concile panorthodoxe[35]. Mais, tant dans les années 1930 que dans les années 1960, les velléités des patriarches œcuméniques n'ont abouti à aucun résultat tangible. Le processus fut relancé après la mort du patriarche Athénagoras en 1972 par le patriarche Dimitrios de Constantinople. Lors de la première réunion préconciliaire, qui se tint du 21 au 28 novembre 1976 au centre du patriarcat œcuménique de Chambésy, près de Genève, les Églises Orthodoxes s'accordèrent sur dix thèmes nécessitant un consensus.

1. la diaspora orthodoxe ;
2. l'autocéphalie et la manière dont elle doit être proclamée ;
3. l'autonomie et la manière dont elle doit être proclamée ;
4. les diptyques ;
5. un calendrier commun ;
6. les empêchements au mariage ;
7. la réadaptation des prescriptions ecclésiastiques concernant le jeûne ;
8. les relations des Églises Orthodoxes avec l'ensemble du monde chrétien ;
9. l'Orthodoxie et le mouvement œcuménique ;
10. la contribution des Églises Orthodoxes locales à la réalisation des idéaux chrétiens de paix, de liberté, de fraternité et d'amour entre les peuples et la suppression des discriminations raciales.

Un certain nombre de décisions préconciliaires consensuelles ont été adoptées au cours des trois conférences préconciliaires qui ont suivi, en 1982, 1986, 2009. Mais ce travail préparatoire, qui dure depuis près de quarante ans, n'a abouti à aucune avancée majeure. C'est la raison pour laquelle, malgré l'annonce par le patriarche Bartholomée de la tenue prochaine du concile panorthodoxe, de nombreux observateurs s'opposent à sa tenue, considérant qu'il ne ferait qu'aggraver la situation déjà extrêmement tendue entre les Églises sur les sujets débattus. Le processus préconciliaire fut même longtemps interrompu en raison de la contestation par le patriarcat de Moscou de l'autorité du siège de Constantinople, notamment lors de la crise estonienne entre 1996 et 2008. De plus, la plupart des Églises, longtemps persécutées par les régimes communistes et divisées entre elles par la guerre froide, sont surtout désireuses aujourd'hui de stabilité et de préservation de leur identité ; elles ne sont pas prêtes à changer leurs pratiques par souci d'homogénéité panorthodoxe voire panchrétienne ou à s'adapter aux temps modernes.

Les Églises ne sont en conséquence parvenues à trouver aucune pratique commune ni à propos de la date de Pâques (célébré à des dates différentes en Finlande et en Ukraine), ni sur les empêchements au mariage (mariages mixtes entre chrétiens déconseillés en Grèce mais tolérés en France), ni sur les prescriptions concernant le jeûne (dates différentes pour les périodes de carême en Russie et au Kenya). Leurs positions vis-à-vis du Conseil œcuménique des Églises et du mouvement œcuménique dans son ensemble restent également très disparates (l'Église de Bulgarie s'est retirée du COE alors que l'Église de Serbie en fait partie). Le texte concernant le point 10, adopté en 1986, devrait être totalement réécrit en raison de son ancienneté. Les décisions prises au sujet de la diaspora et de l'attribution de l'autocéphalie et de l'autonomie sont tellement contradictoires qu'elles ont été considérées par les observateurs comme une reprise en main par les Églises mères de leur autorité plutôt que comme une réelle prise de conscience du basculement ecclésiologique qui s'était opéré au XXe siècle avec l'avènement d'Églises Orthodoxes dans des pays de tradition catholique ou protestante. D'un côté, les Églises Orthodoxes créent des assemblées épiscopales de tous les évêques canoniques d'un territoire sous présidence de l'évêque de Constantinople mais, d'un autre côté, ces mêmes Églises demandent que ces assemblées « ne privent pas leurs membres de leurs compétences d'ordre administratif et canonique et ne limitent pas leurs droits en ce qui concerne la diaspora ». De même, alors que le problème de la proclamation de l'autocéphalie de l'Église Orthodoxe en Amérique avait été la source de la brouille entre Constantinople et Moscou entre 1970 et 1976, les assemblées préconciliaires n'ont toujours pas décidé comment une Église nouvelle peut accéder pratiquement à l'autocéphalie. En effet elles recommandent ce qui ne s'est jamais produit dans l'histoire du dernier millénaire à savoir que *toutes les Églises* donnent leur accord à l'Église qui souhaite devenir autocéphale. Les Églises ne sont pas même parvenues à s'accorder sur la liste actuelle des Églises autocéphales. Sur la question des diptyques, c'est-à-dire sur l'ordre de préséance des Églises, la confusion demeure entière. Toutes les Églises n'accordent pas la même place à l'Église de Géorgie (à la neuvième place pour Constantinople, à la sixième place pour Moscou), à l'Église Orthodoxe de Pologne (douzième place pour Constantinople, treizième pour Moscou) ou à l'Église Orthodoxe de Chypre (qui considère qu'elle doit être célébrée avant la Géorgie).

De nouvelles difficultés sont apparues en 2011. Le métropolite russe Hilarion Alfeyev a fait savoir que, si le patriarcat œcuménique décidait de ne plus utiliser la règle de l'unanimité dans la prise de décision, l'Église russe imposerait que la règle de représentativité des Églises soit proportionnelle au nombre de diocèses de chacune. Cela aboutirait à une domination sans partage du patriarcat de Moscou sur le concile, ce qui est impensable pour les autres Églises[36]. Il est probable également que, dans le sillage de l'Église russe, d'autres Églises puissent contester le leadership du patriarche de Constantinople, comme le patriarcat de Roumanie, voire l'Église de Grèce (qui dispose de nombreux liens avec le mont Athos où plusieurs monastères sont en opposition ouverte à l'égard de Bartholomée Ier). L'Église russe souhaite également que l'Église Orthodoxe en Amérique soit présente au concile (alors qu'elle n'est toujours pas reconnue par Constantinople). Enfin, un dernier point risque de compromettre les velléités conciliaires de l'Église Orthodoxe : le patriarcat de Moscou exige que les détails de la mise en scène du concile soient connus à l'avance par toutes les Églises. Cela ne manquera pas, là encore, de retarder la tenue du concile puisque le patriarcat de Moscou refuse en réalité qu'une place de présidence soit accordée au seul patriarche œcuménique. Mgr Alfeyev écrit :

> Il est indispensable de discuter aussi de nombreuses autres questions. Par exemple : comment seront placés

les primats des Églises ? Dans quel ordre, suivant quels diptyques ? Il est très important qu'à cette occasion soient soulignées la conciliarité et la collégialité dans l'administration de l'Église Orthodoxe. L'image même de præsidium du concile doit manifester au monde entier ce sur quoi, au cours des siècles, les théologiens orthodoxes ont insisté dans leur polémique avec l'Occident : l'Église Orthodoxe n'a pas de chef sur terre, car son seul chef est le Seigneur Jésus-Christ Lui-même. Ce n'est que par la reconnaissance du Christ comme seul chef de l'Église que l'Église Orthodoxe a le droit de s'appeler corps du Christ[37].

GÉOPOLITIQUE DU MONDE ORTHODOXE [38]

La crise du monde orthodoxe n'est pas seulement interne, elle apparaît également dans ses relations avec le monde. À l'impossibilité des Églises chalcédoniennes et non chalcédoniennes de retrouver leur communion, à leur incapacité de régler leurs différends de façon conciliaire, s'ajoute encore en effet l'incompréhension de nombreux États des positions politiques adoptées par les Églises Orthodoxes au XXe siècle. Plusieurs experts de l'Église Orthodoxe considèrent que le monde orthodoxe a été, au cours de son histoire, à la fois victime et responsable des violentes persécutions qui se sont abattues sur lui en raison de son incapacité à trouver une juste distance et une coopération raisonnée entre Église, État et Nation. On présentera brièvement les points de vue de François Thual, Olivier Clément et Isabelle Dépret.

Ces trois auteurs contemporains ont tenté, sinon de justifier, du moins d'expliciter les positions considérées comme « antimodernes » des Églises Orthodoxes depuis la chute du mur de Berlin. Ils ont mis notamment en exergue la proximité voire la fusion existant depuis plusieurs siècles dans le monde orthodoxe entre Église, État et Nation.

Le « douaire de Byzance »

Le politologue français François Thual, professeur à l'École pratique des hautes études à Paris et directeur de recherches à l'Institut des relations internationales et stratégiques, a montré dans ses différents ouvrages que le monde orthodoxe est un espace géoculturel encore considérablement marqué par la longue période de la civilisation byzantine (IVe-XVe siècles). Pour François Thual, la chute de Byzance en 1453 a fait place à « une addition d'égoïsmes et d'égotismes nationaux, générateurs de haine ». L'Orthodoxie est devenue selon lui une sorte d'idéologie devant permettre à l'ancien commonwealth byzantin de « survivre » aux époques de domination turque, puis communiste et postcommuniste.

Dans un entretien au journal *Le Monde* du 20 janvier 1998, François Thual a défini les contours de cette transformation de la foi chrétienne en idéologie « orthodoxiste » dans des pays tels que la Russie, la Serbie ou la Roumanie. Il part du fait que le monde orthodoxe a connu une histoire très différente de celle de l'Église occidentale. La plupart des peuples orthodoxes ont dû mener une lutte de libération contre les Ottomans, dirigée contre un occupant qui était à la fois un étranger et un musulman. Pendant l'occupation ottomane, qui a concerné essentiellement les Balkans et le Caucase, l'Église a été le refuge de la langue, le refuge identitaire. Ces peuples une fois libérés, il est resté une sorte de lien génétique entre le confessionnel et le national. L'Église légitime la nation, inversement le sentiment national puise une légitimité dans l'Église. F. Thual est conscient de la vigueur du réveil de l'Église russe après la chute de l'URSS. De fait, en 1914 l'Église russe disposait de 54 457 églises. Les persécutions communistes ont fait chuter ce nombre à 6 800. En 1998, il est remonté à 16 500. Mais il considère que la politique de l'Église russe, dirigée contre les missionnaires occidentaux ou en faveur de la guerre contre les Tchétchènes en 1994 puis en 2000, a révélé les limites de l'élite soviétisée de l'Église russe[39].

Prenons le cas du patriarche de Moscou. Il ne faut pas oublier que la Russie s'est libérée du joug mongol. À l'origine, les Mongols étaient plutôt païens ; ils se sont convertis par la suite à l'islam. La libération de la Russie de la domination mongole a aussi été une *reconquista*. L'Église russe se veut aujourd'hui protectrice de l'identité russe, garante de l'espace russe, et comptable de l'avenir de la Russie. En ce qui concerne l'espace, en 1992, lorsqu'il y a eu un certain nombre de mouvements centrifuges, le patriarche a affirmé qu'il n'accepterait pas un émiettement du territoire national. Ce sont des positions surprenantes pour nous. Imaginons qu'à l'occasion des référendums sur l'indépendance de l'Algérie, ou de différents territoires d'outre-mer, les autorités catholiques françaises se soient prononcées pour le maintien de l'unité de l'Empire... Nous sommes là dans un système qui fonctionne d'une autre façon que le système catholique ou protestant[40].

L'instrumentalisation du pouvoir religieux en ex-Yougoslavie

Au même titre qu'il y a eu en Europe occidentale une sacralisation de l'État après la révolution française de 1789, il s'est produit à l'époque moderne en Europe orientale une sacralisation, par l'Église Orthodoxe, de l'identité nationale. Au point que les Églises Orthodoxes traditionnelles, voyant se retourner contre elles les nouvelles Églises nationales, condamnèrent fermement l'hérésie « ethnophylétiste » en 1872, mais sans être en mesure de proposer un modèle alternatif. L'Église de Serbie, en particulier, a considéré qu'elle disposait d'un rôle de protectrice de l'identité, de garante du territoire et de comptable de l'avenir. Avant les débuts du conflit avec la Croatie en 1991, l'Église serbe déclara qu'elle n'accepterait jamais la partition du « territoire historique » de la Serbie. Il a fallu que les représentants de la diaspora orthodoxe française fassent entendre leur voix au début de guerre croato-serbe, en novembre 1991, pour que l'Église serbe, par l'intermédiaire de son nouveau patriarche Paul, élu le 1er décembre 1990[41], rejette catégoriquement tout emploi de la force au nom de Dieu[42]. Trois ans plus tard, en 1994, le théologien orthodoxe français Olivier Clément, professeur à l'Institut de théologie orthodoxe Saint-Serge à Paris, a livré son analyse du conflit yougoslave au journal *La Croix*[43].

Pour lui, une bonne partie de ce qu'on appelle le

« nationalisme serbe » est le pendant de la doctrine occidentale du droit des peuples à disposer d'eux-mêmes. Par ailleurs, ce nationalisme doit être mis dans une perspective historique, notamment à l'égard du génocide perpétré pendant la Seconde Guerre mondiale par les Oustachis croates contre le peuple serbe. La « reconnaissance hâtive » de la Croatie par le Saint-Siège et par l'Allemagne provoqua selon lui, en 1990, une peur panique au sein de la minorité serbe. O. Clément ne cherche pas à justifier les massacres commis ultérieurement par les Serbes, notamment à Sarajevo, qui « suscitent la honte et exigent le repentir ». Mais il insiste sur la nécessaire prise en compte des mentalités nationalistes athées héritées de la période communiste. C'est pourquoi on ne peut, selon lui, ni diaboliser ni justifier le peuple serbe. Olivier Clément rappelle en particulier quatre éléments importants pour comprendre le conflit qui déchira les peuples de l'ancienne Yougoslavie. Son analyse le conduit à demander de soutenir la « courageuse Église serbe » qui s'opposa dès l'élection du patriarche Paul aux violences du régime communiste du président Milosevic :

> *a*. Ces horreurs ont été d'abord le fait de l'armée fédérale qui se considérait comme engagée dans une guerre de sécession et appliquait les méthodes de l'école soviétique, c'est-à-dire le bombardement préalable des villes, bombardement terroriste, « mémoricide » (qu'on pense à Vukovar, Dubrovnik et Karlovac) ; elles ont été ensuite, particulièrement en Bosnie, le fait d'une lie de la population engagée dans des milices d'irréguliers, « tchetniks » ou « aigles blancs », et le produit de la « démoralisation » communiste : n'oublions pas que deux Serbes sur trois et huit Monténé-

grins sur dix ne sont pas baptisés. *b*. Croates et Musulmans ont commis d'analogues atrocités, sur une échelle plus restreinte certes car ils étaient moins bien armés et occupaient des territoires moins étendus. Les Serbes ont aussi beaucoup souffert de la guerre : deux cents villages serbes détruits en Slavonie, cinquante en Herzégovine. On compte jusqu'à cinq cent mille réfugiés en Serbie et l'aide humanitaire les néglige. *c*. Le peuple serbe a été et reste encore conditionné par une propagande totalitaire qui dénonce le « complot » contre l'orthodoxie, l'alliance du Vatican et de l'islam (!) et reprend inlassablement les souvenirs atroces de l'histoire du pays : en Croatie, le génocide de la Seconde Guerre mondiale, en Bosnie, le rappel de plus d'un demi-millénaire d'exactions ottomanes dont certains féodaux serbes s'étaient rendus complices en se convertissant à l'islam. [...] *d*. La confusion entre le politique et le religieux, comme en Irlande du Nord, dans la Croatie dite « catholique » comme dans la Serbie dite « orthodoxe ». Alors que tous les combattants appartiennent en réalité à la même ethnie, l'appartenance « religieuse », d'ordre psychologique et sociologique, a créé de pseudo-ethnies qui, toutes, cherchent à s'épurer, au prix d'effroyables déplacements de population[44].

La « grande idée » des orthodoxes grecs et la question du leadership du patriarche de Constantinople[45]

Isabelle Dépret, associée au centre d'histoire de Sciences-Po et au Centre d'études interdisciplinaires des faits religieux (CNRS, EHESS, Paris), est un ancien membre scientifique de l'École française d'Athènes. Soutenue à l'Institut d'études politiques de Paris, sous la direction de Pierre Milza, élaborée en collaboration avec l'université d'Athènes, sa thèse de doctorat explore les rapports complexes du haut clergé chrétien orthodoxe avec le pouvoir politique, en Grèce, depuis le début du XIXe siècle. Son livre *Religion, nation, citoyenneté en Grèce* a montré l'incapacité de l'Église grecque à admettre le principe moderne de distinction entre appartenance nationale et appartenance ecclésiale. Lors du débat, en 1993, sur la mention de la religion sur la carte d'identité, la hiérarchie orthodoxe a exprimé son opposition aux directives du Parlement européen en invoquant le « lien consubstantiel entre l'Orthodoxie et la nation ». Malgré l'opposition de l'archevêque d'Athènes, Mgr Christodoulos, la mention de la religion sur la carte d'identité fut supprimée en Grèce le 1er janvier 2001.

La position plus favorable à l'initiative européenne du patriarche Bartholomée constitue, selon Isabelle Dépret, l'un des enjeux déterminants de cette polémique. Elle révèle le lien existant entre l'ecclésiologie orthodoxe (dont on a vu qu'elle conteste dans la pratique au patriarche œcuménique une véritable autorité sur les autres Églises locales) et la doctrine sociale de l'Église Orthodoxe (en particulier sa contestation des États ne reconnaissant pas son identité avec la nation). L'avènement des Églises nationales ne serait autre que la conséquence de la fin du leadership politique du patriarche de Constantinople qui assurait encore, sous l'Empire turc, le rôle d'ethnarque pour les orthodoxes grecs.

> L'Église Orthodoxe de Grèce peut être envisagée sous le prisme d'un conflit initial entre deux sources d'autorité : un pouvoir récent, les autorités civiles du

nouvel État grec, et un pouvoir traditionnel, le patriarche de Constantinople. D'une manière ou d'une autre, ces deux autorités peuvent prétendre représenter — ou diriger — la communauté nationale hellénique, une communauté qui se redéfinit alors. Aux premiers temps de l'État, l'autorité, d'une part, du roi de Grèce, et celle, d'autre part, du patriarche, tendent à se présenter, pour le clergé grec orthodoxe, comme deux allégeances opposées, mutuellement exclusives. L'adhésion du clergé orthodoxe à l'État grec moderne constitue tout sauf une évidence, en première moitié du XIXe siècle. Aspect du litige certes, l'origine « étrangère » des premiers souverains de Grèce ne suffit pas à rendre compte de ces rapports conflictuels. Dès le début du XIXe siècle, néanmoins, plusieurs conceptions nationales grecques s'affirment et certaines d'entre elles valorisent la tradition religieuse. Dans ce contexte, l'Église Orthodoxe constituera le lieu crucial — symbolique — d'une tension entre une logique d'État-nation et une logique impériale[46].

L'histoire moderne de l'Église grecque permet de comprendre cette fusion du principe national avec le principe ecclésial. La Grèce fut occupée par les Turcs Ottomans entre 1453 et 1821. L'Église du royaume de Grèce proclama son indépendance à l'égard du patriarche œcuménique le 23 juillet 1833. L'organe directeur de l'Église fut désormais un synode de cinq membres avec un procureur permanent du gouvernement, tous nommés par le roi[47]. L'Église fut, à partir de cette période, à la fois instrumentalisée et source de cette instrumentalisation par l'État. La Constitution, proclamée au nom de la sainte Trinité, fut en effet interprétée par l'Église Orthodoxe comme le fondement de son autorité morale sur l'État. Mais l'État voulut utiliser l'Église pour reconquérir Constantinople et retrouver la gloire de l'hellénisme byzantin. Dans cette « grande idée », le monde gréco-orthodoxe avait comme mission universelle de diriger le monde des Balkans et du Proche-Orient. La difficile territorialisation de cet idéal grec conduisit à la formation d'une nouvelle idéologie nationaliste que Georges Prévélakis qualifia de « nouvelle grécité[48] ». Elle forma la trame de l'histoire grecque de 1830 à l'expulsion des Grecs d'Asie Mineure par le gouvernement turc en 1924[49].

La Seconde Guerre mondiale, puis la guerre froide et l'entrée dans le bloc de l'OTAN aux côtés de l'Italie et de la Turquie ne mirent pas fin à la grande idée de reconquête du monde byzantin. Mgr Makários, archevêque élu président de Chypre en 1959, était favorable à l'*Enôsis*, au rattachement de l'île à la Grèce. Le coup d'État qui visait à le renverser en 1974 entraîna l'attaque par l'armée grecque de Chypre. Celle-ci provoqua en retour l'invasion de l'île par les Turcs et la partition entre la République de Chypre et la République turque de Chypre du Nord. À bien des égards l'entrée de la Grèce au sein de l'Union européenne, en 1981, fut vécue comme un phénomène de compensation et non comme une opportunité d'adhésion aux principes de la civilisation moderne (séparation des pouvoirs, laïcité, transparence budgétaire, etc.). Si la Constitution garantit la liberté religieuse, il n'y a pas en effet, à ce jour, de séparation entre l'Église et l'État en Grèce.

Ainsi, pour Isabelle Dépret, l'évolution future de l'identité grecque, et notamment de la capacité de l'Église grecque à se défaire de sa vision nostalgique de la « grande idée », dépend surtout de la clarification des relations entre l'Église de Grèce et le patriarcat œcuménique.

> [...] à la fin du xxe siècle, les tensions entre l'archevêché d'Athènes et le patriarcat de Constantinople ne représentent pas un phénomène nouveau. Depuis plusieurs décennies, des divergences s'expriment. La méfiance de l'Église Orthodoxe de Grèce à l'égard du « mouvement œcuménique » constitue, ici, une illustration marquante. Depuis le début des années 1960, le patriarcat de Constantinople s'affirme comme promoteur d'un dialogue, voire d'un rapprochement, avec d'autres communautés religieuses : cela concerne en premier lieu les autres dogmes du christianisme. Or, le synode orthodoxe d'Athènes a tendu à considérer cette entreprise sous l'angle de la soumission ou de la trahison. Durant les années 1990, sous l'archevêque Serapheim, l'écart entre les deux centres tend à s'accuser. En avril 1998, parmi les défis auxquels se voit confronté le nouvel archevêque d'Athènes, figure l'amélioration des relations avec le patriarcat. De 1998 à 2001, les tensions ne disparaîtront pas [...][50].

L'affrontement entre pouvoir civil et pouvoir religieux en Grèce doit donc être compris au regard de l'autre versant de l'héritage byzantin, à savoir celui de l'autorité internationale du patriarcat œcuménique de Constantinople, avec la double dimension politique et religieuse que recouvre le terme d'œcuménique. On sait que le titre même de patriarche œcuménique est refusé au patriarche Bartholomée par le gouvernement turc mais reconnu par les instances européennes[51].

La question de la présence de l'orthodoxie en Europe — présence spirituelle, culturelle, mais aussi institutionnelle et ecclésiastique — ne constitue pas seulement un facteur de solidarité entre les différentes Églises Orthodoxes d'Europe. Elle met également au jour des divergences, parfois des rivalités, entre des Églises qui cherchent leur place dans un ensemble politique en redéfinition. Face aux dogmes, qui soulignent l'unité fondamentale de l'Église, dans sa diversité et ses ramifications locales, se dressent des structures ecclésiastiques étatiques ou nationales fort attachées à leur existence institutionnelle, à leurs spécificités : des instances peu disposées à perdre leur statut ou leur autonomie décisionnelle. Or, ces possibles enjeux d'autorité éclairent les rapports entre l'archevêque d'Athènes et le patriarche de Constantinople. Précisément, leur proximité constitue ici une source potentielle de tension. L'affrontement qui se cristallise, en 2000-2001, autour des cartes d'identité, s'inscrit dans ce contexte. Le défi lancé par l'Église aux responsables civils grecs semble avoir sous-tendu un projet, à la fois personnel et institutionnel : affirmer l'autorité de l'archevêché d'Athènes et ce, en premier lieu, *dans* l'Église Orthodoxe[52].

Chapitre III

PIÉTÉ, DOCTRINE ET PRATIQUE DES ÉGLISES ORTHODOXES

COMMENT DÉFINIR LA FOI, LA PIÉTÉ ET LA PRATIQUE DE L'ÉGLISE ORTHODOXE ?

Au même titre que la plupart des auteurs contemporains ne mesurent ni le décalage entre histoire et mémoire dans leur compréhension conceptualiste du passé de l'Église Orthodoxe, ni les risques d'éclatement de cette Église que portent les représentations strictement identitaires de l'Orthodoxie, les présentations confessionnelles de la piété et de la doctrine orthodoxe au XXe siècle souffrent de la non-reconnaissance du décalage fréquent entre les vérités proclamées de la foi et les pratiques réelles. Il existe certes de très nombreux et remarquables ouvrages présentant la spiritualité et la foi de l'Église Orthodoxe. Il suffit de se reporter aux ouvrages de Kallistos Ware[1], d'Olivier Clément[2], de Paul Evdokimov[3] ou de Serge Boulgakov[4]. Notre propos n'est pas de répéter ce qui a déjà été écrit excellemment, ni même de tenter un résumé de théologie et de spiritualité orthodoxe. Il a pour visée de *partir* du cheminement hésychaste plus que de le *prendre pour objet* et de tenter de la sorte de comprendre les décalages existant entre ortho-doxie et ortho-praxie. On trouve en effet chez les penseurs orthodoxes une abondante production sur l'art de l'icône mais très peu d'ouvrages sur l'art contemporain[5], des réflexions profondes sur la Sagesse de Dieu[6] mais très peu d'ouvrages sur la sagesse pratique dans le domaine de la politique, de l'économie ou du droit[7]. Des travaux remarquables existent sur la sainteté chrétienne orthodoxe[8] mais peu de livres sont consacrés aux icônes vivantes du temps présent[9]. La nouvelle encyclopédie orthodoxe éditée par le patriarcat de Moscou[10], qui compte plusieurs dizaines de volumes, ainsi que l'excellente encyclopédie dirigée à New York par John McGuckin se focalisent sur l'identité orthodoxe[11]. En présentant le caractère universel de l'anthropologie chrétienne, on souhaite plutôt montrer l'attitude fondamentalement œcuménique et interreligieuse du christianisme orthodoxe[12]. Une telle approche permet en effet d'intégrer le mouvement global de redécouverte de l'orthodoxie chrétienne qu'on trouve aujourd'hui au-delà des frontières confessionnelles de l'Église Orthodoxe, de Mgr Rowan Williams au pape Benoît XVI[13]. Par son caractère anthropologique, elle augure également des réconciliations à venir avec les grandes traditions religieuses du monde et avec l'humanisme moderne[14].

L'orthodoxie, comme on veut le montrer, est *un style de vie* plus qu'une doctrine, un rite ou une vision du monde. Ce style de vie est d'abord caractérisé par une relation symbolique, épiphanique et eschatologique au monde. Les célèbres récits du pèlerin russe, qui vécut en Ukraine au XIXe siècle, résument toute la spiritualité-ascèse de la Philocalie, recueil de textes de spiritualité des Pères de l'Église[15]. Dans un récit, le pèlerin affirme, en citant Pierre Damascène, que la prière ininterrompue, la conscience de l'interaction entre le monde céleste et le monde terrestre, forme le cœur de la vie chrétienne. « Il faut s'entraîner à invoquer le nom du Seigneur, plus qu'à la respiration, en tout temps et en tout lieu et en toute occasion. L'Apôtre dit : "Priez sans cesse" ; il enseigne par là qu'il faut se souvenir de Dieu en tout temps, en tous lieux et en toutes choses[16]. » Selon Paul Evdokimov, les Pères de l'Église connaissaient admirablement la culture de leur temps et se servaient très librement de l'appareil technique de la pensée philosophique et scientifique, mais ne s'arrêtaient jamais à la « théologie des concepts ». Ils aspiraient à la science qui devient amour. Pour saint Basile, « la vraie théologie libère des passions[17] ». Elle ne peut être pure méditation, elle est nécessairement pratique. Elle conduit à un effort sur soi-même et à un engagement pour la transfiguration du monde. La foi et la piété chrétienne orthodoxe s'approchent dès lors à partir d'exemples personnels et contextualisés, et non de façon théorique et désincarnée.

La définition de l'orthodoxie par la confession de foi

Certains orthodoxes cherchent à définir la « foi orthodoxe » à partir du Credo de Nicée-Constantinople (381) partagé par l'ensemble des Églises Orthodoxes. Le texte est le suivant :

« Nous croyons en un seul Dieu le Père tout-puissant, créateur du ciel et de la terre, et de toutes les choses visibles et invisibles.

« Nous croyons en un seul Seigneur, Jésus-Christ, Fils unique de Dieu, né du Père avant tous les siècles, Lumière issue de la Lumière, vrai Dieu issu du vrai Dieu, engendré, non créé, consubstantiel au Père et par qui tout a été fait ; qui, pour nous les hommes et pour notre salut, est descendu des cieux et s'est incarné du Saint-Esprit et de la Vierge Marie et s'est fait homme. Il a été crucifié pour nous sous Ponce Pilate, il a souffert et il a été enseveli ; il est ressuscité des morts le troisième jour, conformément aux Écritures ; il est monté aux Cieux où il siège à la droite du Père. De là, il reviendra dans la gloire pour juger les vivants et les morts, et son règne n'aura pas de fin.

« Nous croyons en l'Esprit Saint, qui est Seigneur et qui donne la vie, qui procède du Père, qui avec le Père et le Fils est adoré et glorifié, qui a parlé par les Prophètes ; nous croyons en Église, une, sainte, catholique et apostolique. Nous confessons un seul baptême pour la rémission des péchés ; nous attendons la résurrection des morts et la vie du monde à venir. Amen. »

Une telle approche de définition de l'orthodoxie centrée sur la foi équivaudrait à identifier les Églises Orthodoxes à l'Église catholique, à l'Église anglicane, ou aux Églises luthérienne et réformée qui reconnaissent également l'orthodoxie de cette confession de foi. La commission « Foi et Constitution » du Conseil œcuménique des Églises, composée de représentants de plus de trois cent cinquante Églises, dont l'Église catholique, l'Église Orthodoxe et les principales Églises protestantes (luthérienne, réformée, anglicane, pentecôtiste...), est en effet parvenue, en août 1990, lors de la rencontre de Dunblane (Écosse), à une reconnaissance mutuelle de ce Credo, expliqué en termes contemporains dans un texte célèbre intitulé *Confessing the One Faith*[18]. Parmi les participants de cette rencontre se trouvaient le futur patriarche de Constantinople, le métropolite Bartholomée de Chalcédoine, aux côtés de Jean-Marie Tillard (Église catholique), Wolfhart Pannenberg (Église luthérienne), Mary Tanner (Église anglicane), John Deschner (Église méthodiste), etc. Cette définition de l'identité orthodoxe convient peu à un grand nombre de théologiens et de hiérarques orthodoxes soucieux de préserver l'identité de leur Église en ces temps de mondialisation et de propagation de toutes sortes de syncrétismes déviants.

La définition de l'orthodoxie par la vie sacramentelle

D'autres estiment que la « piété orthodoxe » doit être définie au moyen des sacrements et des institutions qui leur accordent une légitimité. Cette approche vise à identifier les frontières de la grâce avec les frontières institutionnelles. Elle est elle aussi problématique. Certaines Églises Orthodoxes reconnaissent les sacrements d'autres Églises (ainsi l'Église Orthodoxe grecque en Allemagne reconnaît le sacrement du baptême de l'Église évangélique allemande) ce qui n'est pas toujours le cas ailleurs (en effet cette même Église de Grèce ne reconnaît pas en Grèce même la validité du baptême de l'Église évangélique allemande). De plus cette approche, qui cherche à délimiter les frontières de l'Esprit, n'est pas homogène dans le temps. Tandis que l'Église Orthodoxe russe accordait l'eucharistie aux catholiques dans les années 1970-1980, elle a changé de position dans les années 1990-2010. Et s'il est vrai que, dans la tradition liturgique orthodoxe, byzantine, arabe ou slave, l'iconographie joue un rôle important, on trouve de plus en plus d'Églises catholiques et protestantes vénérant les images saintes.

L'approche « conceptualiste » n'est pas adéquate pour saisir ce que sont la piété et la foi orthodoxes. Ainsi les Églises Orthodoxes chalcédoniennes sont dites « sacramentelles ». Mais selon Jean Meyendorff, l'un des plus éminents spécialistes de la théologie et de la spiritualité orthodoxes, « la théologie byzantine ignore la distinction occidentale entre "sacrements" et "sacrementaux" et elle ne s'est jamais limitée officiellement à un nombre fixe de sacrements […], le terme *mysterion* était avant tout utilisé dans le sens plus large et général de "mystère du salut" et, en second lieu seulement, pour appeler les "actions" particulières qui confèrent le salut[19] ». En d'autres termes, l'Église Orthodoxe peut être vécue mais non contenue par sa vie sacramentelle. Les sacrements d'initiation des Églises Orthodoxes sont le baptême (par immersion), la chrismation (ou onction de l'Esprit) et l'eucharistie (communion sous les deux espèces) à laquelle le nouveau baptisé est immédiatement admis, quel que soit son âge. Les autres sacrements dispensés par ces Églises sont le mariage, l'ordination, l'onction des malades, la confession.

Mais saint Théodore Studite considérait également la tonsure monastique et l'enterrement comme des sacrements. Et Nicolas Cabasilas a composé son ouvrage célèbre, *La Vie en Christ*, comme un commentaire de l'illumination, unique et sans cesse actualisée par le fidèle, du baptême, de la chrismation et de l'eucharistie. Olivier Clément rappelait quant à lui que la spiritualité orthodoxe se résume dans l'adage paulinien de « faire eucharistie en toute chose ».

La définition de l'orthodoxie
par la notion de civilisation hellénique
ou byzantino-slave

Les limites géographiques et civilisationnelles d'une Église ne permettent pas non plus de définir son identité. On ne peut plus « réduire » la foi orthodoxe à la théologie et à la piété des Églises d'Orient. La foi orthodoxe est universelle ou elle n'est pas. Au lendemain de la Seconde Guerre mondiale, de nombreux penseurs orthodoxes vivant en Occident, convaincus que la crise que le monde avait subie était liée à la crise du christianisme occidental, ont souhaité présenter un visage universel et positif de la foi et de la piété de l'Église d'Orient. Vladimir Lossky fut l'un des premiers, en 1944, à insister dans sa théologie mystique de l'Église d'Orient sur la dimension universelle et pas seulement régionale de cette Église : « L'Orthodoxie a été le levain de trop de cultures différentes pour être considérée comme une forme culturelle du christianisme oriental : ces formes sont diverses, la foi est une[20]. » Mais dans la pratique cet universalisme post-territorial de la foi orthodoxe a mis du temps avant de se penser comme postcivilisationnel. De nombreux penseurs, de V. Lossky et G. Florovsky à C. Yannaras, ont défini l'Orthodoxie par opposition à l'Occident moderne. L'Église qui autrefois se désignait comme Église Orthodoxe catholique d'Orient en vint à se définir comme « kat'holique », en opposition à une Église catholique réduite à sa structure monarchique, à sa théologie rationaliste et à son individualisme mystique[21]. Les nouveaux théologiens orthodoxes étaient passablement irrités par les simplifications dont leur foi, assimilée à « un mysticisme vague », faisait l'objet dans le monde catholique. V. Lossky critiqua l'incapacité du plus œcuménique des théologiens catholiques, Yves Congar, à observer la distance que les Églises Orthodoxes ont à l'égard de leurs États nationaux. Paul Evdokimov affirma la dimension théandrique, divino-humaine, de la foi chrétienne contre la « naïveté de Harnack » et de ses successeurs protestants[22]. Entraînés par leur discours apologétique de l'Église Orthodoxe, Paul Evdokimov et V. Lossky en sont venus à accumuler les généralités sur l'« Orient mystique » et sur l'« Occident moralisateur ». Sans mesurer toutes les conséquences de ses raccourcis, Paul Evdokimov identifiait tout le catholicisme à Abélard et toute l'orthodoxie à Grégoire Palamas : « À la scolastique en tant que statut de la connaissance religieuse, à sa méthode analytique, et par là de type rationnel, l'Orient préfère la connaissance sapientielle où convergent le dogme, la contemplation mystique, la théologie et la philosophie[23]. » Contre la théologie occidentale, accusée de déduire rationnellement du concept de l'Être les attributs de

Dieu, la théologie orientale était glorifiée dans les années 1950-1970 pour sa représentation radicalement transcendante de l'essence de Dieu: «ne sont immanentes, participables, que les opérations, les énergies, la grâce[24]».

Cette définition de la théologie et de la spiritualité orientale en tant que radicalement distincte de la théologie occidentale fut contestée par un ami catholique de l'Église Orthodoxe, le père Marie-Joseph Le Guillou[25]. Dans son livre de 1973 *Le mystère du Père*, il rappela que Grégoire Palamas avait pris conscience à la fin de sa vie des risques d'une théologie qui séparerait trop radicalement la vie intradivine des Personnes trinitaires de leurs actes.

> Il comprit que ce qui distingue les opérations *ad extra* de la nécessité de l'essence divine, ce n'est pas une distinction entitative ou formelle, mais c'est le fait qu'elles ont leur origine première et gratuite dans les Personnes, dont elles manifestent les relations dans l'économie. Par là il retrouva l'idée prénicéenne du Conseil trinitaire. C'est dans ce même contexte qu'il reprit la doctrine augustinienne des processions selon le mode de connaissance (Verbe) et selon le mode d'amour (Esprit) par besoin de défendre l'articulation des opérations *ad extra* et de l'ordre de la vie trinitaire consubstantielle (*Capita physica*, chap. 37[26]).

L'avertissement du père Le Guillou ne fut pas entendu par les héritiers de Lossky et Evdokimov. Même s'il admet que ce n'est qu'avec Palamas que fut surmonté le platonisme dans l'Église byzantine, Jean Meyendorff considère que le saint grec et ses disciples ont toujours défendu que «Dieu se trouve entièrement présent dans l'essence et dans les énergies». La génération des théologiens de la synthèse néopatristique, conduite par Georges Florovsky, Jean Meyendorff, Alexandre Schmemann, Kallistos Ware, considéra même de façon anachronique que le débat qui avait opposé Grégoire Palamas avec Barlaam de Calabre symbolisait l'opposition séculaire entre la théologie *mystique orthodoxe* et la théologie *platonisante catholique*[27]. Or on sait que les Églises Orthodoxes ont souffert elles-mêmes, au cours de leur histoire, des tentations du monophysisme, de la théologie scolastique, calviniste, luthérienne[28]. De nombreux théologiens orthodoxes répliquent que le monde orthodoxe n'a pu être atteint par les bacilles de l'hérésie qu'au contact du monde occidental. Ils estiment que «l'Orthodoxie contracta en fait la maladie du nationalisme au contact des Lumières. Pour elle s'en débarrasser reviendrait donc à se désoccidentaliser, et non l'inverse[29]». Le colloque de l'université de Fordham des 28-30 juin 2010, consacré à la question «Les constructions orthodoxes de l'Occident», a proposé une lecture plus historique et moins mythifiée de l'histoire de l'Église[30]. Contre certaines thèses anti-occidentalistes de Christos Yannaras, la plupart des conférenciers orthodoxes ont considéré que les Églises Orthodoxes à l'époque moderne n'ont tout simplement pas été en mesure de se défendre intellectuellement face aux idées de Darwin, de Hegel et de Marx. De plus, à l'âge de la mondialisation, les Églises Orthodoxes découvrent qu'elles sont toujours plus occidentales qu'elles ne le pensent.

Pour appréhender la piété, la foi et l'engagement des Églises Orthodoxes, l'approche anthropologique est donc probablement plus appropriée que l'approche confessionnelle. Cette approche peut être désignée comme authentiquement néopatristique, dans la mesure où elle est fondamentalement théanthropique, philocalique et non confessionnelle. Il existe trois types de mentalité répandus dans l'Église, toutes confessions confondues : le profil ascétique, le profil missionnaire et le profil spirituel[31]. Bien entendu les frontières entre ces différents types ecclésiaux ne sont pas aussi droites que des lames de ciseaux[32]. Mieux vaut parler d'orientation ascétique (ou missionnaire, ou spirituelle) plutôt que d'identités définitives et closes. Ces courants spirituels ont besoin les uns des autres. Car autrement l'ascétisme se dessécherait en traditionalisme, l'esprit missionnaire deviendrait prosélyte et agressif, et l'intelligence spirituelle se transformerait en optimisme naïf. Une brève présentation de quelques ouvrages de penseurs célèbres de l'Orthodoxie permettra de saisir certaines caractéristiques de ces différentes orientations.

TROIS FORMES DE CONSCIENCE ANTHROPOLOGIQUE

Piété, foi et engagement ascétiques

Mgr Antoine Bloom (1914-2003), métropolite de Souroge[33], fut pendant plusieurs décennies, entre 1962 et 2002, à la tête de l'Église Orthodoxe russe en Angleterre. Deux de ses livres ont été publiés récemment en langue française. Le premier, constitué de textes rédigés entre 1966 et 1984, s'intitule *Entretiens sur la foi et l'Église*. Le second, traduit et introduit par le père Michel Evdokimov, est intitulé *La vie, la maladie, la mort*. Il est composé de deux entretiens réalisés en 1976 et de plusieurs causeries datant de 1984. Ces textes sont précédés d'un important *Récit autobiographique* de ce « médecin des corps devenu médecin des âmes ».

Mgr Antoine Bloom est l'un des maîtres de la spiritualité ascétique orthodoxe. Il naquit en 1914 à Lausanne, dans la famille d'un diplomate russe en poste en Suisse, et fut baptisé dans l'Église Orthodoxe. Mais sa naissance dans l'Esprit eut lieu bien après, en 1930, alors qu'il était un jeune émigré russe à Paris. Révolté par la déchéance de sa famille, il se proclamait alors incroyant. À la suite d'une rencontre fortuite avec le père Serge Boulgakov, il décida d'ouvrir un Évangile. Il eut alors une rencontre puissante et personnelle avec le Christ. Il raconta ce moment pour la première fois en 1973.

> J'étais assis à lire et, entre le début du premier et le début du troisième chapitre de l'Évangile de Marc, que je lisais lentement, à cause de la langue insolite, j'ai senti tout d'un coup que, de l'autre côté de la table, le Christ se tenait debout… J'en fus tellement saisi que j'ai dû m'arrêter de lire et regarder. J'ai regardé longtemps, sans rien voir, sans rien entendre, sans rien percevoir par les sens. Mais, même quand je regardais juste devant moi à cet endroit où il n'y avait personne, la conscience claire que *le Christ était là, indubitablement présent*, ne me quittait pas. Je me rappelle que j'ai pensé alors, dans un sursaut : “Si le Christ vivant est ici, alors c'est le Christ *ressuscité*.” Donc je sais, de manière entièrement fiable et personnelle, grâce à ma propre expérience, que le Christ est ressuscité, et que

> donc tout ce qu'on dit de lui dans les Évangiles est vrai. Les premiers chrétiens suivaient la même logique : ils trouvaient le Christ et acquéraient la foi, non pas parce qu'on leur avait raconté ce qui s'était passé depuis le début, mais par la rencontre avec le Christ vivant, *d'où il découlait* que le Christ ressuscité était celui-là même dont on parlait, et par conséquent tout le récit qui avait précédé avait aussi son sens. Je continuai à lire mais tout avait changé[34].

Le jeune André Bloom décida alors de consacrer toute sa vie à l'Église. Il devint l'une de ses voix les plus reconnues dans le monde, au point d'être considéré, dans les années 1970, comme l'une des quinze personnalités les plus populaires de Grande-Bretagne après la reine d'Angleterre et les Beatles. Dans ses nombreux ouvrages, il montra que la spiritualité chrétienne orthodoxe la plus authentique reposait avant tout sur le combat contre les passions (l'orgueil, la luxure, la gourmandise, la colère, etc.[34]). Ses *Entretiens sur la foi et l'Église* font apparaître cette ardeur et cette capacité qu'ont les ascètes hésychastes de pratiquer la prière du cœur, la prière qui unit le cœur à l'intelligence. Il montre que le combat intérieur permet de se sauver du monde des passions, de la vie autocentrée (*bios* en grec), et de découvrir qu'en Christ tout homme peut mourir à soi-même pour renaître à la vraie vie (*zoi* en grec). Mgr Antoine Bloom est également un des représentants les plus éminents de la théologie apophatique orthodoxe. Cette théologie de la négation de toute définition de Dieu est une théologie militante, anti-communiste, anti-idéologique. Mgr Antoine eut un grand succès en Russie grâce à ses entretiens radiophoniques accordés au service en langue russe de la

BBC. Ceux-ci visaient à combattre l'idéologie athée et à annoncer la bonne nouvelle évangélique. L'apophatisme de la foi chrétienne, qui consiste à empêcher toute réduction de Dieu à un concept ou à une représentation strictement humaine, était alors la plus grande menace pour la pensée idéologique. Cette pensée de négation systématique des concepts remettait radicalement en cause l'athéisme scientifique du matérialisme dialectique.

Mais le courant ascétique de la théologie orthodoxe des XVIIIe, XIXe et XXe siècles a souvent identifié la théologie apophatique avec l'ensemble de la théologie. Ce courant de pensée n'ose pas imaginer que le mal ne dispose d'aucune source créée, qu'il s'agit d'une réalité qui ne prospère que lorsque l'homme se détourne de sa vocation divine. Pour Mgr Antoine, Dieu a créé l'homme libre. « Cette liberté porte en elle la possibilité soit du bien soit du mal » (*Entretiens*, p. 27). Il identifie de la sorte la liberté créée avec la liberté déchue. La liberté comme don, la liberté comme participation est réduite à la seule liberté de choix. Fidèle à une certaine tradition d'exégèse biblique, il imagine que Dieu gouverne le monde avec les armes du bien et du mal, le bien pour sa glorification, le mal pour remettre l'homme sur le droit chemin. Il n'imagine pas un seul instant que le Dieu tout-puissant ait inventé une liberté uniquement de vie-*zoi*. Il considère qu'en ce cas Dieu serait « un piètre mécanicien » (p. 29). Il n'ose pas envisager que le monde soit inachevé, qu'il réclame la participation humaine au plan divin. Il imagine la Création en définitive comme un acte extérieur à l'humanité, extérieur à la Trinité divine.

Ce raisonnement le conduit à se méfier de toute

rationalité. Face aux questions insistantes du journaliste athée qui l'interroge, il ne parvient pas à expliquer les souffrances de Job. Il change alors de position. Le mal ne vient pas de Dieu, dit-il, mais de l'homme. Il écrit : « Une grande partie du mal, de la souffrance, des tourments de l'homme provient du péché, tout simplement du péché dans ce sens que, si l'homme se montre méchant, il engendre du mal et de la souffrance, et en outre il se défigure, devient effrayant et cesse d'être un homme » (p. 30). Toute la relation entre Dieu et les hommes est présentée par Mgr Antoine comme un mystère incompréhensible et inaccessible, comme un sacrement inobjectivable. Mais en réalité, du fait de cette représentation apophatique de Dieu, les sacrements sont définis de façon institutionnelle. « Les sacrements sont des actes divins accomplis dans l'enceinte de l'Église, à travers lesquels Dieu donne sa grâce par la médiation du monde matériel où nous nous trouvons » (p. 107). Cette approche est bien entendue orthodoxe. Mais elle est incomplète.

Piété, foi et engagement missionnaires

C'est l'une des raisons pour lesquelles Mgr Hilarion Alfeyev[35], en dépit de l'abondante littérature existant sur l'Église Orthodoxe, a décidé de rédiger un ouvrage supplémentaire consacré à la doctrine chrétienne. Son livre *La doctrine de l'Église Orthodoxe* est récent. Mgr Hilarion Alfeyev, né en 1966, est métropolite de Volokolamsk en Russie. Vicaire du patriarche de l'Église russe, membre permanent du Saint Synode, il dirige depuis mars 2009 le département des relations extérieures du patriarcat de Moscou. Il s'agit du deuxième volume de son œuvre en cinq volumes intitulée *L'Orthodoxie*, et qui est considérée en Russie comme une version légitime de la doctrine orthodoxe. Pour lui, l'Église a besoin d'un discours positif sur Dieu et sur elle-même. Elle a besoin d'une certaine rationalité dès lors qu'elle considère que la lutte contre les passions ne peut être une affaire uniquement individuelle.

Mgr Hilarion Alfeyev ne peut se résoudre au discours apophatique traditionnel. Il a besoin d'un discours conceptuel. Cela le conduit à un conceptualisme anhistorique et non critique[36]. Ainsi, par exemple, il affirme que « dans la tradition orthodoxe[37] » l'énigmatique figure biblique de la Sagesse de Dieu est « identifiée au Christ ». En dépit des dizaines d'ouvrages montrant la diversité d'interprétation de la figure de la Sagesse chez les Pères de l'Église, la seule identification faite par la cathédrale Sainte-Sophie de Constantinople de la Sagesse de Dieu avec le Christ lui suffit[38]. C'est la raison pour laquelle il considère que le philosophe russe Vladimir Soloviev « ne peut pas être mis au rang des penseurs orthodoxes[39] ». L'évêque russe ne peut admettre la définition complexe et nuancée qu'a donnée Serge Boulgakov de la Sagesse de Dieu. Ce dernier distinguait la Sagesse créée de la Sagesse incréée. Il considérait également que la révélation la plus générale et la plus complète que nous ayons sur l'Église, « en tant qu'humanité dans la Théanthropie », en tant qu'épouse non épousée, était son identité avec la Sagesse créée. C'est pourquoi Boulgakov considérait que Marie, la mère de Dieu, était la récapitulation personnelle de l'Église, la Sagesse elle-même encore que créée, mais entièrement déifiée, le sommet de toute la Création. Il écrivait : « Elle la Pneumatophore, elle est "l'Esprit et l'Épouse", qui révèle par son être même l'image de l'Esprit hypostatique de Dieu[40]. »

Dans son premier volume consacré à l'histoire et aux structures canoniques de l'Église Orthodoxe, H. Alfeyev admet que de nombreux ouvrages ont déjà été écrits sur l'orthodoxie chrétienne. Il cite en particulier celui de Mgr Kallistos Ware, *L'Église des sept conciles*. Mais il considère que ces livres, écrits par des Occidentaux pour un public occidental dans les années 1960, ne peuvent prétendre à une pleine légitimité orthodoxe[41]. Son ouvrage a l'originalité d'intégrer de nombreux acquis de la pensée orthodoxe du XXe siècle, sans pour autant que leur caractère novateur soit mis en avant, probablement pour éviter d'être taxé de moderniste par l'aile la plus conservatrice de l'Église Orthodoxe russe. Ainsi, par exemple, Mgr Alfeyev explique, dès la première page, que l'Église Orthodoxe repose sur la révélation divine, révélation médiatisée dans l'histoire à la fois par les Écritures saintes et par la tradition orale et écrite (p. 8). Cette approche herméneutique fut particulièrement travaillée par le père Serge Boulgakov à Paris durant les années 1930. Elle fut reprise par Georges Florovsky au cours des années 1950 dans le cadre de la commission théologique du Conseil œcuménique des Églises. Elle est largement admise en Occident mais encore peu entendue au sein d'une Église que certains conservateurs traditionalistes identifient à la troisième Rome après la chute de Rome et de Constantinople.

Toute la question pourtant est de savoir de quelle

façon cette démarche herméneutique peut actualiser la vérité de la révélation. Pour le théologien russe, l'Église n'est pas seulement un mystère, elle est aussi une institution. Mgr Hilarion adopte la position la plus traditionnelle des théologiens orthodoxes depuis au moins le IXe siècle pour qui « les définitions dogmatiques des conciles œcuméniques, reçues dans l'Église Orthodoxe, possèdent une autorité absolue » (p. 29). Notons que l'auteur considère que ce ne sont pas les *conciles* en tant que tels mais les *définitions* des conciles *reçues dans l'Église Orthodoxe* qui représentent la clef interprétative absolue. Cette position a l'avantage pour les théologiens prosélytes de repousser certains conciles œcuméniques, comme le concile de 1439 aujourd'hui « oublié » dans la mémoire des Églises Orthodoxes. Mais en réalité elle déstabilise en profondeur l'identité orthodoxe. En effet comment décider que telle définition est « reçue » et non telle autre ? Ainsi la définition du concile de Florence sur la « procession » de l'Esprit Saint a été préparée, acceptée et reçue pendant plus de cinquante ans par l'Église Orthodoxe d'Alexandrie. Ce n'est que sous la domination turque que cette Église a fini par repousser le consensus de Florence par la voix d'un seul de ses délégués envoyé au synode de Constantinople en 1484. Par ailleurs, lors de ce synode de 1484, l'Église grecque a décidé de chrismer les catholiques souhaitant devenir orthodoxe, ce qui n'est plus le cas aujourd'hui (la règle est devenue de baptiser). Comment l'Église Orthodoxe peut-elle donc fonder son choix de refuser les décisions du concile de Florence tout en s'appuyant sur un synode dont elle est la première à ne plus respecter les décisions ? Ajoutons à cela le fait qu'aujourd'hui l'Église Orthodoxe américaine considère, en conformité avec le concile de Florence, que la doctrine du *filioque* n'est plus une source de division entre la théologie catholique et la théologie orthodoxe. Plus largement, de nombreux théologiens orthodoxes considèrent que les pères de Florence ont eu raison de considérer qu'il était possible de penser ensemble que l'Esprit Saint, en tant qu'hypostase, « procède » (*ekporeusis*) du Père, tandis que, envoyé par le Christ, Il « procède » (*processio*) aussi du Fils incarné dans l'histoire.

Retenons de cette brève présentation de la doctrine de l'Église Orthodoxe par Mgr Alfeyev que celle-ci est fragile si elle est définie de façon confessionnelle, c'est-à-dire de façon uniquement mémorielle. Elle ne peut se fier seulement aux niveaux de conscience des Églises locales. Elle ne peut obéir au seul critère des « réceptions ». L'Église Orthodoxe n'a jamais admis le monopole du principe démocratique dans la gouvernance ecclésiale. Le métropolite Hilarion a raison de vouloir remettre en question l'approche apophatique de la génération des penseurs orthodoxes dits de « la synthèse néopatristique », celle précisément du métropolite Antoine Bloom et de ses amis Vladimir Lossky, Georges Florovsky, Jean Meyendorff, Boris Bobrinskoy. Il va même jusqu'à admettre que « certaines règles rédigées par les Pères de l'Antiquité [...] sont tombées en désuétude » (p. 29). Cela doit aboutir « de façon urgente », selon le jeune métropolite, à « une révision et à une actualisation du code de droit canon » (p. 29). Mais il n'ose remettre en question l'identité orthodoxe comme « mémoire fidèle » à la tradition des sept premiers conciles œcuméniques. Il ne suspecte pas les risques d'une pensée qui ne se comprend plus que comme conformation à un passé objectivé. Il n'envisage pas de façon postconfessionnelle l'orthodoxie comme « connaissance juste », comme synthèse de vérité et de justice, comme unité de la pensée et de l'action. Pourtant la tradition liturgique et biblique de l'Église Orthodoxe indique cette autre possibilité de définition de l'ortho-doxie. Dans le psaume 111, le Seigneur ne souhaite pas seulement « qu'on se rappelle ses miracles ». Il n'est pas seulement « fidélité ». Les œuvres du Seigneur se reconnaissent également comme « justice et vérité » (111, 7).

Piété, foi et engagement spirituels

On peut comprendre pourquoi, compte tenu du souci de théologie positive et prosélyte qui l'anime, Mgr Hilarion a souhaité distinguer justice et vérité, description de la bonne pratique et présentation de la saine doctrine. Cette approche cependant ne peut convenir à ceux qui reconnaissent d'abord l'Église comme le temple de l'Esprit Saint, à ceux qui comprennent l'intelligence de la foi comme une participation à la vie du Christ, comme une attention aux plus démunis.

Olivier Clément[42], théologien orthodoxe français éminent et reconnu, représente un troisième courant de l'Orthodoxie. Avec Paul Evdokimov[43], il a publié en 1970 un texte intitulé « Vers le concile ? Appel à l'Église », révélateur du courant spirituel de l'Église Orthodoxe[44]. Ce courant, résolument œcuménique et postconfessionnel, rejoint d'autres pensées se désignant comme orthodoxes. L'œuvre de Mgr Vladimir

Ghika (1873-1954), prince roumain né orthodoxe, devenu prêtre catholique, mort martyr, est à ce titre exemplaire. Elle a été présentée par Mihaela Vasiliu, laïque d'origine roumaine vivant en Allemagne depuis 1990, dans un ouvrage intitulé *Une lumière dans les ténèbres*[45].

Olivier Clément appartient à un courant de pensée du christianisme orthodoxe qui, de saint Paul à saint Martin de Tours et saint Jean Chrysostome, considère que le sacrement de l'autel se prolonge dans le « sacrement du frère ». Olivier Clément et Paul Evdokimov ont rédigé en juillet 1970 un texte qui définit la piété, la doctrine et l'engagement du courant spirituel de l'Orthodoxie. Ils insistent résolument sur les conséquences sociales de la foi en Dieu-Trinité, sur le refus de l'Orthodoxie d'élaborer un statut théologique de la violence, sur le besoin, face à l'idolâtrie de la « Révolution » qui sévissait dans le monde des années 1960, de purifier les soifs de justice et de vérité des peuples. Ils écrivent :

> L'interpellation des prophètes bibliques, l'exemple de la communauté primitive de Jérusalem et des grandes communautés monastiques, la mise en cause par les Pères de la propriété et de l'héritage, et le caractère de novation sociale qu'ils ont souvent donné à l'amour du prochain, le fait que les Églises Orthodoxes, dans les pays de l'Est, aient accepté les nouvelles structures sociales pour porter en tout dépouillement spirituel le témoignage du Dieu vivant, autant d'indications qui libèrent les orthodoxes des crispations individualistes et les amènent à collaborer, sans oublier jamais l'absolu de la personne, à toutes les recherches créatrices[46].

Ce courant insiste en premier lieu sur la nécessité d'un « ressourcement dans l'essentiel » de l'identité chrétienne orthodoxe. Pour eux, « les deux mystères qui fondent l'Église et notre vie » sont les suivants : « Celui du Dieu qui s'est fait homme pour que l'homme puisse devenir Dieu. Celui de l'Uni-Trinité dans le rayonnement de laquelle nous ne sommes ni séparés ni confondus, mais uniques et un ; ressuscités dans l'amour fou de Dieu pour l'homme ; dans l'amour infini du Père, du Fils et du Saint-Esprit, Trinité consubstantielle et indivisible[47]. » Ce ressourcement au cristal dogmatique de la foi chrétienne permet, selon eux, de regarder en face les problèmes de l'Église Orthodoxe dans l'histoire. Il permet de reconnaître que la catholicité de l'Église s'est rompue et a engendré dans l'Église orientale une juxtaposition de nationalismes. Il encourage à « se libérer du fondamentalisme des traditions humaines » qui mine le monde orthodoxe. Il invite, contre tout christomonisme autoritaire et pentecôtisme sectaire, à reposer les structures trinitaires de l'Église. Il révèle que l'orthodoxie authentique est inséparable de l'orthopraxie. Cela se traduit en particulier par une reconnaissance de la diversité légitime des traditions locales et par le recours à l'expérience liturgique et personnelle de la résurrection du Christ dans le dialogue avec les sciences humaines. Face à l'individualisme rationaliste qui prévaut dans la pensée moderne depuis Descartes et Locke, la pensée chrétienne orthodoxe souligne la fécondité historique de l'eschatologie, la vocation de toute la Création à participer au Royaume de Dieu. Dans l'anthropologie chrétienne orthodoxe, disent Clément et Evdokimov, « la personne s'accomplit en Dieu dans la participation aux énergies trinitaires qui la font consubstantielle de tous, visage et verbe d'un univers transfiguré[48] ». Dès lors, selon les deux théologiens, « le temps est venu pour l'Orthodoxie du partage désintéressé, afin de hâter l'émergence en cours de l'Église indivise ». Cela signifie qu'il faut hâter la réconciliation entre chalcédoniens et non-chalcédoniens puisque « l'unité fondamentale de foi ne fait plus de doute ». Cela a également comme conséquence qu'il faut, à mesure que progresse le dialogue entre chrétiens, une certaine économie dans la dispensation de l'eucharistie. Cela signifie surtout ceci :

> Ne faudrait-il pas terminer les travaux du concile en posant les premiers jalons d'un concile panchrétien, qui unirait orthodoxes, catholiques, anglicans et protestants désireux d'actualiser la Tradition de l'Église indivise et de réviser à sa lumière les traditions apparues ensuite dans les confessions séparées : en discernant l'essentiel et le contingent, en plongeant les mots dans la vie réelle de l'Église, en soulignant la légitimité des expressions locales les plus diverses, en résolvant peu à peu, dans la plénitude respectée du mystère, les oppositions en approches partielles, finalement complémentaires[49] ?

Olivier Clément et Paul Evdokimov, tous deux professeurs à l'Institut de théologie orthodoxe Saint-Serge de Paris, vont même jusqu'à élaborer une théologie du dialogue interreligieux fondée sur ce que les pères de l'Église nommaient les « visites du Verbe ». L'Orthodoxie, en raison de sa connaissance philocalique, de sa méthode de l'unification du cœur et de l'esprit, est proche selon eux des « religions de la transcendance personnelle » telles que le judaïsme et l'islam, mais aussi des « rythmes de l'Afrique noire » et de l'« étonnement japonais devant les choses ». Car elle sait, par sa connaissance cruciforme et crucifiante, que l'absorption dans la toute présence divine s'ouvre sur le mouvement d'amour trinitaire et que l'abîme n'abolit pas les personnes. Cette prise de conscience nouvelle s'est révélée très féconde surtout, après la mort en 1970 de Paul Evdokimov, chez Olivier Clément[50].

L'Église Orthodoxe, selon eux, ne dispose pas d'un monopole sur cette connaissance spirituelle. Bien au contraire, elle se réjouit de la découvrir au-delà de ses propres frontières. De fait, aujourd'hui, la vénération des icônes n'est pas le propre de l'Église d'Orient. Tout comme l'exégèse biblique et l'engagement caritatif n'appartiennent pas aux seules Églises protestantes ou catholiques. Mgr Vladimir Ghika témoigne de cette capacité de l'Église catholique à intégrer la spiritualité et la doctrine la plus authentique de l'Église d'Orient. Diplômé d'une licence en droit, d'une licence en philosophie et d'un doctorat en théologie, il fut l'ami d'intellectuels conscients de la nécessité d'un engagement spirituel et non pas seulement doctrinal dans le monde. Passeur entre l'Orient et l'Occident, il fréquenta Jacques Maritain, Emmanuel Mounier, Nicolas Berdiaev ou encore Charles Du Bos. Il appartient à la tradition de ceux qui voient un lien consubstantiel, orthodoxe, entre la doctrine chrétienne et le service du prochain. Dans ce qu'il a appelé lui-même sa « théologie du besoin », il ne pouvait y avoir de séparation entre le souvenir des merveilles du Seigneur, la célébration liturgique, la réflexion doctrinale et l'engagement auprès des plus démunis. Comme l'écrit M. Vasiliu, « dans l'esprit de Vladimir Ghika, l'important c'est d'abord de connaître Dieu, d'avoir une connaissance de Dieu, de ce Dieu "Amour et Compassion" qui, dans la tendresse de son cœur, nous regarde chacun avec nos besoins quotidiens. Connaître Dieu en profondeur nous ouvre les yeux sur les besoins de nos frères, leurs besoins spirituels ou matériels» (p. 60). En 1913, il créa en Roumanie un dispensaire des Filles de la Charité. Entre les deux guerres, il fit le choix de se consacrer aux plus pauvres dans un bidonville de Villejuif aux portes de Paris, puis après guerre, de vivre dans la Roumanie communiste et de se tenir auprès de tous ceux qui avaient besoin d'un soutien pastoral. Il fut arrêté, subit un simulacre de procès et mourut dans la prison de Jilava. Toute sa vie il avait prié de la sorte : « Seigneur souriez-moi dans le regard de vos pauvres. Seigneur, recevez-moi un jour dans la Sainte Compagnie de vos pauvres» (p. 69). La prière de ce chrétien « orthodoxe » devenu « catholique » sans renier son attachement à l'« orthodoxie » fut reprise par la suite par la communauté de l'Arche de Jean Vanier.

LES CHEMINEMENTS DE LA FOI / SPIRITUALITÉ ORTHODOXE

Les différents types anthropologiques qu'on a présentés se distinguent également par leur définition de l'Église. Pour les ascètes, l'Église se comprend d'abord comme l'« arche du salut ». Pour les missionnaires, l'Église est vécue comme le « Corps du Christ ». Tandis que, pour les spirituels, l'Église s'expérimente d'abord comme le « Temple de l'Esprit Saint[51] ». Ces trois types de piété chrétienne orthodoxe et ces trois ecclésiologies s'expriment également dans leur rapport au monde, dans leurs pratiques, dans leurs styles. Paul Evdokimov écrivait dans son « Message aux Églises » en 1950 :

> Le roi Midas transformait tout ce qu'il touchait en or. Un chrétien par son attitude intérieure peut rendre toutes choses légères, les transformer en icônes, images de leur vérité. Le style, une fois devenu authentiquement catégorie spirituelle, agira à lui seul plus efficacement que les sermons[52].

Plutôt que de chercher des différences confessionnelles structurelles et indépassables entre chrétiens de différentes appartenances, comme on le fait parfois entre papo-césaristes ou césaro-papistes, on prendra l'exemple de la doctrine chrétienne orthodoxe de la paix et de la guerre pour montrer que les différences entre les chrétiens sont plus de l'ordre du contexte géo-historique et du niveau de conscience anthropologique que de la théologie confessionnelle[53]. Les fruits de ces différents types de conscience spirituelle peuvent être très différents.

On peut considérer que, selon les contextes (société traditionnelle / société moderne ; ville / campagne), les périodes (avant le conflit, pendant le conflit, après le conflit) et les profils spirituels, il existe trois rapports fondamentaux à la violence. Ces trois rapports peuvent être tous trois à la fois légitimes et complémentaires s'ils aboutissent à faire progresser la paix et donc, dans une perspective religieuse, à faire advenir le rayonnement divin (*shalom*) et l'harmonie cosmique.

Pour les « ascètes », le combat contre le mal est nécessaire. On peut donc avoir recours à la violence physique. Car la lutte contre les passions réclame un engagement total de l'âme et du corps tournés vers l'Esprit. Saint Silouane de l'Athos répétait les paroles du Christ : « Étroite est la porte et resserré le chemin qui mènent à la vie, et il y en a peu qui les trouvent » (Matt., 7, 14[54]). Les ascètes savent, qui plus est, que le mal est une réalité angélique disposant d'une conscience de soi. Leur combat contre le malin se mène avec des armes différentes s'il s'agit d'une période de suggestion de la tentation ou d'emprise totale. Pour les « missionnaires », le combat contre le mal ne peut être vécu seulement au plan individuel. C'est pourquoi l'institution ecclésiale peut soutenir une guerre défensive. L'Église Orthodoxe dispose même d'un rituel de bénédiction des armes. Mais la guerre est toujours un mal, c'est pourquoi elle est strictement interdite aux prêtres par les canons. Et si l'Église Orthodoxe a refusé de s'opposer par la force aux Tatars au XIIIe siècle, saint Serge de Radonège a donné sa bénédiction à Dimitri Donskoï[55]. Pour les « spirituels » enfin, la violence n'est vaincue que si on accepte de prendre sur soi les agressions, c'est-à-dire de saisir sa part de responsabilité dans le déchaînement de la violence. Cette prise sur soi de la violence, dont les saints princes Boris et Gleb furent les exemples dans la Rus' médiévale, s'apparente à la recommandation de se « tenir contre » le mal de saint

Paul. Le refus de toute violence au nom du Christ est possible grâce au pouvoir de la liberté, de la vérité. Cette prise sur soi revêt différentes formes selon les contextes. Certains exégètes considèrent que l'expérience de tendre sa joue gauche à celui qui a frappé la joue droite, loin d'être une forme de faiblesse, peut être considérée comme une forme d'humour et de dérision à l'égard de l'expression d'une pseudo-puissance. Le pardon est la capacité à rétablir la paix par effacement de tout ressentiment. Le martyre signifie le témoignage de sa foi, la vision de Dieu expérimentée par Étienne telle qu'elle est rapportée par les Actes des Apôtres. Le pouvoir du glaive dans la doctrine chrétienne est donc d'ordre spirituel. Il est la capacité à discerner entre le vrai et le faux et à trancher entre le juste et l'injuste.

Ainsi pour l'orthodoxie chrétienne la paix est une expérience d'harmonie et de confiance qui se reçoit du Christ. Elle demande un combat intérieur de transfiguration du mal par la vérité, elle implique un engagement collectif pour le triomphe de la justice et de la réconciliation, et elle se traduit par une prise sur soi de la violence par participation à l'œuvre eschatologique de Jésus-Christ. La redécouverte de la doctrine chrétienne orthodoxe de la paix est indissociable du devoir de justice terrestre. L'ensemble des Églises chrétiennes, et en particulier les représentants des Églises Orthodoxes membres du Conseil œcuménique des Églises, réunies à Kingstone en mai 2011, a publié une déclaration importante qui met en avant, avec la notion de paix juste, cet impératif de réception, de participation et de construction de la paix.

> L'histoire, en particulier dans le témoignage des Églises traditionnellement pacifistes, nous rappelle que la violence est contraire à la volonté de Dieu et ne peut jamais résoudre les conflits. C'est pour cette raison que nous allons au-delà de la doctrine de la guerre juste pour formuler un engagement en faveur de la paix juste. Cette démarche exige que nous passions des concepts exclusifs de sécurité nationale à la sécurité pour tous. Cela inclut la responsabilité quotidienne de prévenir, c'est-à-dire d'éviter la violence à sa racine. Beaucoup d'aspects pratiques du concept de la paix juste doivent encore être discutés, considérés avec discernement et développés. Nous continuons à rechercher les moyens de protéger les personnes innocentes de l'injustice, de la guerre et de la violence. Dans cette perspective, nous déployons beaucoup d'efforts pour cerner le concept de la "responsabilité de protéger" et en distinguer les abus possibles[56].

On a montré ailleurs combien les retrouvailles œcuméniques du monde chrétien ont des conséquences politiques, économiques et sociales[57]. Les thèses du philosophe français Jean-Baptiste de Foucauld sur la juste gouvernance, sur l'économie du sens, sur le développement matériel, relationnel et spirituel de chaque personne reposent sur une culture catholique de la régulation, une culture protestante de la résistance et une culture orthodoxe de l'utopie[58]. Les doctrines sociales des Églises Orthodoxes sont elles-mêmes actuellement en train d'évoluer du fait de leur confrontation avec le monde moderne et les autres confessions chrétiennes. Ainsi la doctrine sociale de l'Église russe a considérablement changé depuis 2000.

L'Église russe a souvent favorisé dans le passé le

mélange de juridisme et d'anarchisme caractéristique de la conscience orientale. La déclaration sur les droits de l'homme qu'elle a adoptée en 2008 montre cependant qu'une réhabilitation du droit est possible en Russie, dès lors que celui-ci est assimilé par le peuple orthodoxe. Cette déclaration en effet légitime pour la première fois, de façon argumentée, l'un des piliers de la modernité, à savoir la liberté de conscience. Mais elle ajoute que, la simple liberté de choix pouvant aboutir à la légitimation de la négation de toute liberté, il convient d'associer à cette première liberté une seconde définie comme liberté de service. Dans un premier document, en 2000, l'Église russe avait déjà exposé les bases théologiques de cette double liberté[59]. Elle y justifiait son opposition à la théorie du droit naturel, source du droit moderne, « qui ne prend pas en compte la déchéance de la nature humaine ». Mais on avait du mal à comprendre comment, dans cette vision, l'homme pouvait encore disposer de droits alors que le monde avait été frappé si durement par la déchéance. On pouvait craindre que l'ancienne opposition entre représentants « tyranniques » et « responsables » de la puissance divine et groupements de résistants « irresponsables » ou « éthiques » ne réapparaisse.

Certes la déclaration sur les droits de l'homme de l'Église russe dispose encore de nombreuses imperfections signalées par les défenseurs des droits de l'homme. Cependant Ludmilla Alexeeva, présidente du comité Helsinki en Russie[60], malgré quelques réserves, s'est félicitée du texte, tout comme Grigori Iavlinski, le leader du parti démocrate Iabloko[61], connu pour ses liens avec l'intelligentsia. En effet la déclaration a le mérite de fonder sur des bases théologiques solides les droits inaliénables de toute personne humaine[62].

Les rédacteurs du texte, dont le père Cyrille Hovoroun, un proche de l'actuel patriarche Cyrille, fut l'un des principaux artisans, ont fait une distinction très éclairante entre les deux termes utilisés dans le Nouveau Testament pour dire la liberté : *antexousion* désigne la liberté comme pouvoir d'autodétermination (I Cor., 7, 37 : « Mais celui qui a pris dans son cœur une ferme résolution, hors de toute contrainte, et qui, *en pleine possession de sa volonté*, a pris en son for intérieur la décision de respecter sa fiancée, celui-là fera bien ») ; *eleutheria* désigne la liberté par rapport au mal, comme capacité à s'accomplir en Dieu, comme pouvoir de vaincre sa nature déchue en coopération avec Dieu (« Mais la Jérusalem d'en haut est *libre* et c'est elle notre mère » : Gal., 4 ; 22-26 ; cf. aussi Jn, 8, 36 : « Si c'est le Fils qui vous affranchit, vous serez réellement des hommes libres »). Or la déclaration précise que, si la liberté de choix (*antexousion*) n'est pas la valeur finale, elle est cependant inaliénable car l'image de Dieu en l'homme n'a pas été altérée par le péché. De plus, il est dit que la vraie liberté (*eleutheria*) ne peut être imposée par la loi, elle se réalise à travers un cheminement. Celui-ci s'exprime dans les sacrements, à commencer par le baptême, et s'accomplira « dans la résurrection de tous ». Contre toutes les visions de l'Église russe comme espace rétrograde, on entend ici un écho de la doctrine patristique la plus ancienne. On peut y discerner également une reprise des thèses du père Serge Boulgakov en faveur de la résurrection universelle exposées en 1944 dans *L'Épouse de l'Agneau*.

La participation nouvelle des Églises Orthodoxes au mouvement œcuménique et au dialogue avec le monde moderne anticipe également la réconciliation entre les religions qu'annonçait en 1997 Olivier Clément dans son livre *Rome autrement*. Le théologien orthodoxe considérait en effet qu'étaient appelés à se rencontrer à l'avenir l'hémisphère issu de l'Inde — où domine la pensée de l'unité tout englobante, une pensée du Même avec conception cyclique du temps et universalité du Soi de chacun — et l'hémisphère sémitique — où s'affirme la transcendance du Dieu personnel et où le temps se fait linéaire, pour le judaïsme, ou en rappels, pour l'islam. Selon Olivier Clément, il importe de comprendre et de diffuser toujours davantage le mystère de l'Uni-Trinité :

> Le Dieu vivant est tellement un qu'il porte en lui la réalité, la pulsation de l'autre et, dans l'Esprit, dans le Souffle saint, le dépassement de toute dualité : non par repli dans une unité impersonnelle, mais par coïncidence de l'unité absolue avec la diversité absolue. […] Aux religions de la seule transcendance, et sans doute à travers leurs mystiques, nous dirons l'incarnation et la « kénose ». Aux religions de la fusion dans l'impersonnel, nous dirons l'Uni-Trinité. Aux humanismes plus ou moins athées, nous rappellerons que l'homme ne serait rien s'il n'était, au-delà de tous ses conditionnements, une énigme, un secret où nous ne pouvons entrer que par la révélation de l'amour[63].

Les décalages fréquents dans les ouvrages d'histoire de l'Église Orthodoxe entre l'histoire et les mémoires montrent l'incapacité actuelle du monde orthodoxe à défendre sa vision confessionnelle de la vérité. Les difficultés des Églises Orthodoxes à se réunir en concile panorthodoxe, à retrouver leur communion avec les Églises dites « non chalcédoniennes » témoignent également de la crise du paradigme moderniste de l'orthodoxie. Enfin les contradictions de toutes sortes entre orthodoxie et orthopraxie au sein des Églises Orthodoxes favorisent une montée croissante des processus de sécularisation des populations chrétiennes orthodoxes. Ainsi, pour ne prendre que quelques exemples récents, les divisions entre les différentes Églises Orthodoxes en Ukraine, en Estonie ou aux États-Unis choquent de plus en plus. Les conflits autour de bâtiments ecclésiastiques entre le patriarcat œcuménique et le patriarcat de Moscou — comme, par exemple, celui qui a opposé l'État russe avec la communauté orthodoxe de la cathédrale de Nice en France[64] — obligent les États à ne plus considérer l'Église Orthodoxe comme une seule entité. De plus en plus de grands médias adoptent une attitude hostile à l'égard des Églises Orthodoxes[65]. Il est vrai que, de Jérusalem à Moscou et de New York à Athènes, de fréquents scandales liés à des questions de mœurs ou de corruption atteignent des membres du clergé orthodoxe[66]. Un rapport accablant a été publié au sujet des détournements de fonds, des malversations et des violations des règles comptables qui ont sévi au sein de l'Église Orthodoxe en Amérique pendant une vingtaine d'années[67]. Depuis la publication, en janvier 2012, des archives secrètes de l'ère communiste, on sait que onze des quinze métropolites de l'Église Orthodoxe bulgare ont été des informateurs de l'État[68]. Tout cela témoigne de la crise que traverse aujourd'hui le monde orthodoxe.

Cependant, comme on va le voir, une redéfinition

de l'orthodoxie s'avère nécessaire, non pas seulement pour l'Église Orthodoxe, mais pour l'ensemble du monde chrétien et, au-delà, pour toute personne de bonne volonté cherchant à retrouver les liens qu'entretiennent le vrai, le bien et le beau par-delà les ruptures et les découvertes de la modernité.

DEUXIÈME PARTIE

LA REDÉFINITION DE L'ORTHODOXIE

Chapitre IV

LES DÉFINITIONS DE L'ORTHODOXIE

PHÉNOMÉNOLOGIE DE L'ORTHODOXIE

Orthodoxie est un terme équivoque. Il mérite pourtant d'être étudié de près. Aujourd'hui, au niveau de l'opinion populaire, dans le monde occidental, l'orthodoxie est comprise comme une posture mentale : un orthodoxe est un « conservateur », qu'il soit juif ou chrétien, banquier ou juriste, de droite ou de gauche. Tel économiste de la Banque mondiale est accusé de professer des théories « peu orthodoxes », c'est-à-dire des opinions se démarquant de l'enseignement libéral courant sur la transparence des marchés[1]. À la veille de l'anniversaire de l'accession de François Mitterrand à la présidence de la République française, on discute aisément dans les médias français de la fidélité ou non des membres du parti à la « doxa socialiste[2] ».

Sur un plan historique, on observe également de nombreuses ambiguïtés. Les « juifs orthodoxes » se déclarent fidèles à la tradition la plus ancienne du judaïsme, mais leur appellation d'orthodoxe ne date que de la fin du XIXe siècle, lorsque des juifs réformés les désignèrent ainsi pour se distinguer d'eux[3]. Par ailleurs on désigne par « orthodoxes » les chrétiens qui, depuis saint Paul, se définissent comme tels sans faire référence nécessairement à une posture conservatrice. On peut considérer l'expression « marcher droit », chez saint Paul (Gal., 2, 14), comme la première apparition au Ier siècle, sinon du terme, du moins de la notion d'orthodoxie chrétienne : « quand je vis qu'*ils ne marchaient pas droit selon la vérité de l'Évangile,* je dis à Céphas devant tout le monde[4]... ». Clément d'Alexandrie reprit cette expression avec le nom *ortho-tomia,* terme tiré du livre des Proverbes, qui signifie le fait de « tracer droit » sa route. Faisant allusion à la lettre de Paul à Timothée (II Tim., 2, 15), où l'apôtre demande à son disciple de dispenser « avec droiture » la parole de vérité, Clément dans ses *Stromate* écrit : « Pour nous donc, seul le gnostique, qui a vieilli dans les Écritures elles-mêmes, qui respecte la ligne droite, apostolique et ecclésiastique, des doctrines, mène la vie droite conforme à l'Évangile[5]. » C'est le *kanon,* la règle — de lecture des Écritures, qui doivent être comprises de façon cohérente, ou de conduite dans les assemblées, qui doit respecter la diversité des dons de l'Esprit en dépit des différences sociales ou ethniques —, qui assure l'application collective du marcher droit en vue du salut des âmes. Comme l'écrit Alain Le Boulluec, face à la culture antique qui privilégiait le rejet de l'innovation, et malgré la réputation qu'a pu acquérir l'orthodoxie à l'époque moderne, « la tradition d'orthodoxie et ses normes sont originellement innovantes et le travail d'interprétation leur est inhérent[6] ». L'orthodoxie se pense en réalité toujours dans un rapport de continuité, mais elle est sans cesse confrontée à cette tension interne entre fidélité à la tradition et engagement créatif.

Mais ici encore l'équivocité ressurgit. Les frontières du cheminement orienté vers la vérité christique ne correspondent pas nécessairement aux identités historiques. On parle sans distinction de l'orthodoxie des Grecs catholiques ukrainiens comme de celle des anglicans nigériens. Bien souvent on parle, sans prendre garde de définir le sens du terme orthodoxie, y compris dans les travaux académiques, du retour à l'orthodoxie de la foi de Luther, de l'orthodoxie du concile de Trente, ou de l'orthodoxie de la spiritualité hésychaste. Comme si avait eu lieu une déconnexion entre le mot et la réalité de vérité qu'il désigne.

Par ailleurs on associe communément cet adjectif à une confession chrétienne spécifique, particulièrement depuis les XVe et XVIe siècles. Lorsque l'Orthodoxie prend un *o* majuscule pour désigner une confession chrétienne identifiant sa foi avec son identité même, il s'agit, selon l'usage international, de l'Église Orthodoxe ou de la communion des Églises Orthodoxes, héritières des Églises d'Orient, devenue aujourd'hui mondiale[7]. Ici encore, dans l'opinion publique, l'Église Orthodoxe est souvent mal connue, voire réduite à des demi-vérités. On parle généralement du manque d'unité du monde orthodoxe (bien qu'il existe une unité liturgique et dogmatique des 274 millions de chrétiens orthodoxes), du niveau de compromission de ces Églises avec l'État au XXe siècle (mais la réaction des orthodoxes aux totalitarismes n'a pas été partout et en tout temps la même), de la forme extérieure des églises orthodoxes (celles-ci disposent de bulbes en Europe de l'Est, pas en Asie Mineure ; et les clochers à bulbe sont également caractéristiques des églises baroques du Saint Empire romain germanique), de l'existence à l'intérieur de celles-ci d'iconostases, ou mur d'icônes, séparant le peuple du clergé lors des célébrations (mais celles-ci n'ont pas toujours existé), etc. Il est vrai que les orthodoxes eux-mêmes ont tendance à se présenter comme l'unique Église à se trouver en continuité avec le christianisme du premier millénaire. Mais, comme l'a raconté avec malice le philosophe russe orthodoxe Vladimir Soloviev dans son *Court récit sur l'Antéchrist*[8], à la fin des temps, l'Antéchrist offrira ironiquement aux orthodoxes un institut d'archéologie chrétienne. Ce qui fit réagir le théologien orthodoxe français Olivier Clément : « Dans archéologie, il y a *arché* qui désigne le fondamental, l'originel, ce qui à la fois dépasse l'histoire et la féconde. Au cours du second millénaire, l'Église Orthodoxe a réuni bien des conciles, suscité des témoins et des Pères, ouvert de nouvelles approches vers le mystère[9]. »

On a souvent réduit la notion historique d'orthodoxie à un concept. Le terme d'orthodoxie a alors été compris comme l'opposé de celui d'hérésie, entendu comme fausse doctrine. Dans le premier tome des quatorze que compte la nouvelle *Histoire du christianisme*, parue en France entre 1990 et 2000, Alain Le Boulluec, professeur à l'École pratique des hautes études, a publié un article intitulé « Hétérodoxie et orthodoxie ». Il y synthétise le débat sur cette problématique, de Walter Bauer à H. D. Altendorf et Rowan Williams, pour aboutir à la conclusion du nécessaire « abandon des concepts d'hérésie et d'orthodoxie dans l'étude des époques les plus anciennes[10] ». Mais toute la question est de savoir de quelle conceptualité relève la notion d'orthodoxie. Comprise de façon seulement sociologique, la doxa perd le sens qu'elle a revêtu historiquement. L'orthodoxie n'est plus qu'un concept désignant la doctrine que le groupe dominant impose à une minorité. C'est la raison pour laquelle, en définitive, Alain Le Boulluec propose d'utiliser le terme d'« orthopraxie » pour désigner le lien indissociable entre la foi et les pratiques rituelles, sociales et morales des communautés chrétiennes primitives[11]. On verra que cette approche ne peut être entièrement satisfaisante dans la mesure où elle sacrifie la dimension essentielle de connaissance glorifiante de la notion de *doxa* dans l'étude du christianisme primitif. Du reste A. Le Boulluec se rend compte lui-même que, sur l'autre versant de la recherche, le terme d'hérésie ne peut être réduit à une seule signification. Ce terme a, lui aussi, connu une évolution. Dérivé de *hairoumai*, qui signifie « choisir », le terme d'*hairesis* a été traduit en latin par *secta* (de *sequi*, « suivre[12] »). Au IIe siècle avant Jésus-Christ, on lui donnait le sens de « système philosophique » ou d'« école de pensée » par opposition à une école institutionnelle. Dans les Actes des Apôtres (Act., 5, 17 ; 15, 5), le terme est repris par Luc pour désigner les différents courants du judaïsme. La TOB le traduit par « parti » des Sadducéens. Le terme prend une tournure péjorative lorsque Paul est accusé d'être le chef de file de l'*hairesis* des Nazoréens (Act., 24, 5). Cette connotation s'accentue dans des ouvrages d'auteurs chrétiens comme le *Traité polémique contre toutes les hérésies* de Justin (vers 100-vers 165), livre aujourd'hui disparu mais qu'Irénée de Lyon cite dans son propre ouvrage *Contre les hérésies*. Le terme d'hérésie signifie désormais une vérité ou une attitude partiale qui, affirmée pour elle-même, devient une erreur. Il en vient, par un phénomène de simplification, à signifier dès le IVe siècle une « doctrine mensongère[13] ».

À un niveau plus épistémique enfin, l'orthodoxie désigne plus la vérité des doctrines que celle des institutions qui les portent. Dans la philosophie de Parménide, l'un des sens de doxa est celui d'opinion confuse que l'on se fait sur quelqu'un ou sur un aspect de la réalité par opposition au vrai chemin d'accès à la vérité : l'Être qui est. Dans la philosophie et la sociologie contemporaines, la doxa est plutôt assimilée à un « réseau de valeurs » autour de certains aspects et éléments de la réalité signifiée. Dans ses *Mythologies*, en 1957, Roland Barthes l'a mis en évidence en opposant les croyances floues de la doxa à la connaissance épistémique et certaine. Pour Pierre Bourdieu, le discours doxique, en transformant la culture en nature, est l'agencement fondamental de l'idéologie[14]. La doxa est pour lui l'image que la bourgeoisie se fait du monde et impose au monde. Charles Grivel a voulu réconcilier les deux approches en montrant que doxa et épistémê se trouvent dans un rapport dialectique puisque toute doxa se présente comme épistémê et que tout ensemble de connaissances structurées comprend une doxa[15]. Dans tous les cas, la doxa se situe au-delà de la langue, mais en deçà du discours dont elle fonde tacitement l'intercompréhension[16]. La recherche contemporaine tend à mettre au jour la présence de « systèmes doxiques » caractérisés, d'une part, verticalement, par des axiologies (lignes bipolaires dont les bouts sont en tension l'un par rapport à l'autre) et, d'autre part, horizontalement, par des champs sémantiques. Ces systèmes expriment des « idéologèmes » et traduisent l'organisation interne des sociétés. La sociologue de l'EHESS à Paris, Danièle Hervieu-Léger, dans *Le pèlerin et le converti*, a tiré les enseignements de la fin des identités religieuses héritées pour proposer également un nouveau modèle systémique mettant en tension les nouveaux itinéraires religieux[17]. Dès lors, la définition de la notion d'ortho-doxie ne peut être strictement conceptualisée. Les définitions peuvent associer ce terme à la foi, au culte, à la connaissance, à la vérité, à la tradition, ou encore à la pratique sociale. Ces définitions accordent à ces termes, en fonction des contextes, les qualificatifs de « correct(e) », ou de « droit(e) », ou de « fidèle », ou de « juste ».

Ces variations et ces imprécisions sont renforcées par un fait historique de taille. Lors de la traduction en grec de la Bible hébraïque, vers 270 avant Jésus-Christ, par les Septante, la notion juive de *kabod* (signifiant couramment « gloire ») a été traduite par *doxa* (dont l'un des sens était « opinion[18] »). Dans le Nouveau Testament la *kabod YHVH* devient la *doxa tou theou*. On reviendra plus loin sur ce saut sémantique majeur. Dans une première approximation, on peut néanmoins proposer une définition de l'orthodoxie sur un plan épistémologique général (en intégrant l'évolution historique de la notion). Le terme d'orthodoxie est distinct de celui de vérité lorsque celle-ci se rapporte uniquement à la capacité de l'intelligence humaine à atteindre le vrai par déduction. La pensée orthodoxe signifie la pensée vraie lorsqu'au discernement logique de la raison s'ajoute, pour l'expression de la vérité, une décision d'adhésion de la conscience personnelle, c'est-à-dire de la voix intérieure de l'individu. Cette conscience, pour qu'elle puisse exprimer son jugement sans verser dans l'arbitraire, doit réunir au moins deux conditions, qui peuvent entrer parfois mais pas toujours en contradiction. Elle doit être totalement libre, au sens d'indépendante, capable d'effectuer son propre jugement. Mais elle doit être aussi reliée à une communauté, dépositaire d'un savoir et d'une mémoire spécifique, qui produit des champs de communication. La définition orthodoxe de la vérité orthodoxe ne se situe plus dès lors simplement dans l'ordre de la conviction individuelle, qui relève de l'intuition. L'orthodoxie en définitive est un cheminement, un style de vie personnel, médiatisé par une communauté spatiale et temporelle, qui formule en symboles et transmet justement, c'est-à-dire de façon reconnaissante, rationnelle et fidèle, son expérience de la vérité. L'histoire de la pensée témoigne de deux tentatives majeures, philosophique et théologique, pour définir plus précisément cette expérience de la vérité.

LA DÉFINITION PHILOSOPHIQUE DE LA VÉRITÉ

La vérité « n'est pas seulement une propriété de la connaissance, elle est avant tout une qualification transcendantale de l'être comme tel[19] ». Le philosophe et théologien catholique suisse Hans Urs von

Balthasar a rédigé en 1952 une importante *Phénoménologie de la vérité*. Il y montre que, pour la tradition chrétienne d'Orient et d'Occident, la réduction de la connaissance de la vérité à une évidence purement théorique, indépendamment des décisions de caractère vital que les individus sont amenés à prendre en se confrontant à elle, prive la vérité de son universalité et de sa véritable nature. La vérité dispose d'un caractère intégral, vital, existentiel. C'est la raison pour laquelle, à la différence de la perception de la vérité qui marque le rationalisme moderne, dans la tradition antique les sphères du bien et du beau ne peuvent pas être dissociées radicalement de celle du vrai. Elles ne peuvent être rejetées dans le domaine de la foi privée ou du goût individuel.

Pour rencontrer la vérité, au sens post-rationaliste du terme, l'homme a besoin d'une méthode, de critères permettant de formuler et de valider ses jugements. Cette méthode est précisément ce qui est désigné dans l'histoire de la pensée par le terme d'orthodoxie. Balthasar définit sa méthode de façon phénoménologique : « Décrire la vérité du monde en nous attachant à mettre en relief ce qui lui donne surtout d'appartenir au monde, sans exclure pourtant la possibilité que la vérité ainsi décrite n'enferme en elle-même certains éléments issus directement d'une origine divine, surnaturelle[20]. » Cette méthode part des deux caractéristiques majeures de la vérité relevées dans l'histoire de la pensée, à savoir sa capacité à l'autodévoilement et son caractère digne de confiance. Dans la tradition grecque antique, en effet, la vérité est une propriété de l'être, d'être dévoilé, non caché (*a-lethéia*). Tandis que, dans la tradition biblique, la vérité est aussi *Emeth,* c'est-à-dire fidélité, constance, chose à laquelle on peut se fier. La vérité ainsi définie pose un terme à l'incertitude, selon Balthasar, par «l'évidence du donné-dévoilé» et offre ainsi une voie d'accès à mille connaissances nouvelles.

Mais la relation des hommes à la vérité dispose d'une histoire dont il s'agit désormais de prendre conscience par le récit de l'orthodoxie de la vérité. Dans le rationalisme moderne, la vérité est entendue comme la conformité abstraite de l'idée avec son *objet,* comme l'adéquation de ce que l'on dit ou pense avec ce qui est *réel,* ou encore comme ce dont on peut rapporter la preuve. Ces définitions modernes de la vérité ne sont pas sans conséquences. Selon le penseur russe Serge Boulgakov (1871-1944), la représentation individualiste moderne de la vérité est condamnée à établir des décisions arbitraires, partiales, et donc hérétiques au sens étymologique du terme[21]. Dans son important livre *La tragédie de la philosophie,* rédigé au début des années 1920[22], Serge Boulgakov a défini le rapport de la pensée philosophique à la vérité comme une tragédie, dans la mesure où la pensée philosophique cherche à faire abstraction de la relation d'engagement qui existe entre l'individu et le monde.

> Les antinomies qui déchirent la raison, ce sont elles qui la constituent et la définissent. L'antinomisme critique en métaphysique et en gnoséologie prend donc la place du rationalisme dogmatique. Ce dernier n'est que l'enivrement de la raison par elle-même... Le criticisme, au contraire, consiste justement à poser clairement la structure de la raison et de ses fondements, non pour la détrôner, mais pour l'affermir. Et, à la

lumière de cette critique, l'histoire de la philosophie n'est qu'une hérésiologie tragique[23].

Boulgakov appuie son jugement sur la démonstration suivante. Pour lui, l'homme qui veut atteindre la vérité doit au préalable s'auto-affirmer comme conscience humaine. Il doit déclarer « Je suis untel ». Mais ce mouvement de la conscience repose sur des antinomies. Le Je, en effet, est inobjectivable et absolu. Tandis que le prédicat « untel » le détermine et l'objective. Cette réalité viole les deux principes de la logique rationnelle, à savoir le principe d'identité et le principe de contradiction. Elle aboutit à la pensée idéaliste fichtéenne marquée par le désir jamais atteint de la conscience d'atteindre l'infini. De même le prédicat « untel », qui représente la détermination conceptuelle, l'idée, la nature, exige la totalité, l'universalité du Logos. C'est le sens de la philosophie de Hegel comme philosophie de la prédicativité de l'être. Celle-ci aboutit à une insupportable tension entre le relatif et l'absolu. Enfin le verbe être n'est ni conscience ni nature. La copule « suis » est divisée en deux, une et multiple, immobile et mobile. On trouve ici l'instabilité des systèmes monistes panthéistes (qui nient la distinction entre sujet et prédicat) de Leibniz et Spinoza, ou la philosophie de l'Absolu sans distinction, de la philosophie de la mythologie et de la révélation de Schelling.

Dans les trois cas, dit Boulgakov, la pensée humaine cherche à réduire les trois termes à l'un d'entre eux. Or l'esprit humain ne parvient pas à se révéler comme sujet dans le prédicat parce qu'il n'y a pas identité totale entre les trois moments du jugement d'autodétermination. Il faut donc, pour Boulgakov, que la philosophie devienne critique par rapport à elle-même, qu'elle reconnaisse un Esprit Absolu dans lequel les trois moments irréductibles de la vie de l'esprit se réconcilient. Pierre Hadot (1922-2010), comparse de Michel Foucault au Collège de France, a écrit une recension élogieuse du livre de Boulgakov dans laquelle il résume la position du penseur russe :

> Le dogme de l'Unitrinité apparaît comme l'issue unique, postulée par la structure de l'esprit humain, mais inaccessible sans la Révélation. Ce que la raison postule en prenant conscience de sa propre énigme, c'est un Esprit Absolu dans lequel l'autorévélation du Je soit exhaustive, c'est-à-dire dans lequel l'autodétermination du prédicat ne soit pas un Non-Je s'imposant de l'extérieur, ou une pure idéalité, mais soit le Je lui-même, s'extasiant en un autre soi-même, et dans lequel le Je lui-même vivrait l'unité de soi à soi dans l'être-copule, qui à son tour aurait la plénitude de la conscience personnelle. Autrement dit il faut un Je qui soit en même temps être et Logos, un Logos qui soit en même temps Je et être, un être enfin qui soit en même temps Je et Logos, tout ceci dans l'unité d'une seule auto-affirmation du Je[24].

Ainsi, pour Boulgakov, « le dogme trinitaire éclaire la raison sur elle-même ». Cela a comme conséquence importante que la philosophie, hétérodoxe à un certain niveau de tension sapientielle, doit tendre vers l'orthodoxie chrétienne si elle veut éviter le systémisme modaliste et atteindre sa quête de vérité. Inversement la théologie ne peut être, pour lui, que sapientielle. Elle ne peut comprendre l'unité divine de façon abstraite et impersonnelle. Et elle ne peut tomber dans les hérésies du monarchianisme ou de l'arianisme pluraliste. La consubstantialité entre le Père, le Fils et l'Esprit est la lumière de la vérité qui scintille au-dessus des sciences humaines à venir.

Bien que l'analyse de Boulgakov soit à bien des égards devenue inaudible au sein de l'université contemporaine, en raison probablement de sa représentation abstraite et éclatée de la connaissance et de son organisation ultraspécialisée du savoir, on trouve chez certains intellectuels un intérêt renouvelé pour toute pensée associant le transcendantal à l'empirique. Le philosophe français Marcel Gauchet a présenté en 2003 son « anthropo-sociologie transcendantale » dans son livre *La condition historique*. Le directeur de la revue *Le Débat* ne parle plus d'expulsion du religieux du champ social, mais il constate l'évolution des « structurations religieuses » des sociétés. Or, pour lui, les sociétés relèvent d'une donation, ce qui leur permet précisément d'avoir du pouvoir sur elles-mêmes. Il en ressort que l'homme n'est pas un « animal » politique, comme le pensait Aristote. Il se distingue précisément de l'animal en ce que sa conscience politique le met en mesure d'inventer ses conditions de l'être ensemble. Les religions en définitive constituent pour Gauchet le mode de relation de l'homme social à lui-même. Dès lors la réflexion doit porter sur l'articulation entre « être soi » et « être ensemble ». Dans cette perspective pour Gauchet, le langage symbolique est « devant nous ». Celui-ci est caractérisé précisément par un mouvement ternaire de la conscience de soi, de la distance par rapport à soi-même, et de la redécouverte de soi par la médiation de l'extériorité[25].

LA DÉFINITION THÉOLOGIQUE DE LA VÉRITÉ

L'histoire de la théologie chrétienne a conduit aujourd'hui à une définition de la vérité qui n'est pas non plus homogène. Dans les traités de théologie dogmatique, la vérité est, *en premier lieu*, soit ce qui est défini par le Magistère, soit ce qui est conforme aux Écritures, soit encore ce qui est fidèle à la tradition des conciles œcuméniques. Malgré ces distinctions quelque peu schématiques entre traditions catholique, protestante et orthodoxe, les chrétiens partagent cependant une vision commune de la vérité comme personne. Jésus-Christ est pour eux le *hodôs*, c'est-à-dire le chemin de vérité et le chemin de vie. Il ne peut y avoir dans la méta-hodo-logie chrétienne d'orthodoxie qui serait vraie mais sans vie, ou de vie qui n'aspirerait à la vérité.

Aussi, dans cette tradition de pensée, la vérité ne peut être possédée puisqu'il s'agit d'une personne. On ne peut que lui appartenir. Elle est d'abord un don indissociable de l'amour[26]. C'est pourquoi l'orthodoxie se situe entre la foi, cette aptitude à vivre en Dieu qu'elle veut servir en l'incarnant, et la raison, à qui elle appartient en tant que gouvernail spirituel. La foi s'énonce, en quoi elle s'expose. La doctrine de la foi est donc édification du sens, interprétation[27]. La rationalité chrétienne orthodoxe implique, selon sa tradition d'interprétation scripturaire, une adhésion relationnelle et communautaire des personnes à Jésus-Christ qui est, dans la tradition chrétienne, le Logos incarné. Orthodoxie en ce sens signifie l'adéquation de la foi et de la raison, accomplissement de la rationalité qui atteint l'universel, et actualisation d'une rencontre qui fait jaillir le sens. L'orthodoxie dans la doctrine chrétienne ne peut être comprise comme une réalité statique, close et achevée. Elle est originellement un cheminement dans la Voie ouverte par le Christ. Dans la pensée patristique, elle apparaît là où l'Esprit Saint souffle et toujours en continuité avec la tradition évangélique et apostolique. Dans la mesure où sa tâche est de rapprocher la nature divine de la nature humaine, la fonction de la pensée orthodoxe est d'attester cette rencontre ou de montrer les voies qui y conduisent. Cela peut se traduire par la découverte des lois de l'univers créé, par l'enseignement des vérités spirituelles, par la conduite des êtres humains dans leur vie quotidienne, par la célébration d'un culte d'échange de dons, en bref par tout ce qui peut conduire les êtres humains à tendre individuellement et collectivement vers le Royaume de Dieu qui est le plérôme de l'orthodoxie.

La notion de conscience personnelle, à la fois individuelle et communautaire, est donc essentielle pour déterminer l'orthodoxie. La pensée « orthodoxe », au sens confessionnel du terme, qualifiée d'École de Paris, pour désigner les penseurs ayant œuvre de près ou de loin à l'institut Saint-Serge et à la revue *Pout'*, a emprunté la notion de conscience à la philosophie allemande. Elle l'a retravaillée à l'aune de la tradition orientale en la comprenant comme fondamentalement catholique, conciliaire, et non comme une autoconscience repliée sur elle-même (*Selbstbewußtsein*). Dans *À l'image et à la ressemblance de Dieu*, Vladimir Lossky définit ainsi la conscience catholique : « Le mystère de la catholicité de l'Église se réalise dans la pluralité des consciences personnelles comme un accord d'unité et de multiplicité, à l'image de la sainte Trinité que l'Église réalise dans Sa vie : trois consciences — un seul Sujet, un seul Conseil divin, ou “Conseil des Saints” qui est la catholicité divine[28]. » Pour V. Lossky, l'Orthodoxie est précisément la conscience ecclésiale catholique. Des auteurs aussi différents que S. Boulgakov, V. Lossky, J. Meyendorff, P. Evdokimov, O. Clément ont utilisé cette notion d'orthodoxie ou de conscience ecclésiale afin de rendre possible un récit qui ne soit ni triomphaliste et sectaire, ni désincarné et clos. Dans la mesure donc où cette notion d'orthodoxie a été tout spécifiquement travaillée, réfléchie, enrichie par la culture chrétienne, on peut comprendre le christianisme orthodoxe comme un phénomène de civilisation de la façon suivante.

D'une part, le christianisme orthodoxe est une réalité historique de nature symbolique caractérisée par des *actes* manifestant la vie des hommes et des femmes qui suivent la voie de Jésus-Christ, des *modes de pensée* spécifiques à la représentation de la vérité comme personne, et des *formes d'organisation sociale* cherchant à réaliser le kérygme chrétien. D'autre part, le christianisme orthodoxe est une *conscience de soi* déterminant, selon les contextes, l'identité des différentes communautés se désignant comme chrétiennes. L'histoire du christianisme orthodoxe est donc le récit qui cherche à décrire la conscience qu'a une communauté chrétienne de soi-même dans sa vie sacramentelle, spirituelle et civique. L'histoire de la révélation apportée par la foi ne coïncide pas avec celle de sa réception, jamais homogène, toujours contradictoire. Nicolas Berdiaev souhaitait rédiger une *Critique de la Révélation* qui assigne à l'Esprit l'équivalent de ce que Kant a imposé à la raison pure. L'histoire de l'Église Orthodoxe doit être comprise dans son double sens d'institution historique et d'espace symbolique : maison du Père, corps du Christ, temple de l'Esprit Saint, Épouse de l'Agneau, etc. Elle est donc à la fois le récit des représentations diverses que ses fidèles se font de Dieu, de la coexistence en son sein de représentations souvent différentes du monde et de l'expression des degrés de communion existant entre ses fidèles.

LA NÉCESSAIRE REDÉFINITION HISTORIQUE DU *CRITERIUM* DE LA VÉRITÉ

L'amour de la sagesse qui tient compte de la dimension trinitaire de l'esprit humain et du caractère tragique de l'histoire de la philosophie ne peut pas ignorer la démarche théologique qui consiste à poser la réalité de Dieu, radicalement autre et néanmoins capable de s'autorévéler comme personne. Inversement, en raison du contenu même de la foi chrétienne, l'orthodoxie de la vérité ne peut être la propriété exclusive du discours théologique institutionnel. Cela a bien entendu des conséquences politiques dans la société post-séculière actuelle, comme en sont convenus, au cours de leur débat du 19 janvier 2004, Joseph Ratzinger et Jürgen Habermas. Selon le cardinal catholique, chacun doit reconnaître que

« la lumière divine de la raison » peut purifier et réguler les religions. Inversement l'histoire enseigne que la raison souffre, elle aussi, de pathologies violentes (dont la bombe atomique ou l'homme comme produit sont des exemples) si elle n'est pas rappelée à ses limites et si elle ne se met pas à l'écoute des grandes traditions religieuses de l'humanité[29]. De son côté, le philosophe allemand s'est inscrit dans la même logique de la nécessité d'une nouvelle alliance entre citoyens croyants et incroyants dans la sphère publique. Il écrit :

> Des citoyens sécularisés, quand ils assument leur rôle de citoyens, n'ont le droit ni de dénier à des images religieuses du monde un potentiel de vérité présent en elles ni de contester à leurs concitoyens croyants le droit d'apporter, dans un langage religieux, leur contribution aux débats publics. Une culture politique libérale peut même attendre des citoyens sécularisés qu'ils participent aux efforts pour faire passer des contributions pertinentes issues du langage religieux à un langage public accessible à tous[30].

Il y a donc un sens à tenter de redéfinir historiquement les contours de la notion d'orthodoxie comme *criterium* de la vérité philosophique et théologique, morale et politique. Il existe de nombreux ouvrages de philosophie qui traitent de la vérité, mais rares sont ceux qui prennent en compte l'histoire spécifique de la pensée doxique en marge de la constitution progressive du rationalisme occidental. À bien des égards cependant, on peut considérer l'histoire de la pensée philosophique au XXe siècle, de Martin Heidegger à Michel Foucault et Stanislas Breton, comme un effort pour la retrouver. Du côté des théologiens, de nombreuses études ont été publiées pour comprendre l'orthodoxie en tant que réalité ecclésiale historique, et confessionnelle. On pense en particulier à l'étude pionnière, parue en 1944 à Bruxelles, de trois moines de l'abbaye de Chevetogne : Pierre Dumont, Feuillien Mercenier et Clément Lialine, *Qu'est-ce que l'orthodoxie*[31] ?. Il faut mentionner également l'œuvre majeure, à bien des égards postmoderne, de Serge Boulgakov, *L'Orthodoxie*, traduite par Lev Gillet et publiée à Paris en 1932. Cette tentative de définition sera reprise par de nombreux penseurs tels que Paul Evdokimov, son fils Michel Evdokimov, et bien d'autres auteurs. Il existe également quantité d'études équivalentes pour définir l'orthodoxie du magistère ou l'orthodoxie de l'herméneutique protestante[32]. Mais il n'existe pas, à notre connaissance, d'étude qui cherche à définir *de façon épistémologique, d'une part, et postconfessionnelle, d'autre part*, ce qu'est la pensée orthodoxe dans l'histoire de la civilisation judéo-chrétienne. En étudiant l'Orthodoxie/orthodoxie on se trouve à la jonction de la philosophie, de l'histoire, de la théologie et des sciences. C'est en parcourant l'histoire de cette notion symbolique d'orthodoxie qu'on tentera de lui trouver une nouvelle intelligibilité synthétique. L'enjeu est de taille car il s'agit ni plus ni moins que de suggérer une nouvelle représentation de la Vérité/vérité qui synthétise l'intelligence de la révélation chrétienne, le récit de son incarnation historique et de ses implications épistémiques, et certaines évolutions du discours de la philosophie contemporaine[33].

Aussi convient-il de rappeler au préalable l'actualité de cette question de la définition de l'orthodoxie, et de sa place dans le système doxique complexe de la pensée contemporaine. Dans un second temps, nous présenterons notre méthode pour retrouver les sens paradigmatiques de l'orthodoxie. Il s'agira d'exposer une histoire sémantique de la notion d'orthodoxie, située au croisement des deux axes majeurs de la vérité, son axe horizontal et cosmique, et son axe vertical et transcendant. On privilégiera à ce stade l'étude du *kriterion* de la vérité dans l'histoire du christianisme. Enfin dans un troisième volet, plus historique, plus détaillé, nous nous appuierons sur une étude historiographique de la conscience orthodoxe dans l'œuvre des principaux historiens du christianisme, tant en Orient qu'en Occident, afin de montrer la constitution de quatre paradigmes majeurs d'orthodoxie dans l'histoire de l'humanité depuis Jésus-Christ.

Chapitre V

LA REDÉCOUVERTE DE L'ORTHODOXIE CHRÉTIENNE

La question de l'orthodoxie, qui suppose, comme on l'a vu, la reconnaissance du lien entre philosophie et théologie, est au cœur du débat actuel sur la nature de la modernité et de son excroissance ultramoderne ou postmoderne. Les acteurs de cette vaste discussion planétaire sont, d'un côté, John Milbank, le chef de file de l'école philosophique, née en 1999, intitulée Radical Orthodoxy[1], à laquelle se rattachent des personnalités telles que William Cavanaugh ou Catherine Pickstock[2], qui promeut un nouveau dialogue entre foi et raison, et, d'un autre côté, toute une série de penseurs contemporains, qu'ils soient vivants (de Alain Badiou à Richard Dawkins, mais aussi de Jean-Luc Marion à Jürgen Habermas) ou morts (Gilles Deleuze, Michel Foucault, Paul Ricœur...), dont le point commun est de refuser a priori de relier la philosophie à la théologie. Certes il y aurait bien des précisions et des nuances à apporter[3]. Bien souvent ces auteurs se méfient avant tout du mélange des genres qui conduit aux pires excès du fanatisme et de l'idéologie. Jean-Luc Marion refuse surtout une discipline théologique qui apporterait des preuves de l'existence de Dieu selon une logique purement rationnelle[4]. De même, dans sa philosophie herméneutique du langage religieux, Paul Ricœur distinguait l'acte de discourir et son contenu, le locuteur, l'audience primitive et le lecteur contemporain. Aussi limitait-il le rôle de l'herméneutique à saisir le sens à partir des formes du discours[5]. Cela n'empêchait pas le philosophe protestant d'admettre la possibilité d'une foi individuelle qui sans cesse interprète, mais seulement «pour soi-même[6]», les événements-signes attestés par les Écritures. Les philosophes de Radical Orthodoxy considèrent cependant qu'une telle attitude de distanciation passive et de cheminement individualiste peut conduire à ignorer le cœur même de la démarche philosophique, à savoir sa participation amoureuse, créatrice et communautaire à la Sagesse créée.

> Pour nous redresser, écrit C. Pickstock, pour retrouver notre liberté d'être humain, nous devons retrouver ce sens de la participation, et avant tout de notre participation à la vie trinitaire de Dieu. C'est la foi de l'orthodoxie radicale. La raison d'être de notre combat[7].

Leur appel à une raison droite qui serait une nouvelle synthèse entre travail de l'intelligence et ouverture à l'esprit n'est pas conçu par les membres de l'école radicale orthodoxe comme un simple retour à la vérité de Thomas d'Aquin. Cette génération intellectuelle se définit comme postmoderne. Catherine Pickstock considère que la philosophie orthodoxe radicale est à la fois l'ennemie et l'alliée de la pensée de Jacques Derrida, de Michel Foucault ou de Roland Barthes :

> … l'ennemie, parce que nous estimons que les différences, pour être réelles, doivent coexister et collaborer les unes avec les autres, faute de quoi elles disparaîtraient du fait de leur antagonisme et de la guerre qu'elles se livreraient les unes aux autres ; et l'alliée, car nous pensons, tout comme les penseurs postmodernes, que nous vivons à la surface d'un monde de symboles changeants et mystérieux que nous sommes constamment amenés à déchiffrer. Ce monde est celui qui a été créé *ex nihilo*, car, comme le dit saint Augustin, les choses n'existent pas par elles-mêmes ; elles ne sont que le reflet évanescent de Dieu, leur Créateur. Le penseur postmoderne, lui, adopte une position presque nihiliste ; pour lui, il n'y a rien sous cet afflux de signes. L'orthodoxie radicale cherche à recadrer ce nihilisme : le flux de signes échappe au néant dans la mesure où il est le reflet de Dieu qui est tout. […] Le rien à partir duquel nous avons été tirés n'est pas le vide glauque de la pensée postmoderne mais la plénitude inépuisable de Dieu, qui ne nous paraît sombre que par excès de lumière[8].

Les deux derniers papes, Jean-Paul II, plus philosophe, et Benoît XVI, plus théologien, participent à cette discussion transdisciplinaire sur les nouveaux rapports entre philosophie, sciences et théologie, notamment en raison de l'encyclique du premier (*Fides et ratio*, 1998) et des discours récents du second (à l'université de Ratisbonne, en 2006, au Collège des Bernardins, à Paris, en 2008, au Parlement britannique, en 2010, etc.[9]). Dans son allocution prononcée au Westminster Hall, le 17 septembre 2010, Benoît XVI insiste pour sa part sur les conséquences politiques de cette discussion internationale en cours sur la définition d'une droite raison :

Où peut-on trouver le fondement éthique des choix politiques? La tradition catholique soutient que les normes objectives qui dirigent une *action droite*[10] sont accessibles à la raison, même sans le contenu de la Révélation. Selon cette approche, le rôle de la religion dans le débat politique n'est pas tant de fournir ces normes, comme si elles ne pouvaient pas être connues par des non-croyants — encore moins de proposer des solutions politiques concrètes, ce qui de toute façon serait hors de la compétence de la religion —, mais plutôt d'aider à purifier la raison et de donner un éclairage pour la mise en œuvre de celle-ci dans la découverte de principes moraux objectifs. Ce rôle « correctif » de la religion à l'égard de la raison n'est toutefois pas toujours bien accueilli, en partie parce que des formes déviantes de religion, telles que le sectarisme et le fondamentalisme, peuvent être perçues comme susceptibles de créer elles-mêmes de graves problèmes sociaux. À leur tour, ces déformations de la religion surgissent quand n'est pas accordée une attention suffisante au rôle purifiant et structurant de la raison à l'intérieur de la religion. Il s'agit d'un processus à deux sens. Sans le correctif apporté par la religion, d'ailleurs, la raison aussi peut tomber dans des distorsions, comme lorsqu'elle est manipulée par l'idéologie, ou lorsqu'elle est utilisée de manière partiale si bien qu'elle n'arrive plus à prendre totalement en compte la dignité de la personne humaine. C'est ce mauvais usage de la raison qui, en fin de compte, fut à l'origine du trafic des esclaves et de bien d'autres maux sociaux dont les idéologies totalitaires du XXe siècle ne furent pas les moindres. C'est pourquoi je voudrais suggérer que le monde de la raison et de la foi, le monde de la rationalité séculière et le monde de la croyance religieuse reconnaissent qu'ils ont besoin

> l'un de l'autre, qu'ils ne doivent pas craindre d'entrer dans un profond dialogue permanent, et cela pour le bien de notre civilisation.[11]

Après avoir présenté brièvement ce courant de la pensée philosophique et théologique qui se redéfinit aujourd'hui fortement comme orthodoxe, on montrera la spécificité de l'apport de Charles Taylor, philosophe catholique canadien. Celui-ci admet la nécessité d'une re-liaison nouvelle, subtile, entre philosophie et théologie, tout en refusant la négation, jugée trop radicale chez Milbank, de la vérité moderne. On verra que les penseurs religieux russes des XIXe et XXe siècles, de V. Soloviev à N. Berdiaev et S. Boulgakov, représentent également un point de passage obligé dans cette reconfiguration en cours. Enfin, on portera une attention particulière à Jean-Marc Ferry, philosophe français, qui, bien que partant d'un point de vue agnostique, remet en cause, dans ses dernières œuvres, la neutralité supposée de la philosophie moderne. Ce philosophe est caractéristique d'un mouvement plus large de penseurs qui en Europe critiquent les bases supposées « universelles » de la laïcité. On trouve une présentation détaillée de ces trois positions dans une série de huit conférences, les *Stanton Lectures*, données par John Milbank en janvier-mars 2011, à la faculté de Divinity de l'université de Cambridge[12], dans le livre de Charles Taylor, *A Secular Age*, publié en 2007 par Harvard University Press[13], et dans celui de J.-M. Ferry, *La religion réflexive* (Paris, Cerf, 2010).

JOHN MILBANK

Dans *Théologie et théorie sociale*[14], John Milbank (né en 1952) avait exposé en 1990 sa vision d'une philosophie qui serait guidée à nouveau par la foi — à nouveau car, pour Milbank, cette relation synergique est le propre de la *philosophia perennis*. Simplement celle-ci s'effectue sur un mode non de soumission mais d'adéquation à la tradition. Il s'agit d'une ortho-doxie « radicale », d'un discours ancré dans la tradition philosophique et théologique, capable d'être critique par rapport à lui-même. Cette philosophie symbolique puise sa source dans la révélation chrétienne et forme de la sorte un nouveau « méta-discours ». Pour Milbank, comme pour toute une tradition chrétienne occidentale se définissant comme orthodoxe, de saint Thomas d'Aquin à Henri de Lubac et à Jean-Paul II, la foi et la raison ne sont pas radicalement distinctes, car l'une comme l'autre ne sont que des degrés différents de la participation de l'esprit humain à l'Esprit divin. Il convient donc de critiquer, selon cette tradition de pensée, tout autant la foi, qui se prétend complète sans avoir besoin de faire appel à la raison, et le raisonnement qui s'imagine indépendant de toute relation à l'invisible et à l'inconnu. Selon Milbank, la non-reconnaissance de cette inter-action entre foi et raison est la source principale de la violence moderne, qu'elle soit d'origine religieuse ou séculière[15].

Vingt et un ans plus tard, à Cambridge, après une multitude de débats portant sur sa thèse principale[16], il continue à critiquer la philosophie moderne qui s'est crue émancipée depuis Jean Duns Scot (1266-1308[17]) de toute perspective religieuse, mais en cherchant à mieux comprendre sa logique interne. On trouve ici une réponse à l'histoire de la vérité proposée par Michel Foucault dans *Les mots et les choses* en 1966. Le philosophe français, nourri de philosophie kantienne, avait décrit les deux grandes discontinuités dans l'épistémê de la culture occidentale : celle de l'âge classique aux XVIIe et XVIIIe siècles, qui faisait coïncider la théorie de la représentation avec le langage, les ordres naturels, la richesse et la valeur ; celle de l'âge moderne, à partir de 1775 et jusqu'au XXe siècle, au cours de laquelle la conscience de la finitude, l'historicité, l'analogie et la succession organisaient le savoir de façon nouvelle, discontinue et fonctionnelle. « L'obscure violence répétée du désir », écrivait Foucault pour signifier le glissement entre les deux périodes, « vient battre les limites de la représentation[18]. »

John Milbank reconnaît le rôle de l'*éros* dans notre rationalité mais ne disqualifie pas pour autant la représentation symbolique du monde qui constituait le fondement de la vérité à l'âge médiéval. Pour lui beaucoup des suppositions « rationnelles » et des raisonnements « neutres » de la philosophie séculière portent le sceau de croyances théologiques plus ou moins assumées[19]. Il montre en particulier qu'en se défaisant, sur initiative franciscaine, du pôle de la transcendance, la civilisation moderne a perdu l'indispensable source de connaissance que représente l'oscillation du fini avec l'infini, qu'on peut désigner comme la participation de la création finie à l'incréé infini. Hors de cette oscillation se produit invariablement un dédoublement entre le finitisme kantien ou l'infinitisme spinozien. Les uns comme les autres identifient alors l'être à Dieu, privilégient la possibilité sur l'actualité, la représentation sur la participation. Mais, tandis que les épistémologues et les logiciens se limitent à la possibilité du sens et réduisent l'être à sa connaissance, les défenseurs de l'ontologie immanente privilégient la référence à l'être-dieu et suggèrent que l'intelligence humaine est égale à la divinité. Dès lors, dans cette logique moderne qui remonte au XVIIe siècle et s'épanouit au XIXe siècle, l'espace est conçu par Newton selon le prisme de la nouvelle alliance de la force gravitationnelle, et l'évolution est marquée chez Darwin par la loi biologique de la survie des espèces les plus fortes. Les métaconcepts ou chronotopes que sont le royaume et l'éternité deviennent ridicules et inutiles[20].

Mais John Milbank ne prétend pas revenir purement et simplement au Moyen Âge et à Denys l'Aréopagite. Son objectif est de rendre intelligible aux penseurs orthodoxes contemporains le sens hétérodoxe de la modernité[21], de leur permettre de retrouver l'orthodoxie de leur propre tradition souvent elle-même atteinte d'hétérodoxie[22], de retrouver le cheminement de la contre-modernité illustré par Maître Eckhart, Jacobi, Coleridge, Franz von Baader, Johann Adam Mœhler, et de proposer une synthèse postmoderne qui comprenne le langage, les phénomènes, les mathématiques, la vie, non sous le signe de l'immanence virtuelle, ou de l'extériorité fantasmée, mais comme l'expression de « mots actuels », de « choses actuelles », de « nombres actuels », de « transcendance actuelle »[23].

Pour prendre un exemple, John Milbank, fidèle à son idée d'oscillation, montre que l'idée d'évolution dans le temps requiert la doctrine de la Création. Des biologistes contemporains, tels que Theodosius Dobzhansky, ont privilégié la notion d'adaptation à l'environnement sur celle de combat des espèces pour comprendre l'évolution. Cela permet de poser le paradigme de force auto-organisationnelle (ou celui d'*habitus* chez Ravaisson) et de retrouver de la sorte les notions d'actualité et de participation. Dans cette perspective, la réalité physique n'obéit pas initialement à des lois. Elle est régie par une impulsion de vie autocréatrice, l'élan vital cher à Bergson (pour qui, par ailleurs, la « durée » était équivalente à Dieu). Il n'y a pas alors de vie sans résurrection. La vie engendre sans cesse la vie quelles que soient les forces de mort. Milbank s'emploie à distinguer son approche de celle des philosophes postmodernes et postspinoziens, tels que Gilles Deleuze, qui identifiaient la vie avec le plan de l'immanence ou de la machine abstraite. Pour le philosophe anglican, la vie finie participe à l'unique vie transcendante par le don et non la fusion. C'est pourquoi, selon lui, « le vitalisme vrai est un vitalisme personnaliste[24] ».

Pour décrire sa représentation de la vérité doxique, Milbank dessine une croix[25]. L'axe vertical unit l'homme à Dieu, l'immanent au transcendant. Dans ce modèle de transcendance participée, les réalités finies participent à la vérité éternelle selon différents degrés. L'axe horizontal est celui de l'univers matériel où se produit une continuité entre l'être et la connaissance par la migration des idées ou des formes des choses à l'intelligence. Milbank suggère de repenser ces idées en termes de signes, de nombres et d'aspects. Il propose également de considérer ces médiations entre la réalité et la raison, ces trois formes de compréhension mentionnées à l'instant, comme des produits des sentiments et de l'imagination. La vérité ne se donne pas aux hommes au moyen d'un regard distancié, comme le croyaient Locke et Descartes. Milbank réintègre ainsi la médiation du désir téléologique dont Michel Foucault avait montré le rôle déterminant pour comprendre la crise de l'épistémê classique. Sa démonstration s'appuie sur le livre de Félix Ravaisson (1813-1900) intitulé *De l'habitude* (1839). Dans cet ouvrage, l'habitude, « mélange de réception et de réaction qui coagule l'effort », est présentée comme le lien entre le mouvement et la pensée, l'existence et l'intelligence. Le philosophe français considérait également que toute habitude naturelle était une approximation d'une habitude supernaturelle infusée en l'homme. Pour Milbank, qui rejoint ici Foucault, dans toute la Création, c'est l'*éros* humain qui forme l'habitude fondamentale, médiatrice et organisatrice du savoir. Avec Ravaisson, selon Milbank, la pensée occidentale a dépassé tout pélagianisme, la réceptivité à la grâce est déjà un don de la grâce.

Cette redécouverte de Ravaisson permet au philosophe anglais de réintégrer les penseurs empiristes Berkeley et Hume, dont il redécouvre l'orthodoxie en dépit de leur dépendance à l'égard de Duns Scot et Guillaume d'Ockham, grâce à des travaux académiques récents. Berkeley, en effet, était parvenu à échapper à la fois au phénoménalisme solipsiste, au déni de la réalité de la matière, et au scepticisme à l'égard de l'identité personnelle, grâce à sa redécouverte de la vision cappadocienne selon laquelle l'extériorité consiste dans des images finies des idées divines ou du langage divin. Hume considérait de son côté que, pour dépasser tout scepticisme, il fallait avoir confiance dans les structures qui constituent le monde et qui sont reliées à la pensée, confiance qui se situe en continuité avec la foi religieuse. Entre le monisme infinitiste de Spinoza (qui sera poursuivi jusqu'à Deleuze) et l'épistémologie finitiste de Descartes (continuée par Locke, Kant, Husserl, Frege), Hume était encore en mesure de défendre un « réalisme ontologique prudent » en raison de sa conviction aristotélicienne que toute raison est seulement « modulation du sentiment »[26]. Son « scepticisme » était dirigé contre le naturalisme rationaliste du nominalisme et contre toute religiosité rationaliste qui fait de Dieu une idole, une sorte de raison humaine portée à l'infini. Pour lui, la pensée, séparée du sentiment et de la sensation, et donc de l'incarnation, est menacée par un confinement solipsiste. Par ailleurs, plus une pensée peut être exprimée « objectivement », plus elle peut être considérée comme ne requérant pas de conscience, et regardée alors comme le produit des forces naturelles.

Milbank analyse avec cette perspective l'œuvre de penseurs contemporains tels que Badiou, Meillassoux ou Zizek, mais aussi Priest, Dummett et McDowell (courant de la spéculation idéaliste revisitée), ou tels que les épigones de Quine et Davidson, à savoir Rorty, Laruelle, Dawkins (néomatérialisme), ou encore les lointains héritiers de Hume comme Latour, Harman, Lowe (néoréalistes). Il montre que la frontière entre l'immanentisme stérile et la vérité orthodoxe est ténue. Il propose en conséquence de bien comprendre l'ontologie trinitaire de Grégoire de Nysse selon laquelle la *dynamis* était aussi fondamentale que l'*ousia*. Pour fonder sa métaphysique de la transcendance participée, qui implique aussi une hiérarchie ontologique, Milbank restaure les catégories de substance (définie comme notre conscience de la persistance d'une chose en dépit des changements qu'elle subit), de relation (qui ne peut entièrement se substituer à la substance) et de potentiel (qu'il comprend comme la transcendance participée). Ainsi, pour lui, « le réel est plus fondamental que l'être, car il est à la fois l'être et le pouvoir d'être, et cette participation dans la réalité comme à la fois actuelle et dynamique (comme pouvoir autogénérateur que sont en même temps l'art et la vie) est plus fondamentale que la participation dans l'être[27] ». On retrouve ici le tournant opéré par Nicolas Berdiaev en 1935 dans son livre *Esprit et Réalité*.

Si l'imagination est à la source de l'intelligence humaine, c'est, selon Milbank, qu'elle est également au cœur de l'intelligence divine. Il s'agit d'une vérité qu'on trouve aussi bien dans la sophiologie chrétienne (Soloviev, Boulgakov…) que dans la philosophie islamique du *alam-al-mithal* ou du *mundus imaginalis*. Cela permet de penser la réalité médiatrice des corps subtils, angéliques ou démoniaques, que connaissent toutes les grandes religions et nombre de contes de fées. Elle conduit Milbank à proposer une ontologie de l'imagination dans laquelle toute chose est décrite comme force auto-imaginante. Mais ce réenchantement de l'univers, auquel faisait déjà appel un Wladimir Weidlé dans les années 1930, n'est pas une justification du New Age. Pour Milbank, c'est « le Logos Trinitaire [qui] sauve la réalité de la raison en pensant à elle comme imagination infinie[28] ».

Cette puissance de l'imagination divine trouve son corollaire dans celle de l'imagination humaine chez J.H. Newman. Dans sa *Grammaire de l'assentiment*, le philosophe catholique associait son concept d'assentiment réel à celui d'imagination religieuse : « Un dogme est une proposition : une proposition représente une idée ou une chose ; y croire c'est y donner l'assentiment de son esprit en tant qu'idée ou en tant que chose. Y donner un assentiment c'est faire acte de religion ; y donner un assentiment de notion, c'est faire un acte de théologie. L'imagination religieuse discerne cet acte, l'admet, le consacre comme une réalité, tandis que l'intelligence théologique le tient pour une vérité[29]. »

CHARLES TAYLOR

Il est caractéristique de la doxa œcuménique contemporaine que ce soit un catholique, Charles Taylor, qui ait voulu justifier l'œuvre de la Réforme. Peut-être afin d'atténuer l'amertume de l'anglican effaré par la perte, à l'âge moderne de la métaphysique, de la notion de participation, à laquelle le protestantisme a grandement contribué en reprenant de façon non critique l'œuvre des franciscains nominalistes. Charles Taylor dans *A Secular Age* a proposé d'équilibrer le récit historique de la Déviation Intellectuelle (DI[30]) cher à Milbank et à de nombreux chrétiens catholiques[31] et orthodoxes[32] (au sens confessionnel du terme) par celui, complémentaire, du Grand Récit de la Réforme (GRR).

Son analyse permet de comprendre le ressort spirituel de la modernité. On n'entrera pas dans le détail de son récit. Celui-ci met en scène l'avènement, à partir des années 1500, sous l'impulsion des réformateurs, d'une culture se voulant humaniste, désengagée et autonome. Cette culture voulait succéder à une culture ayant déjà perdu, à la fin du Moyen Âge, le sens de l'éternité, la clef d'un espace-temps divin plus profond et plus festif que celui du siècle (*saeculum* = *aion* = siècle), et la capacité à participer aux épiphanies cosmiques. Cette culture séculière, et désormais humaniste, conserva dans un premier temps la transcendance, mais en la neutralisant dans un droit naturel qui devint de plus en plus impersonnel. Au XVIIIe siècle, la modernité devint franchement hostile au christianisme dit « orthodoxe », en lui reprochant d'offenser la raison, de proposer une théodicée inacceptable, d'être autoritaire, de menacer le nouvel ordre du contrat social. Mais pour Taylor, en libérant la civilisation médiévale d'une théologie juridique du salut[33], d'une représentation de la rédemption marquée par la satisfaction du Père face à la mort du Fils, cette réaction de la Réforme, dont Taylor dit qu'elle a ses racines chez les Pères Grecs[34], a fait éclater la frontière entre le sacré et le profane, Dieu sanctifiant l'humanité jusque dans la vie la plus ordinaire (dans le travail, dans la vie familiale, etc.). Les sacrements ont été rejetés par les Réformateurs en tant qu'ils appartenaient à une relation au monde comprise comme magique. Mais vécus dans la vie personnelle de chacun comme paroles du Logos, ils permettaient de rendre gloire à nouveau à la justice divine.

La culture séculière cependant, repliée dans la

sphère de l'immanence, engendra un certain nombre de malaises (solitude, moralisme, utilitarisme, etc.). Cela suscita la réaction romantique, avec sa réhabilitation de la beauté, du sentiment et du symbole. Taylor interprète ainsi le courant piétiste dans le monde protestant comme un mouvement de retour partiel à la foi orthodoxe[35]. Cette réaction aboutit à la période contemporaine que Taylor décrit comme « l'âge de l'authenticité », dominant depuis les années 1960, et qui consiste à penser que chacun dispose de son propre chemin pour réaliser son humanité et qu'il est nécessaire de le trouver sans céder au conformisme. Le paysage religieux actuel reste encore partagé, selon le philosophe canadien, entre ceux qui, pour y parvenir, s'appuient sur une autorité (la Bible, le pape, ou la tradition), et donc sur une certaine forme de sacrifice de soi, et ceux qui considèrent que la logique de l'authenticité conduit à se libérer de toute autorité extérieure[36]. Taylor cite le philosophe russe orthodoxe Nicolas Berdiaev pour suggérer que la synthèse des deux courants est dans l'ecclésialisation, « de l'intérieur, librement », de la connaissance, de la morale, de l'art, du gouvernement et de l'économie[37]. Il fait appel également au philosophe catholique autrichien Ivan Illich (1926-2002) pour retrouver un christianisme évangélique qui serait vécu non comme une morale contraignante mais comme un style de vie ouvert. On retrouve ici des analyses similaires dans le livre du théologien Christoph Theobald, *Le christianisme comme style*, qui, tout comme Milbank et Taylor, a remis en question les analyses de Marcel Gauchet sur le désenchantement du monde en expliquant que celles-ci n'avaient pas suffisamment pris en compte la dimension trinitaire de la *doxa* chrétienne[38].

Taylor rejoint Milbank dans son souci de faire apparaître dans la trame de l'immanence sociale et intellectuelle contemporaine les logiques spirituelles à l'œuvre. Il examine ce qu'il appelle les Structures Mondiales Fermées, récits se considérant comme objectifs, tels que le discours sur la mort de Dieu ou celui de l'incompatibilité des droits de l'homme avec le christianisme. Mais il évoque également les possibilités d'ouverture de la trame immanente, à partir de thèmes comme la dignité de l'homme, ou sa capacité d'émerveillement, ou même sa fascination pour la violence. Lorsque le naturel n'est plus radicalement séparé de l'ordre de la grâce, l'émerveillement redevient possible. Lorsque la colère de Dieu n'est plus saisie dans un cadre juridique et pénal mais est comprise comme la conséquence du rejet de l'amour divin, la peur de l'enfer peut être transcendée[39]. C'est pourquoi Taylor considère que le christianisme peut offrir des ressources insoupçonnées à la culture moderne pour transfigurer les énergies qui se dirigent la plupart du temps vers le mécanisme de la purification offert par le bouc émissaire. Il mentionne également certains itinéraires de foi des profondeurs de l'immanence, comme celui de Péguy qui redécouvrit la notion chrétienne d'éternité, non pas comme un temps divin situé au-dessus du temps humain, mais comme un temps rassemblé dans lequel tous les moments sont reconnectés au même mouvement[40].

Cependant C. Taylor, lorsqu'il traite de l'orthodoxie, est plus philosophe qu'historien. L'orthodoxie est pour lui un concept qui signifie la «correction théologique», la tradition intacte de la foi[41]. Il ne remarque pas que cette définition monophysite, incapable de discerner la source double, divine et humaine, de la vérité dans la doctrine chrétienne, l'entraîne à ignorer la propre évolution de l'orthodoxie dans l'histoire du christianisme. Il parle de la spiritualité de la «théosis», ou transfiguration, comme si elle avait été toujours inhérente et dominante au sein de la «théologie orthodoxe» occidentale[42], qui se situe pour lui dans l'œuvre de Thomas d'Aquin et des platoniciens de Cambridge[43]. Il admet cependant, dans un autre chapitre, que la distinction radicale entre les sphères naturelle et supernaturelle fut une réaction des nominalistes puis des Réformateurs à l'égard du système du docteur angélique et qu'elle a pu aboutir à enchaîner le pouvoir souverain de Dieu[44]. Il mentionne également, étrangement, Dostoïevski comme un auteur «prémoderne». Il a du mal à intégrer le méthodisme, qui fut certes au XVIIIe siècle une réaction à l'«orthodoxie intellectuelle impeccable» du siècle précédent[45], comme étant lui-même une forme d'orthodoxie, réintégrant le sentiment, l'émotion dans l'expression de la foi. C'est pourquoi on ne comprend pas en définitive comment l'âge séculier, déjà présent à la fin du Moyen Âge, est parvenu à s'imposer dans la culture chrétienne occidentale, sauf à admettre la faiblesse inhérente à la doctrine chrétienne. Taylor aboutit à suggérer que le débat contemporain sur la religion se situe entre les «deux positions extrêmes» de la religion orthodoxe (qu'il s'agisse «du christianisme, du judaïsme, de l'islam, du bouddhisme ou d'autres fois[46]») et de l'athéisme matérialiste[47]. Cependant Taylor n'ignore pas totalement les œuvres de John Henry Newman et de Vladimir Soloviev. Il se rapproche de la vérité lorsqu'il décrit les « régressions de la foi chrétienne[48] », lorsqu'il admet les conséquences désastreuses du courant « hyperaugustinien » dans la théologie occidentale[49], lorsqu'il explique que l'athéisme fut un rejet plus du providentialisme impersonnel (comme dans le *Candide* de Voltaire) que du christianisme orthodoxe[50], lorsqu'il dénonce le processus, source de violence, d'excarnation propre à la modernité.

Pour le Taylor des *Sources du moi* comme pour le Newman de la *Grammaire de l'assentiment*[51], l'émergence de la notion de conscience aux Temps modernes correspond à la redécouverte suivante : il existe un bien et un mal à l'égard desquels on ne peut esquiver de se situer[52].

JEAN-LUC MARION ET JEAN-MARC FERRY

Les arguments de Milbank et de Taylor, auxquels il faudrait ajouter, parmi les théologiens, ceux de Jean-Paul II, Bernard Sesboüé, Benoît XVI, Olivier Clément, Rowan Williams et de tant d'autres, en faveur d'un nouveau rapport entre la foi et la raison, qui soit orthodoxe, ont permis une certaine évolution chez les philosophes traditionnels qui s'en tiennent au seul plan du monde phénoménal et communicationnel. Indépendamment du dialogue entre Milbank et Taylor, une bonne part de la communauté philosophique contemporaine participe à cette réhabilitation de la pensée orthodoxe, entendue comme synthèse de la tradition philosophique classique et de la révélation chrétienne. On sait que Paul Ricœur, à la fin de ses jours, entrevoyait la possibilité pour l'historien de se libérer du poids de la dette en s'abandonnant, au-delà de la seule démarche herméneutique, à la figure évangélique de la Providence qui seule rend possible la transfiguration de la mémoire traumatique en l'événement de la mémoire heureuse[53]. L'élection en 2009 de Jean-Luc Marion à l'Académie française, au siège du cardinal Lustiger, est également un témoignage de reconnaissance de la part des milieux académiques de son travail philosophique de mise en valeur heuristique des fruits conceptuels de la Révélation de l'Esprit. Ce travail, initié en 1975 par son livre sur l'ontologie de Descartes, consiste, selon ses propres paroles, en la tentative de « retrouver le concept théologique originel de *philosophia christiana*, en suivant la voie d'une mise en évidence phénoménologique de ce que Pascal entendait (sans le rendre manifeste) par le "troisième ordre" de la charité[54] ». L'académicien résumait de la sorte en 1993 la philosophie du mathématicien, philosophe et théologien français (1623-1662) :

> … outre son déploiement théologique, la charité exerce des effets proprement théoriques dans l'horizon de la rationalité. Elle ouvre comme un nouveau continent théorique à explorer ce que Pascal nommait l'« ordre de la charité », par opposition à l'« ordre des grandeurs charnelles » (tous les pouvoirs concernant les corps, politique, économique, sur l'imaginaire, etc.) et à l'ordre des « esprits » (les sciences, les arts, etc.). L'ordre de la charité, qui concerne l'amour sous toutes ses figures, domine les deux autres, mais, pour

> cela même, reste moins bien vu et connu qu'eux; en effet selon un paradoxe essentiel, aucun ordre ne peut ni connaître ni voir un ordre supérieur (même si un ordre se connaît lui-même et voit tout ordre inférieur). La charité, ordre suprême, reste donc comme telle invisible à la chair et à l'esprit, aux pouvoirs et aux savoirs. Il en résulte que la charité ouvre un champ de nouveaux phénomènes à la connaissance, mais que ce champ reste invisible à la raison naturelle seule. C'est pourquoi la philosophie a certes besoin pour y accéder d'un « auxiliaire indispensable », la révélation: mais il s'agit désormais de la révélation, comme révélation de la charité, qui offre à la philosophie des phénomènes parfaitement rationnels, quoique propres à la charité et aussi nouveaux qu'elle. Nous retrouvons ici la définition de la « philosophie chrétienne » donnée par E. Gilson, mais en une acception radicale: toute philosophie qui, distinguant formellement les ordres (il s'agit bien du terme de Pascal), considère la révélation chrétienne (à titre de révélation de la charité, donc du troisième ordre) comme un auxiliaire indispensable de la raison. Mais, désormais « l'auxiliaire » ainsi apporté par la Révélation n'aide plus seulement à fournir une nouvelle interprétation de phénomènes déjà visibles; elle introduit dans la visibilité des phénomènes qui fussent restés invisibles sans elle[55].

Jean-Marc Ferry, professeur à l'université de Nantes ainsi qu'à la Sorbonne où il a la charge d'un séminaire avec Alain Renaut, propose une reconfiguration morale des rapports entre foi et raison. Il a publié en 2010 un ouvrage intitulé *La religion réflexive* et a prononcé, en mars 2011, au Collège des Bernardins, une conférence intitulée « De l'insertion du dialogue interreligieux dans un espace postséculier ». Pour l'auteur du livre sur *Habermas, l'éthique de la communication* (1987), même lorsqu'on se place sur le terrain de l'épistémê, on constate une « dilution de la frontière entre raison et religion ». On parle en effet de plus en plus, selon lui, de « raisons religieuses » et de « convictions séculières ». Le philosophe français admet la thèse exposée par Milbank selon laquelle c'est la sécularisation par l'Église elle-même de la notion de *corpus mysticum* qui a permis à Hobbes d'inventer le concept de « personne fictive » qu'est l'État. Il la radicalise en ajoutant l'œuvre de Jean Bodin dans les sources médiévales de l'imaginaire politique moderne (unité, indivisibilité, inaliénabilité du pouvoir divin et monarchique dans *Les six Livres de la République* en 1576). Celui-ci, caractérisé par les concepts de personnalité, de représentation et de souveraineté, a remplacé depuis Rousseau la souveraineté divine par celle de la volonté générale du peuple. Cela conduit Ferry à proposer dans son livre *La république crépusculaire* un modèle de gouvernance original pour les sociétés postmodernes européennes, à savoir celui de la cosouveraineté. Il reprend, en les corrigeant, les analyses de Joseph Weiler, un penseur né en Afrique du Sud, de tradition juive, directeur du centre Jean-Monnet et professeur de droit à la New York University School of Law, pour imaginer une reconstruction politique de l'Europe où les fondements religieux de la vie sociale ne seraient plus ignorés ou marginalisés[56]. Pour Ferry, qui suit Taylor, une Constitution européenne n'a pas à se référer à des traditions culturelles mais à des convictions réflexives pouvant se traduire dans des métanormes autorisant la coopération en régime de diversité profonde.

Par ailleurs Jean-Marc Ferry constate ceci : « ... en sa pointe critique la raison philosophique fonde la possibilité d'une réconciliation avec la vérité religieuse, par la justification de postulations pratiques, telles que la réalité du monde, l'effectivité d'un moi autonome, l'existence d'autrui, toutes *creencias*[57] théoriquement indémontrables mais pratiquement indispensables — à l'image de l'existence de Dieu, de l'immortalité de l'âme et de la liberté humaine. Les vérités premières de l'existence, celles qui sont constitutives et, en cela, nécessaires, sont celles que l'on ne peut démontrer théoriquement, mais seulement postuler pratiquement[58]. » Aux registres narratifs, interprétatifs et argumentatifs de la philosophie, Ferry propose donc d'ajouter un registre « reconstructif » capable de traiter de ces vérités premières. Pour lui, « la vérité religieuse, la religion vraie, la religion une [en somme la vérité ortho-doxe] est à construire », projet qui s'inscrit dans la pratique du dialogue interreligieux. Il s'inscrit ici explicitement dans le sillage du philosophe catholique Charles Taylor, pour qui la reconnaissance, fondement de l'identité, présuppose une ouverture sociale mais aussi une « appropriation herméneutique » de ses racines et traditions. Il reprend également l'œuvre de Paul Ricœur pour qui le nouvel éthos européen devra être marqué par trois traits principaux : la traduction, les récits croisés et le pardon[59]. Les récits croisés, en particulier, permettent d'engager un processus reconstructif de réconciliation au cours duquel on ouvre sa mémoire propre à celle des adversaires de jadis, « en renonçant donc au récit autistique de soi et en accueillant celui des autres[60] ».

Pour en arriver là, Jean-Marc Ferry rejoint à sa façon l'enseignement de John Henry Newman dans sa *Grammaire de l'assentiment* qui posait la distinction essentielle entre vérité de l'inférence et vérité de l'assentiment, ce qui lui permettait d'imaginer une double échelle de la vérité abstraite et expérimentale, allant de l'inférence la plus mathématique à la croyance la plus consciente[61]. Ferry préfère distinguer plus simplement la certitude de la vérité[62]. Le philosophe français s'inscrit ici dans la tradition de la Réforme qui a poussé la distinction jusqu'à porter la critique sur ses propres sources scripturaires[63]. Ferry considère ce point de départ — qui n'est certes pas point d'arrivée — comme essentiel. Il écrit :

> On posera donc que la conviction, qu'elle soit religieuse ou séculière, est ce moment de la certitude, où l'on prétend certes à la vérité au sens où l'on s'y porte pour ainsi dire candidat, à travers une proposition. Mais, de ce fait, cette proposition s'expose à la réfutation de contre-propositions — toujours au nom d'une vérité en perpétuel procès[64]. Aussi le faillibilisme ne doit-il pas impliquer le scepticisme à quelque degré que ce soit. Assumer pleinement la différence entre certitude et vérité, c'est le minimum requis pour l'intelligence qui sait reconnaître les différences modales : entre ce que l'on constate et ce que l'on prescrit ; entre ce que l'on prescrit et ce que l'on espère ; entre ce que l'on « asserte » comme « étant le cas » et ce que l'on postule comme « devant être posé », soit, entre un descriptif, qui concerne le factuel, et un régulatif, là où se tient le contrefactuel — un « comme si » pratique de la « religion réflexive » — si l'on veut un *secuti Deus daretur* qui n'implique aucune duplicité, n'engage nulle schizoïdie (car c'est bien authentiquement que l'*on ne sait pas* si Dieu existe ou s'il n'existe pas. Alors ceux qui veulent cependant vivre sous l'idée de Dieu postulent pratiquement ce Dieu qu'ils ne peuvent démontrer théoriquement[65]).

Jean-Marc Ferry accomplit un pas supplémentaire dans sa représentation postmoderne de la pensée orthodoxe. Dans son livre *La religion réflexive*, la religion n'est pas seulement réhabilitée comme un élément symbolique important pour l'architectonique philosophique, en réponse à la question : Que m'est-il permis d'espérer ? Mais elle représente en outre le point suprême « d'où se laisserait apercevoir l'unité du principe du devoir et du principe de l'espoir[66] ». Cette unité pour Jean-Marc Ferry n'est pas de l'ordre de l'épistémê, mais elle relève de la doxa. Pour lui l'ortho-doxie est la morale véritable. Celle-ci suit « la voie étroite, le chemin de la droiture » qui ne s'enlise pas dans les deux impasses de l'épistémê moderne, l'empirisme, « qui dissipe la volonté », et l'idéalisme, « fuite dans l'a priori qui endort l'intelligence ». Ferry conclut par une définition de l'ortho-doxie qui pourrait bien devenir paradigme de synthèse à l'époque contemporaine entre penseurs agnostiques et orthodoxes radicaux : « Être droit signifie que l'on ne se rend à rien d'autre qu'à ce qui est juste[67]. »

L'ORTHODOXIE CHEZ JEAN-PAUL II ET BENOÎT XVI

Comment définir la vérité lorsqu'on est pape de Rome ? C'est la question que pose Giovanni Miccoli, historien italien né en 1933, professeur à l'université de Trieste[68], dans un livre, *Le pontificat de Jean-Paul II. Un gouvernement contrasté*, rédigé en 2006-2007 et paru en traduction française en février 2012.

L'historien de l'Église italien, connu en France pour son ouvrage sur *Les dilemmes et les silences de Pie XII*[69], se veut prudent. En décrivant historiquement les faits et gestes de Jean-Paul II, il s'interroge non pas sur la légitimité, mais sur les capacités du magistère à définir la vérité pour des centaines de millions de fidèles. Sa méthode se veut historique, c'est-à-dire, dans l'esprit de l'auteur, scientifique et critique[70], non théologique, donc « libre », ne dépendant pas d'une autorité extérieure susceptible d'influencer sa conscience de chercheur de la vérité. En réalité, cette prétendue liberté critique de l'historien italien met surtout en lumière les limites du paradigme de la vérité moderne. Comme l'a montré Charles Taylor, depuis au moins Locke et Descartes la réalité est comprise, dans la pensée occidentale, comme autonome et donc non participable. En conséquence, le chercheur de vérité doit lui-même se désengager par rapport au monde qu'il observe et considérer que sa liberté de jugement est absolue. Cette croyance des Temps modernes apparaît dans toute sa lumière dans l'analyse, en réalité éminemment subjective, que G. Miccoli consacre à la conception postmoderne de la vérité de Jean-Paul II et de Benoît XVI. Cette conception, affirmée avec vigueur dans la déclaration conciliaire du 7 décembre 1965 *Dignitatis humanae*, pose en effet que le droit à la liberté est indissociable d'un devoir envers la vérité[71].

La critique de l'orthodoxie de Jean-Paul II

On comprend à lire les premières pages de son livre *Le pontificat de Jean-Paul II, un gouvernement contrasté* qu'avec de telles prémisses l'historien italien ne compte pas participer au concert de louanges qui a entouré la mort du pape polonais, le 2 avril 2005, et qui a abouti à sa béatification le 1er mai 2011. Miccoli commence par expliquer que Jean-Paul II a choisi dès son élection, le 16 octobre 1978, de privilégier une lecture « normalisatrice » du concile Vatican II pour mettre fin aux désordres des années 1965 à 1978, nés d'interprétations du concile jugées trop libérales. L'historien italien explique que cette remise en ordre s'est traduite par une mise à l'écart de Pedro Arrupe, général des jésuites, dont il vante pourtant le « regard neuf », et par une critique radicale de la théologie de la libération que les jésuites, précisément, tenaient pour être dans le droit-fil du mouvement conciliaire d'émancipation du « peuple de Dieu ». G. Miccoli admet que Jean-Paul II eut quelques fulgurances, par exemple lorsqu'il invita les théologiens à repenser la place de l'évêque de Rome dans l'Église. Mais il considère fondamentalement que ce discours ne fut qu'une forme d'habillage élégant, après les turbulences conciliaires, d'une reprise en main par la curie romaine du pouvoir dans l'Église. Miccoli en veut pour preuve l'extension de l'infaillibilité papale, la minoration de l'autorité des « Églises particulières », les faibles résultats obtenus en matière de dialogue œcuménique et interreligieux, etc. Bien entendu Miccoli nuance toutes ses propositions. Il admet ainsi qu'un nouveau discours romain sur le peuple juif a été prononcé par le pape polonais. Et les jeunes musulmans de Casablanca ont bel et bien entendu, en 1985, un pape leur dire que les différences entre le christianisme et l'islam devaient être acceptées avec humilité et respect. Mais sur le fond il pense que le moment œcuménique du discours magistériel s'est accompagné d'un « durcissement doctrinal » et que l'ouverture conciliaire au dialogue interreligieux s'est achevée par une « destruction de toute théologie du pluralisme religieux »[72].

Le professeur en histoire de l'Église des universités de Pise, Venise et Trieste se veut « objectif ». Il accorde à Jean-Paul II quelques bons points, à propos en particulier de sa capacité à résister à l'impérialisme américain au moment des guerres irakiennes ou à remettre en cause les taches blanches de l'histoire du catholicisme, à commencer par l'affaire Galilée. Mais son « objectivité » le pousse à ne pas se satisfaire de ces avancées. Il considère que l'Église sous Jean-Paul II n'est pas allée assez loin dans la dénonciation des crimes de l'Inquisition, de l'antijudaïsme, et du rôle des papes dans les terribles errances de l'Église catholique. S'il se réjouit que Jean-Paul II ait reconnu le rôle déterminant de l'ONU pour la résolution des guerres dans le monde, il regrette l'attitude d'impartialité adoptée dans le passé par le Saint-Siège lors des situations conflictuelles. Le pape a certes été dans son rôle en proposant une nouvelle évangélisation de l'Europe, mais cette refondation de la culture européenne ne fut rien d'autre, selon Miccoli, qu'un désir de restauration hiérarchique du christianisme médiéval typique d'un fils du peuple polonais. L'historien en veut pour preuve l'utilisation même du concept de « civilisation chrétienne » par Jean-Paul II, tirée d'après lui de la pensée politique catholique réactionnaire du XIXe siècle. Au final, l'historien italien abat ses cartes : l'œuvre de Jean-Paul II n'aura consisté qu'en une restauration d'une « Église du passé, faite de foi, de dévotions, et de modèles alourdis par les nombreuses scories que l'histoire y a déposées au cours des siècles[73] ». Aussi bien le long règne du pape polonais doit-il être considéré comme « un énorme gaspillage d'énergies vitales, auquel on n'a rien su offrir d'autre qu'un refus obstiné et des condamnations[74] ».

Tout cela est bien entendu extrêmement subjectif et révèle toutes les difficultés des intellectuels italiens à se positionner face au magistère du pape. On peut aussi imaginer, compte tenu de la personnalité de son traducteur, que les frustrations de l'ordre jésuite, qui traverse une crise profonde depuis le concile Vatican II, résonnent dans la prose acérée de l'universitaire italien. Le livre de Miccoli a en effet été traduit en langue française par Paul Gilbert, jésuite français, spécialiste de saint Anselme, professeur de métaphysique à l'université grégorienne de Rome et professeur invité à l'Institut catholique de Paris. Miccoli ne dit rien des accords historiques avec les chrétiens orthodoxes sur la question de la procession de l'Esprit Saint et avec les chrétiens protestants sur la question de la justification. Il dénonce la structure monarchique du Vatican sans admettre que Jean-Paul II fut le premier pape moderne à demander publiquement, en 1995, que la place de l'évêque de Rome dans l'Église soit repensée. L'historien italien peine aussi à convaincre quand il oppose la vision européocentrée et conservatrice de Jean-Paul II au regard planétaire et à la vision de justice du jésuite Pedro Arrupe, général de la compagnie de Jésus. Comme si Jean-Paul II n'avait pas œuvré tout au long de sa vie et de ses nombreux voyages pour une nouvelle politique de développement des pays occidentaux en faveur des pays du tiers-monde. Miccoli passe trop rapidement pour être crédible sur le rôle déterminant joué par Jean-Paul II dans la chute de l'idéologie communiste à partir de 1989, idéologie dont les historiens les plus sérieux considèrent qu'elle est responsable de plus de quatre-vingts millions de morts violentes au XXe siècle. Pas un mot sur les entretiens du pape polonais avec Mikhaïl Gorbatchev, avec Lech Walesa, ou avec Fidel Castro. En revanche, le pape polonais est accusé de n'avoir pas tendu la main, en juillet 1983, au moine trappiste Ernesto Cardenal, ministre de la Culture de la junte de reconstruction nationale sandiniste au Nicaragua[75]. L'historien italien reproche au pape de ne pas avoir eu recours aux moyens offerts par l'analyse marxiste pour dénoncer les injustices sociales démontrant de la sorte « la pleine autosuffisance de l'Église pour œuvrer au service de l'homme[76] ». Les visions prophétiques exprimées par Jean-Paul II dans *Centesimus annus* sur l'évolution antihumaniste du capitalisme libéral sont à peine mentionnées, tant elles contredisent la thèse centrale de l'auteur selon laquelle Jean-Paul II n'a fait œuvre que de restauration de l'Église institutionnelle face à l'Église peuple de Dieu apparue au moment du concile.

La critique de l'orthodoxie de Benoît XVI

Pour alimenter sa thèse, Giovanni Miccoli a ajouté deux chapitres (soit cent vingt pages) sur les débuts du pontificat de Benoît XVI. Pour lui, les premières décisions du pontife allemand ne font que renforcer la tendance structurelle qu'il observe depuis la fin du concile, et surtout depuis le pontificat de Jean-Paul II, au verrouillage du pouvoir dans l'Église catholique par la curie romaine. L'utopie restauratrice s'affiche désormais ouvertement avec Benoît XVI, dont le nom fait directement référence à l'un des pères de la chrétienté médiévale. Elle était déjà patente, selon lui, dans tous les discours du cardinal Ratzinger, dont le point commun était, face à l'enthousiasme naïf de certains interprètes de Vatican II, d'opposer l'Église et le monde. Miccoli rappelle que, si Ratzinger fut l'un des pères les plus actifs du concile, l'un des opposants les plus efficaces à la « suprême Gestapo » du Saint-Office, pour reprendre l'expression de Congar, et l'un des promoteurs de la revue *Concilium,* son passage à l'université de Tübingen, à la fin des années 1960, l'a convaincu des dangers d'une lecture trop naïve et soixante-huitarde des documents conciliaires. Il devint alors le grand pourfendeur du relativisme éthique de la civilisation moderne occidentale et le grand restaurateur de la tradition ecclésiale. Il contribua à créer la revue *Communio* pour réagir aux dérives de la période postconciliaire.

Si, à l'époque des Lumières, on pouvait encore imaginer une morale qui fasse abstraction du Dieu vivant, grâce à la conscience de la loi naturelle, cela n'est plus possible aujourd'hui. C'est pourquoi le cardinal Ratzinger, dans son discours à Subiaco, « L'Europe dans la crise des cultures », le 1er avril 2005, a proposé ceci : « Celui qui ne réussit pas à trouver le chemin de l'acceptation de Dieu doit de toute manière chercher à vivre et à orienter sa vie *veluti si Deus daretur,* "comme s'il y avait Dieu". » Il ne s'agit pas de limiter la liberté de l'homme, mais « tout ce qui est en lui » trouverait dans l'acceptation de Dieu, au moins comme hypothèse, « un soutien et un critère dont il a un besoin urgent »[77]. Miccoli voit dans ce raisonnement une « simplification singulière » de l'évolution de la pensée depuis le XVIIIe siècle. Il remet en cause la loi naturelle en soulignant que ce que la nature révèle c'est surtout la loi du plus fort. Il a trop tendance à oublier que c'est l'engagement historique de la modernité en faveur de la justice qui a permis à la démocratie et à la liberté de conscience de s'imposer. Il considère comme insuffisante, « marginale, tout à fait imprécise, d'une généralité atemporelle » l'affirmation du cardinal Ratzinger que « le christianisme contre sa nature était devenu, hélas, tradition et religion d'État[78] ». Miccoli rappelle en effet que le Saint-Siège, encore au XXe siècle, a tout fait, en Amérique latine comme en Afrique, pour maintenir ses privilèges de religion d'État. Le principal défaut du cardinal Ratzinger est de ne pas mentionner l'Église en tant que telle dans ses considérations historiques. Il reconnaît des errances au « christianisme historique », mais n'ose jamais reconnaître les compromissions de l'institution ecclésiale. Car cela remettrait en cause le dogme de l'infaillibilité pontificale. Le problème pour Benoît XVI comme pour le cardinal Ratzinger n'est pas d'ordre institutionnel, selon Miccoli, il est d'ordre avant tout spirituel et intellectuel. La priorité pour lui, comme le montrent ses premières encycliques et ses premiers discours, est de retrouver le lien entre la raison et la foi, tradition romaine et tradition patristique. Cette approche est sévèrement critiquée par l'universitaire italien, car elle privilégie trop la philosophie par rapport à l'histoire :

> Les omissions et les réticences du discours de Ratzinger éludent donc des nœuds et des passages fondamentaux, comme si l'Église et sa conduite, sa manière de faire et de se structurer (avec ses revendications exorbitantes, comme magistère et comme institution, quant à la vie des hommes et des sociétés) n'étaient pas inextricablement mêlées au refus de lui reconnaître la prérogative d'une possession tellement totalisante et exclusive de la vérité qu'elle pourrait interférer dans tous les domaines de l'activité humaine. Comme si son insoumission persistante à la reconnaissance de l'historicité des « vérités » (et de leur recherche) n'était pas la question capitale et préliminaire qui fait sérieusement obstacle à tout dialogue à ce propos[79].

La suite de l'analyse du pontificat de Benoît XVI n'est qu'une conséquence de cette critique préalable : tensions persistantes avec les médias non ecclésiaux assimilés de plus en plus à un pouvoir totalitaire en raison de leur prétention à s'affranchir du jugement de Dieu et donc du magistère romain ; crise avec le monde musulman provoquée par le discours de Ratisbonne ; rapprochement avec les thèses les plus conservatrices et les plus favorables à l'administration de George Bush défendues par l'ancien président du conseil italien Marcello Pera ; etc. Le pape serait incapable de considérer que ses interlocuteurs non catholiques disposent d'une authentique consistance morale puisque l'Église, dont le pape est l'interprète authentique, est la seule réalité permettant la connaissance authentique. Il s'ensuit, selon Miccoli, que, pour Benoît XVI, « il appartient à l'Église et à son magistère de dicter aux hommes les règles morales de leurs actions pour éviter de nouveaux désastres dans la vie de l'humanité[80] ». Miccoli *locuta causa finita*.

En réalité, les propos de Benoît XVI sont bien plus nuancés que ce que suggère l'historien italien. Le pape, lors de son discours prononcé en septembre 2008 au Collège des Bernardins, à Paris, a montré toute l'importance de l'histoire et de la culture pour la théologie[81]. Le discours sur la laïcité du pape est jugé peu crédible par Miccoli. Pourtant les propos sur la « laïcité ouverte », tenus par Benoît XVI lors de sa venue en France en 2008 et lors de sa rencontre avec le président Nicolas Sarkozy, ont permis de faire bouger les lignes au sein d'une intelligentsia française surtout fascinée par la lutte sociale et la mondialisation néolibérale. Enfin la dénonciation de la pédophilie et la reconnaissance par Benoît XVI, en 2009, de la responsabilité de l'Église catholique dans les crimes commis ont montré que le pape est capable de dénoncer vigoureusement les limites de l'Église institutionnelle.

Cet ouvrage plus mémoriel qu'historique de Miccoli veut mettre en lumière deux lectures de l'héritage du concile Vatican II s'opposant frontalement. On aurait, d'un côté, une tendance restauratrice du pouvoir de la curie romaine effrayée très tôt par les lectures libérales, voire libertaires, du concile et ayant repris définitivement les rênes de l'Église avec Benoît XVI. On aurait, d'un autre côté, une majorité silencieuse s'enthousiasmant de la reconnaissance par le concile Vatican II du rôle déterminant et adulte des laïcs et de l'Église comme peuple de Dieu, mais s'éloignant progressivement de l'Église institutionnelle, à mesure que celle-ci se serait à nouveau considérée comme antithétique à ce monde et n'aurait pas accepté de s'engager politiquement contre les dictatures militaires procapitalistes au nom de sa lutte pour la justice et la solidarité. Une telle grille de lecture, bien qu'elle comporte sa part de vérité, ne me paraît pas suffisamment fondée. On a montré combien la lecture du concile de Vatican II avait été complexe et nuancée chez ces deux acteurs majeurs de l'événement conciliaire que furent Jean-Paul II et Benoît XVI. On pourrait ajouter de nombreux arguments pour contrer la représentation d'une Église catholique qui aurait été progressivement désertifiée par son peuple et critiquée par les institutions modernes et par les autres confessions et religions du monde. Il suffit de mentionner le succès des rencontres d'Assise pour rappeler l'autorité croissante du magistère romain auprès des principaux leaders religieux, la popularité croissante des papes partout dans le monde grâce en particulier aux grands voyages des pontifes et aux journées mondiales de la jeunesse, et les progrès de la conciliarité ecclésiale catholique, surtout si on la compare à celle du Conseil œcuménique des Églises dont la plupart des observateurs reconnaissent la crise structurelle et financière.

La redéfinition de l'orthodoxie depuis le concile Vatican II

Malgré tous les partis pris et toutes les limites de l'ouvrage de l'historien italien, on aimerait cependant, dans les lignes qui suivent, montrer sa part de vérité. Depuis l'événement conciliaire, il s'est produit un événement considérable, à savoir le rapprochement œcuménique, et son corollaire : la réconciliation entre la foi et la raison, dont l'encyclique *Fides et ratio* en 1998 est un jalon majeur. Cette évolution conduit à relire ensemble aujourd'hui les différents textes du concile et à découvrir la cohérence entre la vie de l'Église *ad intra* et la vie de l'Église *ad extra*. Cette relecture tend à redéfinir le critère déterminant de la foi, l'orthodoxie, comme connaissance juste. Mais les acteurs du concile et de l'après-concile n'en ont pas eu eux-mêmes conscience. Les uns ont insisté sur l'aiguillon de la justice, et de la proximité entre l'Église et le monde, qui permet de réformer toute institution dont le principe de conservation repose surtout sur le sens de la tradition et de la responsabilité. Tandis que les autres ont défendu la quête de vérité pour légitimer les avancées du concile et les nouvelles relations à promouvoir entre l'Église et le monde, deux entités restant fondamentalement distinctes.

Giovanni Miccoli a conscience de la montée progressive de ce paradigme de justice dans le discours du magistère. Il date très précisément le moment où l'aiguillon de la justice atteignit la conscience personnelle de l'Église. Au printemps 1994, en effet, Jean-Paul II adressa aux cardinaux un texte important : « Réflexions sur le grand jubilé de l'an 2000 ». Ce texte aboutit à plusieurs autres documents fondamentaux tels que « Nous nous rappelons : une réflexion sur la Shoah » en 1998 et « Mémoire et réconciliation : l'Église et les fautes du passé », en 2000, par la Commission théologique internationale. Lors de la cérémonie officielle de demande de pardon à Saint-Pierre de Rome, le 12 mars 2000, le pape s'agenouilla et six cardinaux demandèrent pardon pour six fautes confessées publiquement : les fautes contre le service de la vérité ; les fautes qui ont lacéré l'unité du corps du Christ ; les fautes envers le peuple d'Israël ; les fautes commises contre l'amour, la paix, les droits des peuples, le respect des cultures et des religions ; les fautes qui ont blessé la dignité de la femme et l'unité du genre humain ; les fautes dans le domaine des droits fondamentaux de la personne. Mais G. Miccoli, qui sait par expérience que l'histoire de l'Église est enseignée dans les départements de théologie des universités catholiques, considère que cette confession n'atteint pas l'essentiel, à savoir la confession du péché de l'Église[82]. G. Miccoli met aussi en valeur le nouveau discours du magistère à l'égard de la guerre selon lequel il n'est plus possible, depuis les derniers papes, de se prévaloir de Dieu pour avoir recours à la violence. Mais il estime que ce discours est récupéré à son profit par l'institution ecclésiale alors qu'il devrait être une force de libération pour toutes les personnes, chrétiennes ou non, victimes d'oppressions et d'injustices.

Inversement Jean-Paul II ou Benoît XVI ont apprécié chez Mgr Oscar Romero, archevêque de San Salvador, assassiné le 24 mars 1980, ou chez le jésuite uruguayen Juan Luis Segundo (1925-1996) le souci de se placer aux côtés des plus pauvres. Mais ils ont estimé que les théologiens de la libération n'ont pas suffisamment appuyé leur réflexion sur la justice sociale sur la quête de vérité. C'est la raison pour laquelle l'un comme l'autre ont insisté sur l'orthodoxie, sur l'importance de la quête de la vérité droite, qui seule peut faire évoluer de l'intérieur les régimes politiques vers la justice et la paix. Comme le note Miccoli, même s'il lui reproche sa définition « univoque » du concept de vérité, le cardinal Ratzinger, dans la conférence qu'il donna à la Sorbonne en 1999, cherche avant tout à redonner « un sens à la notion de christianisme comme *religio vera* » qui vise « l'orthodoxie en même temps que l'orthopraxie » : « La raison véritable est l'amour et l'amour est la raison véritable. Dans leur unité ils sont le fondement véritable et la finalité de tout le réel[83]. »

Il se pourrait bien que la synthèse entre ces deux principaux courants de pensée au sein de l'Église catholique consiste en une réévaluation de la notion d'orthodoxie comme connaissance juste. La connaissance juste ne consiste pas en une nouvelle représentation épistémique du savoir, à laquelle on adjoindrait surtout des considérations morales sur la justice sociale qui deviendraient le critère déterminant de l'action politique et sociale. Mais inversement la connaissance juste ne distingue pas non plus le discours théologique du discours historique. Elle pose une identité fondamentale et historique entre orthodoxie et orthopraxie. Elle considère l'orthodoxie comme une réalité contextuelle et dynamique, et la connaissance comme une réalité faisant advenir le sens selon la qualité des relations humaines au sein des communautés humaines. À l'image de l'Église dont la réalité divino-humaine est sainte dans la mesure où elle est à la fois tension *vers* et actualisation *du* Royaume de Dieu sur la terre. Il n'y a là nul relativisme mais prise au sérieux par l'intelligence de la richesse et de la diversité des paroles divines à la Création. L'orthodoxie comme connaissance juste comprend l'infaillibilité pontificale en tant qu'indéfectibilité dans la mesure où l'autorité magistérielle se fait l'interprète de la tradition unifiée de l'Église. Elle comprend le magistère lui-même comme le service de communion de toute l'Église, capable de se diffracter en fonction des cercles de communion locaux et régionaux. Celui-ci dispose d'une réelle autorité mais au profit de la croissance des différentes Églises locales qui forment ensemble le corps mystique et historique du Christ.

Avec cette compréhension de l'émergence d'un nouveau paradigme d'orthodoxie comme connaissance juste, on peut relire l'histoire récente des pontificats de Jean-Paul II et de Benoît XVI en réconciliant les deux écoles bien réelles, de gauche et de droite, de la pensée catholique contemporaine. Le pontificat de Jean-Paul II a bel et bien mis fin, comme le montre Miccoli, à une définition de l'orthodoxie, dominante dans l'Église depuis le XVIe siècle, comprise comme mémoire fidèle. Les travaux historiques qui ont été réalisés à l'occasion du grand jubilé de l'Église, en 2000, ont permis une critique impressionnante des fautes de l'Église catholique. G. Miccoli a probablement raison de noter les insuffisances du travail critique opéré par l'Église sur elle-même. Et néanmoins ce travail de justice dans le temps est irréversible. Plus aucun théologien sérieux aujourd'hui ne peut affirmer sans l'expliciter l'adage patristique selon lequel « hors de l'Église point de salut ». L'Église catholique a clairement reconnu sa responsabilité dans les injustices commises lors des procès de l'Inquisition ou lors de l'évangélisation forcée des Indiens d'Amérique. Ce travail de purification de la mémoire a été suscité par la réconciliation en œuvre depuis un demi-siècle entre la foi et la raison, et par le rapprochement œcuménique sans précédent depuis le concile de Florence de 1439. Il a favorisé de nouvelles synthèses entre les différentes disciplines du savoir. On a assisté ainsi à des dialogues, impensables il y a encore cinquante ans, entre Jean-Paul II, Paul Ricœur et Olivier Clément, ou entre Benoît XVI, Hans Küng et Jürgen Habermas.

Indubitablement cette évolution de la conscience ecclésiale catholique a conduit à une réévaluation, particulièrement prononcée chez Benoît XVI, de la notion d'orthodoxie comme vérité droite. De nombreux apologètes du pape allemand ont eu tendance à interpréter cette réhabilitation, cette définition particulière de l'orthodoxie, comme un nécessaire retour vers le modèle ancien du régime de chrétienté. Comme l'écrit Marcello Pera, en dépit de sa réalité multiculturelle, l'Europe, aujourd'hui, doit se dire chrétienne. « Ce ne sont pas l'agnosticisme, le laïcisme ou l'athéisme qui nourrissent la liberté. Si l'on veut la paix, la cohabitation, le respect, il faut croire aux valeurs dont tout cela dépend. Les valeurs du christianisme sont encore le meilleur antidote contre les prévarications de tout type, y compris celles réalisées au nom même de ces valeurs chrétiennes[84]. » Mais, au même titre que la critique de l'orthodoxie comme mémoire fidèle par Jean-Paul II n'a pas nécessairement conduit à une remise en cause de l'Église catholique comme institution (c'est la part de vérité de l'ouvrage de Miccoli, malheureusement gâchée par ses exagérations), la réhabilitation de l'orthodoxie comme vérité droite par Benoît XVI ne conduit pas nécessairement à un abandon du paradigme de l'orthodoxie comme connaissance juste mis en lumière par les pères du concile Vatican II. Bien au contraire, les discours et les actes récents du pape Benoît XVI témoignent de sa prise de conscience croissante (peut-être sous l'effet du travail critique des historiens) de l'importance majeure, au temps présent, du paradigme de la connaissance juste. Ce paradigme, cet « engagement résolu en faveur de la dignité de l'homme », conduit le pape à reconnaître la nécessité d'un dépassement d'une vision seulement institutionnelle de l'Église. Voici ce qu'il déclarait le 27 octobre 2011, à Assise, devant l'ensemble des chefs religieux et du corps diplomatique :

> J'ai dit qu'il existe une conception et un usage de la religion par lesquels elle devient source de violence, alors que l'orientation de l'homme vers Dieu, vécue avec droiture, est une force de paix. Dans ce contexte, j'ai renvoyé à la nécessité du dialogue, et j'ai parlé de la purification, toujours nécessaire, de la religion vécue. D'autre part, j'ai affirmé que la négation de Dieu corrompt l'homme, le prive de mesures et le conduit à la violence. À côté des deux réalités de religion et d'antireligion, il existe aussi, dans le monde en expansion de l'agnosticisme, une autre orientation de fond : des personnes auxquelles n'a pas été offert le don de pouvoir croire et qui, toutefois, cherchent la vérité, sont à la recherche de Dieu. Des personnes de ce genre n'affirment pas simplement : « Il n'existe aucun Dieu. » Elles souffrent à cause de son absence et, cherchant ce qui est vrai et bon, elles sont intérieurement en marche vers Lui. Elles sont « des pèlerins de la vérité, des pèlerins de la paix ». Elles posent des questions aussi bien à l'une qu'à l'autre partie. Elles ôtent aux athées militants leur fausse certitude, par laquelle ils prétendent savoir qu'il n'existe pas de Dieu, et elles les invitent à devenir, plutôt que polémiques, des personnes en recherche, qui ne perdent

> pas l'espérance que la vérité existe et que nous pouvons et devons vivre en fonction d'elle[85].

Cette reconnaissance d'une nécessaire définition postconfessionnelle de l'Église conduit Benoît XVI à discerner toute l'importance pour l'Église de la sagesse non chrétienne qui tourbillonne autour d'elle. Cette sagesse a en premier lieu le grand mérite d'imposer un travail d'autocritique aux chrétiens. C'est ici qu'on perçoit le mieux le paradigme en œuvre de façon invisible dans l'Église de la connaissance juste. Voici comment le pape poursuit sa description pour les chrétiens du rôle des personnes en quête de vérité et de justice :

> Mais elles mettent aussi en cause les adeptes des religions, pour qu'ils ne considèrent pas Dieu comme une propriété qui leur appartient, si bien qu'ils se sentent autorisés à la violence envers les autres. Ces personnes cherchent la vérité, elles cherchent le vrai Dieu, dont l'image dans les religions, à cause de la façon dont elles sont souvent pratiquées, est fréquemment cachée. Qu'elles ne réussissent pas à trouver Dieu dépend aussi des croyants avec leur image réduite ou même déformée de Dieu. Ainsi, leur lutte intérieure et leur interrogation sont aussi un appel pour nous les croyants, pour tous les croyants, à purifier leur propre foi, afin que Dieu — le vrai Dieu — devienne accessible. C'est pourquoi, j'ai invité spécialement des représentants de ce troisième groupe à notre rencontre à Assise, qui ne réunit pas seulement des représentants d'institutions religieuses. Il s'agit plutôt de se retrouver ensemble dans cet être en marche vers la vérité, de s'engager résolument pour la dignité de l'homme et de servir ensemble la cause de la paix contre toute sorte de violence destructrice du droit. En conclusion, je voudrais vous assurer que

> l'Église catholique ne renoncera pas à la lutte contre la violence, à son engagement pour la paix dans le monde. Nous sommes animés par le désir commun d'être « des pèlerins de la vérité, des pèlerins de la paix[86] ».

Cette déclaration invalide la thèse fondamentale de G. Miccoli. Et pourtant elle lui donne également partiellement raison. Le temps est venu en effet d'une relecture paisible et réconciliée du concile Vatican II.

Car, face à une lecture du concile qui ne viserait qu'à en minorer la rupture et qu'à tenter une réconciliation avec la minorité traditionaliste, on peut effectivement craindre, avec l'historien italien, que n'advienne un nouveau schisme ecclésial, de gauche cette fois. De fait, comme le rappelle Miccoli, de nombreuses voix militent dans l'Église catholique en faveur de la reconnaissance des couples homosexuels, des prêtres mariés ou du sacerdoce féminin. De nouveau, en raison d'une vision anhistorique de l'orthodoxie et d'une représentation institutionnelle de l'Église, se produirait une évolution par rupture. Mais surévaluer la coupure de Vatican II ne correspond pas pour autant à une lecture juste et vraie du concile. Précisément pour cette raison, le pape Benoît XVI peut réussir à réconcilier, en dépit de tous leurs désaccords, la Fraternité Saint-Pie-X avec l'Église catholique. Du reste Mgr Bernard Fellay, supérieur de cette communauté, a voulu lui aussi mettre fin au schisme lefebvriste en signant le 17 avril 2012 le préambule doctrinal présenté par le pape Benoît XVI[87].

C'est bien grâce au travail conceptuel opéré sous

Jean-Paul II que se produit un retour à l'orthodoxie de la foi comme connaissance juste[88]. En effet, dans cette réconciliation en cours entre catholiques légitimistes et traditionalistes, il n'est pas question d'un simple retour à l'orthodoxie comme mémoire fidèle (au symbole de Nicée-Constantinople) ou comme vérité droite (comme adhésion aux dogmes proclamés par le concile de 381). Cela aurait mis de côté des siècles de tradition ecclésiale. Il s'opère une distinction juste entre trois types de vérité : la vérité révélée, irréformable par elle-même ; la vérité ecclésiale, nécessairement historique mais garantie par la tradition ; et la vérité juridique, dite « définitive », qui dispose certes de l'autorité de la chose jugée par l'autorité compétente, mais qui, en réalité, peut toujours être cassée par le processus historico-juridique. L'article 2 de la *Profession de foi* proposé aux fidèles par la Congrégation pour la doctrine de la foi reprend cette catégorie juridique de vérité définitive : « … avec une soumission religieuse de la volonté et de l'intelligence, j'adhère à l'enseignement proposé tant par le Pontife romain que par le Collège des évêques, lorsqu'ils exercent le Magistère authentique, même s'ils n'entendent pas le proclamer par un acte définitif[89] ». Malgré ce qu'en pense G. Miccoli[90], dans le *motu proprio Ad tuendam fidem*, de mai 1998, le génie de Jean-Paul II, aidé à l'époque par le cardinal Ratzinger, fut de préciser ce qu'il entendait par « définitif ».

On doit croire de foi divine et catholique tout ce qui est contenu dans la parole de Dieu écrite ou transmise par la tradition, c'est-à-dire dans l'unique dépôt de la foi confié à l'Église et qui est en même temps proposé

> comme divinement révélé par le Magistère solennel de l'Église ou par son Magistère ordinaire et universel, à savoir ce qui est manifesté par la commune adhésion des fidèles sous la conduite du Magistère sacré ; tous sont donc tenus d'éviter toute doctrine contraire. On doit aussi adopter fermement et faire sien tous les points, et chacun d'eux, de la doctrine concernant la foi ou les mœurs que le Magistère de l'Église propose comme définitifs, c'est-à-dire qui sont exigés pour conserver saintement et exposer fidèlement le dépôt de la foi ; celui qui repousse ces points qui doivent être tenus pour définitifs s'oppose donc à la doctrine de l'Église catholique[91].

Grâce à cette définition il devient possible de distinguer, d'une part, la vérité révélée, transmise par la tradition et par le Magistère, qui est objet de foi, et, d'autre part, les points de la doctrine *concernant* la foi ou les mœurs que le Magistère propose comme « définitifs » et qui, tout en devant être « adoptés fermement », sont distingués des vérités révélées. Ces nuances sont importantes. Et surtout elles sont légitimées par la notion de « hiérarchie des vérités » édictée par le décret sur l'œcuménisme *Unitatis redintegratio* du concile Vatican II. Bien que le jésuite français Bernard Sesboüé ait pu craindre que la curie romaine veuille étendre de la sorte le domaine relevant de l'infaillibilité des décisions du magistère, il admet, en reprenant l'analyse de L. Choupin et de J.-F. Chiron, qu'« un jugement peut être sans appel, c'est-à-dire définitif au sens juridique du mot, sans être infaillible » : « Cela vaut du pape, des tribunaux ecclésiastiques, mais aussi du Saint-Office ou de la Commission biblique. La sentence est définitive parce qu'elle veut être juridiquement *terminative* du débat. En ce sens définitif n'a rien à voir avec *irréformable*[92]. »

Il y a là, dans cette distinction des niveaux de conscience de la vérité, un espace nouveau qui s'ouvre à la discussion dans le respect de l'autorité du magistère[93]. Il redevient possible pour l'Église de redonner aux hétérodoxes qui entendent demeurer en elle leur responsabilité pour mettre en œuvre la paix, tout en se réservant la possibilité d'avoir une parole spécifique pour orienter le concert des nations. Il redevient aussi possible de tenir ensemble le maintien des identités mémorielles des confessions chrétiennes et l'engagement irréversible vers la reconnaissance des différentes Églises du Christ. Il redevient enfin possible, avec cette interprétation historique différente de celle proposée par G. Miccoli, de relire ecclésialement, sans déchirements, le mémoire rédigé en août 1978 par Giuseppe Alberigo et ses collaborateurs de l'Institut des sciences religieuses de Bologne intitulé « Pour un renouvellement du service pontifical dans l'Église à la fin du XXe siècle ». Ce rapport adressé aux participants du conclave demandait « des gestes sans équivoque comme la réalisation effective de la collégialité, une autre politique dans le choix des évêques, le dépassement de la division entre clergé et laïcat, le respect des choix posés par les communautés locales, avec leur impact dans l'histoire, et la reconnaissance d'un pluralisme effectif dans les choix politiques[94] ».

Chapitre VI

MÉTHODE POUR UNE NOUVELLE HISTOIRE DE LA VÉRITÉ ORTHODOXE

Il est courant en théologie chrétienne d'associer la notion d'orthodoxie à celle de tradition. Le père Jean Meyendorff, ancien doyen de l'Institut orthodoxe Saint-Vladimir, a insisté sur le fait qu'« il ne peut y avoir d'Orthodoxie sans Tradition[1] ». Or toute tradition est-elle orthodoxe ? Et toute orthodoxie se trouve-t-elle déjà dans l'héritage de la tradition ? Le risque est grand, comme l'a montré Vladimir Lossky, de surcharger la notion de Tradition en l'identifiant totalement à celle d'orthodoxie[2]. Pour Meyendorff, la Tradition est une notion historique vivante, dynamique. Le théologien Olivier Clément a synthétisé plusieurs décennies de discussion au sein des instances ecclésiales œcuméniques en expliquant qu'il fallait comprendre de façon involutive et non évolutive la notion de tradition orthodoxe. Le critère de la tradition chrétienne orthodoxe est bien, selon saint Vincent de Lérins, de vivre de tout ce qui a été cru, en tous lieux, toujours et par tous (*ubique, semper, ab omnibus creditum est*). Mais cela on ne peut le comprendre, au regard des faits de créativité théologique — tels que les décisions dogmatiques des conciles, ou l'invention de multitudes d'expressions diverses de la foi ecclésiale dans l'art et l'architecture — que si cette foi permanente, universelle et partagée est comprise en sa réalité la plus cristalline : comme la foi dans la divino-humanité du Christ et en la Trinité des Hypostases du Dieu un. La Tradition est donc involutive, dans le sens où elle est donnée entièrement dès le commencement et où elle se déploie progressivement dans l'intelligence et la civilisation humaine.

Dans cette perspective, la Tradition n'est pas une espèce protégée sous cloche. Comme l'a montré le père Yves Congar (1904-1995), elle est plutôt une ouverture d'esprit à toutes les opinions dès lors que celles-ci se réclament de la Tradition indivise et ne se posent pas comme uniques[3]. C'est pourquoi, comme l'ont affirmé les représentants des Églises catholique, orthodoxe et protestante à la quatrième conférence « Foi et Constitution » à Montréal, en 1963, même s'il peut se produire un manque de compréhension mutuelle dans certains cas, la Tradition ecclésiale (avec un *t* majuscule pour désigner ce caractère indivis) ne peut s'opposer aux traditions ecclésiales locales ou particulières (avec un *t* minuscule pour désigner la diversité de l'expression sapientielle de la foi orthodoxe[4]). C'est également la raison pour laquelle la Tradition ne peut être un « talmudisme », selon l'expression de Serge Boulgakov, ou une « théologie répétitive », selon la formule de Kallistos Ware. Lors d'une consultation de la commission « Foi et Constitution » à Cambridge, en 2008, les vingt-quatre représentants des Églises catholique, protestante et orthodoxe ont adopté un texte de consensus qui empêche, en raison de sa nature eschatologique, toute identification exclusive de la Tradition à une tradition particulière :

> Nous avons reconnu que les traditions de foi et de témoignage sont sans cesse reçues et re-reçues par nous, dans toutes nos Églises, et qu'il vaut mieux faire cela œcuméniquement à mesure que nous arrivons à mieux nous comprendre les uns les autres et à être plus disposés à la fois à recevoir et à donner. [...] Nous avons affirmé que la meilleure manière d'exprimer et de définir le genre de traditions que Dieu nous donne, c'est de parler de Tradition Vivante, de dire que ces traditions ne sont pas sclérosées ni statiques mais qu'elles sont habitées par l'énergie dynamique de l'Esprit Saint. Nous avons admis que, pour certains, le mot même de « tradition » peut sous-entendre quelque chose qui est passé, conservateur et statique ; mais nous avons voulu affirmer une conception de la tradition qui ait une dimension eschatologique et qui soit animée par l'Esprit. Nous avons aussi affirmé que le genre d'autorité que Dieu, selon nous, donne aux docteurs et aux témoins de l'Église primitive n'est pas une autorité qui s'enracine dans quelque chose comme une forme de pouvoir politique (*potestas*), qui s'impose de l'extérieur. C'est plutôt une forme d'autorité qui s'enracine dans l'intégrité et l'authenticité (*auctoritas*) : c'est du fond d'elle-même qu'elle s'impose à nous et nous attire à elle. Pour nous tous, l'autorité des docteurs et témoins de l'Église primitive dérive de cette seconde conception plutôt que de la première. Nous nous sommes réjouis de constater que tous les participants partageaient cette opinion[5].

Ainsi, du fait de son caractère « involutif », la notion de tradition ecclésiale ne peut être séparée de la notion d'orthodoxie, mais elle ne peut non plus être identifiée à elle. La pensée orthodoxe est la capacité à actualiser la tradition du corps ecclésial selon des paradigmes en mouvement en fonction des époques et des contextes. Elle articule sans cesse de façon nouvelle et cohérente la relation entre la conscience personnelle, le témoignage des Écritures, et leur interprétation dans l'histoire ecclésiale. Il y a donc bien une nécessité à comprendre de façon épistémologique et historique la notion d'orthodoxie.

ÉPISTÉMOLOGIE DE LA NOTION D'ORTHODOXIE

L'orthodoxie est une notion transdisciplinaire, à la fois philosophique, scientifique, théologique et historique. C'est à partir d'une histoire sémantique de cette notion qu'on souhaite en proposer une définition synthétisant ces quatre pôles de la connaissance. Si la raison est faite, comme l'écrivait Newman, pour le vrai et la certitude, la conscience l'est pour le bien et la vertu. Une pensée orthodoxe repose sur la prise de conscience d'une jonction adéquate entre raison et conscience. L'ambition pourra surprendre tant reste vivace le souvenir douloureux de la position dominante, devenue dominatrice, qu'occupa la théologie au Moyen Âge, position qui suscita la création, en 1530, du Collège royal par François Ier et l'humaniste Guillaume Budé, selon le modèle du Collège des Trois Langues créé par Érasme à Louvain. La théologie fut finalement expulsée des universités au XIXe siècle. De plus, bien que l'heure soit à un nouveau dialogue entre la conscience (qui souhaite discerner la voix qu'elle entend au plus profond d'elle-même) et la raison (qui reconnaît la présence des *creencias*, des sauts nécessaires, et l'incapacité de la logique pure à rendre compte de toute la réalité humaine), les champs disciplinaires restent aujourd'hui sévèrement cloisonnés et réglementés. On espère cependant que le modèle de pensée orthodoxe proposé ci-dessous, mis à l'épreuve de sa vérification par le récit historique, recevra quelque écho dans cette vaste discussion transdisciplinaire et transreligieuse dont nous avons présenté quelques aspects plus haut et qui revêt de plus en plus une dimension planétaire.

Dans *L'archéologie du savoir*, publié en 1969, qui lui valut son entrée au Collège de France à la chaire d'« Histoire des systèmes de pensée », Michel Foucault cherchait à proposer une nouvelle épistémologie, dans laquelle la notion clef d'épistémê était définie par les conditions du discours à une époque donnée. Il voulait également saisir de la sorte le temps historique auquel il participait. Comme il l'écrit dans son introduction rédigée en 1968, « le problème n'est plus de la tradition et de la trace mais de la découpe et de la limite[6] ». Depuis lors la notion de discontinuité a envahi les sciences humaines au point d'effacer tout horizon commun référentiel et de rendre inintelligible au plus grand nombre toute production de sens. Michel Foucault s'est rendu compte lui-même, à la fin de sa vie, des limites de son discours opposé de façon trop radicale à la doxa, à la simple opinion humaine. Le philosophe français était tendu de façon transcendante, presque inhumaine, vers une grille de savoirs inflexible, n'évoluant que par ruptures successives. C'est pourquoi Foucault passa de la question de la vérité à celle du porteur de vérité et à la place de celui-ci dans la société. Ce retournement s'accompagna d'une redécouverte du symbolisme et de sa nécessaire intelligence sémantique. Lors de sa conférence à l'université de Berkeley, en octobre 1983, Foucault présenta le concept de *parrhèsia* et son évolution de sens dans la culture grecque et romaine[7]. Le terme apparaît dans la littérature grecque au ve siècle avant Jésus-Christ. Il joua un rôle déterminant dans les premières écritures chrétiennes pour définir une vérité associée aux qualités humaines de courage, de liberté, de risque. Saint Paul était confronté à la nouveauté extraordinaire de son « langage de la croix ». Il disait aux Corinthiens : « Nous prêchons un Messie crucifié, scandale pour les Juifs, folie pour les païens, mais pour ceux qui sont appelés, tant Juifs que Grecs, il est Christ, puissance de Dieu et sagesse de Dieu » (I Cor., 1, 23). Dans Act., 4, 13, Pierre et Jean, « hommes sans instruction », parlent « avec assurance » devant le sanhédrin qui ne peut que reconnaître en eux des compagnons de Jésus[8]. La définition patristique du prophète ou du gnostique, comme celui qui chemine sur la voie chrétienne, « portant Dieu et étant porté de Dieu », selon saint Clément d'Alexandrie (Strom. VII, 13, 82), correspond à la version chrétienne du parrhésiaste. Celui-ci dispose du franc-parler. Il ne parle pas comme les scribes et les pharisiens, mais il risque sa vie au nom de ce qu'il dit. Le discours cartésien de la vérité, selon Foucault, a trop conduit à s'imaginer la vérité comme une réalité indéniable. Mais la vérité peut aussi se présenter comme une réalité ouverte, vivante, qui demande de faire un choix à qui veut lui permettre de se manifester. On se rapproche ici de la doxa, au sens non pas de préjugé, mais d'opinion, qui, en se verticalisant, n'oblige pas, ne contraint pas. L'ortho-doxie, qui vise à l'adéquation entre opinion et conscience, est libre de tout conformisme, de toute démonstration, de toute position de domination. Elle repose sur un compagnonnage avec la vérité. Elle conduit au témoignage joyeux et reconnaissant de l'être pénétré de la vérité, qu'il ne fait que partager, au point de risquer la mort. L'intelligence symbolique repose précisément sur cette relation non contraignante du référent au signifié et au signifiant.

L'esprit radical des années 1960 a empêché Michel Foucault de poser son épistémologie en complémentarité avec celle de ses prédécesseurs et à penser le phénomène d'autotranscendance sur lequel travaillent aujourd'hui des philosophes comme Jean-Pierre Dupuy[9] et Vincent Descombes[10]. La question contemporaine de l'épistémologie est donc de définir un type de rationalité symbolique, mytho-logique, qui, traversant les sciences les plus diverses, manifesterait à la fois « l'unité souveraine d'un sujet, d'un esprit ou d'une époque » *et* « l'ensemble des relations qu'on peut découvrir, pour une époque donnée, entre les sciences quand on les analyse au niveau des régularités discursives[11] ». On verra que la permanence et l'évolution du paradigme d'orthodoxie répondent à cette double exigence. Mais il convient au préalable de retrouver une intelligence symbolique de l'être[12]. Comme l'écrit Jean Borella, la corrélation du *logos* et du *muthos* prouve que « si tout symbole requiert en dernière analyse la production d'une saisie intelligible, il n'y a de production d'intelligibilité que sous l'action du symbole[13] ».

Le philosophe grec Christos Yannaras, dans son

livre *Philosophie sans rupture*, paru en 1986[14], a repris et actualisé la réflexion des penseurs russes sur l'histoire du discours sur l'être, et notamment celle de Serge Troubetskoy dans son essai sur *La doctrine du logos dans son histoire*, rédigé en 1900[15]. C. Yannaras a expliqué la distinction entre l'expérience mythique et l'expérience logique de la façon suivante. Selon lui, dans les différentes formes qu'a l'homme avec la réalité, aussi bien dans l'expérience mythique que dans l'expérience logique, le logos signifie et révèle le fait de la relation de l'esprit avec le mode de manifestation des êtres et de l'harmonie cosmique, le fait que le logos humain se conforme et correspond au mode logique qui constitue l'Être. En effet dans le mythe, qui est toujours une narration, la raison n'a point pour fonction simplement de décrire l'expérience sensible ou l'approche intelligible de la réalité, elle veut communiquer la conscience du mode selon lequel est réalisée la vie. Dans ce cas, la raison fonctionne comme jugement et imagination. La définition du mythe de C. Yannaras est la suivante : « Le mythe est l'histoire d'un fait produit par l'imagination : il reproduit des actions et des relations relevant du domaine des choses sensibles, mais de la façon dont l'esprit les imagine en jugeant, c'est-à-dire en séparant l'essentiel de l'accessoire pour la réalisation de la vie[16]. » Ces actions d'ordre existentiel reproduites dans le mythe, et exprimées dans la langue même au moyen de symboles, sont des relations de personnes.

De même, dans le cas de la connaissance logique, l'essence n'est pas quelque chose d'accompli, elle est une participation au devenir, au développement de la vie en tant que fait cosmique et social. La pensée logique est une sémantique de l'essence. Le concept ou la définition déterminent la singularité de l'essence comme discours qui résulte des différences. L'action de montrer, le discours déclaratif, révèle non seulement la singularité de l'être comme universalité, mais aussi le mode de cette singularité. Mais il faut garder présent à l'esprit que c'est dans le cadre de la cité et non de façon autonome que se réalise l'accord de la raison individuelle avec la raison commune, avec le logos de communion des citoyens.

La différence entre l'expérience mythique et l'expérience logique consiste en une différence de participation à la raison commune, c'est pourquoi la pensée a tant de difficultés à les synthétiser dans une seule expression. Mais l'histoire de la pensée montre que leur séparation croissante a été un frein pour la réalisation de la vie. En effet l'image personnifiée, qu'utilise le mythe, a tendance à s'identifier avec ce qu'elle veut signifier dès lors qu'elle ne distingue plus l'altérité de chaque réalité intelligible. De même, la notion abstraite et impersonnelle perd facilement son caractère sémantique, se soumet à la compréhension arbitraire de l'individu, dès lors qu'elle n'est plus saisie comme parole de l'Être.

C'est à partir de cette séparation entre le *muthos* et le *logos*, entre l'image et le verbe, qu'il convient d'envisager un détour vers la question de l'Être, afin de pouvoir donner, dans un second temps, la définition patristique de la pensée mytho-logique. L'ontologie est le discours sur l'Être, tout ce qu'on a à dire du fait que l'on participe à l'Être. On peut distinguer très brièvement dans l'histoire de la pensée trois discours sur l'Être, la conception ontique, la conception rationnelle, enfin la conception personnelle. La conception ontique de l'Être considère celui-ci en tant qu'il est quelque chose, un certain étant qui existe réellement. La conception rationnelle de l'Être, tout en s'inscrivant dans la continuité de la vision substantialiste de la conception ontique, se déplace de la question du *muthos* à la question du *logos*. Faisant un retour sur elle-même, la pensée pose la question de la vérité du discours sur l'Être, et adopte le critère de la conformité du logos humain (qui devient la raison) avec le logos des êtres-en-soi ou des êtres-par-rapport-à-nous. Cette approche présuppose la même conception du sujet connaissant et de l'objet connu comme individualités ontiques autonomes. Enfin la conception personnelle de l'Être, fondée sur l'« idéal religieux du judaïsme », comme l'écrit Troubetskoy[17], tout en partageant à des degrés divers l'approche rationnelle qui distingue plus nettement que dans la conception ontique l'homme du cosmos, refuse la réduction rationnelle de la vérité à l'adéquation du concept et du conçu, et retourne à la conception ontique de la vérité comme fait universel, dynamique et social de la vie. À l'aide de la méthode apophatique, c'est-à-dire de la logique d'affranchissement de tout déterminisme notionnel de la connaissance, la conception personnelle de l'Être consiste en un nouveau retournement de la pensée vers la question de la relation mythique à l'Être.

Pour la pensée cappadocienne, à l'origine de cette vision personnelle de l'Être, il s'agissait notamment, à partir d'une révélation de l'esprit qui rendait désormais impensable la vision ontique du Dieu-cause-de-l'univers emprisonné dans son essence et de l'homme-écrasé-par-le-temps-cosmique, de redonner vie à l'Être et d'intégrer l'histoire comme l'espace-temps de la relation personnelle entre l'homme et le Dieu-Créateur. Pour Grégoire de Nysse ou Jean Damascène, être et être en relation deviennent identiques. Pour que quelqu'un ou quelque chose soit, deux choses sont nécessaires en même temps : être soi-même (hypostase) et être en relation (personne). Ce n'est que dans la relation que l'identité apparaît comme ayant une signification ontologique. Ce discours dérive de la nouvelle représentation de la nature unique de Dieu, non dans la substance, mais dans le Père, comme personne et hypostase[18]. Loin de séparer le discours sur Dieu et l'amour de la sagesse, Grégoire de Nysse puis Maxime le Confesseur et Nicolas Cabasilas ont repris l'intuition initiale de la philosophie grecque de l'Être comme réalité vivante donnée qui ne peut se dire autrement que par le mythe, tout en la rendant plus intelligible dans le discours. L'Église chrétienne leur conféra le titre de Père de l'Église, précisément du fait de leur capacité à communiquer logiquement leur révélation du Dieu Trinitaire.

Les philosophes cappadociens, reprenant la distinction opérée par Aristote entre essence première (les attributs individuels du sujet), qui devient chez eux l'hypostase au sens de conscience de soi, et essence seconde (modes d'une commune participation à l'Être), l'*ousia*, introduisent à côté des deux premiers termes une troisième notion, l'énergie, car la nature n'existe que comme événement dynamique effectué (*énergoumenon*), comme réalisation des relations uniques par chaque sujet ou des relations semblables par de nombreux sujets. « On appelle énergies de l'essence de l'homme ces capacités qui caractérisent le mode commun des participations des hommes à l'Être (connaître, vouloir, créer, aimer), tandis que, simultanément, elles permettent la sortie, l'ex-tase existentielle quant à ce mode commun, c'est-à-dire l'altérité existentielle de chaque homme concret, mais aussi la connaissance-participation à l'altérité des autres essences et des autres individus[19]. » Passant ainsi — face à la question de l'Être —, de la question du « Quoi ? » à celle du « Comment ? », ce mouvement de la pensée envisageait l'Être, non pas comme une substance, mais comme une Personne. À côté des grands genres du Même et de l'Autre, un troisième genre, celui du Soi, fondant librement sa propre hypostase, émergeait à la conscience. Avec l'ontologie personnaliste cappadocienne, on peut dater l'avènement du discours mytho-logique chrétien. La pensée mytho-logique est ici le discours orienté vers l'accord universel des facultés logiques de l'homme avec l'Être considéré comme personne en vue de la réalisation de la vie.

Cette pensée mytho-logique a été redécouverte par les penseurs religieux russes au début du XXe siècle. Berdiaev, Boulgakov, Florovsky. Les tenants des courants personnaliste, sophiologique ou théocentrique de la pensée russe se sont accordés pour comprendre la pensée orthodoxe comme symbolique, antinomique et eschatologique[20]. Ces penseurs ont contribué à rapprocher les systèmes philosophiques traditionnels des penseurs chrétiens occidentaux et orientaux en opérant une critique à l'égard de leur propre vision symbolique, en l'ouvrant à plus d'universalité, en la confrontant au génie conceptuel occidental[21]. Ils ont également aidé les penseurs occidentaux à prendre leurs distances vis-à-vis d'une philosophie nominaliste devenue totalement déconnectée de la réalité et ont rappelé la dimension nécessairement interpersonnelle, conciliaire, de la vérité.

Ce travail fut également réalisé par des penseurs occidentaux contemporains, parmi lesquels figurent Jean Borella, professeur de philosophie à l'université de Nancy, et Jean-Luc Marion, professeur de philosophie à la Sorbonne. Dans son livre *Au lieu de soi*, ce dernier parcourt, à partir de l'œuvre de saint Augustin, toute l'histoire de la philosophie européenne pour redécouvrir la personne, non pas seulement comme un être fini destiné à la mort, mais comme un être capable de s'autotranscender par son amour pour autrui. Au terme de son récit, il écrit : « L'*ego* n'est donc pas lui-même lui-même. Ni par l'appréhension de soi dans la conscience de soi (Descartes, du moins selon son interprétation commune), ni par un performatif (Descartes dans une acception moins commune), ni par l'aperception (Kant), ni même par auto-affection (Henry) ou décision anticipatrice (Heidegger). L'*ego* n'accède même pas à soi-même *pour* un autre (Levinas), ni *comme* un autre (Ricœur) — mais il ne devient soi-même que *par* un autre[22]. »

De son côté Jean Borella, dans son livre *La crise du symbolisme religieux*[23], a montré que l'éradication du *muthos* (tout ce qui relève du symbolique) conduit inévitablement à la négation du *logos* (l'intelligence qui parle en nous). Or le logos ne peut être nié. Donc le mythe ne peut être expulsé. À la suite de Paul Evdokimov, Borella suggère de redécouvrir une intelligence épiphanique de la réalité. Pour lui « si apparemment le symbole ne demande qu'à être interprété, si le signe semble n'être là que pour être référé au réel qu'il désigne, plus profondément, par son être même de symbole, il impose à notre intelligence une interprétation des réalités cosmiques, qui, sous l'effet de sa présence disruptive (incongrue, inassimilable), se transforment en signes visibles d'une Réalité transcendante : ce qui était signe devient réalité, ce qui était réalité devient signe[24] ».

LES QUATRE PÔLES DE LA PENSÉE ORTHODOXE

On reprendra avec intérêt pour notre définition transdisciplinaire de l'orthodoxie, mais en la modifiant et en la précisant quelque peu, le schéma de la « croix métaphysique » (deux dimensions) ou « pyramide métaphysique » (trois dimensions) que Borella dessine dans son livre[25]. Ce schéma a comme vocation d'exposer « la transformation qu'opère l'activité sémantique interne du symbole et l'exhaussement qu'il réalise afin d'unir ce qui était séparé[26] ». Il convient de tracer un axe vertical unissant, du bas vers le haut, l'homme au référent divin. L'axe qui les réunit est qualifié de « symbolique et sacré ». On trace également un axe horizontal qui unit, de gauche à droite, le monde sensible au monde intelligible (chez Borella le pôle naturel au pôle culturel). Les axes réunissant le référent divin aux pôles culturel et naturel sont désignés respectivement comme « symbolique et métaphysique » et « symbolique et cosmique ». Au cœur de la pyramide se trouve un point focal unissant l'ensemble des axes dans un dynamisme sémantique. On désignera ce point par la figure de la Sagesse. Dans la révélation chrétienne, le Christ qui est la vérité est précisément « sagesse de

Dieu et puissance de Dieu». Mais on verra que la doctrine biblique et patristique de la Sagesse de Dieu s'adresse à l'ensemble de l'humanité. L'étude des systèmes philosophiques et religieux se situant à l'extérieur du discours théologique chrétien permet précisément à celui-ci à la fois de défendre sa représentation de la vérité comme personne, et de remettre en question un certain nombre d'anthropomorphismes et de sociomorphismes de ses propres croyances.

Notre hypothèse, fruit d'un travail d'observation historique de la pensée orthodoxe (cf. 3e partie), est la suivante. Les quatre pôles de la conscience chrétienne (reconnaissance, mémoire, loi, justice) sont en relation antinomique les uns par rapport aux autres. Comme l'a montré le père Paul Florensky dans son commentaire des antinomies kantiennes, une relation antinomique, à la différence d'une relation dialectique, ne se résout pas par l'épuisement des contraires dans un troisième terme[27]. Elle doit plutôt être comprise comme une tension permanente permettant de tenir ensemble plusieurs propositions également vraies pouvant être contradictoires à un certain niveau de conscience. Cette tension interpolaire aboutit à la formation de paradigmes ou figures prédominantes de la conscience communautaire dans un espace-temps donné.

Sur cette «croix métaphysique» ou «structure doxique», on peut dessiner les contours de ces paradigmes de vérité selon les quatre sens principaux de l'ortho-doxie, exprimés dans l'histoire du christianisme, comme juste glorification (lorsque la conscience ecclésiale est aimantée par le pôle de la reconnaissance, de l'altérité, ou de la divinité), vérité droite (lorsque l'organisation par la loi du pôle de la nature, ou du monde sensible, devient la priorité éthique de la pensée chrétienne), mémoire fidèle (lorsque c'est le pôle de la mémoire, de l'identité, ou de l'humanité qui structure le discours dominant), et connaissance juste (lorsque le pôle de la justice, de la culture, ou du monde intelligible, devient prédominant sur les trois autres pôles de la conscience).

L'orthodoxie comme juste glorification est la posture « radicale » ou « eschatologique » qui permet à l'homme d'« achever » la réalité qui se présente à lui, de la consommer et de la retourner. Elle se situe sur un versant de l'axe vertical allant de l'homme vers Dieu et vice versa (car il s'agit d'une circulation de la gloire). Elle trouve son fondement dans l'épître de saint Paul aux Corinthiens. Elle consiste à adorer Dieu comme Sagesse (*doxa-kabod*), comme « Seigneur de gloire » (I Cor., 2, 8), ce qui pose l'amour comme source de toute connaissance (I Cor., 13). La glorification n'est source de vérité qu'en tant qu'elle est tournée vers la gloire de Dieu et qu'elle est elle-même pénétrée de gloire. Comme l'a écrit saint Irénée, dans la révélation chrétienne il y a une circulation de la gloire : « La gloire de Dieu c'est l'homme vivant[28]. »

Sur l'autre versant de l'axe vertical, métaphysique, reliant l'homme à Dieu, source de vérité, se trouve le pôle de l'identité, de la mémoire, de l'habitus, qui en se tournant vers le Logos développe en premier lieu la vertu de fidélité. La gloire n'est pas que source de louange. Elle est aussi mémoire, anamnèse, c'est-à-dire souvenir qui actualise. Mais il s'agit d'une mémoire qui n'a d'autre accès à la vérité que par la fidélité à la rencontre vivante, à l'échange existentiel de personne à personne, à la parole donnée. Cette définition de l'orthodoxie comme mémoire fidèle trouve son fondement dans le discours de Pierre à la communauté de Jérusalem lors de la Pentecôte. L'annonce de la bonne nouvelle (*evangelion*) se produit conformément à la promesse (*epangelian*) des Écritures. « Exalté par la Droite de Dieu, il a donc reçu du Père l'Esprit Saint promis et il l'a répandu… » (Act., 2, 33). Cet accomplissement historique de la parole donnée, de la promesse communiquée autrefois par Dieu au prophète Joël de « répandre son esprit sur toute chair », a transité historiquement par la fidélité des hommes à leur Créateur, et par celle des disciples de Jésus aux recommandations de leur maître. Elle est source de vérité, fondement de l'explosion pentecostale de l'« Esprit de vérité ». L'orthodoxie comme mémoire fidèle, ou action de « garder le dépôt » (I Tim., 6, 20) contre les bavardages et les objections de « la pseudo-gnose », est donc aussi source de connaissance « avec certitude » (Act., 2, 36).

L'axe horizontal est celui de l'espace-temps cosmique et pneumatique. Il est anthropo-cosmique, ou naturel-culturel. Il est percé en son cœur dans la révélation chrétienne par celui qui s'est désigné comme « la voie », c'est-à-dire précise Luc, « *et* la vérité, *et* la vie[29] », et qui annonce le Royaume de Dieu sur la terre comme royaume de vérité vivante et vécue. Sur l'axe du monde sensible (ou naturel), on trouve le pôle de la connaissance, qui en se tournant droitement vers le Logos devient connaissance morale. Cette surconnaissance vient de l'échange de la gloire entre Dieu et les hommes. C'est le chemin initialement de la gnose au sens chrétien du terme et de l'ascèse monastique[30]. Cette conformation relève de la loi morale selon saint Paul, elle implique un respect des lois de la nature créée (et non celles du monde déchu). Comme il l'écrit à Timothée, bien que la loi ne soit pas là pour le juste, la « saine doctrine » repose sur la loi (I Tim., 1, 10). On ne peut y avoir accès en étant insoumis, impie ou sacrilège : « Viendra un temps, en effet, où certains ne supporteront plus la saine doctrine, mais au gré de leurs propres désirs et l'oreille leur démangeant, s'entoureront de quantité de maîtres. Ils détourneront leurs oreilles de la vérité, vers les fables ils se retourneront. Mais toi cependant sois sobre en toute chose, supporte la souffrance, fais œuvre d'évangéliste, remplis ton ministère » (II Tim., 4, 3-5). La doxa comme *didaskalia* ne peut prétendre à l'universalité selon l'apôtre que dans la mesure où elle est vécue dans un rapport personnel à la loi. C'est là une « surconnaissance » (*epignoseos*) (II Pre, 1, 3) qu'on ne trouve pas dans la philosophie antique ou dans la sagesse juive. Ce « chemin de vérité » (II Pre, 2, 2) est graduel selon Pierre. Il part de la foi (*pistis*), se prolonge dans la vertu et dans la connaissance, se consolide dans la maîtrise de soi, la ténacité, la piété, et s'épanouit dans l'amitié fraternelle et dans l'amour (II Pre, 1, 5-7).

L'axe horizontal, qui unit le pôle culturel et intelligible à la vérité, définit l'orthodoxie comme connaissance juste. Il ne s'agit plus de posture morale individuelle mais d'adéquation juste de la vérité professée à la vérité vécue socialement. Ce quatrième pôle de la conscience orthodoxe trouve également sa source dans les Écritures. Lors de leur rencontre à Antioche, Paul rappela à Pierre et à Barnabé la nécessaire adéquation des paroles aux actes. « Quand je vis qu'ils ne marchaient pas droit selon la vérité de l'Évangile, je dis à Céphas devant tout le monde : "Si toi qui es Juif tu vis à la manière des païens et non à la juive, comment peux-tu contraindre les païens à se comporter en Juifs. [...] Nous savons cependant que l'homme n'est pas justifié par les œuvres de la loi, mais seulement par la foi de Jésus-Christ... » (Gal., 2, 14-15). Ici il n'est pas question d'attitude amorale qui empêcherait la vérité de se faire jour. Le comportement de Paul comme de ses amis non juifs, consistant à prendre ses repas avec des païens, n'a rien de répréhensible au regard de la loi. Le problème ne relève pas de la loi morale mais de la justice. Ce qui nuit au témoignage de la lumière, c'est le comportement injuste et timoré de Céphas et de ses amis, qui n'osent pas s'afficher avec les païens devant les juifs. Ici ce n'est pas par la loi qu'on atteint la vérité mais par la justice. La vérité doit non seulement être célébrée, mémorisée et vécue individuellement, mais elle doit aussi s'incarner socialement, elle ne peut être un concept abstrait. On trouve un écho de cette approche dans la *Didachè,* ou enseignement des douze apôtres, texte écrit en langue grecque vers la fin du Ier siècle, qui explicite comment doit être vécu le chemin de la vie.

L'orthodoxie n'est donc pas simplement l'opposé de l'hérésie, comprise comme connaissance partielle de la vérité, comme on l'a cru pendant longtemps. L'orthodoxie est le mode de relation à la vérité qui empêche le culte de se vider de la gloire qu'il veut proclamer, qui évite à la mémoire de s'ossifier en se repliant sur un souvenir objectivé, qui refuse le témoignage moral qui ne serait pas lui-même vécu, et qui reconduit la science tentée de se tenir au seul niveau théorique vers son obligation de justice. Elle assure une relation à la vérité qui est complexe et embrasse les postures métaphysiques fondamentales du culte de la gloire, de la mémoire, de l'éthique, et de la justice.

On comprend, dans cette perspective, pourquoi les notions d'orthodoxie et d'ecclésialité sont connexes dans l'épistémologie chrétienne[31]. L'ecclésialité, ou champ de la conscience chrétienne, représente l'espace de vérité défini par l'orthodoxie. La vérité dépend des degrés de conciliarité entre ceux qui l'attestent. Cet espace symbolique est conçu par la tradition chrétienne comme un corps méta-rationnel, dans lequel il y a communication entre Dieu et les hommes mais aussi entre les hommes entre eux. Pour exprimer cette corporéité, la tradition chrétienne s'est appuyée sur les visions prophétiques. Ces visions mettent en tension antinomique les différents pôles symboliques de la conscience humaine. La vision de la gloire de Dieu par Ézéchiel (1, 5) utilise un langage symbolique, tétramorphique, qui a l'originalité de présenter un trône-char avec à son sommet l'« aspect d'un homme », une divinité théanthropique et en mouvement[32]. On constate dans cette vision « de la gloire du Seigneur » du prophète à la fois l'entremêlement des quatre vivants, ou animaux saints, et la récurrence de la notion de droiture.

> Je regardai : un vent de tempête venait du nord, une grande nuée et un feu fulgurant et, autour, une clarté ; en son milieu, comme un étincellement de vermeil au milieu du feu. En son milieu la ressemblance de quatre êtres vivants ; tel était leur aspect : ils ressem-

> blaient à des hommes. Chacun avait quatre visages, et chacun d'eux quatre ailes. Leurs jambes étaient droites ; leurs pieds : comme les sabots d'un veau, scintillants comme étincelle l'airain poli. Des mains d'hommes, sous leurs ailes, étaient tournées dans les quatre directions, ainsi que leurs visages et leurs ailes, à tous les quatre ; leurs ailes se joignaient l'une à l'autre. Ils n'avançaient pas de biais, mais chacun droit devant soi. Leurs visages ressemblaient à un visage d'homme ; tous les quatre avaient, à droite, une face de lion, à gauche, une face de taureau, et tous les quatre avaient une face d'aigle : c'étaient leurs faces. Quant à leurs ailes déployées vers le haut, deux se rejoignaient l'une l'autre et deux couvraient leurs corps. Chacun avançait droit devant soi ; ils allaient dans la direction où l'esprit le voulait. Ils n'avançaient pas de biais. Ils ressemblaient à des êtres vivants (Éz., 1, 4-13).

Certains targoums ont accolé les quatre lettres du nom divin aux quatre vivants : Y pour l'Homme, H pour le lion, V pour le taureau et H pour l'aigle. Philon d'Alexandrie a associé les douze tribus d'Israël, regroupées en quatre groupes de trois unis par le même emblème, aux douze signes du zodiaque. La tradition patristique et iconographique a associé les chérubins de la vision d'Ézéchiel avec les quatre évangélistes. Pour Jérôme, l'aigle doit être associé à Jean (par son ouverture visionnaire et perçante), l'homme à Matthieu (par son récit de la généalogie humaine du Christ), le taureau à Luc (l'Évangile commence par le récit du prêtre Zacharie), et le lion à Marc (en raison de l'esprit prophétique qui s'y manifeste dès le commencement). C'est cette représentation de la fin du IVᵉ siècle qui fut retenue par la tradition[33]. Le lion symbolise l'activité royale, le taureau l'activité sacerdotale, l'aigle l'action de répandre le don de l'Esprit, l'homme l'activité humaine. Le Pantocrator des coupoles byzantines et russes, entouré de l'aigle, de l'homme, du lion et du taureau, est celui qui « maintient tout » et qui, en ce sens seulement, est le tout-puissant (le mot russe *vsederjitel* exprime précisément ce sens du mot grec *pantocrator*).

Il est légitime dès lors d'associer les quatre pôles de l'ecclésialité, c'est-à-dire de la corporéité orthodoxe, aux quatre faces de la vérité à visage humain, marchant droit. L'axe vertical, d'image et de ressemblance entre le sujet et le référent, unit dans ce corps les deux pôles de l'unité et de la sainteté. Ces deux pôles sont réunis par le Christ lui-même. Dans l'Évangile de Jean (21, 15-19), lors de sa dernière apparition à ses disciples au bord du lac de Tibériade, le Christ appelle Pierre à conduire ses brebis et, dans le même temps, l'exhorte à suivre le chemin de l'amour (« M'aimes-tu ? »), chemin qui peut conduire au martyre (« Jésus parla ainsi pour indiquer de quelle mort Pierre devait glorifier Dieu »), comme l'expérimenta de fait Pierre. Le pôle de l'unité divine et ecclésiale rejoint ainsi le pôle de la juste glorification. On peut lui associer le symbole de l'aigle dans le Tétramorphe de la tradition judéo-chrétienne.

Le pôle de la sainteté est le pôle de l'activité humaine qui, si elle trouve une cohérence entre passé, présent et avenir, procure l'expansion de la gloire, c'est-à-dire aussi de la clarté et du rayonnement.

L'axe horizontal anthropo-cosmique de connaissance unit le pôle sensible et le pôle intelligible de la Création. Il associe les pôles de la catholicité, ou de l'universalité/œcuménicité de la loi, sociale, institutionnelle, humaine, que procure le travail de ressemblance à l'unité trinitaire (Jn, 17, 20-26), et celui de l'apostolicité, sociale, institutionnelle, humaine, qui est le « chemin de justice » ouvert par Jean le Baptiste (Matt., 21, 23-32). Pas de justice sans réconciliation, pas de réconciliation sans justice. La vérité droite est de comprendre l'*ekklesia* selon la totalité, c'est-à-dire selon sa capacité à embrasser les juifs et les païens[34]. Le terme *kath hôlon* signifie initialement le fait pour la partie d'être conforme au tout, et désigne à partir du témoignage évangélique la relation d'unité des hommes avec Dieu selon la propre relation du Christ avec son Père. Cette relation est présentée par le Christ dans sa prière sacerdotale comme une circulation de gloire entre Dieu et les hommes[35]. D'où également, du côté de la connaissance juste, sur le pôle de transfiguration sociale du monde, la dimension de mission qui s'attache au terme catholique : « Comme tu m'as envoyé dans le monde, je les envoie dans le monde » (Jn, 17, 18). Il n'y a pas de mission, d'apostolicité, de transfiguration de la culture humaine, sans référence à la catholicité qui la porte. Mais cette catholicité s'épuise elle-même si elle ne se tourne vers ce qui la dépasse et lui résiste à la fois.

L'Église est donc, selon le symbole de Nicée, une et sainte, catholique et apostolique dans la mesure où elle est orthodoxe[36]. Inversement l'Église ne peut se désigner comme orthodoxe si elle perd un seul de ces quatre pôles ou cheminements dans la Voie[37]. J.-M. Tillard écrit : « Parce qu'elle surgit de l'assemblée de Pentecôte (mémorial de l'Assemblée du Désert), comme *accomplissement* de ce vers quoi tendait le rassemblement du *Qahal*, l'Église de Jérusalem naît donc, d'emblée, catholique. Car elle porte la plénitude, l'intégralité, le *katholou* du don de Dieu. Elle est ainsi la communauté où l'*oikonomia* divine atteint son moment (*kairos*) de plénitude. Il ne s'agit donc pas seulement de l'universalité géographique dont les nations représentées par les prosélytes réunis pour la fête (Act., 2, 5.8-11) seraient déjà le noyau prophétique. Il s'agit de la réalisation en son intégralité de ce que comporte l'appel (ou convocation) de Dieu[38]. »

Puisque le schéma que nous avons brossé établit une logique sémantique de la symbolique qui unit l'homme à Dieu, et le monde sensible au monde intelligible, il convient désormais de proposer une étude historique de la notion d'orthodoxie. Notre thèse est ici que la conscience ecclésiale a très rapidement fait prévaloir un sens de l'orthodoxie sur les autres, au point que ce sens est devenu paradigmatique, non seulement au sein de la conscience ecclésiale, mais plus largement dans les cultures irriguées par le kérygme chrétien. C'est par l'étude de l'historiographie ecclésiale que nous avons choisi de mettre au jour la prégnance d'une définition de l'orthodoxie sur une autre.

UNE HISTOIRE SÉMANTIQUE DU CHRISTIANISME ORTHODOXE

Le schéma

Il convient désormais de préciser notre méthode historique. L'établissement d'une périodisation détermine en grande partie le récit en histoire. Prenons l'exemple du Moyen Âge pour mesurer la difficulté d'une histoire de l'orthodoxie chrétienne. Pour le père Georges Florovsky, historien de confession orthodoxe, la grande coupure historique est celle de l'excommunication de 1054 entre le cardinal Humbert et le patriarche Michel, événement qui marque selon lui la fin de l'histoire de l'orthodoxie en Occident. Pour le byzantiniste et prêtre orthodoxe Jean Meyendorff, en revanche, il conviendrait plutôt, pour comprendre ce phénomène de disparition de l'orthodoxie en Occident, de retenir une date politique et non ecclésiale, celle de 1071, défaite de Byzance face aux Turcs à Manzikert[39]. Tandis que, pour un troisième historien, catholique celui-là, Guy-Marie Oury, la date charnière est 1049, avènement d'un pape énergique et réformateur, le Lorrain Léon IX, qui engagera l'orthodoxie occidentale sur la voie de son renouveau (cf. son *Histoire de l'Église* parue aux éditions de Solesmes en 2001). Ces variations sur vingt-cinq ans peuvent paraître bien insignifiantes. Pourtant elles révèlent trois points de vue différents d'historiens qui déterminent ainsi toute la conscience *contemporaine* des chrétiens d'Orient et d'Occident. Soudainement, dans les manuels d'histoire des Églises Orthodoxes, l'Occident disparaît de la vie de l'Église, tout comme l'Orient s'efface dans les manuels catholiques au profit du récit du « combat des deux glaives ». Bien sûr, il y a des historiens, plus ou moins réalistes ou diplomates, qui expliquent que la coupure ne s'est pas faite du jour au lendemain. Certains d'entre eux, en Orient, parviennent à faire réapparaître, tout aussi soudainement, un Occident chrétien au moment du concile de Florence. Il n'empêche. Il n'y a pas de manuel de l'Église Orthodoxe, au sens confessionnel du terme, qui traite de la spiritualité occidentale comme d'un phénomène de vie interne à la conscience orthodoxe. De même en Occident, mais de façon inverse, la plupart des manuels ont tendance à considérer les Églises Orthodoxes comme des « cas particuliers », souvent « compliqués », auxquels on consacre dans le meilleur des cas un chapitre spécifique. Mais on ne remet pas en cause le vecteur de la vie de l'Église, dont l'axe se trouve entre Rome et Genève. Alors ces trois dates charnières signifient-elles trois sens incompatibles de l'histoire de l'orthodoxie chrétienne ? La réalité est que, dans cette historiographie « catholique » comme dans cette historiographie « orthodoxe », on ne s'interroge ni sur la conscience historique des contemporains de ces événements (ce qui respecterait la définition de l'Église comme corps), ni sur l'adéquation de tels jugements avec la dynamique de l'orthodoxie chrétienne (ce qui respecterait la définition de l'Église comme voie). C'est pourquoi les histoires conceptuelles ou dogmatiques de l'Église Orthodoxe échouent à rendre compte de la réalité du christianisme orthodoxe au-delà de ses frontières strictement institutionnelles. De même, en sens inverse, les récits plus ou moins mystiques sur le cheminement de l'« Orthodoxie », déconnectés de l'incarnation visible et donc institutionnelle du christianisme, se condamnent à devoir retrancher du récit, c'est-à-dire de la conscience orthodoxe, des périodes entières de la vie de l'Église.

Pour nous, c'est la notion de conscience historique qui permet de saisir ensemble la vérité de ces différents discours. Lorsqu'elle est appréhendée selon ses degrés de corporéité, de son horizon individuel à son horizon paradigmatique, de sa reconnaissance d'une tradition qui la précède à la découverte que celle-ci lui appartient, la conscience historique permet de comprendre la succession des événements du passé, de retrouver leur logique interne, de briser les portes de l'objectivation, et ainsi de participer aux événements racontés. Théologue de Foucauld, auteur d'une histoire de l'Orthodoxie, a saisi cette dimension théurgique du travail de l'historien orthodoxe. Il conçoit son récit non comme un « acte de sépulture », selon l'expression de Paul Ricœur, mais comme une œuvre de vie. Il écrit : « Nous ne voulons pas raconter le schisme, nous affirmons nuisible toute explication définitive à son sujet car le schisme est un événement en cours et non pas un fait historique. Il ne s'agit pas de raconter une histoire inachevée, il s'agit de l'achever et de reconnaître les points de départ de ce travail. En premier, nous avons besoin de revenir à l'essentiel, de retrouver la même vision [...]. C'est le manque de dialogue, le manque de charité qui ont durci les différences en opposition[40]. » L'événement en russe se dit *so-bytie*, qui signifie aussi rencontre entre deux êtres. L'événement est ce qui se passe entre l'acteur et le narrateur, entre le narrateur et le lecteur. Il se pourrait bien qu'un schéma paradigmatique, unissant la temporalité verticale (celle de l'axe de la conscience humaine face à son Créateur) à la temporalité horizontale (celle de l'axe de la conscience humaine dans la Création), synthèse pragmatique, herméneutique et communicationnelle à la fois, rende justice à l'historiographie mémorielle de l'orthodoxie (l'identité comme différence, selon John Erickson[41]) tout en rendant possible une intelligence pleinement confessionnelle — catholique, protestante et orthodoxe — (l'identité comme unité) de l'histoire du christianisme.

Jean-Marc Ferry suggère que « l'histoire universelle se produit pragmatiquement comme un monde de la communication entre les mondes historiques[42] ». Sa logique de la transmission étudie les communications qui, d'une forme d'identité à une autre, ont dû s'établir pour qu'apparaisse l'ordre séquentiel des significations. Le philosophe utilise pour sa démonstration le concept de reconnaissance. Celui-ci est important pour nous, dans la mesure où il est une des traductions possibles du terme scripturaire de *kabod-doxa*. La gloire en effet, source de la réputation, peut être comprise comme reconnaissance. Paul Ricœur a consacré sa dernière œuvre précisément à une étude sémantique et philosophique du terme de reconnaissance, qui signifie à la fois la gloire, le consensus général, l'aveu, la redécouverte, la justification, etc.[43]. Ce n'est qu'en étant « reconnue » par une culture étrangère qu'une culture donnée peut vivre et donc croître. Ainsi constitué pragmatiquement, il est impossible de représenter le monde historique en analogie avec le monde physique, du moins de retenir sa conception rationnelle traditionnelle. L'histoire n'est pas une réalité homogène et linéaire. Elle est ramifiée en un réseau de notions paradigmatiques qui meurent sur une pente et renaissent sur l'autre en fonction du mécanisme de la reconnaissance. Les hérétiques du ve siècle, exclus à ce titre de l'histoire, sont susceptibles d'apparaître comme orthodoxes à l'historiographie du xxe siècle, ainsi que le montre le phénomène de réhabilitation en cours des Églises dites « non chalcédoniennes ». Ce sont ces liens de reconnaissance qui mettent en connexion les moments d'une séquence, qui les mettent en ordre (Stravinski ne peut venir avant Vivaldi, rappelle Ferry), qui leur donnent du sens au temps présent. Au sein d'une même culture, on peut repérer des mentalités spécifiques, des types spirituels, qui au cours des siècles constituent une culture spécifique par des phénomènes de lutte et de reconnaissance mutuelle, et, dès à présent, définir quatre types spirituels qui, dans l'histoire de l'Église, ont joué un rôle important pour la défense ou la promotion de l'orthodoxie et qui, en même temps, ont pu contribuer à ses crises et à ses moments de faiblesse en se rigidifiant ou en craignant la communication avec les autres types. Il s'agit du type zélote (situé sur le pôle de la fidélité), du type spirituel (situé sur le pôle de la glorification), du type prosélyte (situé sur le pôle de la morale), et du type critique (situé sur le pôle de la justice[44]).

La notion de paradigme

Une histoire orthodoxe du christianisme doit viser à établir une juste reconnaissance mutuelle entre le temps présent, le temps écoulé et le temps à venir. D'un côté le Christ, dans la théologie chrétienne, est Celui qui est, qui était et qui vient, et c'est la même vérité, crue par tous en tous lieux, qui constitue la Tradition chrétienne. De l'autre, l'histoire du christianisme est indiscutablement marquée par une évolution de sa doctrine, de son culte, de son organisation. Il faut reconnaître ces deux vérités pour atteindre l'orthodoxie. Notre hypothèse est que cette unité dans la diversité se trouve dans la notion même d'orthodoxie, qui est restée la même au cours des siècles, et qui a revêtu plusieurs sens paradigmatiques différents en fonction des périodes et des cultures. La question est de montrer comment. On s'appuiera sur la notion de paradigme.

Bien qu'on admette, avec Thomas Kuhn, que les théories scientifiques ne sont pas rejetées quand elles sont réfutées mais quand elles ont pu être remplacées, on ne comprend pas la notion de paradigme selon le sens empirique et selon la réception sociologique que lui donne le professeur du MIT[45]. Pour nous, un paradigme est un niveau de conscience atteint par une communauté organisée et qui devient dominant sur d'autres niveaux de conscience durant une certaine période. Il est constitué d'une mémoire commune, d'une représentation identique de la vérité, de pratiques sociales similaires et d'une même compréhension du combat éthique. Ce paradigme peut être marginal ou dominant, selon les lieux et les époques, dans les cultures où évoluent les communautés qui le partagent. Mais les paradigmes de l'orthodoxie chrétienne sont d'une telle importance historique qu'on ne peut les dissocier radicalement de la conscience commune des cultures qu'ils ont rencontrées, qu'ils ont fécondées et dont ils se sont nourris. À bien des égards, l'étude de l'évolution de l'orthodoxie chrétienne nous renseigne aussi sur l'état et le fonctionnement des paradigmes propres à ces cultures. Un paradigme n'est pas l'orthodoxie, mais une configuration de la pensée orthodoxe. La connaissance de l'orthodoxie est — en ce sens épistémologique — l'étude des différents niveaux de conscience paradigmatiques et de leurs interactions.

Les quatre étapes du récit

On a vu que les historiographies traditionnelles du christianisme orthodoxe échouent à présenter une vision universelle, proprement catholique, de l'orthodoxie comme concept, symbole et réalité historique. Notre thèse, appuyée sur le schéma paradigmatique décrit plus haut, est que seule une histoire sémantique et donc contextuelle de l'orthodoxie permet de trouver un sens à la fois universel et participatif à l'histoire du christianisme, de redonner une intelligibilité aux événements du passé, et de faire apparaître une logique spirituelle à la croissance du corps ecclésial dans l'histoire. Cette histoire sémantique, qui va de Jésus-Christ à nos jours, se déroule en quatre temps-paradigmes, qui représentent également quatre niveaux de conscience.

Lors des trois premiers siècles du christianisme, à l'époque de la civilisation hellénistique, s'est imposé lentement, progressivement, le paradigme de l'orthodoxie comme juste glorification. Fortement marqués par l'exigence eschatologique d'ouverture au Royaume de Dieu, les quatre pôles de la célébration, de la mémoire, de la morale et de la justice se sont ordonnés et configurés selon ce cheminement individuel et collectif de la conscience chrétienne.

À partir de la légalisation de l'Église par l'édit de Milan, en 313, et des controverses ariennes, puis des premières invasions barbares, c'est le sens de l'orthodoxie comme vérité droite qui est devenu dominant, jusqu'au concile de Florence en 1439 et à la chute de Constantinople en 1453. L'impératif d'incarnation politique de la religion chrétienne adopté par les empereurs, l'exigence de rendre universelle la loi nouvelle de l'Évangile de la part des chrétiens ont fortement contribué à faire de la doctrine chrétienne le cœur du nouveau paradigme en Orient comme en Occident.

Dans la seconde moitié du XVe siècle, avec le temps de la Renaissance, puis de la Réforme et des Contre-Réformes qui s'échelonnent jusqu'au temps présent de l'ultramodernité, c'est le sens de l'orthodoxie comme mémoire fidèle qui devient paradigmatique. Ce fut l'exigence d'unité entre la tête politique et le corps communautaire qui marqua le développement paradigmatique de cet âge de formation et d'expansion des États-nations.

On peut considérer que depuis le début du XIXe siècle, époque d'accélération rapide de la technologie, de la globalisation, d'un brassage sans précédent des identités, et surtout de crise des idéologies, une nouvelle période de représentation de l'orthodoxie, comme connaissance juste, a émergé et pris de l'importance, sans pour autant devenir encore paradigmatique. Le tournant anthropologique qu'a constitué l'époque moderne a contribué à mettre en valeur la notion d'adéquation entre les doctrines et les actes.

On justifiera plus loin ce qui nous permet de délimiter ces différentes périodes et d'en affirmer l'homogénéité. On se contentera pour le moment de plusieurs remarques supplémentaires. Premièrement, c'est, selon nous, l'incapacité de penser ensemble ces quatre modalités de la vérité, selon la glorification, la doctrine morale, la mémoire et la justice, qui fut la source des difficultés du christianisme dans l'histoire. Cette incapacité est liée, à n'en pas douter, à la rupture provoquée par la définition chrétienne de la vérité comme personne théanthropique, et non pas comme divinité transcendante ou comme être s'autodévoilant. Cette rupture, liée à un nouveau mode d'intelligence personnaliste intégrant en un tout les quatre pôles de la vérité, perturba les mécanismes de reconnaissance entre les différents types de mentalités religieuses au sein d'une même culture, et entre les cultures.

Deuxièmement, il ne s'agit pas de rigidifier la notion de paradigme. On peut trouver, au cours d'une même période, plusieurs utilisations différentes de la notion d'orthodoxie. Ainsi, à titre d'exemple, saint Jean Damascène (vers 676-749), en pleine période de domination du paradigme de la vérité droite, considérait que celui qui ne croit pas selon la tradition est « infidèle[46] », signifiant par là que sa définition de l'orthodoxie se trouvait dans l'axe mémoriel et identitaire. Il est indiscutable que cette logique eut une résonance paradigmatique dans le monde musulman en formation. En revanche, dans la culture byzantine de l'époque, c'est l'orthodoxie comme vérité droite qui organisait le savoir, la culture et les liens sociaux. Ce n'est donc pas d'abord le lien identitaire à une tradition passée qui unifie la société byzantine à cette époque, même si, un peu plus tard, la célébration de la victoire de l'orthodoxie en 843 renforça encore le paradigme de mémoire fidèle dans les milieux monastiques zélotes. Mais, tandis que la minorité vécut cette victoire sur l'hérésie iconoclaste comme triomphe de sa fidélité aux pères du premier concile qui avaient eux-mêmes vénéré les icônes, la majorité comprenait encore cette victoire selon la logique de la connaissance droite. Les pères du septième concile de Nicée II (787) firent la distinction intellectuelle, c'est-à-dire ici spirituelle et morale, entre l'adoration de l'image qui était répréhensible et la bénéfique vénération de l'image de Dieu. Celle-ci consistait en une restauration de l'image de Dieu en l'homme par le culte du Christ « icône du Dieu invisible » (Col., 1, 15). La créativité de la civilisation byzantine à l'époque du patriarche Photius (vers 810 - vers 893), grand érudit et excellent connaisseur de la littérature antique, témoigne de la position paradigmatique de ce second courant qui comprenait en premier lieu l'orthodoxie comme vérité droite.

Troisièmement, la présence de paradigmes dominants n'empêche pas l'existence de temporalités propres à des cultures participant de façon plus lointaine à la dynamique de l'histoire universelle. Pour rester à l'époque médiévale, il faut reconnaître que c'est comme juste glorification, selon l'étymologie du mot *pravo-slavie,* que l'Église de la Rus' de Kiev reçut, en 988, la compréhension byzantine de la vérité. Mais cette réception ne peut être dissociée de son contexte politique, caractéristique, précisément, de cette période de l'orthodoxie initiée par l'édit de Milan. En témoigne le mariage sur le lieu de son baptême, à Chersonèse, du prince Vladimir avec la princesse Anne, sœur de l'empereur Basile II. On comprend ainsi la nécessité de se représenter l'histoire de façon non pas homogène et linéaire, mais selon une logique de reconnaissance, disruptive et néanmoins cohérente.

En démontrant notre thèse de façon historique, nous espérons parvenir à résoudre un certain nombre d'apories de l'historiographie moderne. De façon qu'un chrétien orthodoxe, au sens confessionnel du terme, puisse se représenter aujourd'hui l'orthodoxie du christianisme occidental au-delà du premier millénaire. Du reste, de plus en plus de chrétiens orthodoxes occidentaux contemporains revendiquent leur orthodoxie sans vouloir nécessairement retourner vivre au premier millénaire. Et un nombre croissant de chrétiens orthodoxes orientaux intègrent secrètement, ou sans s'en rendre compte, les fruits de la spiritualité occidentale comme le *Combat invisible* de L. Scupoli. De façon aussi que puissent s'établir des parallélismes significatifs entre l'histoire du christianisme et l'histoire de l'ensemble de l'humanité, entre la vérité des gnostiques et la vérité des scientifiques, entre doxa et épistémê, entre « vision du ciel ouvert » et « pensées claires et distinctes ». Le débat entre Milbank, Ferry et Taylor fait espérer que la représentation sécularisée de la vérité à l'époque moderne, comme conformité de l'idée avec son objet, laisse progressivement place à une redéfinition de la vérité comme orthodoxie radicale. Chacun pourra alors raconter l'histoire du passé comme « mémoires d'espérance[47] ».

La méthode

Le christianisme orthodoxe est une réalité historique qui s'appréhende, comme on l'a vu, de façon symbolique, herméneutique et communicationnelle. Il peut être défini comme un mode de pensée et d'action imprégné de la révélation chrétienne, donnant naissance à un culte et à une culture spécifiques, manifestant la vie des personnes ayant choisi de marcher à la suite de Jésus-Christ, et formant de la sorte une communauté organique unie de façon « visible[48] », à l'image d'un corps. Ce corps dispose d'une conscience de soi qui évolue au cours des siècles en fonction des modifications de sa propre mémoire et des récits dont il est l'objet. Notre thèse consiste à considérer que ces grands récits de la conscience chrétienne sur elle-même, peu nombreux sur un plan typologique (Luc ; Eusèbe ; Flacius Illyricus ; Stephen Charles Neill, Olivier Clément et Guy Bedouelle), signalent et renforcent, lorsqu'ils apparaissent, un changement paradigmatique de la pensée chrétienne orthodoxe.

Ces métarécits typologiques sont au nombre de quatre dans l'histoire du christianisme. Les apôtres et évangélistes représentent, au Iᵉʳ siècle après Jésus-Christ, les premiers historiens de la conscience chrétienne. Leur point commun était de se représenter comme imminent l'avènement du Royaume de Dieu sur la terre. On peut donc les considérer comme une génération d'historiens dont la pensée était eschatologique, tournée vers la fin de l'espace-temps du niveau de conscience de « ce monde ». Raconter l'histoire consistait à faire le récit ébloui, engagé, parfois discordant des actes de l'Église à la poursuite de sa mission divine. C'est la juste vision de la gloire de Dieu qui rendait cohérents ces différents récits et qui devint dominante dans la conscience chrétienne des trois premiers siècles.

Les historiens grecs et latins des IVᵉ et Vᵉ siècles forment une deuxième génération historiographique, qu'on peut qualifier de politique. À la suite d'Eusèbe de Césarée, Sozomène et Grégoire de Tours entreprirent de réécrire toute l'histoire du monde comme histoire de l'Église. Par un souci d'universalité propre au pôle de la loi, ils voulurent également combler l'espace chronologique qui séparait la fin des Actes des Apôtres de leur époque, effort qui fut poursuivi sans modification méthodologique majeure jusqu'au XVe siècle. Cet impératif de récit des origines, d'incarnation historique, de légitimation d'un lieutenant politique du pouvoir divin, et d'évangélisation missionnaire a reconfiguré la pensée orthodoxe comme connaissance morale et spirituelle prétendant devenir la nouvelle épistémê du monde.

Les historiens de la Réforme (Flacius Illyricus, Gottfried Arnold), de la Contre-Réforme (César Baronius, Louis-Sébastien Le Nain de Tillemont) et de cette période qu'on a appelé en Russie l'« âge d'argent[49] » (V. Bolotov, A.P. Lebedev...), constituent une troisième page, confessionnelle, de l'histoire de la conscience ecclésiale, caractéristique d'une division entre les confessions chrétiennes, et d'une rupture entre l'ouverture à Dieu et l'organisation de la société. De façon différente mais analogique selon les contextes, le récit chrétien, au nom du combat pour la fidélité aux sources de la transcendance, mais aussi au nom de l'unité du Chef à son Corps, devient identitaire, source d'autolégitimation des Églises face aux États-nations en formation. Il ne néglige pas tout sens critique, au contraire il fait émerger une véritable science critique des archives du passé. Mais il ordonne cette critique à l'objectif prioritaire de la défense de l'identité religieuse et communautaire.

Enfin, préparée au XIXe siècle par le renouveau spirituel incarné par l'œuvre de J.A. Mœhler, J.H. Newman, V. Soloviev, et relayée depuis 1945 par une génération d'historiens tels que F. Dvornik, O. Clément, R. Wilken, une nouvelle historiographie est apparue. Avec l'extension de la globalisation, avec le brassage des populations, avec l'échec des idéologies totalitaires, une nouvelle prise de conscience œcuménique de l'histoire de l'Église se fait jour. Cette historiographie tend à établir la juste vérité en ne dissociant pas de façon unilatérale l'être et la personne, l'État et l'Église, le cœur et l'intelligence. Elle refuse les cloisonnements des époques historiographiques précédentes entre doxa et épistémê, théologie et politique, Orient et Occident, social et national. Les entreprises historiographiques récentes (*Histoire du christianisme* en France, *Histoire du mouvement œcuménique* en Suisse, *Encyclopédie de l'Orthodoxie* en Russie...) témoignent également de cette nouvelle façon postconfessionnelle de raconter l'histoire du christianisme. Bien que ces récits soient souvent encore plus analytiques et encyclopédiques que synthétiques et œcuméniques, on peut considérer ces nouvelles approches comme le signe d'un nouvel âge de la conscience ecclésiale, qui pourrait bien devenir un jour paradigmatique en s'instituant dans l'enseignement des Églises elles-mêmes.

Cette typologie des discours historiographiques nous permet de proposer une histoire de la pensée orthodoxe selon quatre périodes : l'orthodoxie comme juste glorification (33-313), l'orthodoxie comme vérité droite (313-1453), l'orthodoxie comme mémoire fidèle (1453-1945), l'orthodoxie comme connaissance juste (1945 à nos jours). Notre histoire de l'historiographie chrétienne a comme objectif de montrer la logique interne de la pensée orthodoxe, sa dynamique en tensions entre ses pôles d'altérité et d'identité, de hiérarchie et de communauté. À un moment où la globalisation du monde déstructure de nombreuses cultures et effraie de nombreuses personnes, où la pensée orthodoxe peut se retourner avec nostalgie vers l'âge dit « confessionnel », ou « séculier », ou « moderne », période considérée comme sûre en raison de la garantie que fournissaient les luminaires de l'autorité comprise comme transcendante du Pape, de la Bible et de la Tradition, où la connaissance œcuménique nouvelle de l'Église peut apparaître comme « gnostique » — au sens douloureux de ce terme —, la pensée orthodoxe peut être conduite à se replier sur son seul pôle mémoriel. En revanche, si la pensée orthodoxe était comprise à la fois comme une théologie mystique, une philosophie participative, une science politique de justice, et une connaissance morale, alors la pensée contemporaine pourrait trouver de nouvelles ressources pour affronter le nouvel âge global de son histoire et proposer une civilisation plus juste, plus paisible et plus respectueuse de la Création. Une telle prise de conscience orthopraxique de la vérité permettrait à l'Église d'effacer une très ancienne blessure dans sa relation avec les mondes juif et hellénistique. Elle pourrait ainsi nouer de nouveaux liens avec la pensée philosophique contemporaine et avec les religions du monde.

TROISIÈME PARTIE

LA PREUVE PAR L'HISTORIOGRAPHIE

La doctrine chrétienne orthodoxe, comme on l'a vu à partir des métarécits de Milbank et de Taylor, ne peut être coupée de la représentation rationnelle du monde que se font les hommes. Elle ne peut non plus être « excarnée », c'est-à-dire coupée des formes historiques qu'elle a prises au travers de ses expressions ecclésiales. Il faut qu'elle soit dynamique, comme l'ont montré J.H. Newman et V. Soloviev. La diviser entre bonne et mauvaise orthodoxie, nouvelle et ancienne orthodoxie, risquerait de lui faire perdre toute signification[1]. Mais une identité authentiquement orthodoxe, « capable de rompre avec une gestion narcissique et apologétique des mémoires communautaires », est « d'autant plus forte qu'elle est capable de révisions déchirantes », selon Jean-Marc Ferry. Il convient par conséquent de présenter, dans cette vision orthodoxe, un bref survol des différentes traditions historiographiques contemporaines qui racontent l'histoire de l'Église et des communautés chrétiennes dans leur identité de foi-rationalité se voulant orthodoxes. Mais on veillera à ne pas tomber dans l'excès inverse, en identifiant d'emblée et totalement la foi orthodoxe avec ses incarnations historiques. John Locke, dans sa fameuse *Lettre sur la Tolérance*, en 1689, notait que « chacun est orthodoxe pour lui-même », et « chaque Église est orthodoxe pour elle-même »[2]. Or, dans la plupart des cas et jusqu'au milieu du XXe siècle, les historiens de l'Église ont admis de façon unilatérale le principe de l'adéquation de la foi, nécessairement orthodoxe, à l'identité ecclésiale. Il n'y avait pas de prise de distance par rapport à sa propre tradition confessionnelle ou par rapport au discours de l'Église sur elle-même. Même s'ils existaient à l'époque antique, les termes de catholique, orthodoxe et protestant n'ont acquis un sens institutionnel précis qu'à l'époque moderne[3]. L'Église byzantine n'est devenue « orthodoxe » au sens institutionnel actuel qu'après le rejet du concile de Florence par le synode de Constantinople en 1484. Et ce n'est qu'à l'époque du concile de Trente que les termes catholicisme et protestantisme ont été utilisés pour désigner des confessions particulières[4]. Dans le premier christianisme, l'identité orthodoxe n'était pas liée d'abord à l'appartenance à une communauté, mais au lien de communion entre le croyant et Jésus-Christ. Ce lien n'est pas rationnel, contractuel et individuel, mais existentiel, éthique et communautaire. L'apôtre Jean écrit dans son épître que c'est la *vision* du « Verbe de vie » qui le conduit à témoigner. Pour « faire la vérité » (I Jn, 1, 6), il faut soi-même marcher « dans la voie où lui a marché » (I Jn, 2, 6). Et ce n'est qu'en marchant dans la lumière que les chrétiens sont « en communion les uns avec les autres » (I Jn, 1, 7).

La pensée-acte « en vérité » fut originellement un service de mémoire et une action de grâce, une doxologie rendue par les apôtres, qui maintenait, par l'association de tout geste à la prière, la communauté dans la voie du salut. La croix, la résurrection et l'ascension de Jésus-Christ représentent les trois étapes qui rendirent possible l'engendrement de l'*ekklesia*, de la communauté des baptisés. Celle-ci eut conscience d'elle-même en premier lieu par la mémoire de ces événements dans l'acte de remémoration-remerciement eucharistique. Le père Alexandre Schmemann (1921-1983) et le père Marcel Jousse (1886-1961) s'accordent pour voir dans l'institution de l'eucharistie le sacrement de l'Église, et, dans la communion au Corps et au Sang, l'actualisation de la Parole de Dieu. Le père Jousse interprète ainsi les paroles de l'institution du Rabbi Iéshoua de Nazareth : « Cela, toutes les fois que vous le referez, comme aide-mémoire de moi, vous le referez[5]. » Cette compréhension liturgique du « faire mémoire » eut comme conséquence d'axer la conscience chrétienne primitive sur son pôle de juste glorification. Cependant que la juste glorification soit devenue le pôle paradigmatique de la conscience orthodoxe ne signifie pas pour autant que les autres pôles de la conscience n'aient pas été actifs dans le même temps. On ne peut avoir une lecture conceptualiste de l'histoire du christianisme. Une approche anthropologique doit associer de façon complexe, dans l'étude d'une pensée, les gestes autant que les œuvres, l'ascèse silencieuse autant que l'administration extérieure.

Chapitre VII

LA « JUSTE GLORIFICATION » DANS L'HISTORIOGRAPHIE DU IER AU IIIE SIÈCLE

L'ORTHODOXIE COMME JUSTE GLORIFICATION

La conscience de soi, institutionnelle, existentielle et identitaire de la première communauté chrétienne décrite dans les Actes se fonde sur une synthèse doxologique du geste-pensée-participation. Pendant la période qui, inaugurée par la Pentecôte, couvre les trois premiers siècles de l'ère chrétienne, la pensée orthodoxe est fondamentalement eschatologique, tournée vers la venue catastrophique du Royaume de Dieu sur la terre (Act., 2[1]). Mgr Cassien Bezobrazoff[2], théologien russe orthodoxe, a montré que le pain « quotidien » dans les traductions de la prière au Père n'est autre que le pain *epiousios*, le pain suressentiel, c'est-à-dire le pain du Royaume de Dieu sur la terre, à la fois anticipé et attendu. Cette perception aiguë de l'échelle qui unit à tout moment la terre au ciel s'accompagne d'un désir de rendre grâce. Dans la tradition orthodoxe primitive, la vraie connaissance s'exprime par le chant, par la doxologie, par la célébration de la gloire. En russe « réconciliation » (*soglassie*) signifie « chant à l'unisson » (*so-glassie*), ce que rend un peu le mot « accord » en français. « Même les dogmes définis par les conciles, rappelle Paul Evdokimov, sont conçus comme des formules doxologiques et qui entrent dans la liturgie organiquement comme ses propres pièces[3] ». La confession chantée de la foi est précédée d'un baiser de paix, signe de cette dimension conciliaire de la connaissance orthodoxe[4]. Pour les Pères de l'Église, le saint est celui qui dit par tout son être : « Je chante à mon Dieu tant que je vis. » Ce chant de louange est la reconnaissance de la vision de la gloire de Dieu. Si nul n'a vu Dieu de ses yeux, la tradition orthodoxe témoigne de nombreuses théophanies et angélophanies. Le seul apôtre appelé théologien par la tradition orthodoxe est Jean, car il est le visionnaire de la liturgie divino-humaine.

Comme le montre la *Didachè*, ou Doctrine des Apôtres, écrite vraisemblablement à la fin du Ier siècle apr. J.-C., la catéchèse morale et l'instruction liturgique sont indissociables aux origines du christianisme. Le « Livre des deux voies » révèle que la voie de la vie joint l'amour de Dieu et du prochain avec une ascèse personnelle rigoureuse et des devoirs sociaux. Le « Livre de la vie » s'achève sur cette phrase qui unit conscience morale et glorification : « Dans l'assemblée tu confesseras tes manquements et tu n'iras pas à ta prière avec une conscience mauvaise[5]. » Le baptême ne se donnait qu'après l'instruction morale. L'action de grâce après le repas eucharistique se faisait par une autre prière qui s'achevait sur la formule « Seigneur viens ! *Maran atha !* ».

Il convient de se défaire de la prégnance du paradigme de l'orthodoxie comme vérité droite, connaissance juste ou mémoire fidèle pour pénétrer dans l'intelligence de l'orthodoxie comme juste glorification. Jérôme Alexandre a montré, dans sa recherche sur Tertullien (v. 150-160 - v. 220), que la classification usuelle en termes d'orthodoxe/hérétique ou de fidèle/infidèle de l'un des plus grands théologiens de son temps est anachronique. L'essentiel est en effet de comprendre la logique spécifique des IIe et IIIe siècles. Pour cet écrivain de langue latine, d'origine berbère et païenne, converti au christianisme, la « chair est réalité de Dieu », elle est donc promise à la gloire. Or le réel demande à être cru pour être reçu dans ce qu'il est fondamentalement. Pour lui, c'est la nature des choses qui détermine la perception et non l'inverse. J. Alexandre synthétise la pensée de Tertullien : « La chair, comme le langage, se comporte à la façon d'un signe. Elle signifie une réalité que seule la confiance peut atteindre. C'est pourquoi la différence substantielle de l'âme et de la chair est si importante : l'âme sait que la chair qui lui est attachée est autre qu'elle-même, qu'elle ne peut donc en prendre totalement possession ou s'en séparer. Elle doit se résoudre à lui faire confiance, à la respecter à l'aimer[6]. » Cette logique conduira Tertullien, selon J. Alexandre, non pas à changer de foi, mais à insister sur la discipline, incarnation de la doctrine, au risque de n'être plus compris de ses contemporains.

L'ORIGINE SÉMANTIQUE DE LA DOXA

Le temps est venu de porter notre attention sur l'évolution de la sémantique de la notion de doxa et de revenir sur un point déterminant, à savoir la traduction, incongrue au premier regard, de la notion de *kabod* par celle de doxa[7]. À l'époque des philosophes ioniens, la doxa disposait d'une signification métaphysique, avant d'être sécularisée en « opinion courante ». Parménide et son milieu désignaient par doxa le monde de l'apparence, un monde plein de dieux où la *dunamis* était en jeu. Elle recouvrait ce qui peut être saisi par la voie humaine des sens (*kata doxai*) par opposition à ce qui peut être compris par l'intelligence (*kata aletheia*). La doxa était donc définie par ses deux pôles : l'aspect du monde sensible et l'opinion que l'homme s'en fait ; ou encore le pôle de l'apparaître, opposé à l'être, et celui de l'illusion, opposé à la contemplation de la vérité. La doxa désigne une certaine unité de l'être et de l'apparaître. Jean Wahl, dans son étude sur Heidegger, explique que la doxa « signifie d'abord renommée et gloire » en tant que reflet du monde des idées, puis « le simple point de vue de quelque chose qui s'offre et en vient à signifier la pure apparence et puis la simple opinion »[8]. Platon considérait, lui aussi, que la doxa relevait du paraître par opposition à ce qui est. Elle désigne la vérité mais de façon mêlée, en mélangeant la ténèbre et l'éclat. En ce sens, elle est à l'opposé de l'épistémê qui désigne la vérité intelligible à l'état pur[9]. On peut comprendre dès lors la traduction de l'hébreu par les Septante du terme *kabod*, qui signifiait gloire dans la Bible, par doxa. Car les deux mots ont deux aspects : ce qui est et ce qui apparaît.

Dans l'Antiquité grecque, pour Platon et Aristote, la notion de doxa était donc dissociée de la notion d'épistémê. Si la première désignait l'opinion, la sensation fugitive et contingente relevant du monde sensible, la seconde signifiait le savoir, la connaissance stable et nécessaire. Mais qu'il s'agisse de la connaissance historique ou de la connaissance physique, la pensée humaine était localisée dans la réalité du monde. Il y avait connaissance, selon le philosophe contemporain Charles Taylor, « lorsque l'action des Formes qui modèlent le réel coïncide avec leur action qui modèle mon intelligence (*nous*)[10] ». Christos Yannaras, dans son livre *Philosophie sans rupture*, interprète ces deux modes de connaissance doxique et épistémique par pensée mythique et pensée logique et s'accorde avec C. Taylor : « Aussi bien dans le mythe que dans la logique, la connaissance est garantie uniquement dans la mesure où elle est une participation à la raison commune, au logos de communion[11]. » Le philosophe grec ajoute une explication importante sur le fonctionnement de ces deux modes de pensée. « La différence entre l'expression mythique et l'expression logique paraît se concentrer fondamentalement dans ce qu'on pourrait appeler une "unité" de participation à la raison commune, au logos de communion : si l'unité de participation à la raison commune, au logos de communion du mythe est principalement l'image personnifiée, l'unité de participation dans la logique commune est principalement la notion abstraite et donc impersonnelle[12]. »

À partir de la synthèse opérée dès les premiers chrétiens, puis par les premiers Pères de l'Église, l'ortho-doxie est définie comme « juste louange » car elle est centrée sur le Christ vrai Homme et vrai Dieu. Dans la seconde épître de Pierre, consacrée à la lutte contre les fausses gnoses au nom de la « vraie science », l'*epignosis*, terme pris chez Paul[13], signifie la vraie connaissance centrée non plus seulement sur la figure du Père mais aussi sur la personne divine du Christ (II Pre, 1, 3-7[14]), et croissant, sous l'action de l'Esprit, de la foi, à travers les œuvres, vers l'amour, connaissance parfaite. Les Pères de l'Église, parce qu'ils pensaient dans les catégories ontiques de leur temps, ont repris cette idée de conformation de l'intelligence humaine à l'être du cosmos comme source de connaissance. Mais à la suite de saint Paul, qui souhaitait «connaître comme je suis connu» (I Cor., 13, 12), ils ne pouvaient plus envisager la connaissance de façon impersonnelle. Selon L. Bouyer, ce qui autorisait saint Paul à penser de la sorte était que le grand «mystère», le grand secret royal, était celui de la Sagesse divine enfin révélé dans l'apparition du Christ, à la fois Messie davidique, Serviteur souffrant et Fils d'homme céleste[15]. Mais la tentative d'identification de la Sagesse, à la fois créée et établie avant l'origine de la terre, était déjà une objectivation de la connaissance gnostique. La Sagesse en effet ne dépend pas d'une confession de foi, mais d'une ouverture d'esprit. L'exégèse contemporaine montre que la Sagesse ne peut être identifiée à une hypostase exclusivement, elle est une figure de l'entre-deux, dans laquelle l'homme et Dieu mutuellement «s'envisagent» comme l'a écrit Dominique Cerbelaud. Le théologien dominicain a décrit comment très tôt les juifs et les chrétiens eurent la tentation d'identifier la figure de la Sagesse à la Tora, au Christ, mais aussi au Saint-Esprit[16]. Celle-ci en effet, par son indifférenciation, menaçait une vision close et systémique de la religion. On sait qu'Arius (256-336), en appliquant la figure de la Sagesse au Christ, tirait la conclusion de la nature créée du Christ. La réaction orthodoxe fut de montrer la double face de la Sagesse créée et incréée[17], puis de trinitariser à l'Esprit Saint l'affirmation de l'homoousie entre le Père et le Fils, telle qu'elle figurait déjà dans les Évangiles (Jn, 13, 20 ; Matt., 28, 19). Mais cela contribua en retour à dissiper la thématique sapientielle.

Le père André Laurentin a étudié de façon attentive l'histoire du verset de Jean 17, 5 : « Et maintenant Père, glorifie-moi auprès de toi de cette gloire que j'avais auprès de toi avant que le monde fût. » Sa recherche a permis de retrouver la nature doxologique de la pensée chrétienne primitive. Cette enquête révèle la compréhension initiatique originale de cette formule, au moins jusqu'au IIIe siècle. Le théologien catholique français a relevé que la principale source de difficulté dans la compréhension de ce verset, qui fait partie de la prière sacerdotale du Christ juste avant son arrestation, est liée à la notion de « gloire » et, plus particulièrement, de « gloire avant que le monde fût ». S'agissait-il en effet de la gloire créée d'Adam avant la chute ? De la gloire des anges ? De la puissance donnée au Christ pour les hommes ? De l'Esprit Saint, puissance de Dieu donnée au Christ pour la Création ? De la gloire incréée, lien d'amour au sein de la Trinité ? etc. Le Christ demandait-il une glorification actuelle et collective ou une glorification personnelle et unique ? S'il s'agit d'une glorification collective, on mettra l'accent sur les gestes sacramentels qui actualisent une telle demande (baptême, eucharistie, ministère...). S'il s'agit d'un événement qui concerne le Christ, la pensée ecclésiale interprétera cette demande en fonction de ses conséquences (Résurrection-Ascension, envoi de l'Esprit Saint, Parousie et jugement final).

La mémoire ecclésiale se tourna dans un premier temps vers les Écritures et interpréta à la lumière de ce verset de Jean un certain nombre de textes anciens dont Isaïe, 11, 10[18]. L'apôtre Jean, comme l'a montré Mgr Cassien Bezobrazoff, avait une intelligence pratique, mystagogique, ou initiatique, de la vérité[19]. Chez lui, la plupart des discours ou des dialogues commentent un signe, comme celui de la multiplication des pains (Jn, 6) ou la résurrection de Lazare (Jn, 11), un symbole liturgique (comme l'eau, Jn, 3, 4). C'est le geste et donc le rite qui interprète en l'actualisant la parole ou l'événement. Par la suite, le *Diatessaron*, Évangile en langue syriaque composé pour les besoins de la liturgie, a influencé, en raison de sa traduction (« Donne-moi la gloire qui vient de toi... »), une interprétation sacramentelle du verset, dans la mesure où la gloire n'était plus possédée par le Christ mais donnée à lui. Ce sont les catéchèses baptismales, « antérieures au dernier quart du IIe siècle[20] », qui cristallisèrent l'intelligence sacramentaire des paroles du Christ. Le nouveau baptisé revêtait un vêtement de gloire en participant au rite de la mort et de la résurrection du Christ. Les premiers gnostiques appréciaient l'opposition gloire-monde qui apparaît dans le verset de Jean. La gloire était nécessairement incréée dans cette lecture. La glorification consistait à remonter dans la gloire primordiale, où l'âme retourne à son origine vêtue de sa nouvelle corporéité. Le Christ est celui qui réveille l'étincelle primitive et son vêtement de lumière est rempli de toutes les âmes qui reviennent à leur unité originelle. Le texte pseudo-gnostique de la *Pistis*

Sophia reprenait ce verset de la sorte : « Viens donc en hâte afin que tu reçoives toute la gloire qui est la gloire du premier mystère[21]. » La gloire pour les gnostiques cachait un mystère qui est celui du plérôme, composé de tous les éons. Mais la pseudo-gnose (les mandéens, Simon le Magicien, etc.), selon Laurentin, en fit une opposition esprit-matière. Elle introduisit une intelligence douteuse de la gloire comme un vêtement, un lieu et un mystère unissant le Père et le Christ, ce qui n'apparaissait pas dans l'original du texte grec de l'Évangile. L'histoire humaine n'est plus que symbole. Le Christ devient une émanation aux cent visages. La divinité du Christ, de la sorte, est remise en question. André Laurentin explique que, dans la gnose, « la gloire était enlevée à notre monde sur les ailes hypertrophiques de la symbolique baptismale[22] ». Origène, bien qu'il voulût rétablir la divinité du Christ et affermir la perspective eschatologique des mystagogues, fut victime de la vision cyclique de l'aventure salvifique du gnosticisme. Cela eut une triple conséquence. Chez Arius, la divinité de l'être suprême se dissout dans l'histoire. Chez Apollinaire, l'histoire n'a plus Dieu pour centre. Et chez Nestorius, le Christ originel et le Christ de l'histoire ne coïncident plus. Très vite l'orthodoxie sut réfuter les erreurs du premier gnosticisme. Irénée de Lyon retrouva la vision initiale de la circulation de la gloire entre Dieu et l'homme. Son œuvre est illuminée des célèbres formules : « La gloire de Dieu c'est l'homme vivant, et la vie c'est de le connaître », « La gloire de l'homme c'est de demeurer et persévérer dans la puissance de Dieu »[23]. Pour l'héritier de Jean, le Christ, en tant que Logos, dispose de cette gloire avant la création du monde. La gloire est l'autorévélation du Père dans le Fils et réciproquement. Jésus-Christ demande cette gloire en tant que Dieu incarné qui souhaite que les hommes reçoivent une participation à cette gloire, qui est le chemin du salut. À l'époque d'Irénée, cette victoire de l'orthodoxie fit prévaloir la louange comme échange de dons sur la louange de désincarnation prônée par les pseudo-gnostiques. Certes, tandis que le mystagogue s'intéresse principalement au geste liturgique et à la glorification qu'il déclenche, le théologien part de la gloire originelle, incréée. Mais la pensée d'Irénée associait encore la gloire au Saint-Esprit et la puissance au Fils, les deux mains révélatrices du règne du Père. Un dialogue était encore possible entre gnostiques orthodoxes et hétérodoxes. Irénée ne rejetait pas l'effort sapientiel mais son mauvais usage.

UN PARCOURS BIBLIOGRAPHIQUE

Il convient de revenir sur l'historiographie contemporaine de l'orthodoxie des trois premiers siècles du christianisme, afin de bien comprendre la plurivocité de la notion d'orthodoxie. Jusqu'à nos jours, cette historiographie tend à faire accréditer la thèse selon laquelle la pensée chrétienne orthodoxe est définie uniquement en opposition à l'hérésie comprise comme fausse connaissance. Elle va jusqu'à affirmer qu'il faut se priver de la notion même d'orthodoxie pour comprendre le cheminement du christianisme des trois premiers siècles[24]. Mais la pensée orthodoxe est, comme on l'a dit, plus complexe que la notion de religion dominante. Elle englobe tout l'être humain dans sa relation à Dieu et au monde. Elle répond à son désir de se confier et de se donner à son créateur. Elle engage son éros pour le transfigurer en gnose amoureuse. Elle constitue les personnes en les inscrivant individuellement et collectivement dans l'espace et dans le temps.

En 1934, à un moment tourmenté de l'histoire du protestantisme allemand, à l'heure où un grand nombre de théologiens luthériens se tournaient vers le parti nazi, peu après la mort du célèbre Adolf von Harnack (1851-1930) dont l'antijudaïsme inspiré de Marcion était célèbre, l'historien allemand et théologien protestant Walter Bauer (1877-1960) publia à Tübingen un ouvrage qui fit date dans l'histoire du christianisme primitif. Il était intitulé *Rechtgläubigkeit und Ketzerei im ältesten Christentum* (Mohr/Siebeck ; réédité en 1964). L'ouvrage fut traduit en anglais en 1971 et intitulé *Orthodoxy and Heresy in Earliest Christianity,* puis en français, aux éditions du Cerf, en 2009, sous le titre *Orthodoxie et hérésie aux débuts du christianisme*. Contre le témoignage de Tertullien qui expliquait, dans son *Traité contre les hérétiques,* que l'orthodoxie était première par rapport à l'hérésie, sa thèse principale consistait à affirmer que dans certaines régions, à Édesse et en Égypte, l'hérésie fut première par rapport à l'orthodoxie. Bauer montrait en particulier que, à Édesse au IIe siècle, les marcionites se désignaient du nom de chrétiens, tandis que les orthodoxes se faisaient encore appeler Palûtiens (du nom de leur fondateur). Cette thèse aboutissait à la conclusion qu'il n'existait pas de fondements doctrinaires définis et légitimes de l'orthodoxie chrétienne, que celle-ci évoluait en fonction des contacts qu'elle avait avec les cultures païennes, et que c'est en s'adaptant à son environnement qu'elle se renouvelait. Ce qui fut appelé « orthodoxie » aux siècles suivants, après la conversion de Constantin, n'était pour Bauer qu'une forme parmi d'autres, la « forme ecclésiastique », de la vie du christianisme des trois premiers siècles. Cette thèse avait le mérite de rappeler l'universalité du christianisme à un moment où la majorité de l'Église protestante allemande était attirée par le nazisme, et où la science historique de l'Église avait été entièrement sécularisée depuis au moins quatre décennies par des penseurs tels que Harnack. Dans le même temps que le père Serge Boulgakov, en France (cf. *L'Agneau de Dieu*), développait une nouvelle intelligence de la dynamique intellectuelle des premiers siècles du christianisme, Bauer rappelait que l'*hairesis* signifiait seulement opinion partielle, ce qui ne pouvait en soi la condamner à l'effacement de la mémoire de l'humanité. Le livre ne se contentait pas de réévaluer les hérésies, il posait la question de l'historicité de l'orthodoxie.

La principale erreur méthodologique de Bauer fut cependant, comme il l'indique dès son introduction, de limiter de façon strictement sociologique l'orthodoxie à la croyance droite, et de montrer ensuite que cette définition ne saurait correspondre au christianisme primitif qui ne pouvait être représenté socialement selon ces catégories de « vrai » et « faux », « bien » et « mal »[25]. Dans son article « The reception of the book[26] », George Strecker a présenté toutes les erreurs qui furent relevées par les commentateurs de Bauer[27]. Dès 1934, James Moffatt, de l'Union Seminary de New York, expliqua qu'il n'était pas judicieux de définir sociologiquement l'orthodoxie en termes de vrai/faux et que mieux valait utiliser un « sens du centre » ou de l'équilibre pour comprendre la position orthodoxe. Mais surtout la plupart des commentateurs montrèrent qu'il était impossible de négliger la dimension théologique de l'histoire de l'Église. Même si la notion d'orthodoxie n'est pas encore figée au IIe siècle, on ne peut nier l'existence d'une *regula fidei*, ou d'une « gnose chrétienne » selon l'expression de Clément d'Alexandrie, partagée par l'ensemble des communautés se reconnaissant mutuellement comme chrétiennes. Le jésuite français C. Martin montra en 1935 dans la *Nouvelle revue théologique* de Louvain que, dès les origines, les chrétiens privilégièrent l'orthodoxie de la vie ecclésiale sur son développement quantitatif. Comme en témoignent les lettres de Pierre, de Paul et de Jean contre les faux gnostiques et les magiciens de leur temps, il existait bien scripturairement un parti apostolique en faveur de l'*epignosis*.

La critique la plus achevée de l'œuvre de Bauer vint d'Angleterre avec le livre paru en 1954 et rédigé par H. E. W. Turner, de l'université de Durham, à l'occasion de conférences données dans le cadre des Bampton Lectures[28]. Sans nier la présence d'hérétiques à Édesse, le chanoine Turner démontra qu'on ne peut considérer Marcion comme le fondateur de l'Église chrétienne d'Édesse. De même, selon lui, se reposer sur l'absence de sources pour considérer Kûné comme le premier évêque de la ville, au IVe siècle, est une méthode bien fragile. Turner est encore plus tranchant sur l'Égypte. Le regard anachronique de Bauer empêche, selon lui, de comprendre pourquoi Origène a pu être considéré comme orthodoxe à une époque et désavoué à une autre. Turner ajoute, en outre, que les lettres d'Ignace d'Antioche dénonçant la présence d'hérétiques au sein même de l'Église permettaient d'affirmer que l'orthodoxie avait déjà atteint à son époque une conscience de soi et donc de ses limites. De plus l'œuvre d'Irénée *Contre les hérésies* montre qu'on ne peut affirmer qu'au IIe siècle il n'y avait pas de séparation tranchée au sein du christianisme entre l'orthodoxie et l'hérésie. En somme, Bauer ne comprend pas la riche complexité de l'orthodoxie, ce qui le conduit à mettre sur un même et unique plan ce qui n'est pas comparable. L'orthodoxie, pour l'historien britannique, doit être comprise « comme une mer, et non comme un courant, comme une harmonie riche et variée, et non comme un thème mélodique, comme une riche expression de pensée et de vie, et non comme un système monolithique fermé[29] ». Si l'orthodoxie était comprise de la sorte, Bauer comprendrait mieux, selon Turner, comment elle fut en mesure, à la manière d'un corps qui rejette un virus, de rejeter les opinions partielles radicales. Il y a donc bien une autonomie de l'orthodoxie à l'égard de l'hérésie, même si les opinions partielles furent intégrées en fonction de certaines règles : en tant qu'elles ne niaient pas la tradition apostolique, qu'elles s'intégraient dans la prière de l'Église et qu'elles ne rejetaient pas le corps ecclésial. La troisième épître de Jean à Gaïus montre que cette organisation de ceux qui marchent « dans la lumière de la vérité » (III Jn, 3) ne se fit pas seulement sur des questions de culte, de justice ou de connaissance, mais aussi de fidélité/reconnaissance puisqu'en l'occurrence Diotréphès se voit accuser non de fausse gnose mais d'appétit de pouvoir. Au bout du compte, pour le chanoine anglican, ce ne sont pas les influences extérieures, mais plutôt un sens commun interne, « qui est un autre nom pour la guidance par l'Esprit Saint », qui domina l'histoire du développement du christianisme primitif.

Turner aboutit à formuler une conclusion déterminante pour notre thèse. Il contredit l'idée que les concepts d'hérésie et d'orthodoxie ne sont pas opérants pour rendre compte du christianisme primitif[30]. Pour lui, c'est la *lex orandi* qui formait « la base instinctive pour l'exercice du sens chrétien commun qui permit à l'Église de rejeter les interprétations de sa foi et les dilutions de sa vie même avant de posséder les standards formels de la croyance[31] ». En d'autres termes, c'est parce que les chrétiens vivaient de façon trinitaire par la juste glorification qu'ils partageaient qu'ils purent ultérieurement formuler dans des expressions dogmatiques l'orthodoxie nicéenne. Cette thèse de la priorité de la *lex orandi* sur la *lex credendi* a été admise par de nombreux savants, y compris dans le monde orthodoxe (au sens confessionnel) par des personnalités telles que G. Florovsky et A. Schmemann[32]. On considère que cet adage, selon lequel la loi de la prière détermine la loi de la croyance, formulé par le moine Prosper d'Aquitaine (v. 390-v. 466), secrétaire du pape Léon le Grand, disciple d'Augustin, et par le pape saint Célestin Ier au Ve siècle, remonte en fait aux origines mêmes du christianisme[33]. Saint Paul a résumé cette attitude doxologique de l'orthodoxie primitive dans sa lettre aux Corinthiens : « En effet voici ce que moi j'ai reçu du Seigneur, et ce que je vous ai transmis : le Seigneur Jésus, dans la nuit où il fut livré, prit du pain et, après avoir rendu grâce, il le rompit et dit : “Ceci est mon corps qui est pour vous, faites cela en mémoire de moi.” Il fit de même pour la coupe, après le repas, en disant : “Cette coupe est la nouvelle Alliance en mon Sang ; faites cela toutes les fois que vous en boirez, en mémoire de moi.” Car toutes les fois que vous mangez ce pain et que vous buvez cette coupe, vous annoncez la mort du Seigneur, jusqu'à ce qu'il vienne » (I Cor., 11, 23-26).

On ne peut donc réduire l'orthodoxie à son expression sociologique. Pour comprendre la formation de la constitution paradigmatique de l'orthodoxie comme juste glorification, il convient d'étudier de plus près la mémoire ecclésiale du christianisme primitif. C'est la structure et l'évolution de cette mémoire qui nous permettront de comprendre, dans un deuxième temps, le fonctionnement interne du paradigme de juste glorification. On verra dans un troisième temps comment ce paradigme s'est exprimé *ad extra*, ecclésialement et politiquement.

L'HISTORIOGRAPHIE MESSIANIQUE

On a vu en introduction que le moment de « prise de conscience », de déclic de l'intelligence qui produit le récit, représente pour l'historien contemporain la principale trace tangible de l'émergence dans le passé d'un nouveau degré de conscience de l'orthodoxie. La prévalence établie du geste de la prière sur celui de la conceptualisation dans la conscience chrétienne primitive a eu comme conséquence de produire un nouveau type de discours historique.

Avec les premiers historiens chrétiens, le geste de raconter l'histoire et celui d'y participer deviennent inséparables. Les apôtres et évangélistes représentent au Ier siècle après Jésus-Christ les premiers historiens de la conscience chrétienne. Leur vision de l'histoire restera dominante dans la pensée orthodoxe jusqu'au IVe siècle. Leur point commun était de considérer que, avec l'événement de la résurrection de Jésus-Christ, la temporalité du monde devait laisser place à une nouvelle forme de temporalité spirituelle. Car cet événement non conceptualisable était cependant compréhensible par la raison dans la mesure où il avait été annoncé de longue date. On pouvait donc le transmettre, le raconter, mais autrement. Aux Corinthiens, saint Paul résume de la sorte la bonne nouvelle du salut : « Je vous ai transmis en premier lieu ce que j'avais reçu moi-même ; Christ est mort pour nos péchés, *selon les Écritures*. Il a été enseveli, il est ressuscité le troisième jour, *selon les Écritures*. Il est apparu à Céphas puis aux douze[34] » (I Cor., 15, 3-5). Considérer que la promesse de l'onction de Dieu annoncée par les Écritures du peuple juif a été tenue, c'est affirmer que les temps sont accomplis. Si l'homme n'est effectivement pas « abandonné aux enfers », comme le promettent les Écritures (Ps., 16), alors la venue d'un nouvel espace-temps est imminente, celui du « Royaume de Dieu sur la terre ». Cela introduit à un nouveau mode d'écriture de l'histoire, ni cyclique ni linéaire, mais vertical pourrait-on dire. Le récit dispose déjà de son point d'aboutissement théocentrique et doit reclasser toutes ses données sur cet événement. C'est toute l'histoire du monde qui est lue désormais à travers la venue du Messie, de l'oint de Dieu, promis par Dieu dans les Écritures et qui apporte un chemin de salut à toute l'humanité au-delà du peuple juif. Le premier des apôtres en fut conscient le premier lorsqu'il qualifia, non loin d'une ville portant symboliquement le nom de César, le Christ de Fils de Dieu (Mc, 8, 27-29[35]). Plus tard, dans son discours à la communauté de Jérusalem lors de la Pentecôte, ou lors de la guérison de l'infirme devant le temple, Pierre insista lui aussi sur l'accomplissement en Christ des Écritures (Act., 2, 16-21 ; 3, 24). Pour lui la fin de l'histoire — comme le diraient les hégéliens aujourd'hui, mais chez Pierre cela signifiait non le triomphe de l'État mais la fin du césarisme — se réalisait par la transparence joyeuse entre les cultures et les langues de la communauté rassemblée autour de la Vierge, et était accompagnée de signes comme la guérison de l'infirme de naissance[36].

On peut considérer l'évangéliste Luc comme le premier historien de ce nouveau type de récit qui réconcilie « l'histoire comme récit » avec « l'histoire comme action ». D'origine grecque, c'était un médecin d'Antioche, né et élevé dans le paganisme, qui entra dans la Voie au contact de Paul et le suivit dans ses voyages missionnaires. Comme l'attestent les Actes des Apôtres, Luc, à partir de Act., 6, fut un témoin oculaire de son récit. Et il tira des apôtres eux-mêmes les paroles du Christ lors de son Ascension[37]. Il donna à montrer par son récit de la Cène qu'il avait compris non seulement en quoi consistait la nouvelle temporalité, mais aussi comment celle-ci se manifestait. Comme l'écrit Mgr Cassien Bezobrazoff : « C'est à la place de la Pâques juive que Jésus institue l'eucharistie, qui est sa présence dans son corps et dans son sang, au milieu des disciples. Le contexte de Luc rend cette interprétation inévitable, les paroles sur la Pâques introduisant le récit de l'institution » (Lc, 22, 14-20[38]). La Pâque juive, qui était célébrée le 14 du mois de Nizan, commémorait la traversée de la mer Rouge au moment de la première pleine lune du solstice de printemps, lorsque la terre est baignée de lumière de jour comme de nuit. Par son récit, Luc veut faire comprendre que, en réalité, c'est le Christ qui illumine toute la terre. Cela ne pouvait pas ne pas être étendu à toute l'histoire. Comme l'a montré C. Mimouni, chez Luc, toute l'Écriture doit être lue dans une perspective de temps messianique, inauguré par Jésus, mais sans rupture avec la chaîne de la tradition prophétique[39]. Luc conclut son Évangile par l'épisode des pèlerins d'Emmaüs (Lc, 24, 13-35), l'apparition aux onze apôtres (Lc, 24, 36-49) et l'Ascension (Lc, 24, 50-53). Il témoigne que les apôtres ont appris du Christ ressuscité lui-même à comprendre les Écritures comme prophétie le concernant. « Il faut que s'accomplisse tout ce qui a été écrit de moi », leur disait le Christ. Cela avait comme conséquence pour les « témoins » que leur mission était désormais de prêcher en son nom « la conversion et le pardon des péchés à toutes les nations ».

L'historiographie chrétienne primitive repose sur une position d'humilité de la part de l'historien. Dans le second récit par Luc de l'Ascension (Act. 1, 6-11), c'est-à-dire lors de la métamorphose définitive de la corporéité du Christ, les apôtres étaient toujours fascinés par les modifications de chronotope qu'ils expérimentaient depuis la Résurrection. Ils lui demandèrent si le temps était venu où il allait rétablir le Royaume pour Israël. Mais le Christ répondit :

« Vous n'avez pas à connaître les temps et les moments que le Père a fixés de sa propre autorité… » Le travail de l'historien orthodoxe en conséquence n'est pas de prédire l'avenir ni de vouloir tout raconter du passé d'une civilisation, mais de témoigner des œuvres du Christ et de l'Esprit au sein de la communauté des baptisés. Il calqua donc le plan de son second livre sur la mission que le Christ donna aux apôtres à cet instant (il s'agit de la phrase faisant suite à celle qu'on vient de citer) : « … Mais vous allez recevoir une puissance, celle du Saint-Esprit qui viendra sur vous ; vous serez alors mes témoins à Jérusalem, dans toute la Judée et la Samarie, et jusqu'aux extrémités de la terre » (Act., 1, 6-9). De fait la première partie du livre des Actes est consacrée à la Pentecôte et à ses conséquences (1-2), puis au témoignage des apôtres à Jérusalem (3-12), et enfin aux missions de Pierre et de Paul (13-28).

Avant de rédiger les Actes, Luc se consacra au récit de la vie du Christ avec de nombreux détails qu'aucun autre évangéliste n'avait encore rapportés. Il sait que les moments décisifs de la vie de Jésus furent marqués par sa prière : le baptême (Lc, 3, 21-22), la nomination des douze (6, 12-16), la confession de Pierre (9, 18-21), la Transfiguration (9, 28-29), etc. Comme s'il voyait par son intelligence spirituelle ce que Matthieu et Marc ne distinguaient pas, l'ange qui fortifiait Jésus au mont des Oliviers (Lc, 22, 43), la prière de Jésus pour ses bourreaux (Lc, 23, 34). Luc sait que Jésus récitait sans cesse les Psaumes (comme lors de la Passion, les psaumes 22, 31 et 68), accréditant ainsi la conscience messianique que Jésus avait de lui-même. Il découvre, ébloui, que les événements de la Passion achèvent la temporalité des Écritures. Lorsque les gardes se partagent les vêtements du Christ, le narrateur disparaît. Il ne fait plus que citer le psaume 22, 19 : « Ils se partagent mes vêtements et tirent au sort mes habits. » Mais christocentrisme et ouverture à l'Esprit ne signifie pas chez Luc aveuglement irrationnel.

Marc n'abusait pas du procédé de citation des Écritures. Il cherchait à distinguer dans l'Esprit les événements historiques des événements métahistoriques. Sa jeunesse et le fait qu'il n'ait pas connu personnellement le Christ l'ont probablement servi. D'après Mgr Cassien Bezobrazoff, Luc a écrit son Évangile après la destruction du temple de Jérusalem en 70[40]. Il savait donc que l'ancienne alliance avait pris fin, mais que ce n'était pas la fin du monde, car une nouvelle alliance avait été offerte par Dieu aux hommes dans le Christ. À la différence des deux premiers évangélistes et de l'auteur de l'épître aux Hébreux, il sut donc distinguer entre la fin du Temple et la fin des temps (des éons). Marc décrivait la destruction du temple de Jérusalem en établissant un lien avec Deutéronome 12, 3 (« Vous démolirez leurs autels et vous briserez leurs stèles »). Il écrit : « … ces jours-là seront des jours de détresse comme il n'y en a pas eu de pareille depuis le commencement du monde que Dieu a créé jusqu'à maintenant, et comme il n'y en aura plus » (Mc, 13, 19). Luc marque plus sobrement : « Car ce seront des jours de vengeance où doit s'accomplir tout ce qui est écrit » (Lc, 21, 22).

Luc, instruit de l'historiographie hellénistique, construisit son œuvre en deux parties parallèles, la première consacrée au Christ (dans laquelle on trouve un parallélisme entre l'enfance de Jean-Baptiste et l'enfance du Christ), et la seconde dédiée à l'Église conduite par l'Esprit (dans laquelle on trouve un parallélisme entre le discours de Pierre à Jérusalem et celui de Paul à la synagogue d'Antioche). Cette historiographie messianique se démarque de l'historiographie hellénistique par le fait que Luc ne joint pas de commentaires personnels. « C'est le récit, comme le rappelle Michel Quesnel, qui montre par lui-même que Paul poursuit l'œuvre de Jésus[41]. » Saint Luc n'idéalise pas le passé en rappelant notamment les moments douloureux, comme ceux de la mort d'Ananias et de Saphira, de la lapidation d'Étienne, des « vives discussions » entre les apôtres et les anciens (Act., 15), des échecs de Paul à Athènes, ou de l'ouverture dangereuse de la première communauté chrétienne en Samarie conduite par Philippe à Simon le Magicien (Act., 8). Rien ne doit être dissimulé à la lumière de la Vérité. Luc fournit ainsi le modèle du récit historique eschatologique, sans autre espace d'expérience et sans autre horizon d'attente que celui du Christ.

Cela comporte des exigences. Le discours de Luc n'est pas plus vague qu'illuminé. H. Leclercq a montré que Luc s'était documenté de façon rigoureuse. Il connaissait à fond la géographie de l'Asie Mineure. L'historien français, s'appuyant sur de multiples sources, ajoute : « … Sur bien d'autres détails il est impossible de le prendre en faute : Paul discourait chaque sabbat dans la synagogue de Corinthe, (Act. 18, 4). Or on a retrouvé le linteau de la porte d'une synagogue juive dans cette ville : elle porte l'inscription "synagogue des Hébreux". À propos du séjour dans cette même Corinthe, nous apprenons qu'un revirement se produisit dans l'opinion parmi la colonie juive au temps où Gallion était proconsul d'Achaïe, XVIII, 12. Or une inscription [...] donne précisément à L. Junius Annaeus Gallio le titre de proconsul d'Achaïe. [...] La probité historique de Luc est sortie victorieuse de tous les pièges tendus pas l'archéologie et la philologie à son œuvre[42]. »

Le discours des apôtres et évangélistes sera repris par la suite au IIe siècle par Origène, Justin et les apologistes Tatien et Athénagore. Il domina la conscience ecclésiale jusqu'à Eusèbe de Césarée. Origène en effet insista dans sa polémique avec Celse sur le fait que les prophéties des Hébreux s'étaient accomplies en Jésus-Christ[43]. Cet argument évolua vers celui de la réussite du christianisme qui se répandit avec les Apologistes vers 230[44]. Auparavant Justin Martyr (103-165) avait insisté, dans sa polémique contre les juifs et contre Marcion, sur la messianité du Christ et sur l'enracinement de l'Évangile dans les Écritures. Il y parvint en faisant coïncider les paroles (*logoi*), autrement dit les Écritures (*grafai*), avec les faits vécus (*pragmata*) consignés par les apôtres dans leurs Évangiles[45]. L'historiographie messianique conduit à la juste glorification. Car les doxologies et les liturgies sont le mode d'expression typique des *pragmata*. Face au phénomène saturé de la gloire, la conceptualité se fait louange, adhésion participative. On note que la mémoire des origines chrétiennes chez Justin était indissolublement liée à ses pratiques cultuelles. Emmanuel Luhumdu Shodu, qui a étudié son œuvre, écrit : « Justin Martyr voit le baptême et l'Eucharistie déjà annoncés dans les prophéties juives, les articule avec la vie et les œuvres de Jésus le Christ et prouve leur continuité dans la communauté des chrétiens[46]. » Le christianisme, paradoxalement, en étant conscient de ses limites, en comprenant la distance qui le séparait du Seigneur de gloire, en sachant qu'il était imparfait et sans cesse à réformer, prenait conscience de lui-même comme une force nouvelle dans l'histoire. Face aux persécutions et aux incompréhensions, le discours chrétien devait se faire apologie. Justin Martyr est un des premiers à définir ce qu'est la religion chrétienne. Il la comprend comme « l'école de vertu divine » (II Apol., 2, 13 ; cf. I Apol., 4, 7), avec le Christ comme maître d'école, et les apôtres et les disciples comme élèves.

Irénée de Lyon utilise le terme d'*aléthéia* pour parler de vérité. Il n'imagine pas qu'il puisse y avoir une vérité déviante et ne ressent pas le besoin, en dépit de sa lutte contre ceux qui utilisent le terme de gnose, de parler de vérité droite. Il n'y a pas de demi-vérité. La vérité en effet ne peut être séparée de la personne qui la porte, à savoir Jésus-Christ. Certes il lutte contre ceux qui profèrent des enseignements hétérodoxes, mais il s'agit plutôt d'« *alias doctrinas* », de doctrines étrangères, dont on ne peut se justifier « ni au regard de la vraisemblance, ni au regard de la vérité[47] ». Il utilise quant à lui l'expression « *epignosis aletheias* », pour désigner la surconnaissance de la vérité attribuée par l'Esprit de Dieu. Il se réfère ainsi, dans une logique apostolique, à une citation de l'épître de Paul à Timothée (I Tim., 2, 4). Cette connaissance ne relève pas du niveau de conscience épistémique. C'est donc dans la lecture des Écritures, « auprès des presbytres, qui sont dans l'Église, puisque c'est auprès d'eux que se trouve la doctrine des apôtres[48] », que le fidèle est assuré de trouver la vérité, c'est-à-dire de rencontrer Dieu. Plus loin il parle de « la marque distinctive du Corps du Christ consistant dans les successions des évêques, auxquels ceux-là remirent chaque Église locale[49] ». Il y a ici un mouvement d'institutionnalisation de la vérité, mais la recommandation de fidélité de l'évêque est ordonnée à la « gnose vraie[50] », c'est-à-dire à l'apostolicité. Son rejet des hérésies et son insistance pour affirmer que le Dieu de Moïse est le même que le Père révélé par Jésus-Christ sont donc encore sous le signe de la juste vision apostolique qui appelle une juste glorification[51].

LE CHRISTIANISME PARADIGME DE LA RELIGION

Il faut rappeler ici un fait déterminant pour l'histoire de la conscience religieuse rapporté par Luc. Jésus-Christ proclamait une nouvelle inouïe jusque-là dans l'histoire de l'humanité : un culte sans temple. Le Dieu qui a créé l'univers et tout ce qui s'y trouve « n'habite pas des temples construits par la main des hommes ». Luc est le seul des évangélistes à rapporter le récit du lépreux (le seul parmi les dix à être revenu en arrière, or il était le seul aussi parmi eux à être Samaritain) qui remercie le Christ pour sa guérison. Si, au début de son récit, Luc note que le Christ envoie les lépreux à la synagogue : « Allez vous montrer aux prêtres » (Lc, 17, 14), ce qui conduit à une première guérison (« ils furent purifiés »), à la fin de son texte, lorsque le Christ regrette qu'un seul soit venu « rendre gloire à Dieu », l'évangéliste laisse entendre qu'à ce moment précis une prise de conscience s'est produite chez Jésus. Celui-ci n'hésite plus à guérir l'étranger Samaritain, dont la foi ne se limitait pas à l'effectuation de la règle mais débordait en reconnaissance. Ici, note Mgr Cassien, Jésus s'oppose aux institutions cultuelles : « Le Temple n'y est plus, Jésus est là à la place du Temple[52]. » Cette nouvelle fut par la suite proclamée à Jérusalem par Étienne. Son discours était d'une telle puissance qu'il fut ponctué par la vision de la gloire de Dieu (Act., 7, 48-50). Les propos de celui qui sera vénéré par les chrétiens comme leur premier martyr, c'est-à-dire comme le premier témoin de la gloire, étaient d'une telle force de sédition qu'il se solda par sa lapidation. Cette forme de culte était si incroyable qu'elle ne valut aussi que des sarcasmes à Paul après son discours devant les Athéniens (Act., 17, 24-25). Cela eut bien sûr des conséquences politiques immédiates. La *Lettre à Diognète*, écrite vers 190-200, témoigne de la différence radicale entre la connaissance-existence chrétienne et le genre de vie du monde profane, différence qui permet néanmoins aux chrétiens de ne pas se différencier extérieurement des autres citoyens de l'empire, tout en manifestant les lois extraordinaires de cette nouvelle « république spirituelle[53] ».

On mesure mieux ce que signifie l'expression de cheminement dans la Voie. Comme l'a montré Jean Borella, « l'humanité a ignoré la notion générale de religion avant l'apparition du christianisme ». Il n'y avait en effet, dans aucune langue des peuples primitifs, ni même chez les Grecs et les Latins, de terme correspondant au concept contemporain de religion. Celui de *religio*, comme réalité universelle distincte de toute autre forme sociale et culturelle, s'est défini historiquement à l'époque du christianisme primitif, comme l'attestent les œuvres de Tertullien, de Lactance et de saint Augustin. Antérieurement au christianisme, aucune religion n'avait de nom pour se désigner elle-même. Au contraire, l'adjectif « chrétien », qui apparaît dans l'œuvre de Luc (Act., 11, 26), et le substantif « christianisme » opposé à celui de « judaïsme », qui apparaît chez Ignace d'Antioche (*Épître aux Romains,* 3, 3), semblent d'un usage courant à la fin du Iᵉʳ siècle. C'est donc un renversement déterminant qu'apporte l'historiographie chrétienne orthodoxe. En retournant, de façon eschatologique, la doxa de son sens d'illusion vers la notion de juste glorification, les historiens chrétiens inventèrent la notion de religion. La glorification juste est celle où rien ne peut circonscrire une gloire plus haute que tout ce que l'homme peut imaginer et qui néanmoins se donne et se fait participer. Écoutons Jean Borella :

> En conséquence il y a dans l'innomination (relative) des religions préchrétiennes à la fois un souvenir de l'indistinction du Principe divin dont elles découlent, mais aussi une certaine « illusion » sur leur nature véritable, un inachèvement foncier qui les empêche de voir leurs propres limites, les fait vivre dans une sorte d'infinitude et leur interdit de percevoir clairement leur au-delà. Pour accéder à la conscience de soi et, par là, à la conscience de la religion en tant que telle, il a fallu que les penseurs fassent, avec le message christique, l'expérience de quelque chose qui dépassait tout ce qu'ils pouvaient connaître dans l'ordre du sacré, c'est-à-dire non seulement le sacré grec, romain ou juif, mais aussi indien, égyptien ou celte. Pour que les autres formes religieuses soient constituées dans leur formalité même, cessant d'être des modes spon-

> tanés de vivre, aveugles à elles-mêmes, à l'instar de Monsieur Jourdain qui faisait de la prose sans le savoir, il était requis qu'elles soient définies par ce qui les limitait dans leur ordre même, en d'autres termes qui les transcendait. Transcendance qui soit à la fois comme ces formes et ce qui leur échappe : une verticalité par rapport à laquelle seule se révèle l'horizontalité (relative) de tout le reste. Ainsi le christianisme est-il, par sa propre apparition, le révélateur de toutes les religions en tant même que religions[54].

Il faut cependant équilibrer l'historiographie de Luc par celle de Jean. Jean enseigne comme Luc un culte sans Temple, tant dans son Évangile (épisode de la Samaritaine, Jn, 4, 23-24) que dans son livre de la révélation (Apoc., 21, 22). Mais ce culte est toujours tourné vers le Père avant de l'être vers le Christ. Mgr Cassien considère que l'Évangile de Jean et son livre de la révélation sont « une réaction théocentrique contre l'extrême christocentrisme de saint Luc[55] ». Dans la grande vision de la liturgie céleste, le sens de l'éternité est l'adoration de la Trinité et non du seul Christ. L'histoire, chez saint Jean, est non seulement symbolique et eschatologique, elle devient aussi liturgique. Les hommes prennent conscience qu'ils participent à un vaste mouvement d'échange de gloire entre la terre et le ciel. Aussi le culte du nom est ce qui donne un sens à la vie des Églises locales comme dans les lettres écrites par l'ange à l'Église qui est à Sardes (Apoc., 3). Il s'agit d'une gnose où la dimension de travail moral sur soi-même, au plan individuel et collectif, est capitale. Jean sait que, malgré son expulsion du « ciel » (expression qui désigne dans les Évangiles le chronotope de la théanthropie), Satan n'a pas dit son dernier mot. La temporalité déchue, bien que déjà vaincue par la résurrection du Christ, cherche encore à nuire à l'humanité à un certain niveau de représentation de l'histoire. Dès lors, c'est tout l'Évangile de Jean qui peut être compris par cette logique de la liturgie comme combat théanthropique. La fameuse prière sacerdotale du Christ est cette adoration du Christ au Père en esprit et en vérité. Jean sait que la gloire antérieure au monde dont parle le Christ est un bien possédé en commun par les trois personnes de la Trinité. Il s'agit d'une circulation de la gloire et non d'un feu divin tombant comme une foudre sans réaction possible. Il comprend également que la gloire reçue par le Christ dans le temps est un bien que le Christ et les hommes sont appelés à partager. Les hommes sont appelés à participer à cette gloire, et à s'unir entre eux par le même mouvement.

Pour Mgr Cassien, c'est à cette source que remonte la logique théocentrique et doxologique de la pensée orthodoxe primitive, celle du Credo, du Trisagion, des prières eucharistiques, etc.

LA COMPLÉMENTARITÉ ANTINOMIQUE DES PREMIERS DISCOURS HISTORIQUES

Chez Irénée de Lyon, c'est la grande vision des quatre révélations de Dieu — la gloire, la loi, la fragilité humaine, l'esprit céleste — qui justifie le canon des Écritures, composé des quatre Évangiles de Matthieu, Marc, Luc et Jean. Elle révèle une nouvelle conception de l'histoire, faite de temporalités différentes. La verticalité de l'œuvre du Père, par ses deux mains que sont le Verbe et la Sagesse, ordonne l'histoire à de grandes figures telles que Moïse et Jésus-Christ. Cette œuvre trinitaire fait éclater les frontières identitaires puisque toute personne qui aime Dieu « selon son époque » est digne du salut.

> Il n'y a en effet, écrit Irénée, qu'un seul et même Dieu Père, et son Verbe est de tout temps présent à l'humanité, quoique par des « économies » diverses et des opérations multiformes, sauvant depuis le commencement ceux qui sont sauvés, c'est-à-dire ceux qui aiment Dieu et qui, selon leur époque, suivent son Verbe, et condamnant ceux qui sont condamnés, c'est-à-dire ceux qui oublient Dieu et qui blasphèment et offensent son Verbe[56].

En raison de cette vision, l'historien doit être pour Irénée un « spirituel ». Il a reçu l'Esprit de Dieu « qui fut depuis le commencement dans toutes les "économies" de Dieu, prédisant l'avenir, montrant le présent, et racontant le passé[57] ». Ce don lui permet de juger les hérétiques, « tous ceux qui sont en dehors de la vérité, c'est-à-dire qui sont en dehors de l'Église[58] ».

En dépit de tout ce que cela a d'étonnant pour l'intelligence contemporaine, la conscience ecclésiale primitive n'a pas vu de contradiction majeure entre le discours historique, apocalyptique et liturgique de Jean et le récit des Évangiles synoptiques, des lettres pastorales et des Actes. Le canon des Écritures, Ancien et Nouveau Testament, établi pour l'essentiel à la fin du IIe siècle après Jésus-Christ[59], n'a pas été fixé selon une logique centrée sur la connaissance humaine, mais à partir d'une logique glorifiant l'événement de l'incarnation et de la résurrection du Fils de Dieu. Comme l'écrit Jean-Marc Prieur, « dans le processus de formation du canon, le culte joua un rôle important dans la mesure où l'on éprouva le besoin de déterminer ce que l'on pouvait lire devant l'assemblée et ce sur quoi il convenait de fonder la prédication[60] ». La prise de conscience contemporaine, qui admet de ressaisir la cohérence historique des Écritures, après des siècles de remise en question de leur authenticité, a conduit plusieurs penseurs du XXe siècle, comme Serge Boulgakov et Hans Urs von Balthasar, à relire l'établissement d'un codex scripturaire selon une logique complexe, symbolique et antinomique.

Le père Serge Boulgakov, en 1923, dans son livre *Les saints apôtres Pierre et Jean*[61], a montré la dynamique interapostolique du développement de la pensée orthodoxe. Pour lui, l'Église n'est pas seulement constituée pastoralement à partir de la foi de Pierre. Elle est également générée par le lien filial entre Marie, qui médite toute chose en son cœur, et Jean l'évangéliste. Marie peut donc être considérée symboliquement comme le buisson ardent de l'histoire théanthropique, la figure métahistorique qui agit par son ouverture à l'Esprit. Le théologien Hans Urs von Balthasar a lui aussi proposé, en 1970, à la suite de Boulgakov, de saisir l'Église comme une « structure en tension[62] ». Par la suite, des théologiens contemporains (Anton Houtepen) et des sociologues (Danièle Hervieu-Léger) ont tiré certaines conclusions de ce système doxique reliant unité et sainteté, catholicité et apostolicité. Pour ce qui nous concerne, nous considérons comme opérante historiquement et justifiée herméneutiquement l'idée qui consiste à considérer comme un type symbolique la personnalité de chaque apôtre et à comprendre ses actes comme reflétant des structures mentales métahistoriques. Tant la première que la seconde alliance parlent d'un jugement auquel participeront les douze tribus d'Israël. En donnant des surnoms à certains de ces apôtres (« Pierre » à Simon, « Fils du tonnerre » à Jean), le Christ a expressément signalé la mission métahistorique qui avait été accordée à ces disciples[63]. Judas lui-même accomplit ou achève le type de l'ami qui trahit, structure prévenue ou annoncée par le psaume (cf. Jn, 13, 18 ; Ps., 41, 10). C'est ainsi que le spirituel Irénée de Lyon a pu concevoir que les quatre évangélistes actualisaient la vision prophétique de la divino-humanité.

Ainsi, sur l'axe vertical que nous avons tracé, la figure de l'apôtre Jacques peut être associée au pôle de la mémoire et de l'unité (la tradition, la loi chez Balthasar), et celle de l'apôtre Jean au pôle du culte et de la sainteté (l'amour qui demeure chez Balthasar). Sur l'axe horizontal, l'apôtre Pierre symbolise le pôle de la connaissance morale et de la catholicité (la charge pastorale chez Balthasar), tandis que celle de l'apôtre Paul correspond au pôle de la justice et de l'apostolicité (la liberté dans l'Esprit Saint). Au croisement de ces lignes se trouvent Marie, figure de la Sagesse créée, et Jean-Baptiste, cousin et ami de l'Époux, les deux personnages qui entourent l'orante ou Sagesse de Dieu dans l'iconographie primitive.

Les relations entre les apôtres sont donc symboliques, à la fois structurelles et signifiantes historiquement. Les tensions entre unité et sainteté ont été résolues par le Christ lui-même, en réponse à l'intervention de la mère de Jacques et de Jean, dans son apologie de l'autorité de service, seul viatique permettant de siéger au jugement dernier. Les tensions entre catholicité et apostolicité ont trouvé leur synthèse historique dans la relation de confiance qui s'est instaurée entre Pierre et Paul jusqu'au martyre de chacun à Rome. On peut également trouver des éléments très instructifs dans le champ de tension entre Pierre et Jean, d'une part, et entre Paul et Jacques, d'autre part.

Dans son livre *Les saints apôtres Pierre et Jean*, Boulgakov part de la récurrence scripturaire de la mission auprès de Jésus-Christ de Pierre, Jacques et Jean. Dans cette trinité centrale du collège apostolique, la fonction d'unité et de proclamation est équilibrée par celle d'amour et de fraternité. Simon ne redeviendra Pierre après sa trahison qu'en découvrant que le Christ souhaite instaurer avec lui une relation reposant sur l'amitié. Tandis que le Christ fait de Jean son frère et, à travers lui, tout le collège apostolique lorsqu'il est sur la croix. Après une analyse méticuleuse des dons reçus par chacun des apôtres, mais aussi de leurs faiblesses, Boulgakov montre l'importance de leur interaction pour le corps ecclésial. En voici quelques exemples : l'appel de Pierre passe par Jean et André (disciples de Jean le Baptiste) ; la préparation de la sainte Cène n'est possible que par la foi de Pierre et de Jean envoyés par le Christ préparer la Pâque (Lc, 22, 8-13) ; le geste de Pierre à Jean, lors du dernier repas du Christ avec ses disciples, concernant la trahison de l'apôtre, témoigne d'un mode de circulation de l'autorité qui n'est pas unilatéral ; Boulgakov rappelle également que, à la Résurrection, Jean arriva le premier au tombeau (et crut immédiatement : ce qui révélerait son génie eschatologique), mais laissa passer Pierre qui entra dans la grotte (pour voir, signe de la nécessité de l'histoire) ; lors de la pêche miraculeuse, c'est Jean qui reconnaît Jésus, et Pierre qui se jette à l'eau ; lors de cette rencontre, Simon-Pierre reçoit à nouveau les clefs du Royaume (ce que nous savons grâce à la description de Jean qui la légitime ainsi), mais Jean y rappelle aussi son autonomie par rapport à Pierre ; le premier miracle dans l'Église, la guérison de l'infirme, n'est possible que par l'action conjointe de Pierre et de Jean ; les deux apôtres obtiennent gain de cause en défendant ensemble la liberté de conscience de confesser le Christ devant le sanhédrin (Act., 8, 14-15) ; ensemble également ils décident l'acte d'imposer les mains aux Samaritains, etc.

Cette description montre que le primat de l'autorité extérieure s'incline devant le primat de la liberté, de l'autorité intérieure. Inversement, le génie de Jean est de s'effacer devant le charisme positif et incarné de Pierre. En fait, pour Boulgakov, il n'y a qu'un seul primat, mais double, complexe. L'un est responsabilité, il est continu et visible, capable de lier et de délier, l'autre est liberté, il est discontinu et invisible, capable de faire tomber la foudre où il le souhaite. L'union mutuelle de la prêtrise et du prophétisme est seule capable de révéler le ministère de royauté du Christ.

De même, le père Hans Urs von Balthasar a signalé le rôle déterminant qu'a joué pour l'Église tant historique que métahistorique l'unité entre Jacques et Paul. La mémoire en effet peut rapidement devenir identitaire et se replier sur elle-même. Et la justice peut rapidement perdre patience et s'auto-éliminer, en ne tenant pas compte des limites spatio-temporelles de l'humanité. C'est pourquoi la relation des deux apôtres l'un vis-à-vis de l'autre constitue un épisode déterminant dans l'histoire de l'Église (Act., 21, 24). Jacques, premier chef de l'Église de Jérusalem, a non seulement reconnu Saül comme disciple du Christ, malgré sa persécution des adeptes de la Voie, mais il accepta comme juste l'ouverture de Paul à l'égard des Hellènes. Il ne cherche pas à savoir si Paul a vraiment demandé aux païens de ne pas circoncire leurs enfants. Il demande que la communauté juive de Jérusalem, qui pratiquait la circoncision, soit elle-même reconnue par Paul comme orthodoxe dans sa pratique. Inversement, Paul, selon le récit de Luc, ne chercha pas à convaincre Jacques du bien-fondé de son attitude, mais accepta sans discussion (« le jour suivant… ») la légitimité socio-historique de son argument, et se conforma aux rites de la communauté judéo-chrétienne de Jérusalem. Certes, cela n'empêcha pas qu'il soit saisi par les juifs et livré aux païens, mais les principes de la réconciliation socio-historique étaient posés à jamais.

La pensée orthodoxe, à la fois complexe et interactive, du christianisme primitif se forma donc autour de son pôle de juste glorification. Elle devint progressivement doxologique et mystagogique. On a vu que les trois autres pôles de la pensée, la connaissance morale, la mémoire fidèle et la vérité juste, contribuèrent par une alchimie interne à l'édification de ce paradigme. On peut ajouter qu'ils ont aussi subi l'attraction de ce pôle cultuel pour des raisons externes cette fois : les persécutions de la part des autorités romaines dont ont souffert très vite les chrétiens les ont poussés à rejeter le pouvoir politique qu'ils considéraient comme injuste ; le courant traditionaliste de leur milieu culturel d'origine a souffert de la disparition rapide de grandes figures, tel que l'apôtre Jacques, et de la dispersion de la plupart des apôtres ; enfin la première synthèse avec la culture hellénistique produisit, par le choc même de la rencontre, une gnose qui se transforma très vite en gnosticisme, masque à la fois ressemblant et mensonger de ce qu'était l'*epignosis* originelle.

Chapitre VIII

LA « VÉRITÉ DROITE ». D'EUSÈBE DE CÉSARÉE À SYLVESTRE SYROPOULOS

Le droit, fondé sur une loi universelle, est l'une des composantes de la conscience orthodoxe. Il est signe et révélateur de l'ossature d'une culture. Car il est par définition le signe visible de l'état de verticalisation d'une société et de ses régimes discursifs. Cette compréhension peut évoluer dans le temps en fonction des mécanismes de reconnaissance ou de non-reconnaissance entre les cultures. Au sein d'une même époque et d'une même culture, il peut y avoir différentes représentations de la vérité en fonction des milieux sociaux et surtout des mentalités ou types spirituels, mais sans que cela ne remette en cause la représentation dominante formant paradigme. Le paradigme, ici, est la représentation dominante de l'orthodoxie formatrice de vérité dont vivent les hommes et les sociétés à une époque et en un lieu donnés. Dans la tradition patristique, le dogme définit la frontière de la vérité à l'intérieur de laquelle l'homme peut entretenir une relation existentielle avec son créateur. Selon Tocqueville, les « croyances dogmatiques » (entendre les croyances doxiques) sont les vérités évidentes en elles-mêmes que les hommes reçoivent de confiance et sans les discuter. C'est ce que Pierre Legendre appelle, en reprenant le terme discutable de Tocqueville, le « socle dogmatique » d'une société, c'est-à-dire le « lieu de la vérité légale, postulé et socialement mis en scène comme tel[1] ». Alain Supiot écrit : « Concept clé de l'histoire des sciences (notamment de la médecine), la dogmatique est aujourd'hui perçue dans le vocabulaire courant comme l'antithèse de la raison. Et pourtant la raison humaine repose aujourd'hui comme hier sur des fondements dogmatiques[2]. » Le Droit, lieu par excellence de la représentation commune de la justice, repose lui-même sur de telles croyances et constitue, selon Louis Gernet, une « laïcisation de la Parole ». Dans la civilisation occidentale, l'une de ces croyances, pour Alain Supiot, est que l'homme a été créé à l'image de Dieu, c'est pourquoi les hommes sont nécessairement égaux. Le professeur de droit insiste sur le fait que la culture chrétienne est la seule à avoir conféré pleinement aux individus une qualité de Sujet qui, selon la tradition musulmane, n'appartient qu'à Dieu et, selon la tradition juive, n'appartient sur terre qu'au peuple d'Israël. « Avec le Droit, conclut-il, l'Homme devient l'artisan de ses propres lois, qu'il s'agisse de la loi commune, fondée en régime démocratique sur le peuple souverain, ou de la loi contractuelle fondée, en régime libéral, sur la souveraineté de l'individu[3]. » L'époque médiévale, inaugurée par l'édit de Milan en 313, expérimenta quant à elle la pensée nomocanonique, qui voulut établir un lien de continuité entre le Royaume de Dieu et les royaumes terrestres.

L'ORTHODOXIE COMME VÉRITÉ DROITE

Dans son *Introduction à l'histoire de l'Église*, Vassili Bolotov déclare sans ambages qu'« il faut être né aveugle pour ne pas voir que l'époque de Constantin forme une nouvelle période dans l'histoire du christianisme[4] ». La conversion de l'empereur Constantin à la croix du Christ en 312, suivie de l'édit de Milan, en 313, proclamant le droit « pour les chrétiens et pour chacun d'adopter la religion de son choix », bouleversa la théologie politique de l'Empire romain. Cependant la conception de la liberté de choix de Constantin n'était pas celle des chrétiens. De cette douloureuse ambiguïté naîtra une nouvelle période de la conscience ecclésiale. Dès le schisme des donatistes en Afrique, Constantin impliqua l'État romain dans la résolution d'une affaire jusque-là considérée comme interne au corps ecclésial. Ses maladresses et ses persécutions, qui pouvaient assimiler les schismatiques aux martyrs chrétiens d'autrefois, se renforcèrent encore avec la crise arienne. Après la condamnation de l'arianisme par le concile de Nicée, en 325, Constantin exila Arius et ses partisans, confondant ainsi, comme l'écrit le père Alexandre Schmemann, « le jugement de l'Église et le jugement de César[5] ». Au cours de cette période, qui va du concile de Nicée au concile de Florence en 1439, deux conciles qui ont comme points communs la participation personnelle de l'empereur et leur caractère reconnu mutuellement d'œcuménicité, la pensée orthodoxe se transforma. On observe un décentrement du paradigme de juste glorification vers celui de vérité droite. Tout se passe comme si la doxa ne se suffisait pas de sa réputation dégradée d'opinion personnelle, mais voulait désormais encercler la vérité du monde (c'est le sens de « limite » ou de « frontière » de la définition dogmatique produite par les *horoi* des conciles[6]) et se faire épistémê ou savoir obligeant.

Hormis la nouvelle donne politique, la lutte contre l'arianisme, au IVe siècle, en Orient, et le débat entre Augustin et Pélage (vers 415-418) en Occident contribuèrent de façon significative à faire évoluer le sens de l'orthodoxie. Le contexte politique au Ve siècle était dramatique pour la civilisation romaine. Le sac de Rome par les Wisigoths eut lieu en 410. Pour Augustin, il ne s'agissait que de la fin d'un monde seulement, celui de l'idéologie romaine païenne. À la vision polythéiste du corps qui, chez les platoniciens, imposait une nécessaire séparation entre l'âme et le corps, l'évêque catholique opposait la vision chrétienne du corps appelé à l'incorruptibilité et à la résurrection. Augustin s'ingénia à utiliser le *Timée* de Platon pour montrer que l'univers est un corps qui ne meurt pas, mais a besoin de la conscience humaine. Le démiurge (Dieu dans la vision d'Augustin) y crée d'autres divinités (les anges), leur refuse l'immortalité, ce qui provoque la réaction des anges, et celle du conseil divin qui leur accorde l'immortalité. Augustin entreprit alors de tout repenser, et en particulier le sens de l'histoire, de façon souvent radicale. À cette époque, les Pères de l'Église cherchaient à clarifier tous les points de doctrine encore en suspens, dont celui de la place de la Sagesse de Dieu, figure mystérieuse qui apparaît dans le Livre des Proverbes. Était-elle le Logos (Athanase) ? Ou l'Esprit (Irénée) ? Augustin trancha en l'identifiant à Jésus-Christ. En ces années de rédaction du livre XII de *La Cité de Dieu*, Augustin ne polémique pas seulement avec Aristote et Porphyre. Il lutte aussi contre Pélage. Pour ce dernier, l'homme, image de Dieu, est en possession de la grâce. En conséquence la faute d'Adam n'est pas selon lui un *fatum*. Ce sont les propres mérites de l'humanité et non pas les sacrements qui lui valent la grâce de Dieu. Il récusait le baptême des enfants puisque la grâce est le fruit de la volonté individuelle. Augustin répondit vigoureusement, en affirmant dans un premier temps que la nature de l'homme, comme l'a écrit saint Paul, est bien corrompue par le péché originel et a besoin de la grâce de Dieu pour son salut. Mais, entraîné par la polémique, il aboutit à l'idée nouvelle selon laquelle Dieu accorde la grâce de façon « prédestinée » et arbitraire. Le pape Innocent soutient d'abord Augustin et excommunie Pélage en 417. Plus tard, Augustin formula la théorie selon laquelle le désir physique désordonné (hors mariage), la *concupiscentia*, est la source et le vecteur de la faute originelle. Dans une lettre qu'il écrit à Sixte, prêtre romain, en 418, il laisse penser que seule la grâce de Dieu non due et imméritée prédétermine le destin de l'homme sans même que celui-ci y participe. Augustin mourut en 430 à Hippone encerclée par les Vandales.

La vérité comme cheminement d'échange de dons en Christ avait été vécue lors des quatre premiers siècles du christianisme comme la compréhension correcte de la doctrine évangélique. Sa redéfinition comme limite (*horos*) intellectuelle et institutionnelle, permettant une libre rencontre entre Dieu et les hommes, eut en retour des conséquences sur la représentation même des relations entre l'Église et l'État. L'Église, qui ne se connaissait seulement que comme catholique au cours de sa période confessante, se découvrit désormais comme « œcuménique ». Cette évolution se produisit lors du premier concile de Nicée, en 325, présidé par l'empereur Constantin, et lors de l'attribution du titre d'œcuménique au patriarche de Constantinople par le concile de Chalcédoine de 451. En Orient, avec la symphonie byzantine, puis en Occident, avec la doctrine des deux glaives, l'empereur et le pape se conçurent désormais comme les médiateurs exclusifs entre le Christ et le peuple de Dieu. Cette politisation de l'identité ecclésiale fut la source de controverses entre les sièges de la première et de la seconde Rome (et plus tard, aux XVIe et XVIIe siècles, avec Moscou qui se conçut, selon la même théologie politique, comme la troisième Rome). Le sens politique du terme « œcuménique », présent dans les *Novellae* de Justinien et traduit en latin par *universalis*, a été compris par Grégoire Ier en 595 comme une prétention indue du siège de Constantinople à se positionner au-dessus des autres sièges. Cela provoqua la première polémique sérieuse entre Rome et Constantinople et conduisit le siège de Rome à développer une conception nouvelle de sa primauté dans l'Église[7].

La nouvelle symphonie entre l'empire et l'Église se trouve également à l'origine de la constitution, lors du concile de Chalcédoine, en 451, d'une identité politique dissidente, celle des syriaques jacobites par opposition aux melchites (c'est-à-dire aux chrétiens chalcédoniens de tradition syriaque ou copte), dont les divergences théologiques, pour significatives qu'elles aient été du décalage de mentalités intellectuelles et religieuses, apparaissent surtout avec le recul comme une forme de justification inavouée d'une identité politique distincte plus que comme la cause principale du désaccord.

C'est ainsi que se produisit lentement la transformation de la pensée orthodoxe d'une conscience célébrante à un corps de doctrine visant à embrasser de façon catholique toute la vérité et tout le monde habité sous l'égide de l'empereur (ou plus tard du pape). Une brève présentation de la formation du droit canon à l'époque médiévale illustrera notre thèse. En Occident comme en Orient, le droit romain s'ouvrit aux vérités chrétiennes tout en cherchant à les intégrer à sa propre logique. Cela concerna en premier lieu les affaires ecclésiales. La grande différence avec la période précédente (qui avait connu des dissensions internes entre chrétiens à propos, par exemple, des lapsi ou de la date de Pâques) fut que le sens de ce qu'est la « loi » n'était plus compris de la même façon. Comme l'a écrit John Erickson, l'application des décisions juridiques conciliaires avait, dans le droit canon primitif de l'Église, un sens pédagogique et médicinal. Mais, à l'âge constantinien, les divisions entre les chrétiens avaient un impact autrement important qu'à l'époque des trois premiers siècles. Elles pouvaient remettre en cause l'unité de l'État impérial, ce qui n'était pas le cas au IIe siècle, par exemple lors de la résolution du conflit sur la célébration de Pâques. Désormais l'Église disposait d'une personnalité morale reconnue par le droit public.

Le théologien grec Vlassios Phidas présente brièvement les sources du droit canonique dans la nouvelle mentalité byzantine du IVe siècle[8] :

> La Sainte Écriture (Ancien et Nouveau Testament), la Tradition sacrée (patristique, liturgique, sacramentelle, conciliaire, coutumière, etc.) et les saints canons constituent donc la source inépuisable et le critère diachronique pour la manifestation historique de la conscience ecclésiale à chaque lieu et à chaque époque. Cependant, alors que la Sainte Écriture et la Tradition sacrée déterminent surtout la source inépuisable, les saints canons présentent surtout le critère diachronique pour la fonction authentique de la conscience ecclésiale lors de l'adaptation du message chrétien aux besoins spirituels changeants de chaque époque. Les saints canons des Conciles œcuméniques, et ceux parmi les Conciles locaux qui ont été ratifiés par un Concile œcuménique, ont acquis force de loi, à savoir le caractère coercitif (obligatoire, impératif) des principes de droit, applicables non seulement à la constitution et au bon fonctionnement de chaque corps ecclésial local, mais aussi aux relations entre les Églises locales à travers le monde[9].

Mais il fallut également inventer un droit qui marie la tradition canonique ecclésiale avec la législation civile établie par le *Corpus iuris civilis* (529), le *Digeste* (533), les *Institutes* (533) et les *Novelles* (535-536) de Justinien (483-565[10]). Justinien se considérait lui-même comme le dirigeant suprême de l'Église. C'est pourquoi il ferma l'Académie platonicienne d'Athènes en 529, fit condamner Théodore de Mopsueste, Ibas d'Édesse et Théodoret de Cyr dans l'espoir de rallier les Églises ayant refusé le concile de Chalcédoine (ce qui fut adopté par le cinquième concile œcuménique de 553), et légalisa le contrôle des évêques sur les autorités civiques locales. Le droit nomocanonique byzantin fut une synthèse des collections canoniques orientales groupant des textes ecclésiastiques d'origine séculière (*nomoi*) et religieuse (*canones*). Ces collections mixtes tiennent à ce que, dans l'Église byzantine, une partie importante de la réglementation ecclésiastique émanait du pouvoir séculier. Le terme lui-même de « nomocanon » n'apparaît qu'au XIe siècle, mais des collections de ce type existent dès le VIe siècle, telles que le *Nomocanon en cinquante titres*, ou *Nomocanon de Jean le Scolastique*, du nom du patriarche de Constantinople de 565 à 578, à qui la collection fut, à tort, longtemps attribuée. Ce recueil, ou *synagogué*, groupe une collection de canons ecclésiastiques rassemblés vers 550 par Jean, alors qu'il était encore à Antioche, et des textes tirés de la compilation de Justinien. Il date de la seconde moitié du VIe siècle et devint une source fondamentale pour toutes les collections postérieures d'Orient et pour les traductions latines d'Occident, comme la première traduction systématique latine des canons par Denys le Petit.

Particulièrement important fut le concile *in trullo* de 691-692 convoqué par Justinien II[11]. Comme l'a écrit le père Alexis Kniazev, les cent deux canons du concile révélaient déjà « le mal dont souffrait alors l'Église ». Ainsi le troisième canon interdit le second mariage aux prêtres, ce qui témoigne de la dégradation des mœurs dans l'Église. Mais surtout l'institution tend à se replier sur elle-même. Comme le relève malicieusement le doyen de l'institut Saint-Serge, les canons 64 et 70 interdisent de prêcher aux laïcs et aux femmes[12]... Ces canons ne furent pas abolis par la suite. Au contraire le *Nomocanon en quatorze titres*, qui connut trois rédactions entre le IXe et le XIe siècle, la *synagogué* de Jean le Scholastique et la synopse (qui donne en abrégé le texte des canons) passèrent à tous les peuples évangélisés par Constantinople (Russes, Serbes, Bulgares, Roumains). Ces compilations byzantines furent à la base de la compilation russe (*Kormtchaïa knigua*) et des compilations roumaines (*Pravila, Codes* de Basile le Loup et de Matthieu le Bessarabe). D'illustres canonistes, tels qu'Alexis Aristène, Jean Zonaras et Théodore Balsamon, rédigèrent au XIIe siècle des commentaires afin de les actualiser.

Au même moment, dans l'Église latine, à Bologne, le moine Gratien rédigea son décret *Concordia discordantium canonum*. Son travail fut repris et poursuivi en particulier par les papes Grégoire IX, Boniface VIII, Clément V. Au XIVe siècle le *Corpus juris canonici* contenait tout ce que l'Église catholique romaine avait édité dans le domaine du droit canonique au cours de quatorze siècles et qui avait comme objet tant les questions ecclésiastiques que les questions temporelles. À Constantinople, toujours au XIVe siècle, Matthieu Vlastaris publia également une *Constitution par élément* (*Syntagma kata stoikheion*) en utilisant l'ordre alphabétique pour organiser le corpus byzantin devenu volumineux. Mais les juristes vont se désintéresser progressivement du droit nomocanonique, à mesure que l'orthodoxie ne sera plus comprise comme la vérité droite par l'ensemble des citoyens de la chrétienté. Pour la tradition canonique de la période postbyzantine, et jusqu'à nos jours dans le monde grec, c'est le *Pédalion* (Gouvernail), ouvrage célèbre des moines Nicodème et Agapios, qui devint l'ouvrage de référence

(XVIIIe siècle). Au début du XXe siècle, Benoît XV remplaça l'ancien code par un *Codex juris canonici*.

Cette évolution de la conscience orthodoxe toucha également la tradition théologique. La crise politico-ecclésiale suscitée par Arius (v. 256-336) à partir de 318 témoigne d'un besoin nouveau dans l'Église d'universaliser, au moyen de décisions dogmatiques, les frontières de la vérité. Comme on le sait, Arius, prêtre à Alexandrie, influencé par le néoplatonisme et cherchant à poursuivre la réflexion d'Origène sur l'unité trinitaire, déclarait que « le Fils n'a pas toujours existé ». Le succès des thèses d'Arius conduisit Constantin à convoquer le premier concile œcuménique, à Nicée, en 325. Les 318 pères réunis rédigèrent en réaction à l'hérésie un symbole de foi dans lequel le Fils est désigné comme engendré du Père, vrai Dieu de vrai Dieu, engendré et non pas créé, consubstantiel au Père. Comme l'a écrit Bernard Sesboüé, l'enseignement du symbole de Nicée fut introduit par un simple « c'est-à-dire » (*tou'estin*) : « Engendré monogène du Père, *c'est-à-dire* de la substance du Père. » Pour le théologien du Groupe des Dombes, ce « c'est-à-dire » exprime le rapport essentiel qui va de la parole d'Écriture à la parole dogmatique. Par cette explication, qui est aussi une traduction, le concile trancha dans le débat « sur le sens à donner », ici et maintenant, dans le milieu culturel grec, aux grandes affirmations scripturaires sur Dieu, le Christ et l'Esprit Saint[13]. La pensée orthodoxe comme vérité droite est donc initialement un effort sémantique d'incarnation de la vérité scripturaire transmise dans l'Église. On n'encercle pas encore la vérité, sens du mot *horos* qui donna dogme en français, on cherche à la traduire dans l'expérience communautaire de la foi. Contre le traditionalisme affiché du gnosticisme, les pères du concile firent preuve de créativité intellectuelle en inventant le concept d'*homoousios* pour désigner les relations intratrinitaires.

Mais un glissement s'opéra. Dans les premiers siècles du christianisme, la surconnaissance procurée par la foi chrétienne concernait tous les domaines de la vie. Le gnostique chrétien cheminait avec la vérité dont il découvrait émerveillé la dynamique interpersonnelle. Avec les polémiques du IVe siècle, le cœur de la vision de Dieu, et donc de la foi chrétienne, fut remis en cause par des personnes se définissant comme chrétiennes. La défense de la foi orthodoxe eut comme conséquence de maintenir sauve la vision de la tradition apostolique mais en privilégiant la dimension ontologique ou mystique de la vérité sur l'expérience personnelle de la gnose. Cette thèse de Marie-Joseph Le Guillou, exprimée en 1973 dans *Le mystère du Père*, a reçu un assez large consensus. Comme l'écrit Marie-Thérèse Nadeau, au cours du Moyen Âge, malgré quelques exceptions, la foi a été surtout comprise sur un plan institutionnel « comme doctrine, vérités à croire, à défendre, à enseigner [...] » plus que comme expérience vécue, cheminement intérieur personnel[14]. Irénée de Lyon associait la *fides ecclesiae* avec un contenu. Celle-ci signifiait d'abord un corps de doctrine s'opposant aux hérétiques. Dans le *De Trinitate* (356-359), Hilaire de Poitiers considérait que la foi orthodoxe de l'Église est la foi de Nicée. Augustin (354-430) parlait de la « foi droite de l'Église catholique[15] ». Avec Vincent de Lérins († 450), c'est le recours à l'autorité des Pères, et pas seulement le critère d'apostolicité comme chez Irénée, qui permet de contrôler l'orthodoxie d'une doctrine.

En Occident, ce n'est qu'avec Anselme de Cantorbéry (1033-1109), selon Marie-Thérèse Nadeau, que la dimension de réalité vivante de la foi dans l'Église se manifeste. Cela se produisit à l'occasion de l'enseignement magistériel ecclésial au sujet de la question du baptême des enfants. L'archevêque de Cantorbéry insiste en effet dans ses sermons sur le fait que c'est grâce à la foi de ceux qui appartiennent à l'Église que les enfants encore sans intelligence peuvent recevoir le sacrement. Tout se passe comme si une compréhension de l'orthodoxie comme connaissance droite commençait à perdre son enracinement dans l'orthodoxie comme juste glorification et se heurtait dès lors au problème du rationalisme. En effet, pour n'avoir pas été suffisamment vécue et individualisée, la foi de l'Église devenait identique à la loi de la raison individuelle. Dès lors le baptême des enfants représentait en effet une absurdité. Saint Thomas d'Aquin (1224/25-1274) voulut corriger cette déviance en rappelant une nouvelle fois la dimension ontologique de la vérité. Selon lui, l'hérétique qui observe correctement le rite de l'Église, par la foi de l'Église à laquelle il se rattache alors, communie à la passion du Christ de laquelle les sacrements tiennent leur efficacité. Mais c'était mettre sur un même plan l'indignité de tout croyant à participer aux saints mystères et la question plus complexe de la reconnaissance par la communauté ecclésiale d'une dissociation consciente de l'un de ses membres entre foi de l'Église et foi vécue.

En Orient, après la paix de Constantin, s'est produite une même évolution d'unification rituelle autour d'une doctrine de plus en plus stabilisée. Le concile d'Éphèse (431) combattit l'hérésie de Nestorius et défendit les clercs aux « sentiments orthodoxes » (troisième canon). Mais il interdit de toucher au texte de la formule de Nicée[16]. Comme l'a montré le liturgiste allemand Anton Baumstark, le rite de la Grande Église de Constantinople s'est unifié vers la fin du VIIe siècle avec le rite de Jérusalem, tout comme le rite de Rome se maria avec celui de la Gaule. Progressivement, les grands centres de l'Orthodoxie, Alexandrie, Antioche et Jérusalem, tombèrent aux mains de l'Islam, tandis que le mouvement monophysite affaiblissait grandement l'Église Orthodoxe dans ces patriarcats. L'Église orientale se replia sur son identité byzantine et affronta la crise interne la plus sévère de son histoire avec la controverse iconoclaste. Au VIIIe siècle, l'interprétation de la liturgie comme événement cosmique et participatif, encore chère à Maxime le Confesseur (vers 630), céda le pas, sous l'influence du patriarche Germain Ier (vers 730), à une vision plus narrative de l'*historia* liturgique. Le déroulement de la liturgie devint plus littéral, plus incarné, avec moins de risques d'interprétations gnostiques. Saint Théodore, abbé du Stoudios (mort en 826), prépara cette réforme liturgique qui triompha à la fin du IXe siècle. Celle-ci, selon Miguel Arranz, stabilisa la liturgie au moins jusqu'au XIVe siècle[17]. Le rite byzantin néosabaïte qui se constitua alors fut une synthèse du rite stoudite avec celui du monastère palestinien de Saint-Sabas. Plus simple que le rite de Constantinople, il fut enrichi par la spiritualité hésychaste au XIVe siècle. Il devint alors dominant dans la grande majorité des Églises orientales.

Le *Synodikon* du dimanche de l'Orthodoxie fut rédigé en 843 pour célébrer l'abolition de l'iconoclasme. Il illustre parfaitement cette évolution sémantique de l'orthodoxie vers, comme il l'énonce lui-même, la « droite doctrine de la foi immaculée[18] ». Ce texte fut inauguré de façon significative par une procession conduite par l'impératrice Théodora (842-856) de l'église de la Théotokos aux Blachernes à la cathédrale Sainte-Sophie, suivie de la cour impériale, du patriarche Méthode, du clergé iconodoule et de la foule. Le texte est lu depuis cette époque dans les églises orthodoxes le premier dimanche du Grand Carême :

> Ainsi que les prophètes ont vu, que les apôtres ont enseigné, que l'Église a reçu la tradition, que les docteurs ont défini, que l'univers a unanimement consenti, que la Grâce a resplendi, que la vérité a éclaté, que le mensonge a été expulsé, que la sagesse a parlé avec assurance, que le Christ a triomphé, ainsi nous pensons, ainsi nous parlons, ainsi nous prêchons, honorant le Christ, notre vrai Dieu et ses saints, en paroles, en écrits, en pensées, par des sacrifices, par des sanctuaires, par des images, adorant et révérant l'un comme Dieu et Seigneur, honorant les autres par égard au Seigneur commun et comme ses bons serviteurs et leur rendant le culte relatif. Telle est la foi des apôtres, telle la foi des Pères, telle la foi des orthodoxes, telle la foi qui a affermi l'univers[19].

Alexandre Schmemann considérait que le *Synodikon* témoignait de l'idéal byzantin, formulé après la révolte iconoclaste, de négation de l'histoire au profit de l'eschatologie. Il écrit :

> Une cristallisation de la Tradition commença dans l'Église byzantine. Une tendance à fixer la Tradition et à la considérer comme close et immuable. En ce sens, le « triomphe de l'orthodoxie » fut considéré par l'esprit byzantin comme une victoire décisive et complète de l'orthodoxie, marquant le point final de son développement historique. L'Église Orthodoxe est désormais définie comme « l'Église des Sept Conciles et des Pères ». Désormais les Byzantins considèrent toute hérésie comme une simple répétition d'hérésies anciennes et la condamnent en se référant presque automatiquement aux décisions prises dans le passé. Cet esprit conservateur fondamental, qui est encore aujourd'hui l'un des traits les plus caractéristiques de la mentalité orthodoxe et qui revêt d'un caractère absolu les détails les plus accidentels de la vie et du culte de l'Église, vient précisément de cette attitude profondément antihistorique de Byzance[20].

La logique de juste glorification est visiblement perdue au IXe siècle à Byzance puisque, en remplaçant la fête de la mémoire des prophètes, qui était célébrée jusque-là à cette période de l'année, par celle de la victoire de l'orthodoxie, on n'a pas osé toucher aux textes mêmes de la liturgie du jour[21]. C'est donc toujours l'Évangile de Jean sur la vocation de Nathanaël qui est lu ce dimanche, sans rapport avec la nouvelle fête. Ce texte est suivi de bénédictions adressées aux bienheureux défenseurs de l'orthodoxie, mais aussi de malédictions contre les hérétiques qu'il déclare anathèmes. On peut donc comprendre comment, en l'absence d'une intelligence et donc d'une participation active à l'événement célébré, les mentalités chrétiennes en Orient passèrent d'abord d'une compréhension des mystères célébrés comme vérité droite à une mémoire fidèle de l'ordo liturgique, puis à une incompréhension progressive de ce qui sera de plus en plus vécu comme une mise en scène allégorique. Bien que le rite de la prothèse ait été introduit tardivement dans la liturgie byzantine, et qu'il soit pratiqué par les clercs derrière l'iconostase, de nombreux théologiens ont voulu y voir, jusqu'à nos jours, une allégorie du sacrifice pascal. C'est ce qu'explique encore Paul Evdokimov en 1958 : « Déjà le premier acte, ou prothèse, la préparation du pain et du vin, est un petit drame réaliste très condensé qui reproduit l'immolation de l'Agneau, donnant ainsi un schéma succinct du sacrifice qui va s'accomplir pendant la liturgie[22]. » Cette évolution du paradigme de l'orthodoxie à l'époque médiévale puis moderne se traduisit également par une complexification croissante du *typikon* ou ordo byzantin. Celle-ci fut dénoncée en son temps par Alexandre Schmemann et Robert Taft[23]. Elle fait l'objet aujourd'hui d'un véritable « décryptage[24] ».

Le paradigme dominant à l'âge politique de la chrétienté fut donc une compréhension de la foi orthodoxe en premier lieu comme « contenu de vérités à croire ». Cette représentation de l'orthodoxie pouvait avoir, on l'a vu, ses avantages et ses limites. De nombreux cas individuels montrent cependant que la foi orthodoxe fut aussi vécue de façon trinitaire, en tant que vie en Christ dans l'Esprit conduisant vers le Père, intégrant de la sorte la doctrine comme principe de vie et de salut. Mais il faudra attendre le XXe siècle pour que les théologiens chrétiens d'Orient et d'Occident intègrent progressivement dans l'enseignement magistériel ce sens de l'orthodoxie comme connaissance juste, différenciée, comme tradition incarnée, assimilée et adaptée selon les contextes. En 325, l'orthodoxie de la foi, menacée par une gnose s'éloignant de la juste vision de Dieu, pressée par l'exigence d'unité politique de l'empire, l'emporta à Nicée sur le gnosticisme hétérodoxe par un effort créateur de conceptualisation. Cette réaction n'effaça pas l'ancienne représentation eschatologique et liturgique du cheminement orthodoxe, qui fut néanmoins marginalisée. Le nouveau contexte politique, spirituel et intellectuel conduisit la conscience ecclésiale à redéfinir l'orthodoxie comme le nouveau corps de doctrine de l'empire. On ne pourra plus, entre le IVe et le XVe siècle, séparer la définition de la doctrine de ses implications sociales et politiques. Cela eut aussi pour effet de renforcer la tradition de la doctrine apostolique comprise comme réservoir d'orthodoxie plutôt que comme cheminement d'ouverture doxologique à l'Esprit.

UNE HISTORIOGRAPHIE POLITIQUE

Le terme même d'orthodoxia, comme synonyme d'opinion droite dans l'ordre du raisonnement, apparaît tardivement dans les écrits des Pères. On commence à rencontrer ce substantif féminin précisément lors des polémiques avec l'arianisme et le monophysisme, comme au IVe siècle chez Athanase d'Alexandrie (*Lettre aux évêques d'Égypte*) et Méthode d'Olympe (*Le banquet des dix vierges*), chez le pseudo-Justin Martyr du Ve siècle (dans ses *Questions et réponses aux orthodoxes*), ou chez Anastase le Sinaïte, un moine de Syrie ou de Palestine du VIIe siècle qui se fixa au mont Sinaï où il rédigea le *Hodegos* (Guide) contre les eutychiens[25]. C'est au IVe siècle que *orthodoxos*, employé comme adjectif, est utilisé pour qualifier la foi de l'Église. Vers 371, Athanase d'Alexandrie recourt à ce terme comme substantif masculin pour désigner la doctrine authentique de l'Église. Dans sa lettre à Adelphius, il définit la « foi droite » comme ce « qui procède de l'enseignement apostolique et de la tradition des Pères et qui est affermi grâce au Nouveau et à l'Ancien Testament »[26].

Eusèbe de Césarée (265-340), par sa vie et par son œuvre, est caractéristique du nouveau paradigme de la vérité qui s'impose avec la légalisation du christianisme. La recherche récente sur Eusèbe s'éloigne tant du point de vue qui consiste à faire du Père de l'Église une autorité sacrée (comme chez P.L. Maier[27]), ce que le patriarche Photius contestait déjà au IXe siècle, que de l'approche ne voyant en lui qu'un césaro-papiste servile (comme chez J.N.D. Kelly[28]). Pour S. Inowlocki et C. Zamagni, réunis avec les chercheurs invités par le centre interdisciplinaire de l'Université libre de Bruxelles, le 3 mars 2008, le temps est venu de faire émerger d'autres récits chrétiens éclipsés par la version « orthodoxe » de l'histoire de l'Église de l'évêque de Césarée. Le point commun de ces auteurs est donc d'étudier Eusèbe comme « un auteur à part entière » et de le contextualiser[29].

Eusèbe était l'élève du presbytre Pamphile de Césarée, mort martyr sous Dioclétien et qui l'initia à l'œuvre d'Origène. Il fut ordonné évêque de la métropole de Césarée en Palestine vers 313. Victime de la persécution de Dioclétien, il fut un proche de l'empereur Constantin à qui il consacra un ouvrage panégyrique. Il fut le théoricien de l'Empire chrétien et de la mission divine confiée à Constantin. Son maître ouvrage, fondement de la nouvelle orthodoxie mémorielle, l'*Histoire ecclésiastique*, va de la naissance de Jésus-Christ à 323. À bien des égards on peut considérer Eusèbe de Césarée comme celui qui fit prévaloir le sens de vérité droite sur celui de juste glorification. On trouve chez lui l'utilisation du terme à de nombreuses reprises[30]. L'orthodoxie désigne chez lui la doctrine universelle et traditionnelle de l'Église opposée à l'hérésie[31]. Eusèbe se méfiait des pseudo-gnostiques qui abandonnaient le monde au destin et proposaient une autre voie « spirituelle » pour aller au ciel. Dans son vingt-troisième chapitre il parle d'« orthodoxie ecclésiastique » pour désigner deux « témoins », Irénée et Clément d'Alexandrie. Mais Eusèbe écrivait avant le concile de Constantinople, en 381, qui définit la Trinité comme trois hypostases partageant la même nature. Pour lui la nature du Christ est double. Il cite Irénée pour affirmer que le Christ est à la fois Dieu et homme. Il est à la fois homme et « la Sagesse intelligente qui est avant les siècles ». On peut considérer cette profession de foi comme une victoire sur l'arianisme, ce qui explique son soutien au concile de Nicée en 325. Mais Eusèbe présida également le concile de Tyr, en 335, qui fut une revanche des ariens contre Athanase d'Alexandrie. Car Eusèbe utilisait la traduction de la Septante du Livre de la Sagesse, c'est pourquoi, chez lui, la Sagesse était une réalité créée par Dieu.

Ainsi, chez Eusèbe, le Fils n'est Dieu que par participation au Père, ce qui autorise en toute logique l'empereur à devenir son vicaire sur la terre. « L'empereur est une image du Logos qui est une image du Père[32]. » Plus tard, au VIIIe siècle, lors de la prétendue « Donation de Constantin », la légende selon laquelle Constantin aurait reconnu le pape Sylvestre comme primat de l'Église universelle procéda de la même logique[33]. Dans les deux cas, le vicaire de Dieu devient le chef de l'empire et de l'Église (césaro-papisme ou papo-césarisme). Eusèbe désigne l'empereur comme évêque de ceux qui se tiennent en dehors de l'Église (*Vita Constantini*, IV, 24), titre qui correspond à l'ancien *pontifex maximus* que les empereurs chrétiens continuèrent de porter jusqu'à Théodose. Pour Constantin, cette idée, légitimée par Eusèbe, d'un empereur revêtu d'un pouvoir sacré l'autorisait à intervenir dans les affaires de l'Église. Dans cette même logique impériale unificatrice, Théodose en vint, en 381, à faire de l'orthodoxie chrétienne la foi obligatoire de l'empire. Chez Eusèbe, la grande vision doxologique de la circulation de la gloire entre Dieu et tous les hommes créés à son image avait fait place à une représentation verticale de la transmission de la gloire entre Dieu et les hommes par l'intermédiaire de l'empereur.

À titre d'exemple, Mark DelCogliano a bien montré que le texte d'Eusèbe de Césarée *Sur la fête de Pâques*, rédigé vers 335, consistait avant tout à promouvoir l'agenda de Constantin après que le concile de Nicée eut décidé à quelle date serait célébrée la résurrection du Christ. Celle-ci fut fixée au premier dimanche après la première pleine lune suivant l'équinoxe de printemps[34]. Il s'agissait donc d'une synthèse entre calendrier lunaire et solaire, visant à célébrer Pâques lorsque toute la terre est illuminée, la nuit par la pleine lune et le jour par le soleil. Les pères conciliaires firent également une synthèse entre le calendrier vétérotestamentaire (calculé le 14 du mois de Nizan en souvenir de la sortie d'Égypte) et l'événement dominical de la Résurrection. Mais pour l'empereur, la priorité était d'abord l'unification liturgique de son empire. Il combattait donc, tout comme les pères de Nicée, la pratique protopaschite. Celle-ci calculait la date de Pâques selon le calendrier lunaire des juifs et non selon le calendrier solaire julien[35]. Pour justifier son objectif, il ajouta également des arguments accablant le peuple juif dans son ensemble, coupable selon lui d'avoir crucifié le Christ. Eusèbe alimenta le discours de l'empereur. Il dédia son traité sur Pâques à Constantin qu'il remercie pour sa sollicitude envers l'Église. Dans ce texte (PG 24. 693-706) traduit en anglais par M. DelCogliano, il s'appliqua à élargir encore le fossé grandissant entre juifs et chrétiens. Il insista sur le fait que le Christ lui-même refusa de célébrer la Pâque avec les juifs et rappela que, dans la théologie chrétienne, chaque liturgie dominicale est pascale. Et, comme l'empereur, l'évêque participa à la polémique en traitant les juifs de criminels et de menteurs.

Comme l'a montré Sébastien Morlet, Eusèbe, considéré par la tradition orthodoxe comme le père de l'histoire de l'Église, a voulu opérer une synthèse entre la représentation antique et la représentation chrétienne de l'histoire[36]. Comme Thucydide, Eusèbe, dans son introduction à l'histoire de l'Église[37], cherche à remonter aux origines de l'histoire. De cette façon, avant de décrire la réalité humaine de l'Église, l'évêque de Césarée, lecteur du *Traité des principes* d'Origène, veut prouver l'origine divine du Christ. Mais, tandis qu'Origène identifiait le Christ à Jésus, lui associa le Verbe, sujet de l'onction, au Christ[38]. Du fait de ce déséquilibre introduit dans la divino-humanité de Jésus-Christ, la représentation de Dieu pouvait se parer à nouveau des caractéristiques de toute-puissance que le monde antique attribuait à la divinité. « Sur ces hommes qui se conduisaient de la sorte, Dieu qui surveille toutes choses envoya des déluges d'eaux, des torrents de feu comme sur une forêt sauvage répandue dans la terre entière ; il les extermina par des famines continuelles, des pestes, des guerres, des jets de foudre[39]. » La représentation du temps devient une flèche, celle du salut se couche à l'horizontale. Trace de cette première sécularisation de l'historiographie messianique primitive, et de cette ouverture à la temporalité cyclique antique, il y a chez Eusèbe un âge d'or des origines chrétiennes, ce qui n'était pas le cas chez Justin qui savait que la fausse gnose avait toujours menacé l'orthodoxie[40]. Eusèbe était également préoccupé, dans sa *Chronique*, à prouver la haute antiquité de Moïse pour démontrer la supériorité de l'histoire judéo-chrétienne sur l'histoire grecque et romaine. Mais Eusèbe ne fixe plus de date à la fin du monde. Il ne cherche plus à attirer l'attention sur la fin des temps qui approche comme dans l'historiographie primitive. Il veut au contraire, selon Hubertus Drobner, « montrer que l'empire de Constantin marque l'apogée du monde, tel qu'il était prévu et dont la fin n'est pas prévisible[41] ».

Le récit est donc celui d'une succession d'événements humains, celle de personnages illustres mais aussi de loups ravisseurs rôdant autour du troupeau chrétien, brisée seulement par l'intervention hétérogène et violente de Dieu dans l'histoire, comme lors de la destruction du Temple qui signifiait pour Eusèbe la fin de la mission d'Israël dans l'histoire. Le rôle de l'historien chrétien n'est plus celui de témoin, ou de spirituel — même s'il reconnaît que le Seigneur ressuscité confia sa « gnose » à Pierre, Jacques et Jean, lesquels la donnèrent aux autres apôtres[42] —, mais celui de juge dont la tâche est de démêler le faux du vrai. Eusèbe a conscience que, dans cette perspective, il est le premier historien de l'Église. Cela le conduit à être extrêmement précis, à s'appuyer sur la parole de témoins. L'orthodoxie dans le récit de Luc est comprise comme « la vérité avec certitude » par suite de la compagnie de l'évangéliste avec Paul et les autres apôtres[43]. Avec Eusèbe, ce n'est plus l'obéissance participative au Christ mais le témoignage ecclésial qui devient le critère de l'orthodoxie. D'où l'extrême rigueur par rapport à sa propre subjectivité qu'Eusèbe introduit dans le métier d'historien. Il devient ainsi le premier historien de l'Antiquité à citer de façon continue les sources orales et écrites sur lesquelles il appuie son récit. La canonicité des Écritures, qui permet de déterminer avec justesse la vérité du témoignage, prend ici une importance décisive. Le travail de l'historien devient celui de metteur en scène, qui fait intervenir ses différents personnages selon un ordre chronologique et non plus théophanique. L'originalité de sa méthode consiste, de façon significative pour la compréhension du paradigme de vérité droite, en ce qu'il suit l'agenda politique des années de règne des empereurs et des pontifes. Chez Luc, le récit ne faisait que suivre Paul qui agissait selon l'appel de l'Esprit. Avec Eusèbe, l'histoire passe d'un pneumocentrisme à un ecclésiocentrisme, d'où son insistance à signaler les successions d'évêques pour chaque Église.

L'HISTORIOGRAPHIE D'AUGUSTIN

Cette histoire d'Eusèbe fut, selon Glenn F. Chesnut, la seule alternative sérieuse à la théologie de l'histoire que saint Augustin développa au siècle suivant[44]. Augustin (354-430) naquit à Tagaste en Numidie[45]. Il reçut le baptême à trente-trois ans, en 387, à Milan. Il devint évêque d'Hippone vers 396. Dès le lendemain de sa mort, il fut considéré comme *inter magistros optimos* par le pape Célestin. Il est l'un des quatre Pères de l'Église catholique latine, et un des trente-trois docteurs de l'Église. Il est considéré comme « bienheureux » par l'Église Orthodoxe d'Orient. *La Cité de Dieu,* nouvelle historiosophie dans l'historiographie chrétienne, fut rédigée par lui entre 413 et 426 en vingt-deux livres. Son titre est polémique : *De Civitate Dei contra paganos,* c'est-à-dire *La Cité de Dieu contre les païens*. Dans les dix premiers livres, il montre que la décadence romaine date du paganisme et que c'est le Dieu des chrétiens qui est responsable de la grandeur de Rome. Saint Augustin, dans ses *Rétractations,* II, 43, 1-3, résume ainsi la deuxième partie de son livre : « De ces douze derniers, les quatre premiers (11-14) contiennent l'origine des deux cités, dont l'une est la cité de Dieu, l'autre la cité de ce monde. Les quatre seconds (15-18), leurs progrès et leurs développements. Les quatre troisièmes, qui sont les derniers (19-22), les fins qui leur sont dues. » Il rédige les livres XI-XIV avant 418. Il y explique que le royaume terrestre est séparé du royaume éternel en raison de la volonté orgueilleuse des anges. L'incarnation du Fils de Dieu montre le chemin vers la cité de Dieu par l'amour de Dieu. Les deux royaumes coexistent dans le monde jusqu'à l'accomplissement dernier où ils seront éternellement séparés.

Augustin avait comme Eusèbe été marqué par l'historiographie antique, celle d'Hérodote ou de Thucydide. Sa doctrine de la prédestination et de la grâce trouvait sa source dans la représentation antique du *fatum*. Mais il connut la fin d'un monde avec la première conquête de Rome par les Wisigoths d'Alaric, le 24 août 410. Sa doctrine des deux cités rejetait toute possibilité de progrès historique. Augustin mentionne encore dans son histoire la circulation de la gloire entre la terre et le ciel. Il associe encore la Jérusalem terrestre de l'Apocalypse avec la Sagesse créée ou Gloire créée, ce qui le rapproche de la gnose chrétienne primitive. Mais, pour l'évêque d'Hippone, la *civitas* terrestre devait rester infestée par le mal jusqu'à l'incarnation du Fils de Dieu. En attendant, les deux royaumes ne font que coexister dans le monde.

> Deux amours ont bâti deux cités : celle de la terre par l'amour de soi jusqu'au mépris de Dieu, celle du ciel par l'amour de Dieu jusqu'au mépris de soi. L'une se glorifie en elle-même, l'autre dans le Seigneur. L'une en effet demande sa gloire aux hommes ; l'autre tire sa plus grande gloire de Dieu, témoin de sa conscience. L'une dans sa gloire redresse sa tête ; l'autre dit à son Dieu : Tu es ma gloire et tu m'élèves la

> tête. L'une dans ses chefs ou dans les nations qu'elle subjugue est dominée par le désir de dominer ; dans l'autre on se rend service mutuellement dans la charité, les gouvernants en prenant les résolutions, les sujets en obéissant. L'une dans ses puissants chérit sa propre force ; l'autre dit à son Dieu : « Je t'aimerai Seigneur, toi ma force[46]. »

Cette vision pessimiste d'une cité de Dieu étrangère sur la terre était héritée en partie du christianisme primitif. Elle ignorait cependant l'élément eschatologique de la vision doxologique. Elle passait de la sorte à côté de l'Église comme corps mystique et force d'actualisation de la théanthropie. Chez Eusèbe, en revanche, les êtres humains disposaient d'une libre volonté pour agir dans l'histoire, ce qui signifiait que l'ordre social pouvait être réformé dans une perspective chrétienne. La liberté de la volonté n'avait pas été annihilée par le péché d'Adam et Ève. Ce n'était donc pas les émotions humaines qui commandaient l'histoire mais à l'inverse la victoire sur les passions. Par ailleurs si, chez Augustin, le Dieu tout-puissant agissait directement dans l'histoire, chez Eusèbe ce Dieu-là était inobjectivable, seul le Logos, image du Père, pouvait participer à la vie du monde[47].

Il convient désormais de tirer les enseignements de cette historiographie augustinienne pour éclairer notre thèse sur l'évolution du paradigme de l'orthodoxie à l'époque de l'Antiquité tardive. Une analyse du livre XII, et plus particulièrement des chapitres 9 à 22, de *La Cité de Dieu*, montre l'évolution chez Augustin d'une orthodoxie comprise comme vérité droite (« *sana doctrina* » ou « *via recta* » au paragraphe 12, XIV, 1), au risque de perdre l'ancienne définition de l'orthodoxie comme juste glorification (« *debita laude Creatoris* » en XII, 9[48]). Aussi, pour retrouver Augustin par-delà les siècles qui nous séparent de lui, pour faire jaillir les différentes couches sémantiques de la doxa à partir du texte considéré, il convient de combiner les quatre définitions de la vérité, comme juste glorification, vérité droite, mémoire fidèle et connaissance juste. Notre méthode se veut elle-même empathique (par la reprise de certaines thèses contemporaines de Jean-Luc Marion sur l'anthropologie augustinienne) et synthétique (complétant le nécessaire contexte chronologique par une anthropologie sapientielle et trinitaire). Elle consiste à distinguer trois temporalités qui, comprises ensemble, peuvent faire jaillir la vérité dans toute sa profondeur, c'est-à-dire pour Augustin comme un face-à-face dépassant les frontières de l'espace-temps : le temps de l'extraction/*extentio* (la vérité qu'Augustin a dite), le temps de la distraction/*distentio* (le décalage au niveau du sens de la vérité qu'Augustin a expérimenté avec ses lecteurs et ses commentateurs), le temps de l'attraction/*intentio* (la vérité à laquelle il participait et dont il cherchait à rendre compte).

Qu'a dit Augustin ?

Le livre XII de *La Cité de Dieu* porte sur l'origine de l'homme. Augustin affirme en introduction l'unique nature des anges bons ou mauvais, la distinction étant liée à la volonté démoniaque qui est une défaillance à l'égard du bien. Celui-ci est, pour les anges comme pour les hommes, vivants et morts, réunis dans la cité de Dieu, d'adhérer à Dieu. Le livre conclut par la thèse selon laquelle Dieu a prévu le péché du premier homme et a prévu également quelle partie du genre humain aurait la gloire de la récompense et quelle partie serait condamnée au châtiment. Entre l'introduction et la conclusion, la deuxième section du livre XII traite de la création de l'homme dans le temps : Augustin critique d'abord (partie A) les mythes de l'éternité de la race humaine, du retour cyclique des événements, et de l'existence de mondes innombrables comme chez Épicure. Cette thèse, dit-il, contredit l'Écriture qui dispose d'une chrono-logie, qui raconte une histoire avec un début et une fin. Cela le conduit, d'une part, à critiquer à l'aide de documents la chronologie concurrente des Égyptiens, d'autre part, à relativiser, face à l'immensité de l'éternité, le fait que l'homme a été créé tard par rapport à la création du monde. Enfin il rejette comme insatisfaisante moralement et rationnellement la conception cyclique du monde qui ne permet pas de vraie béatitude à l'homme, puisque ce dernier doit sans cesse craindre de chuter à nouveau, et puisqu'elle tient pour possible qu'il « survient dans le temps quelque chose qui ne finit pas dans le temps ». Il admet que les paroles de l'Ecclésiaste affirmant qu'il n'y a rien de nouveau sous le soleil peuvent être comprises comme une « *praedestinatione Dei* ». Mais la mort et la résurrection du Christ sont des événements uniques qui permettent de comprendre le temps comme ouverture toujours nouvelle. Il écrit :

> Ainsi dans l'école de l'académie d'Athènes, le philosophe Platon a, dans son siècle, enseigné des disciples : de même dans des siècles innombrables du

passé, à intervalles très éloignés, mais bien définis, dans la même cité, dans la même école, le même Platon aurait eu les mêmes disciples et il les retrouvera au cours des innombrables siècles de l'avenir. Loin de nous, dis-je, de telles croyances! Une seule fois le Christ est mort pour nos péchés, et, *ressuscité d'entre les morts, il ne meurt plus: la mort n'a plus d'empire sur lui* (Rom., VI, 9). Et nous après la Résurrection, nous serons éternellement avec le Seigneur, à qui maintenant nous adressons les paroles que nous suggère le psaume sacré: *Toi Seigneur, Tu nous conserveras et Tu nous garderas dès cette génération jusqu'à l'éternité* (Ps., XI, 8)[49].

Pour Augustin, il y a une «pré-histoire» angélique de la conscience humaine. De plus, le principe du temps est le Verbe de Dieu, vie éternelle. Il explique ce paradoxe (partie B) que Dieu crée l'homme dans le temps sans volonté nouvelle. Puisqu'il ne peut y avoir en Dieu un avant et un après, car il est éternel, il y a nécessairement création simultanée de l'homme et du temps («il a ourdi la trame du temps à partir d'un commencement», «*ab aliquo tamen initio exorsus est tempora et hominem*[50]»). Il montre aussi, en continuité avec le livre XI, que la Création, qui ne peut être que bonne, n'a pu se produire qu'en deux temporalités, celle des anges, créés «de rien» dès le premier jour, c'est-à-dire «avant tous les temps», et désignés par la notion de «ciel», qui ont toujours existé[51], et celle de l'homme qui a été créé «dans le temps», le sixième jour, après la création de la temporalité astrologique le quatrième jour, qui exclut la simultanéité des parties. Cette thèse sur des créatures immortelles mais non coéternelles est d'autant plus nécessaire pour Augustin que, si Dieu a toujours été Seigneur, c'est donc qu'il a toujours eu des créatures pour le servir. Mais il ne résout pas l'aporie selon laquelle, d'un côté, les temps « ont existé de tout temps », et, de l'autre, « les temps ont été créés ». Il recommande même une certaine humilité sur le sujet... tout en suggérant sa propre théorie au sujet de « la vie éternelle promise avant les temps éternels » dont parle Paul à Tite (1, 2-3), à savoir que Dieu a arrêté par « prédestination[52] » ce qui devait arriver en son temps, l'incarnation du Verbe qui est la vie éternelle.

Dans une troisième partie (C), il rejette la séparation entre la foi en la Création (qui proclame que Dieu n'est pas répétition mais infini) et la raison (qui pourrait avancer que la science qui doit être nécessairement certaine, partagée par tous, ne peut embrasser rien d'infini[53]). Pour Augustin, qui s'appuie sur la raison (Platon lui-même imagine le démiurge se servir des nombres pour créer le monde), sur les Écritures révélées (Ps., 146, 5) et sur l'expérience de la vie éternelle des saints, le « *vero et recto itinere* » est que Dieu est transcendant et ne peut être anthropomorphisé, que sa création est preuve de sa bonté et non le fruit de la nécessité (p. 213), et qu'étant lui-même infini la science de Dieu embrasse l'infini. L'expression « siècle des siècles » ne peut donc être comprise, selon lui, comme la justification d'une représentation cyclique du temps (p. 219). En conclusion (XII, 21), Augustin affiche sincèrement son hésitation. Pour lui, soit Dieu peut créer sans changer parce qu'Il est création de toute éternité (et le nombre d'âmes nouvelles ne cesse jamais de progresser dans cette infinité divine), soit encore il crée sans volonté nouvelle car il existe de toute éternité un nombre fixe d'âmes bienheureuses. Cette hésitation contribua à épaissir l'intelligence de son œuvre et complexifia la lecture qu'on en fit.

Qu'a-t-il été entendu de ce qu'a dit Augustin ?

Tournons-nous désormais vers les contemporains de l'évêque d'Hippone, mais aussi vers deux commentateurs du XXe siècle de l'historiographie d'Augustin, pour montrer les inévitables incompréhensions suscitées par les évolutions du paradigme d'orthodoxie.

Du côté des pélagiens, Julien d'Éclane a compris la pensée d'Augustin comme une forme de manichéisme[54]. En 418, le pape Zosime émit contre Pélage une *Epistula tractatoria* (circulaire d'excommunication). Julien d'Éclane fut l'un des dix-huit évêques italiens qui refusèrent d'y souscrire. En conséquence, il fut déposé de son siège en vertu d'un édit de l'empereur Honorius (mars 418), prononçant le bannissement de tous les pélagiens. Julien adressa deux lettres au pape Zosime, dont l'une circula en Italie. Vers la même époque, il adressa aussi une lettre à Rufus, évêque de Thessalonique, où il accusait les adversaires de Pélage et Célestius d'être des « manichéens ». C'est à l'une des deux lettres que répond saint Augustin dans son *Contra duas epistulas Pelagianorum*. Selon François Refoulé, Augustin était « incapable de saisir l'intérêt de la notion aristotélicienne de nature et celui de la notion de libre arbitre telle que l'école aristotélicienne l'avait élaborée, il ne sut pas reconnaître la valeur des objections de Julien d'Éclane[55] ». Aussi la réponse d'Augustin fut-elle rejetée à son tour par les moines de Gaule, Prosper d'Aquitaine, Jean Cassien, Vincent de Lérins, qui considéraient que la liberté (*antexousion*) d'autodétermination de l'homme ne devait pas être annihilée par la liberté de grâce (*eleutheria*). Cependant leur réaction, considérée comme « semi-pélagienne », fut condamnée par le concile d'Orange en 529. Ce concile donna une formulation théologique de la grâce conforme à ce qu'avait prôné Augustin d'Hippone. La question resta donc en suspens jusqu'à ce qu'elle réapparaisse avec les débats de la Réforme et de la Contre-Réforme sur le libre arbitre.

Par ailleurs, Augustin pensait que chez Porphyre le démiurge était omnipotent. Mais ce dernier distinguait le démiurge, qu'il identifiait à l'âme du monde, du dieu suprême[56]. Il connaissait mal le *Timée*, qu'il lisait probablement à travers une traduction incomplète de Cicéron, et le milieu des néoplatoniciens, de Plotin à Porphyre, qu'il identifiait à l'école des platoniciens, tels que Celse. Le théologien ukrainien V. Yudin considère que, pour cette raison, il ne put ramener à l'orthodoxie chrétienne les milieux néoplatoniciens[57].

Au XXe siècle, le père Serge Boulgakov, doyen de l'Institut orthodoxe Saint-Serge, synthétisa la critique que l'Église Orthodoxe d'Orient fit au « bienheureux Augustin ». Dans son œuvre maîtresse, *L'Épouse de l'Agneau*, publiée en 1944, il rédigea un excursus : « L'augustinisme et la prédestination ». Selon le théologien orthodoxe russe, dans ses premiers traités contre le manichéisme (388-395), Augustin assurait que la source du mal est le fruit de la volonté humaine (ce qui contredisait la notion d'un anti-dieu). Il distinguait entre prescience de Dieu et nécessité (Dieu ne pousse pas au mal). Pour

Augustin, la volonté était la cause première du péché. Mais, avec *De Civitate Dei*, on est déjà dans la période antipélagienne du Père de l'Église. Sa doctrine devient déterministe et pessimiste. Le centre de gravité de l'histoire est reporté sur l'action de Dieu : la liberté de l'homme n'est que sujétion au péché. Elle ne devient vraie liberté vers le bien que quand elle est éclairée par la grâce. Donc, écrit Boulgakov, chez Augustin, « seule existe la liberté de grâce[58] ». L'homme n'a la liberté de choix qu'avant la chute, après, il la perd, « le salut de l'homme déchu est ainsi opéré non dans la liberté mais en dépit de celle-ci ». La grâce est accordée par Dieu sans tenir compte des mérites des hommes. Dieu peut même mettre à profit les œuvres du diable pour parvenir à ses fins. Augustin considère que les anges ont été créés le premier jour et que la séparation entre la lumière et les ténèbres correspond à la constitution des anges et des démons, de la cité céleste et terrestre (*Cité,* XI-19, p. 89). Dieu a donc, bien qu'Augustin récuse cette présentation, créé le mal ! Il atténue cette réalité, selon Boulgakov, en disant qu'il a créé la nature angélique bonne et en affirmant qu'il a laissé la volonté libre. Certes cette volonté peut se transformer en mauvaise volonté, l'orgueil, mais c'est la responsabilité de celui qui fut homicide dès le commencement (p. 167, livre XII, 6). Pour Augustin cet orgueil n'est pas un principe positif, ontologique, mais une déficience. On déchoit vers ce qui a moins d'être. Malgré ces nuances, et bien qu'il admette que les chemins de Dieu soient insondables, pour Boulgakov, l'homme sait de façon certaine que les voies de Dieu ne peuvent être que justes et ne peut accepter une eschatologie si injuste. Pour lui, la Sophie de créature ne remplace pas la Sophie divine, elle la reflète, elle est sa manifestation[59]. Tout cela a des conséquences au plan de l'historiosophie et de la théologie politique. Pour Boulgakov, il y a une relation antinomique entre la Cité de Dieu et la cité terrestre, ou plutôt entre la Jérusalem céleste et la Jérusalem terrestre. La descente de la Jérusalem sainte ne remplace pas l'ancienne, mais elle signale la transfiguration du monde, elle fait la synthèse de l'histoire mondiale. Il y aura bien destruction de la cité terrestre identifiée à Babylone aux chapitres 17 et 18 de l'Apocalypse, mais cette destruction n'annihilera pas l'œuvre créatrice de l'Homme. Les chapitres 21 et 22 montrent que l'histoire deviendra une manifestation de l'œuvre théanthropique : « Dieu habitera avec eux (les hommes), ils seront son peuple » (21, 3). Cette cité céleste de l'Apocalypse, c'est l'Épouse de l'Agneau, la sainte Jérusalem qui a la Gloire de Dieu, « la Mère de Dieu dans sa Gloire », la récapitulation personnelle de l'Église, la Sagesse créée entièrement déifiée, elle est « l'Esprit et l'Épouse ». Boulgakov écrit :

> La sophianité du créé, qui est la révélation vivante et permanente de Dieu, fonde cette alliance de l'amour de Dieu et de l'amour du monde, dans l'unité de la Sagesse divine et de la Sagesse de créature. Cela correspond aux paroles de saint Paul : « Tout est de Lui, par Lui et pour Lui. » De Lui dans la Sophie divine ; par Lui comme création fondée sur elle ; pour Lui comme union de la Sophie divine et de la créée. Et il en sera ainsi : Dieu tout en tout, le tout divin dans l'être créé, la Sophie divine dans la Sophie de créature[60].

Pour le théologien orthodoxe, Augustin a identifié trop exclusivement la Sagesse au Verbe, comme dans le livre XI, 32 (p. 135). Le théologien russe parle de la «faute primordiale de la patristique... son interprétation logologique de la Sophia». Le Logos est devenu la Sophie, un dieu second, médiateur, alors que la Sophie «divinité non hypostatique en Dieu manifeste la Trinité tout entière». Boulgakov comprend les limites de Pélage qui a perdu de vue la dimension ontologique du récit de la chute. Mais il soutient la défense par le moine irlandais de la notion d'autodétermination de l'homme. Entraîné par la polémique, Augustin a substitué l'homme à un robot, la cité terrestre à une tolérance. L'incarnation est devenue un *deus ex machina*. Augustin tendait ainsi vers l'eutychianisme et le monothélisme. Ce prédestinatianisme était en réalité un anthropomorphisme. Il incluait Dieu dans le processus du temps. Tout se passe, même si Augustin hésite sur ce point, comme si Dieu se mettait à l'œuvre selon un plan préétabli.

Henri-Irénée Marrou (1904-1977), grand spécialiste de la pensée d'Augustin, eut un tout autre point de vue sur le père de l'historiographie ecclésiale occidentale. Selon le célèbre historien de la Sorbonne, l'histoire de l'Église, puis l'histoire du monde témoignent que l'originalité de l'œuvre de l'évêque d'Hippone a été perdue de vue[61]. Il y a chez Augustin, avec cette notion de commencement et de but, l'idée d'un progrès. Marrou admet cependant que le Moyen Âge occidental a retenu de la Cité de Dieu que la civilisation n'a de sens et de durée que dans l'Église. Or celle-ci a été comprise comme un corps institutionnel où la raison et la foi forment un tout monolithique, où la cité terrestre, «cité du mal», est condamnée à la déchéance, où la justice de Dieu envoie les damnés en enfer. « Si l'histoire acquiert une valeur positive, si le temps vécu est l'instrument d'un progrès, ces caractères relèvent non de l'ordre de la nature, mais de celui de la grâce. Par lui-même le temps ne peut plus rien produire de bon[62]. » Seule l'action divine peut le racheter. La Cité de Dieu sera une temporalité de la stabilité. On peut dater l'augustinisme politique à partir du pape Grégoire le Grand (590-604) : le pouvoir politique est au service du pouvoir spirituel, ce qui entraîne notamment que le bien public et les vertus chrétiennes sont identiques, et la cité terrestre de la perdition d'Augustin devient la cité temporelle et politique. Cette vision moniste a été rejetée à la Renaissance. Chez Michel-Ange, la Sagesse réapparaît aux côtés du Créateur au moment de la création de l'homme. Mais, avec le temps, l'historiosophie augustinienne fut remplacée par un monisme inversé, par une vision pessimiste de la violence originelle à la cité terrestre, par la défense exclusive des droits de la personne humaine et des États-nations (Machiavel, Hobbes, Rousseau[63]). La Révolution française fonda une cité politique autonome par rapport à l'Église. En réaction, l'Église catholique romaine opposa une approche augustinienne (par exemple, le *Quod Aliquantum* de Pie VI, en 1791). La vision du corps mystique de l'Église a donc été sécularisée. Selon Marrou, « peu importent ces difficultés[64] » liées à l'identification par Augustin de la Cité de Dieu avec l'Église et de la cité terrestre avec la cité du diable, il convient simplement de revenir à la représentation augustinienne de la cité céleste comme édification progressive de la Cité de Dieu. Pourtant dans son livre *The Secular Age,* Charles

Taylor a montré que l'époque contemporaine est caractérisée par un rejet du monisme statique augustinien, qu'il s'agisse du modèle de la chrétienté médiévale, ou du modèle de la société contractuelle moderne.

Selon certaines interprétations,
il conviendrait de comprendre
ce qu'Augustin aurait voulu dire

Selon l'académicien Jean-Luc Marion, auteur d'un livre récent, *Au lieu de soi*, qui présente la conception du temps chez Augustin[65], il faut, pour comprendre le Père de l'Église, commencer par retrouver la logique du phénomène saturé. Cette tentative répond à la lutte d'Augustin lui-même contre ceux dont « les subtils raisonnements ne visent qu'à exclure l'infinité des choses[66] ». La relecture quasi psychanalytique d'Augustin par Marion coïncide avec une phénoménologie de la donation. Marion écrit : « Plus essentiellement qu'un jugement sur les choses (vrai ou faux), plus essentiellement même que la manifestation du phénomène par lui-même, la vérité produit un verdict sur moi-même, selon que je peux l'accepter ou ne peux que la récuser — l'aimer ou la haïr. En ce sens désormais, mon rapport à la vérité ne relève ultimement plus de la théorie mais de la pratique[67]. » La redécouverte de la vérité doit se faire selon le mode de la juste glorification, ou de la confession. Le philosophe français définit de la sorte le phénomène saturé : « Ni une prédication sur les choses ni la manifestation de la chose, mais l'événement d'une évidence, qui ne se montre qu'autant que j'en tolère l'excès[68]. » Il faut aimer la vérité pour en supporter la connaissance.

Prenons un exemple. Dans le livre XII de *La Cité de Dieu*, Augustin réfléchit sur l'expression « les siècles des siècles » (en XII, 20, p. 217). Augustin n'affirme pas. Il n'est pas sûr (« Je n'ose en décider »). Mais l'idée d'une Sagesse divine en interaction avec une Sagesse créée se trouve présente ici comme une potentialité. Il parle des « siècles stables et inébranlables qui résident dans la sagesse de Dieu et sont comme les générateurs des siècles qui s'écoulent dans le temps ». Il ose même faire la comparaison avec l'expression ciel du ciel, « *caelum caeli* » qu'il emprunte au psaume 63. Cette notion de « ciel du ciel » se trouve aussi dans le livre XII des *Confessions*. Il s'agit du lieu où la connaissance de Dieu devient évidente et manifeste (mais pas adéquate). Le ciel du ciel est l'équivalent de la Sagesse créée selon Marion[69]. Il n'est certes pas la Sagesse divine, l'éternité de Dieu, comme chez Boulgakov. Pour Augustin, il s'agit de la Jérusalem nouvelle qui descend des cieux sur la terre. Augustin a médité sur la vision apocalyptique de saint Jean sans nécessairement trouver d'interlocuteurs susceptibles de traduire en un récit théanthropique sa vision.

Considérons tout d'abord l'anthropologie trinitaire d'Augustin par rapport à sa conception de la temporalité. Plusieurs expressions révèlent cette méditation d'Augustin. « L'âme, écrit-il, est le siège d'une béatitude nouvelle » (XII, 21, p. 225). Elle n'est pas destinée à un « fatal retour aux mêmes misères ». Il y a bien, chez Augustin, une anthropologie trinitaire et sapientielle, insoupçonnée par ses commentateurs en raison de ce phénomène saturé. La temporalité se trouve chez lui à l'intérieur de l'homme et non à l'extérieur. C'est pourquoi, dans les *Confessions* (livre XI), il parle du « présent des choses passées, [c'est-à-dire] leur souvenir ; [du] présent des choses présentes, [c'est-à-dire] leur vue actuelle ; [du] présent des choses futures, [c'est-à-dire] leur attente[70] ». Il existe aussi chez lui, selon Marion, « un présent intentionnel » qui est la condition de possibilité du passé, du présent et du futur. Le temps est finalement la distension de l'âme, la *distentio animi*. La relation entre le moi et le soi témoigne de cette relation entre sagesse créée et incréée. C'est pourquoi Marion stigmatise la traduction de l'expression *hominem temporalem* en « homme temporel » par G. Combès et propose « homme temporalisé ». Sa nouvelle traduction du livre XII, chapitre 15 de *La Cité de Dieu* est la suivante : « Qui pourrait investiguer cette profondeur ininvestigable, scruter cette profondeur inscrutable selon laquelle Dieu, d'une volonté sans changement, a fondé dans le temps un homme temporalisé avant lequel ne fut aucun des hommes, et a fait du genre humain, à partir d'un seul, une multitude[71] ? » Marion en tire des conclusions phénoménologiques importantes :

> Si le temps n'intervient qu'avec le monde et dans une même création, si la différence entre le temps et l'éternité ne peut donc se définir par un retard lui-même temporel, la préséance de Dieu sur l'ego comme sur le monde remonte en deçà du temps. La différence entre l'ego et Dieu — la finitude donc — tient justement au fait que moi seul diffère de moi-même, parce que je me temporalise. Ma différ*a*nce se traduit bien temporellement, sans pour autant consister dans le

> temps. Ma différ*a*nce traduit temporellement mon écart d'avec moi-même, mais atteste ma différence avec ce qui ne diffère pas de soi. […] La temporalisation ne caractérise pas l'homme, elle le définit comme tel, l'*homo temporalis* qui diffère de Dieu en ce qu'il diffère temporellement de lui-même, retarde sur soi[72].

Ainsi, comme Augustin en avait l'intuition, le temps n'imite rien, il ouvre le *creatum tempus* (*De Civitate Dei*, XII, 16, 35, 202) de ma décision absolument propre. Rien de subjectiviste selon Marion : « La *distentio animi*, si elle temporalise bien la bande passante des moments passants, en mesurant par un sentir originel, ne se temporalise pourtant pas d'elle-même. Sa propre temporalisation lui advient comme un événement[73]… » Mais la temporalité n'est pas seulement celle de la distraction (*distentio*) de l'âme (temps distrait, temps de la défaite), ce peut être aussi celle de l'attraction (*intentio*) et celle de l'extraction (*extensio*), c'est-à-dire le temps de la conversion[74]. Augustin a trouvé dans l'épître de Paul aux Philippiens (3, 13-14) cette capacité de l'âme à se retrouver elle-même en s'étendant hors de soi : « Mon seul souci : oubliant le chemin parcouru [*la distraction*] et tout tendu en avant [*par intention*] je m'élance vers le but [*extension*], en vue du prix attaché à l'appel d'en haut que Dieu nous adresse en Jésus-Christ. » C'est la capacité de l'âme convertie, du désir transfiguré en Jésus-Christ, à participer « aux choses qui restent ».

On peut désormais conclure notre analyse de l'évolution du paradigme d'orthodoxie à travers l'œuvre historiographique d'Augustin. Selon l'historienne américaine Carol Harrison, Augustin a dû sacrifier la *recta jubilatio* des *Confessions* à la *recta fides* de *La Cité de Dieu*[75]. Il faut préciser ce jugement. Contre les visions cycliques de l'Antiquité, Augustin «jubile justement» de l'éternité d'un Dieu toujours présent au plus intime de soi-même. Mais il est aussi «fidèle» à l'Écriture, y compris là où l'entendement fait défaut, et à sa dimension véritative, à sa «vérité droite», à sa vérité historique, au récit réaliste des Écritures. Mais il argumente mal, qu'il s'agisse de la chronologie grecque (à partir d'une représentation fantaisiste du commencement dans l'histoire) ou du *Timée* de Platon (qui admettait le commencement du monde mais par un démiurge bien différent du Dieu créateur des Écritures — cf. le *Timée* 28 ab). Forcé par la polémique avec Pélage, il peut aller jusqu'à imaginer une théodicée où disparaît la représentation d'un Dieu juste, qui n'a pas créé le mal selon l'épître de saint Jacques.

L'interprétation orthodoxe des Écritures, au sens de «connaissance juste» (qui rend compte de la justice de Dieu), se trouve — on le comprend de plus en plus aujourd'hui grâce, en particulier, à la rencontre entre penseurs chrétiens et juifs — dans le sens gnostique chrétien de la métahistoire, dans la connaissance de la symbolique réaliste des lettres et des chiffres. Elle se trouve aussi — Marion montre qu'Augustin l'a expérimenté — dans la logique trinitaire de l'âme humaine qui, lorsqu'elle est tendue vers son Créateur, actualise en Christ par l'Esprit la rencontre de la Sagesse créée avec la Sagesse divine. Selon cette interprétation eschatologique des Écritures, la création n'est pas achevée. Il y a une interrelation continue-discontinue entre la Sagesse créée (lumière et ténèbres, temps de l'accompli et du non-accompli) et la Sagesse incréée (Sagesse de Dieu), entre la Jérusalem terrestre et la Jérusalem céleste. Il s'agit du temps de la béatitude, du huitième jour, qui commence et qui ne finit pas, de la rencontre entre la gamme musicale de la Sagesse créée et de l'unique voix de la Sagesse divine.

L'HISTORIOGRAPHIE ECCLÉSIALE APRÈS EUSÈBE ET AUGUSTIN

Comme on l'a vu, la connaissance augustinienne des mystères divins se situe entre l'approche purement doxologique des premiers siècles du christianisme et l'approche strictement rationaliste qui caractérisera de plus en plus la théologie médiévale occidentale après Hugues de Saint-Victor. Eusèbe se situe lui aussi à mi-chemin. Il utilisa le concept d'*eusebeia* pour signifier un aspect de sa nouvelle représentation de l'orthodoxie. Ce terme, qui signifie la juste manière de vivre sa foi, devient central non seulement dans l'œuvre d'Eusèbe mais aussi dans celle des Pères de l'Église. L'*eusebeia* s'opposait à l'*asebeia*, c'est-à-dire à l'hérésie. Puisque, en raison des polémiques avec Arius, la *doxa* était aimantée par le sens d'opinion droite (connaissance rattachée désormais à la foi, *pistis*, plutôt qu'au cheminement comme lors de la période précédente), il fallait bien que son sens de culte réapparaisse autrement. Cette dimension de piété attachée à la pensée orthodoxe prit chez Eusèbe le sens de crainte de Dieu. Il ne s'agit pas encore de peur, comme ce fut bien souvent le cas, au moins au niveau des mentalités populaires, en Occident à partir du XIVe siècle et en Orient à partir du XVIe siècle[76], c'est plutôt un sentiment de responsabilité à l'égard du Pantocrator. Car la ligne de partage entre les sauvés et les damnés passait entre ceux qui possédaient cette crainte et ceux qui l'ignoraient.

Pour Glenn Chesnut, c'est la vie pieuse de l'empereur qui représenta à partir du IVe siècle le paradigme de la vérité droite. C'est pourquoi l'empereur devait aussi être un maître de piété et s'engager dans la défense de l'orthodoxie doctrinale[77]. La vision d'eucharistie cosmique préservée par la liturgie fut maintenue alors par la notion de piété. Puisque la gnose, au sens de juste glorification produisant l'intelligence, n'était plus comprise, puisqu'elle était source d'hérésies dangereuses, puisque surtout l'empereur imposait une doxa officielle qui se devait d'être homogène pour tous, une dissociation se produisit entre le culte des choses célestes et leur intelligence. Cela eut comme conséquence de relativiser le culte-*eusebeia* comme l'une des caractéristiques de la religion catholique, et de transformer la pensée orthodoxe en une connaissance sacrée des mystères divins, nécessairement apophatique, fondée sur des dogmes, capable de comprendre et donc d'organiser les mondes visibles et invisibles. C'est ainsi que se désintégra la synthèse gnostique des chrétiens des trois premiers siècles. On trouve la trace de cette évolution dans l'œuvre de Cyrille de Jérusalem (v. 315-387), l'un des Pères de l'Église les plus vénérés tant en Orient qu'en Occident. Il convient de citer sa définition de l'Église catholique :

> L'Église est appelée catholique parce qu'elle est répandue à travers le monde, d'un bout à l'autre de la terre, aussi parce qu'elle enseigne de façon universelle et complète toutes les doctrines [*dogmata*] que l'homme doit connaître concernant les choses visibles et invisibles, célestes et terrestres ; et aussi parce qu'elle soumet au juste culte [*eusebeiai / recto cultui*] toute l'humanité, gouvernés et gouvernants, lettrés et illettrés ; ensuite parce qu'elle traite et soigne universellement toute sorte de péché commis par l'âme ou le corps, et elle possède en elle-même toute vertu concevable, que ce soit en actions, en paroles ou en dons spirituels de toutes sortes[78].

L'œuvre d'Eusèbe eut une imposante postérité jusqu'à nos jours, mais plus particulièrement jusqu'au XVIe siècle. Jérôme (340-410) prit connaissance de la *Chronique* d'Eusèbe lors d'un séjour à Constantinople en 380-381 et entreprit de la traduire en latin (en la complétant jusqu'à l'an 378[79]). La *Chronique* devint ainsi le modèle des chroniques du prêtre gaulois Sulpice Sévère (v. 360-v. 420, auteur également d'une *Vie de saint Martin*), Prosper d'Aquitaine, Isidore de Séville (v. 570-636), etc. L'*Histoire ecclésiastique* fut traduite et prolongée jusqu'en 395 par Rufin d'Aquilée (v. 340-410), jusqu'en 425 par Sozomène (v. 400-443), jusqu'en 428 par Théodoret de Cyr (393-v. 460) et jusqu'en 439 par Socrate le Scolastique (v. 380-v. 450). H. Leclercq considère qu'après ces écrivains on ne trouve plus jusqu'à l'âge moderne que « des chroniques, des annales, des récits épisodiques, ou des histoires nationales[80] ». De même pour l'historien russe V. Bolotov, après Eusèbe et Socrate et jusqu'à Nicéphore Calliste Xanthopoulos, moine et historien byzantin mort vers

1350, auteur d'une *Histoire ecclésiastique* en dix-huit livres (allant jusqu'en 610), on ne trouve pas en Orient d'histoire de l'Église qui se démarque de façon spécifique des pères de l'histoire de l'Église[81]. La caractéristique principale de cette nouvelle histoire orthodoxe est que le politique et le religieux sont à ce point mêlés qu'on ne fait plus de différence dans le récit entre l'histoire de l'Église et l'histoire de l'État. Ainsi l'*Histoire* de Nicétas Choniatès (1155-1215/16), qui va du règne de Jean II Comnène à la chute de Constantinople de 1204, était une histoire prolatine, favorable à la résistance de la dynastie des Lascaris. C'est la raison pour laquelle l'auteur du *Trésor de l'Orthodoxie* peignait en termes négatifs les patriarches qui furent complices de la décadence byzantine.

En Occident, selon Bolotov, «les histoires deviennent locales», mais l'historien russe ne considère pas qu'elles apportent quelque chose de nouveau au modèle posé par Eusèbe. Grégoire de Tours (v. 538-v. 594), Bède le Vénérable (673-735), Paul Warnefrid († 799), voire leur monastère à l'ère post-carolingienne, ne feront qu'unir leur peuple à la grande histoire du christianisme. Le *Liber pontificalis*, à Rome, permet de garder la mémoire des successeurs de Pierre. Mais, d'une façon générale, on ne faisait qu'épingler des événements isolés. H. Leclercq pose ce sévère diagnostic sur l'historiographie médiévale: «Par une singulière coïncidence, le Moyen Âge se révèle aussi inapte à concevoir et à exécuter une synthèse historique qu'à figurer une perspective artistique. Les fresques et les peintures qui nous restent de lui nous montrent les épisodes et les individus sur le même plan, les édifices empiétant les uns sur les autres, les corps se pénétrant dans des impossibilités absolues. Toute vue d'ensemble lui échappe[82]. » Il convient cependant de nuancer ce propos en rappelant que, si la conscience historique s'affaiblissait, la conscience juridique en revanche s'approfondissait. Le livre des *Sentences* de Pierre Lombard est un florilège de textes patristiques qui eut une influence considérable sur le droit médiéval occidental. Bien que les auteurs occidentaux y soient très largement privilégiés sur les auteurs orientaux, Lombard montra la cohérence entre Augustin d'Hippone (cité 680 fois) et Jean Damascène (cité 26 fois) selon le principe qu'« aucune personne dans la Trinité ne surpasse l'autre en grandeur[83] ». Au XIIIe siècle, on ne trouve que quelques historiens de talent : en Orient, Grégoire Barhébreus († 1286) est l'auteur d'une *Chronique ecclésiastique* qui permet de mieux connaître l'histoire de l'Église syrienne occidentale et orientale ; en Occident, Geoffroy de Villehardouin est l'auteur d'une *Chronique* qui fait le récit de la quatrième croisade, tandis que Joinville est l'auteur d'une *Histoire de Saint Louis*. Après ce bref sursaut, aux XIVe et XVe siècles, l'historiographie chrétienne semble s'éteindre. H. Leclercq prononce à son sujet un jugement encore plus lapidaire : « Plus rien... la théologie a tout envahi et desséché tout ce qui n'est pas elle seule[84]. » Il faudra attendre la Réforme pour qu'on se tourne à nouveau vers l'histoire. Mais, pour cela, il faudra qu'advienne une nouvelle configuration des relations entre foi et raison, c'est-à-dire entre les pôles de la connaissance, du culte, de la mémoire et de la justice.

LA FIN D'UNE ÉTAPE DE LA CONSCIENCE HISTORIQUE

Avant d'aborder le renouveau historiographique favorisé par la Réforme, il convient de dire quelques mots sur les *Mémoires* de Sylvestre Syropoulos consacrés au concile de Florence[85]. Cette œuvre scelle la fin d'une période de la conscience historique du christianisme orthodoxe. Eusèbe de Césarée avait été marqué par le premier concile œcuménique et ses débats, pour lui non résolus, sur la relation entre le Père et le Fils au sein de la Trinité. Ce concile de Nicée avait eu l'influence que l'on sait sur sa représentation politique de l'histoire de l'Église, qui dissociait la vie du monde de la vie de la communauté chrétienne, tout en l'unifiant par la figure du *basileus*. De même, l'incapacité de Sylvestre Syropoulos à accepter les décisions du concile de Florence de 1438-1439 est caractéristique de cette représentation essentiellement politique de l'orthodoxie. Cela eut une influence déterminante sur l'historiographie ultérieure. Mais, si Eusèbe devint le thuriféraire du césaro-papisme, Syropoulos alla jusqu'à faire le choix, avec les autres intellectuels de sa génération, de privilégier « le turban à la tiare[86] ». Au commencement de cette période politique de l'Église, lorsque piété et doctrine commencent à se dissocier, Eusèbe devint l'historien de la longue durée du cheminement ecclésial des premiers apôtres au concile impérial de Nicée. Au terme de cette période, au moment où, en Occident, les États-nations commencent à se liguer contre le pouvoir du pape et où, en Orient, l'Église découvre brutalement les conséquences d'un État non ecclésialisé, Sylvestre fut le mémorialiste de la courte durée, le dernier témoin du modèle dit « symphonique » de l'orthodoxie médiévale.

On connaît la personnalité et l'œuvre majeure du grand ecclésiarque de l'Église de Constantinople grâce, en particulier, aux travaux de l'assomptionniste Vitalien Laurent qui fut chercheur scientifique au CNRS et expert au Vatican auprès de la Congrégation pour la doctrine de la foi. Syropoulos est né vers 1400 dans une famille célèbre d'ecclésiastiques attachés à la Grande Église de Constantinople. Après des études en théologie, il devint un cadre de l'administration patriarcale plus qu'un véritable théologien. Vers 1430, il devint grand ecclésiarque, l'une des fonctions les plus élevées au sein de la curie patriarcale byzantine. En 1438-1439, il participe activement au concile d'union de Florence et signe le décret d'union. Malgré ce que put en dire l'historien byzantin Doukas[87], il n'y eut pas à Constantinople, dans les années qui suivirent le concile, de manifestations de masse ou de résistance organisée aux décisions du concile. Il y eut certes des anti-unionistes avec Marc d'Éphèse comme chef de proue. Syropoulos, qui regretta à son retour d'avoir signé l'acte d'union, rédigea dès 1444-1445 ses *Souvenirs* ou *Mémoires* du concile pour justifier son attitude. Mais, comme l'écrit V. Laurent, « le mouvement d'opposition n'avait pas à la veille de la conquête turque pris l'ampleur que lui prête la littérature polémique qui nous est parvenue[88] ». Il semble bien cependant que les égards qu'accorda le nouvel empereur Constantin XII (1449-1453) aux anti-unionistes précipita le retournement anti-unioniste de Scholarios, l'un des principaux acteurs du concile. Ce dernier se retira de ses fonctions de juge général et de premier secrétaire du patriarche, et devint le moine Gennade en 1450. Syropoulos, devinant que la situation politique ne tarderait pas à changer, quitta lui aussi ses fonctions. Mais, le 14 décembre 1452, dix métropolites et une foule nombreuse de clercs participèrent encore à la liturgie à Sainte-Sophie qui proclama le décret d'union en présence de l'empereur et des corps constitués. Après la chute de Constantinople, les versions divergent quant au sort de Sylvestre Syropoulos. Certains historiens pensent qu'il mourut pendant la prise de la ville. Mais V. Laurent signale l'apparition d'un patriarche du nom de Sophrone Syropoulos quelques années après la chute de Constantinople (sans doute de l'été 1463 à juillet 1464) et considère comme fort plausible, au vu d'un document synodal de 1488, qu'il s'agisse de notre historien[89]. Il serait mort, probablement après avoir été congédié par le synode, d'une « chute tragique » à l'âge de soixante-cinq ans.

Les *Mémoires* de Syropoulos furent copiés par Théodore Agallianos, archonte lui aussi et ami de l'auteur, dont Vitalien Laurent dit qu'il était « un orthodoxe primaire et inconditionnel ». Publiés à Leyde en 1660 ils furent critiqués sévèrement par l'historiographie catholique et encensés de façon tout autant monolithique par des historiens orthodoxes comme Georges Corésios († 1660), le patriarche Dosithée de Jérusalem († 1707) et A. Diamantopoulos[90]. Rares furent les théologiens et historiens orthodoxes, comme Serge Boulgakov et le professeur D. Geanakoplos, qui prirent leurs distances à l'égard de Syropoulos, argumentant qu'un anti-unioniste virulent ayant signé le décret ne pouvait avoir une vue parfaitement objective des événements qu'il relate[91]. Côté catholique, l'analyse de V. Laurent est également plus contrastée. S'il montre l'extrême valeur du témoignage de Syropoulos, en tant qu'acteur et témoin direct des événements décrits, l'historien français ne peut pas ne pas constater les approximations, les non-dits et la subjectivité excessive de ce témoignage. Syropoulos plaidait devant les intégristes de son temps la cause de ceux qui, comme lui, avaient eu la faiblesse de signer le décret d'union. Il ne consacre qu'une quinzaine de pages sur plus de deux cent cinquante aux séances publiques du concile de Florence. Et, surtout en raison des nombreuses avanies dont il souffrit dans son propre milieu pour avoir été signataire, il n'hésite pas à introduire des contre-vérités que J. Gill et V. Laurent ont démasquées avec autorité. Lorsqu'il y a contradiction entre les *Mémoires* et les *Actes* du concile, Joseph Gill privilégie les *Actes* et a montré pourquoi[92]. Pour V. Laurent : « La matérialité des faits est en effet le plus souvent irréprochable ; leur présentation et leur interprétation seules font problème non seulement pour le catholique, mais pour le savant dégagé de toute hypothèque confessionnelle[93]. »

Pour ce qui nous occupe dans ce chapitre, les *Mémoires* de S. Syropoulos sont avant tout caractéristiques d'un paradigme de l'orthodoxie qui, en autorisant la séparation entre la saine doctrine et la raison d'État, aboutissait à la soumission effective du pouvoir spirituel au pouvoir politique. La justification que fit Syropoulos de sa propre signature au décret d'union, bien qu'elle ait été rédigée cinq ans après les événements, est à cet égard significative:

> Puisque c'est là l'ordre que donne notre maître l'Empereur, vu que tous croient que cela est dans l'intérêt de la Ville et pour l'union des chrétiens, je ne veux pas paraître ne pas aimer et ne pas désirer la conservation et l'accroissement de la patrie, ni m'opposer à son plus grand bien, à son progrès, à l'utilité des chrétiens et à tous les autres avantages qu'on en escompte pour la Ville. En conséquence je vais par nécessité suivre le plus grand nombre pour remplir l'ordre et la volonté de l'empereur, mais je proteste encore maintenant que ce n'est ni par conviction ni par libre choix que je vais émettre l'opinion selon laquelle ce qui s'est réalisé représente la saine doctrine de notre Église. Dieu connaît en effet les dispositions de mon âme, que je n'accepte pas la chose et ne signe pas de bon gré. L'affaire demeure en sa miséricorde! J'en agis donc ainsi pour le présent, mais il me reste la possibilité de faire dans la suite, en ce qui me regarde, ce que je veux[94].

Quoi qu'on en dise, une rencontre en profondeur entre chrétiens orthodoxes d'Orient et d'Occident a bien eu lieu à Florence. L'historiographie contemporaine montre bien que, malgré les divergences de vue, l'écrasante majorité des participants au concile de Florence considérait que ce qui les unissait était bien supérieur à ce qui les divisait. Pour Emmanuel Lanne, moine et savant de l'abbaye de Chevetogne, «le concile de Florence a réalisé, sur le plan théorique du moins, l'unité dans la multiplicité comme aucun concile ne l'avait fait avant lui et lui a donné un certain fondement ecclésiologique[95]». Certes dans cette unité de vue les considérations théologiques ont probablement moins pesé que les considérations politiques des uns, sur l'avancée des troupes ottomanes dans les diverses régions de l'Empire byzantin, et des autres, sur les prétentions de supériorité sur le pape des délégués du concile de Bâle (1431-1443). Et on peut admettre avec E. Lanne que l'ecclésiologie de la bulle d'union *Laetentur Caeli* était encore très monolithique et réticente à admettre la pluralité des expressions liturgiques. Pour Cécile Caby, le problème était essentiellement culturel. « Fondamentalement, écrit-elle, les deux parties ne se comprennent pas, non seulement parce qu'elles ne parlent pas la même langue (d'où le travail incessant des traducteurs, au nombre desquels figure Traversari) mais aussi parce qu'elles se réfèrent comme fondement de l'orthodoxie à deux traditions distinctes (les Pères Grecs ne sont plus lus en Occident, sinon dans quelques florilèges) et qu'elles leur attribuent en outre un rôle différent dans la construction de l'orthodoxie : d'où la nécessité de recourir à des personnes non seulement au fait des deux traditions mais aussi convaincues de leur continuité[96]. » Il faut cependant se méfier des anachronismes en termes d'attentes œcuméniques. Les actes du concile témoignent avant tout de la discussion longue et profonde à laquelle se sont livrés les délégués latins et byzantins. La raison de l'échec du concile de Florence se trouve plus dans sa réception par des populations devenues de plus en plus éloignées sur un plan culturel que dans une hypothétique incompatibilité structurelle entre l'Église d'Orient et l'Église d'Occident. L'échec de la réception du concile de Florence doit lui-même être relativisé. En Moscovie, par exemple, l'Église rejeta le concile. Mais, comme l'a montré A. Houssiau, évêque de Liège, dans son article « Réception et rejet d'un consensus conciliaire[97] », le désir d'autonomie nationale était plus important que le souci d'affirmation de l'unité catholique[98]. Mais il faut également ajouter, avec W. Hryniewicz, que le métropolite Isidore bénéficia d'un accueil enthousiaste en 1441 à Kiev après le concile de Florence[99]. La mémoire du concile ne fut donc pas homogène, comme les historiens du XIXe siècle ont eu tendance à le croire. Encore en 1498, le patriarche de Constantinople Joachim Ier pouvait confirmer Joseph Bolharinovitch comme métropolite de Kiev alors que celui-ci était l'auteur d'un projet de restauration de l'union de Florence. La position de ce dernier fut soutenue par des figures éminentes, du moins tant que la sotériologie confessionnelle et exclusive du concile de Trente (« Hors de l'Église catholique point de salut ») resta peu répandue. En Pologne, le philosophe et théologien Stanislas Orzechowski († 1566), enfant d'un père catholique et d'une mère orthodoxe, fut l'un des principaux promoteurs du concept de double loyauté qui rendait possible la communion d'une Église à des Églises n'étant pas en communion entre elles, et l'un des fondateurs de la science politique en langue slave.

Prenons quelques exemples des nouvelles synthèses entre chrétiens d'Orient et d'Occident s'opérant au moment du concile et dans son sillage. Nicolas de Cues (1401-1464), diplomate, mathématicien, astronome, philosophe, était un esprit brillant et œcuménique. Il fut le premier à remettre en cause l'authenticité de la « Donation de Constantin » au pape des États pontificaux. Dans sa *Concordance catholique,* il proposa un vaste programme de réformes politiques et ecclésiastiques annonçant la fin du paradigme politique de l'orthodoxie. Nicolas de Cues connaissait bien le monde grec et fut envoyé dès 1437 à Constantinople par le pape Eugène IV pour inviter l'empereur et le patriarche à prendre parti pour le concile de Ferrare[100]. À son retour de Grèce, probablement marqué par la théologie des énergies incréées, il eut en pleine mer l'intuition de la *Docte ignorance.* Son traité, première ébauche de philosophie religieuse théanthropique, s'achève par une nouvelle représentation de l'unité de l'Église, non comme un corps soumis à un pontife ou à un empereur, mais comme « l'unité hypostatique des natures dans le Christ[101] ». Sa redécouverte de la théologie apophatique lui permit d'établir une distinction importante entre l'Église militante, marquée par les divisions humaines, et l'Église triomphante, toujours une dans le Christ, vision prophétique réintégrant en Dieu dans l'eucharistie toute l'humanité jusqu'aux philosophes de l'Antiquité[102].

> Et quand nous nous détacherons de l'Église militante, à notre résurrection, nous ne pourrons ressusciter que dans le Christ, afin qu'ainsi encore l'Église triomphante soit une, chacun demeurant à son rang. Et alors la vérité de notre chair n'existera pas en soi, mais dans la vérité de la chair du Christ, la vérité de notre corps n'existera que dans la vérité du corps du Christ, et la vérité de notre esprit dans la vérité de l'esprit de Jésus-Christ, comme les sarments de la vigne ; en sorte qu'il n'y a par le Christ qu'une seule humanité parmi tous les hommes, un seul esprit, celui du Christ, dans tous les esprits, si bien que chacun est en lui, comme il n'y a qu'un seul Christ formé de la

> réunion de tous. Et alors celui qui reçoit en cette vie un seul de tous ceux qui sont le Christ reçoit le Christ, et ce que l'on fait à un seul des plus petits des siens, c'est à lui qu'on le fait. Celui qui blesse la main de Platon blesse Platon, et celui qui blesse la plus petite partie d'un homme blesse l'homme tout entier[103].

L'humaniste italien Lorenzo Valla (1407-1457), qui participa au concile, est le témoin de ce renouveau de la pensée chrétienne orthodoxe en Italie, qui ne se satisfaisait plus de l'œuvre de Thomas d'Aquin et par extension de la tradition scolastique trop empreintes d'aristotélisme[104]. Favorable à une nouvelle théologie humaniste, par laquelle l'*ars bene vivendi* serait indissocié de l'*ars bene dicendi*, il proposait un retour à la théologie de Basile de Césarée et Ambroise de Milan[105]. Il fut le grand modèle d'Érasme (1466 ou 1469-1536) qui plaçait comme lui, au-dessus de la métaphysique scolastique, la rhétorique, car celle-ci était capable de convaincre, d'exhorter et finalement d'agir de façon orthopraxique[106]. Érasme fut lui-même un fruit de la *Devotio moderna* initiée par Gérard Groote († 1384) qui, au contact de la théologie mystique de Henri Suso, Tauler, Eckhart, avait appelé à un renouveau de la piété laïque, à la lecture de la Bible en langue vernaculaire, au rejet de la dialectique scolastique au profit de la vie spirituelle intérieure. Comme Thomas a Kempis, l'auteur de l'*Imitatio Christi* (vers 1407), Érasme appelait à la lecture des *patres orthodoxi*, à savoir Jérôme, Jean Chrysostome, Augustin et Denys l'Aréopagite[107].

Tommaso Parentucelli (1398-1455) participa également au concile de Florence. En 1447, il devint pape et engagea Lorenzo Valla en tant que notaire apostolique. Ensemble ils firent de Rome le centre des études patristiques en Occident, travail qui fut continué par les papes Pie II (1458-1464) et Sixte IV (1471-1484[108]). Mais la bulle du 8 janvier 1455 *Romanus Pontifex* de Nicolas V révèle l'emprise de l'ancien paradigme sur les hommes de la Renaissance. Le pape humaniste continuait à vouloir se poser, en tant que vicaire du Christ, en arbitre des empires espagnol et portugais, et donnait au roi du Portugal l'autorisation de réduire en servitude les Sarrasins. Les papes ne voulurent pas entendre les avertissements des hommes du Quattrocento. Un demi-siècle plus tard, le 23 mai 1498, le dominicain et réformateur italien Jérôme Savonarole (1452-1498) fut brûlé sur un bûcher. Sa critique de la curie romaine comme « putain fière et menteuse » ne fut pas entendue. Mais sa propre tentative de dictature théocratique (1494-1498) dans la ville de Florence échoua. Le modèle politique médiéval s'effondra un peu plus.

Ainsi l'attitude après le concile tant de Sylvestre Syropoulos que de Tommaso Parentucelli fait comprendre que, en dépit du renouveau intellectuel et des retrouvailles scellées liturgiquement dans la cathédrale de Florence le 6 juillet 1439, l'unité des chrétiens n'était pas possible sans une remise en cause de la théologie politique du césaro-papisme ou du papo-césarisme. Cette théologie politique était étroitement liée, comme on l'a vu chez Eusèbe et Augustin, au paradigme même d'orthodoxie comme vérité droite. Comprise de plus en plus indépendamment des autres pôles de l'orthodoxie, à savoir la juste glorification, la mémoire fidèle et la connaissance juste, cette représentation de l'orthodoxie laissait libre cours aux excès les plus injustifiables des représentants — se considérant comme exclusifs — de Dieu sur la terre, le pape, l'empereur, le dictateur d'une cité. L'historiographie de la période ultérieure, confessionnelle, de l'orthodoxie se chargera de réécrire, sur les cendres des mémoires blessées, l'histoire du concile de façon polémique et prosélyte. Au début du XVIe siècle, il n'existait déjà plus aucune trace de la version latine des *Actes* du concile de Florence[109]...

Chapitre IX

LA « MÉMOIRE FIDÈLE ». DES *ANNALES DE MAGDEBOURG* AUX *VOIES DE LA THÉOLOGIE RUSSE* DE G. FLOROVSKY

Le mathématicien et philosophe Blaise Pascal (1623-1662) tenait dans ses *Pensées* que « l'histoire de l'Église doit être proprement appelée l'histoire de la vérité[1] ». Il considérait le christianisme comme la religion vraie dans la mesure où elle reposait sur des prophéties et des prédictions accomplies[2]. « Jésus-Christ est arrivé alors, qui s'est dit le Messie, [...], et cela marque bien la vérité des prophéties[3]. » Il retrouvait de la sorte le régime de vérité mis en lumière par Pierre lors de la fête de la Pentecôte. Le Christ a accompli les Écritures, c'est là la meilleure preuve de sa qualité de Fils de Dieu selon le premier apôtre. Dans cette logique, la pensée est vraie lorsqu'elle se défait de la « raison naturelle », du *cogito* comme source unique de vérité, lorsqu'elle se fait cheminement fidèle et confiant. Pascal écrit :

> J'avoue bien qu'un de ces Chrétiens qui croient sans preuves n'aura peut-être pas de quoi convaincre un infidèle qui en dira autant de soi. Mais ceux qui savent les preuves de la religion prouveront sans difficulté, que ce fidèle est véritablement inspiré de Dieu, quoiqu'il ne pût le prouver lui-même. Car Dieu ayant

> dit dans ses prophètes [prophéties] (qui sont indubitablement prophètes [prophéties]) que dans le règne de Jésus-Christ il répandrait son esprit sur les nations, et que les fils, les filles et les enfants de l'Église prophétiseraient, il est sans doute que l'esprit de Dieu est sur ceux-là, et qu'il n'est point sur les autres. Au lieu de vous plaindre de ce que Dieu s'est caché, vous lui rendrez grâces de ce qu'il s'est tant découvert ; et vous lui rendrez grâces encore de ce qu'il ne s'est pas découvert aux sages superbes, indignes de connaître un Dieu si saint. Deux sortes de personnes connaissent : ceux qui ont le cœur humilié, et qui aiment la bassesse, quelque degré d'esprit qu'ils aient, haut ou bas ; ou ceux qui ont assez d'esprit pour voir la vérité, quelques oppositions qu'ils y aient[4].

Cette attitude philosophique, fondée sur le souvenir de la parole de vérité, n'était pas un pur irrationalisme. Lorsqu'il y avait énigme ou dispute entre fidèles, Pascal recommandait de se fier aux « Pères et [à] la tradition » (n° 775). Ce régime de mémoire fidèle, radicalement opposé à la nouvelle rationalité centrée sur le *cogito* promue par René Descartes (1596-1650), devint paradigmatique dans la conscience chrétienne à l'époque moderne. Il va de soi que cette coupure entre la raison et la foi eut de douloureuses conséquences tant pour la première que pour la seconde, en Occident comme en Orient. Cette coupure eut également des conséquences politiques. Le seul texte proprement théologique promulgué par le Saint-Siège pendant toute la durée de la Révolution française fut la bulle *Auctorem Fidei* du 28 août 1794[5]. Ce texte, qui ne concerne pas directement la Déclaration des droits de l'homme et du citoyen mais l'hérésie janséniste, constitue une trace visible de la prégnance du paradigme mémoriel dans la conscience catholique. En remettant en cause les actes du synode de Pistoia (18-26 septembre 1786) réuni par l'évêque réformateur et jansénisant Scipione de' Ricci et l'autorité du grand-duc de Toscane, futur empereur Léopold II, qui protégeait alors les jansénistes, le pape Pie VI (1717-1799) s'attacha à contredire en premier lieu l'argument hérétique de « l'obscurcissement de la vérité dans l'Église ». Cet argument était, selon Philippe Boutry, un des *topoi* de la polémique janséniste italienne et européenne du XVIIIe siècle. Appuyé sur une théologie de l'incarnation, et donc sur l'idée du caractère visible de la vérité, le pape défendit l'autorité des pouvoirs du pontife romain au moyen de la Tradition et de l'argument du « dépôt sacré que le Christ a confié à l'Église[6] ».

L'ORTHODOXIE COMME MÉMOIRE FIDÈLE

La dimension identitaire de la pensée orthodoxe a toujours été une des composantes essentielles de la conscience chrétienne. On l'a mentionnée à plusieurs reprises déjà. Étroitement mêlé avec la célébration eucharistique, le geste d'anamnèse a contribué à former dans les trois premiers siècles de l'ère chrétienne une identité essentiellement doxologique, eschatologique et messianique. À l'époque suivante il est réapparu à plusieurs reprises comme fondement constitutif de l'orthodoxie de la foi. Ainsi, après la victoire des iconodoules sur les iconoclastes, la célébration du triomphe de l'orthodoxie fut pour une bonne part celle de la fidélité de l'Église au concile de Nicée, puisque les pères du second concile de Nicée rappelèrent qu'en 325 les 318 pères avaient vénéré les saintes images. On a vu également que l'historiographie fut, après le Ve siècle, de moins en moins originale, tant en Orient qu'en Occident. Elle chercha en premier lieu à s'inscrire dans une tradition de fidélité au patron historique établi par Eusèbe. On a l'habitude de clore la période patristique à saint Jean Damascène. Son exposé de la foi orthodoxe est, de ce point de vue, éloquent puisqu'il y affirme de façon claire le fondement mémoriel de l'orthodoxie. Saint Jean Damascène écrivait ceci : « Celui qui ne croit pas selon la tradition de l'Église catholique [...] est infidèle[7]. » Pourtant on a vu que, au cours de cette deuxième période de l'évolution de la conscience ecclésiale orthodoxe, la dimension identitaire des chrétiens orthodoxes fut toujours en situation de dépendance à l'égard de la puissance politique. C'est l'impératrice Irène qui affermit le culte des icônes. Et l'infidélité, à l'époque de la chrétienté, a une signification essentiellement politique. Les croisades contre les Albigeois ou contre les Sarrazins en sont une preuve indéniable. L'Église en effet avait, dès ses origines, établi des règles bien différentes pour questionner, exclure et réintégrer le chrétien qui ne partageait pas le récit traditionnel des origines. On a vu aussi que du XIIIe au XVe siècle, tant en Orient (avec la théologie des énergies incréées) qu'en Occident (avec la pensée scolastique), la théologie médiévale a cherché à s'émanciper d'un usage répétitif et non éclairant de la tradition.

À l'époque moderne, les choses vont se modifier à

un point tel que le chrétien orthodoxe sera désigné du qualificatif même de fidèle[8]. Il se produit une identification entre la foi et le porteur de la foi. Le fidèle est celui qui professe ce qui est considéré comme la vraie religion. La fidélité est, selon les paroles de saint Paul, ce qui fait « honneur en tout à la doctrine de Dieu notre Sauveur » (Tite, 2, 10). De plus, à l'aube de la modernité, se produit une prise de conscience que ce n'est pas uniquement Pierre, André et leurs successeurs, mais l'Église tout entière qui est responsable du dépôt de la foi et de sa transmission. Ce renouveau spirituel fut le fruit d'une ferveur nouvelle, marquée par un désir nouveau de conversion. En ses débuts, celui-ci correspondait à la notion grecque de *metanoia* d'un changement de vie radical, lié à la prise de conscience par le sujet de l'amour personnel de Dieu à son égard et de son état pécheur. Jean Calvin (1509-1564) comme Ignace de Loyola (1491-1556), Maxime le Grec († 1556) ou Thérèse d'Ávila (1515-1582) apparaissent comme des exemples de « convertis » caractéristiques du XVIe siècle. Ce n'est que progressivement que le terme de conversion désigna l'adhésion à une nouvelle confession, à travers notamment l'expression d'une théologie de l'élection développée par Calvin[9]. Le terme français de protestantisme, tiré du latin *protestans*, n'apparut en français qu'en 1542 pour désigner les partisans de Luther à la diète de Spire en 1529. Mais le terme de protestantisme comme synonyme de doctrine constituée ne serait apparu qu'en 1623 et ne fut pratiquement jamais utilisé avant la révocation de l'édit de Nantes en 1685. De même, le terme d'anglican, dans son sens de *via media* entre catholicisme et protestantisme, *High Church and Low*

Church, ne vient que de l'époque tractarienne des années 1830.

Comme l'écrit Marie-Thérèse Nadeau, c'est la communauté ecclésiale « comme communauté de croyants créée par la puissance de la Parole et animée de l'Esprit qui est finalement appelée à être le témoin de la vérité divine, à la transmettre à tous dans son intégrité et fidèlement, compte tenu de la diversité des situations et de l'évolution des cultures. Après tout n'est-ce pas le Corps du Christ dans son entier qui a reçu du Christ lui-même cette assurance : "Voici que je suis avec vous jusqu'à la consommation des siècles[10]." » Mais dans un contexte de séparation entre les chrétiens, le risque ici pour la conscience orthodoxe est de compartimenter ce qui relève de la foi et ce qui relève de la raison. Or, lorsqu'elle dissocie les pôles du culte, de la mémoire, de la connaissance et de la vérité, la pensée en vient à vouloir se donner soi-même le contenu de sa foi ou de ses convictions. D'où la réaction, partagée par l'ensemble des confessions se pensant de plus en plus comme Églises, de s'attacher à l'ancre de la mémoire fidèle. Pour les uns ce fut la vérité inobjectivable et indémontrable de la primauté de Pierre[11], pour les autres celle de l'autorité incommensurable et indépassable des saintes Écritures[12], pour les derniers ce fut celle du gouvernail indispensable et indiscutable des sept conciles œcuméniques[13]. Toutes les confessions à l'époque moderne ont voulu défendre la Tradition orthodoxe avant la doctrine elle-même, puisque celle-ci était jugée incompréhensible par autrui. Toutes se réclament de la défense de la « saine doctrine », c'est-à-dire de l'orthodoxie de la foi, mais chacune le fait en défendant sa propre lecture de la tradition. Les confessions, synodes et conciles, d'Augsbourg (1530), de Trente (1545-1563), de Brest (1596) ou de Jérusalem (1672) sont parfaitement clairs à cet égard. Le concile de Trente a condamné, lors de sa quatrième session, en 1546, l'interprétation des Écritures « *contra unanimem consensum Patrum* ». Calvin contesta les actes du concile de Trente, en affirmant ne se fonder que sur la Tradition et pas sur l'Écriture[14]. Calvin disait qu'il respectait les Pères de l'Église mais qu'il les lisait en fonction de saint Paul. De fait l'article VII de la *Confession d'Augsbourg* de 1530 identifiait l'Église avec « l'assemblée des saints dans laquelle l'Évangile est enseigné dans sa pureté et les sacrements sont administrés dans les règles[15] ».

Lancelot Andrewes (1555-1626), qui fut lord et évêque de Chichester, présenta en 1613 au roi Jacques Ier les sources de la foi anglicane de la façon suivante : « Un canon des Écritures qui nous viennent de Dieu, deux Testaments, trois Credo, les quatre premiers conciles, les cinq premiers siècles et la succession des Pères de cette époque — trois siècles avant Constantin, deux siècles après Constantin — ont défini la loi de notre religion[16]. » L'Occident connut du fait de ce renouveau mémoriel un véritable renouveau de la tradition patristique[17].

Le drame consista en l'incapacité des Églises à comprendre la légitimité mutuelle de leurs interprétations spécifiques de celle-ci[18]. Progressivement on en vint à sacraliser la mémoire de sa propre Église en perdant la logique initiale de l'orthodoxie comme redécouverte de la saine doctrine[19]. Ainsi que le regrettait déjà, au XVIIIe siècle, le calviniste français Isaac Casaubon, la théologie voulut désormais adapter les Pères à la pensée de Luther et Calvin plutôt que l'inverse[20]. Au XIIe siècle, à Constantinople, le canoniste byzantin Théodore Balsamon, qui fut patriarche d'Antioche, acceptait le principe de la traduction des liturgies du grec dans les langues locales, en s'appuyant sur le passage de saint Paul (Rom., 3, 29) où l'apôtre dit que Dieu n'est pas seulement le Dieu des juifs mais également celui des païens. Mais, au XIXe siècle, c'est le principe de fidélité à la tradition nationale qui l'emporte, dans le monde oriental, sur le principe d'intelligence. En Russie ou en Grèce, il n'est plus question d'autoriser la traduction de la liturgie de saint Jean Chrysostome en grec moderne, en russe moderne ou dans les langues des pays de la diaspora orthodoxe. Pour le père Congar, l'évolution du rite après le concile de Florence témoigne également de la perte de compréhension que la foi peut avoir diverses expressions. « Le rite est devenu une réalité abstraite, une chose en soi ; on l'a réifié, on en a fait une entité. [...] La question du rite s'est identifiée à la question même de l'Église[21]. » La querelle de l'uniatisme se comprend aisément dans ce contexte de crispation, en Orient comme en Occident, de la mémoire sur son identité et de l'identité sur le rite[22]. Mais, comme l'écrit Congar, pour comprendre la position romaine, au-delà des tentatives réelles de prosélytisme qui ont pu avoir lieu ici ou là, il faut adopter une attitude eschatologique, une attitude qui ramène la mémoire à l'histoire. Ainsi, par exemple, ce ne sont pas les jésuites qui ont converti à eux seuls la Galicie, mais la Galicie orthodoxe qui s'est voulue fidèle au concile de Florence et a maintenu son attachement à Rome. Pour Rome, les Églises orientales unies sont, selon Congar, « une sorte de promesse, un peu comme la présence de Benjamin auprès de Juda, durant le schisme des dix tribus, était une promesse de la réunion à venir ». Mais il est vrai qu'il fallut attendre les premières années du XXe siècle pour voir apparaître dans l'Église catholique un mouvement liturgique qui repose la question du sens de la glorification. Dom Lambert Beauduin, l'un de ses animateurs, voulut mettre un terme aux messes basses, aux célébrations sans participation des fidèles, aux représentations de la liturgie comme « une série de prescriptions minutieuses et arbitraires imposées, croirait-on, pour exercer la patience de ceux qui les étudient et les accomplissent[23] ».

Trois raisons principales expliquent cette évolution générale à ses origines.

Premièrement, l'échec de la réception du concile de Florence tant en Orient qu'en Occident eut comme conséquence de priver les chrétiens d'un espace de synodalité capable d'établir un consensus commun de l'intelligence guidée par la foi. L'époque moderne fut caractérisée principalement par cette déchirure entre la foi et la raison. La révolution héliocentriste (*De revolutionibus orbium coelestium*, 1530) introduite par le chanoine, canoniste et astronome Nicolas Copernic (1473-1543) est à ce titre significative. De son vivant, Copernic ne fut pas inquiété par l'Église. Mais au siècle suivant, avec Galilée, condamné en 1633 par le tribunal ecclésiastique, le contexte n'est plus le même. La Réforme et la Contre-Réforme, la guerre de Trente Ans et la formation d'un droit international consacrant la puissance des nouveaux États-nations entraînèrent le Saint-Siège à adopter une position défensive et conservatrice. Cette attitude conduisit à une distanciation de l'Église avec le monde scientifique et aboutit à d'autres humiliations pour l'orthodoxie ecclésiale. L'Église défendit sa thèse selon laquelle l'homme et la terre qui le porte sont au centre de la pensée divine et donc de l'univers. Mais elle le fit à partir d'une logique statique et repliée sur elle-même. La rupture avec les élites intellectuelles s'accrut de siècle en siècle. Certes on trouve des exceptions importantes. En 1525, Érasme traduisait encore le *De orando Deum* de Jean Chrysostome et disait du patriarche de Constantinople qu'il mélangeait «le plaisir à l'utilité». Comme l'écrit Jan Den Boeft, les Pères aidaient Érasme dans son programme de renouveau de l'Église et de la théologie vers plus de pureté et de simplicité[24]. Mais on sait que Luther critiqua violemment l'humaniste de Rotterdam et de Louvain, en lui reprochant de s'intéresser trop aux hérésies, signe que le réformateur vivait lui aussi dans un autre paradigme, dans une autre configuration de l'orthodoxie. De même, la kabbale chrétienne de l'humaniste universel et cosmopolite Guillaume Postel (1510-1581) ne pouvait trouver sa place dans la nouvelle pensée orthodoxe. Professeur au Collège de France, il connaissait le grec, l'arabe, le grec et le syriaque. Dans son utopie *De orbis terrae concordia*, rédigée en 1544, il imagina que l'unification politique et religieuse du monde devait se réaliser à partir du caractère rationnel des vérités religieuses et morales. Suspecté d'hérésie par l'Inquisition, il se réfugia à Venise où il traduisit le *Zohar* (à deux reprises 1547-1553; 1562-1569). Il perdit sa santé mentale et fut déclaré fou. Il fut interné en 1562 au cloître de Saint-Martin-des-Champs de Paris. Cette absence de dialogue entre hommes de science chrétiens et autorités religieuses se poursuivit tout au long de cette période moderne. Mikhaïl Lomonossov (1711-1765) fut un grand encyclopédiste russe, un mathématicien, chimiste, astronome, historien, poète, fondateur de l'université de Moscou, qui rédigea des *Réflexions matinales sur la grandeur de Dieu*. Mais le synode de l'Église russe le condamna en 1757 pour ses propos contre l'obscurantisme clérical.

Deuxièmement, la perte de pouvoir effective du pape de Rome sur les nouveaux États-nations (emprisonnement du pape Boniface VIII par Philippe le Bel en 1302) et l'effondrement de l'Empire byzantin en 1453 aboutiront, à l'époque suivante, à un mouvement général, bien que différemment mis en œuvre selon les espaces-temps, de reconfiguration des relations entre le pouvoir politique et le pouvoir ecclésial. Le concile de Trente fut révélateur d'une période de séparation entre le temporel et le spirituel. Il est passé d'une période impériale (1545-1552) à une période pontificale (1562-1563), où le pape a succédé à l'empereur comme référence de l'unité ecclésiastique[25]. Commencé au XIIe siècle, le mouvement de verticalisation de l'Église romaine franchit une étape supplémentaire, l'autorité de celle-ci étant renforcée à partir du concile. Avec le concile Vatican I et la définition du dogme de l'infaillibilité pontificale, « l'appel à l'autorité de l'Église fait maintenant partie de la définition même de la vérité divine[26] ». Bien que l'identité politique et l'identité religieuse soient restées indissolublement liées en Europe occidentale, au moins jusqu'à la Révolution française, l'évolution de l'orthodoxie dépendit désormais bien plus de la mémoire confessionnelle que de l'identification voulue de part et d'autre entre l'Église et le vicaire du Christ. Selon Patrice Veit : « La confessionnalisation se définit concrètement par une confession de foi, une démarcation envers les autres confessions, une nouvelle organisation ecclésiale et scolaire, un système de contrôle, un lien étatique fort[27]. » Désormais de nouvelles questions apparaissent, celle de la délimitation des territoires selon la foi du prince ou celle des fidèles, celle du partage d'une temporalité commune (avec notamment la réforme du calendrier décidée par le pape Grégoire XIII en 1582), celle des sources de la légitimité, celle des frontières du droit civil et canonique, etc. À partir de 1648, le droit international consacra la souveraineté inviolable des États-nations qui disposaient du même pouvoir que les lieutenants de Dieu dans la théologie politique médiévale. La nouvelle géographie internationale fut la conséquence des divisions politiques issues de l'éclatement du corps ecclésial. Lors de la Sainte-Alliance, formée le 26 septembre 1815 à Paris, les trois monarchies européennes victorieuses de la France, l'Empire russe orthodoxe, l'Empire d'Autriche catholique et la Prusse protestante, voulurent restaurer l'unité du corps ecclésial et se prémunir ainsi du ferment révolutionnaire. Mais, sous l'impulsion de Metternich, l'Alliance refusa les aspirations nationales contraires au maintien de l'ordre dessiné par le congrès de Vienne (1er novembre 1814-9 juin 1815). Après la mort du tsar mystique Alexandre Ier (1777-1825), la Sainte-Alliance se délita pour laisser libre cours à la stratégie fatale des alliances des États souverains.

Troisièmement, la contestation par la Réforme de l'institution ecclésiale remit la question de la mémoire au centre de la problématique de la vérité. Cette contestation fut le fruit de nouvelles angoisses nourries par les hommes et les femmes des Temps modernes à propos du salut. Que Calvin et Luther aient été tourmentés par leur destinée après la mort est caractéristique de cette époque. En Orient, les icônes du Jugement dernier, qui fleurissent au XVIe siècle de la Moscovie au mont Athos, peignent de façon de plus en plus réaliste les flammes de l'enfer. Les penseurs chrétiens, confrontés à une eschatologie médiévale, faute d'avoir obtenu un consensus au concile de Florence, vont devoir s'atteler de façon nouvelle au thème de la justification et, par là, à de nombreux points de doctrine connexes. Le salut par la foi, en effet, impliquait la négation du purgatoire. Avant de s'opposer aux papes, Luther commença par lutter contre le pélagianisme de son temps incarné par Grégoire de Rimini († 1358), maître des Augustins à Paris, qui exagérait le pouvoir du libre arbitre pour s'assurer le salut. Il se voulut également fidèle au combat d'Athanase d'Alexandrie contre Arius. Il s'appuya sur « les paroles des saintes Écritures et sur le concile de Nicée » dans sa onzième thèse, prononcée à Leipzig, en 1519, contre le pouvoir excessif que s'était arrogé l'Église de Rome à partir du XIIe siècle[28]. Mais, si Érasme lisait encore le Nouveau Testament avec le regard des Pères, Luther et Melanchthon voulurent lire et juger les Pères avec les yeux de la Bible[29]. Jean Calvin était anxieux depuis son enfance, la science n'était pour lui qu'un puits sans fond, tandis que l'Église catholique donnait, selon lui, de fausses illusions avec ses indulgences. Pour lui, l'âme des justes était en repos jusqu'au Jugement tandis que celle des pécheurs était enchaînée en enfer: «Calvin, écrit Yves Krumenacker, a besoin d'une sécurité intérieure afin d'échapper à "l'abysse du péché". Or la piété prônée par l'Église catholique ne parvient pas, dans son cas, à l'apaiser. La solution, il l'a trouvée depuis longtemps dans l'évangélisme: c'est la Parole de Dieu, donnée dans l'Écriture et comprise grâce à l'Esprit Saint, qui sauve. [...] Calvin ne peut supporter la confusion, le mélange, le désordre. Il a besoin de distinctions nettes, de frontières précises. Rome ne peut se tourner entièrement vers la vérité divine, il faut donc rompre avec Rome[30].» Aux siècles suivants, la question non résolue de l'eschatologie se transforma en révolte. Mozart (1756-1791), qui fut pourtant baptisé du nom de Joannes Chrysostomus Wolfgangus Theophilus, rejeta l'adage «Hors de l'Église point de salut[31]». Il se tourna vers la franc-maçonnerie tout comme Goethe (1749-1832) et Voltaire (1694-1778). Ce dernier, selon l'historien français Pierre Chaunu, était orthodoxe en estimant que le maître de l'Univers, l'Être suprême, pouvait difficilement, depuis l'alpha jusqu'à l'oméga, «être uniquement préoccupé des états d'âme devant la quatre-vingt-onzième proposition de la bulle *Unigenitus*[32]».

À l'époque moderne, ce ne sont donc plus la théologie dogmatique et le droit canon qui organiseront le savoir mais l'histoire et la philosophie. Comme l'a montré Bruno Neveu, la République des Lettres, collège invisible des érudits européens du XVIe au XVIIIe siècle, critique à l'égard du savoir scolastique hérité du Moyen Âge, fut un vecteur du jansénisme français puis italien. Marc Fumaroli écrit que, dans la bataille qui s'engagea entre jansénistes et jésuites, la République des Lettres, gallicane ou protestante, se montra favorable aux « sectateurs de saint Augustin » qui lui apparaissaient comme des victimes de l'impérialisme prêté aux jésuites et de l'autorité abusive prêtée à la papauté. « Cette solidarité pose les premiers germes de la grande offensive des Lumières contre la compagnie de Jésus et même de la future guerre totale que déclenchera Voltaire, le nouvel Érasme, contre l'"Infâme[33]". » Ce retour à l'augustinisme radical des élites de la République des Lettres, et en particulier à l'interprétation fataliste du péché originel, qui ne se trouve pas dans la tradition apostolique primitive et n'a jamais été adoptée par la tradition patristique orientale, empêcha également toute rencontre féconde entre les chrétiens d'Orient et d'Occident. Comme l'a montré Michel Stavrou, le synergisme des Pères grecs, défendu en Provence par Jean Cassien, Vincent de Lérins, et rejeté par le concile d'Orange (529), « fut taxé à partir du XVIe siècle de semi-pélagianisme par une Église romaine obnubilée par le conflit Pélage-Augustin[34] ».

L'étude de l'historiographie ecclésiale entre la moitié du XVIe siècle et la moitié du XXe siècle témoigne de ces inflexions de la conscience ecclésiale[35]. Cela modifia le statut de l'historien. D'enquêteur au service de l'Église, il devint le juge de ses actions. Si, en effet, l'Église traversait les mêmes évolutions historiques que les autres institutions de ce monde, au plan doctrinal comme au plan moral, cela signifiait que l'historien pouvait se placer au-dessus de l'Église elle-même. Cette transformation critique s'étendit des historiens protestants aux historiens catholiques dès le XVIe siècle. Ce n'est qu'au XIXe siècle que des historiens orthodoxes russes s'invitèrent dans le débat de la chrétienté germano-latine. Alexeï Pétrovitch Lebedev (1845-1908), professeur d'histoire de l'Église à l'académie de théologie de Moscou, l'un des principaux historiens orthodoxes de cette époque moderne, considérait, dans son étude sur l'historiographie ecclésiale, que, depuis la Réforme, « l'histoire ecclésiale est devenue une science critique[36] ».

LE CHOC DES MÉMOIRES (XVIe SIÈCLE)

Un Dalmate devenu luthérien, Mathias Francowitz (1520-1575), qui latinisa son nom en Flacius Illyricus, peut être considéré comme l'un des premiers promoteurs de la nouvelle historiographie ecclésiale. Cet ami de Luther fut marqué par la représentation nouvelle de l'Église comme royaume de l'Antéchrist. En 1556, dix ans après la mort de Luther, il publia à Bâle l'ouvrage suivant : *Catalogus testium veritatis, qui ante nostram ætatem pontifici romano ejusque erroribus reclamarunt*. H. Leclercq a résumé de la sorte le propos de Flacius : « Le but poursuivi dans ce *Catalogus* était de montrer que, nonobstant les ténèbres dont la vérité s'était trouvée comme obscurcie, des témoins fidèles avaient, à toutes les époques, pris la défense de l'orthodoxie jusqu'au jour où la Réforme avait rendu aux hommes la lumière que l'Église catholique avait enténébrée et la vérité qu'elle avait dénaturée[37]. » On retient dès l'origine ce lien observé chez le réformateur entre fidélité et orthodoxie. Flacius poursuivit son entreprise polémique de déconstruction de l'historiographie romaine par la formation d'une équipe d'historiens prêts à soutenir son projet, Wigand, Judex, Faber, Corvinus, etc.[38]. Le titre initial de leur ouvrage collectif, publié à Magdebourg à partir de 1559, s'intitule *Ecclesiastica historia, integram Ecclesiae Christi ideam quantum ad locum, propagationem, persecutionem, tranquillitatem, doctrinam, haereses, ceremonias, gubernationem, schismata, synodos, personas, miracula, martyria, religiones extra Ecclesiam et statutum imperii politicum attinet, secundum singulas centurias*[39]. Au XVIIIe siècle, le titre sera modifié en fonction de la réputation de son plan et prendra le nom de *Centuriae Magdeburgenses, seu historia ecclesiastica Novi Testamenti, cum variorum theologorum continuationibus ad haec nostra tempora, quas excipient supplementa emendationum, defensionum, illustrationumque ad priores centurias XIII*[40]. Il s'agit d'études qui racontent siècle par siècle l'histoire de l'Église. Chaque centurie était divisée en seize chapitres. Les trois premiers concernaient l'histoire générale du siècle et la situation politique de l'Église, le quatrième était consacré à l'évolution de la doctrine, le cinquième aux hérésies, le sixième aux rites, puis venaient l'organisation institutionnelle (chap. 7), les schismes (chap. 8), les conciles (chap. 9), la vie des évêques et principaux acteurs ecclésiaux (chap. 10), les hérétiques (11), les martyrs (12), les miracles (13), la relation aux juifs (14), les autres religions (15) et l'évolution politique des peuples (16). Les auteurs avaient conscience de leur audace : « On pourra dire certainement qu'écrire l'histoire ecclésiale après Eusèbe c'est comme si on osait écrire l'*Illiade* après Homère[41]. »

Mais, aveuglés par leur colère à l'égard des pontifes romains, ils ne surent pas se hisser à la hauteur de leur illustre prédécesseur. Leur histoire a le mérite de dénoncer certains mensonges illustres des papes. Ils font la lumière sur les fausses décrétales du pseudo-Isidore, rédigées vers 840 près d'Amiens, l'une des plus importantes sources du droit canonique médiéval, dont l'un des buts était de protéger la foi orthodoxe et les évêques qui la défendaient, mais qui aboutit à légitimer la soumission des évêques au pouvoir romain centralisateur. Ils contestent la légitimité de l'attribution, en 606, du titre de « chef de toutes les Églises » au pape Boniface III par l'empereur byzantin Flavius Phocas (547-610). Mais ils en viennent à décrire l'histoire des papes au IIe siècle sur le modèle de celle du XIe siècle. Le pape réformateur Grégoire VII (v. 1015-1085) est désigné du qualificatif de « *monstrum omnium, quae haec terra portavit, monstrosissimum* ». De plus, en réduisant la doctrine chrétienne du salut à la seule doctrine de la justification par la foi, ils en vinrent à accuser d'hérésie une part non négligeable de personnalités considérées comme Pères de l'Église. Cette représentation manichéenne et souvent injuste de l'histoire témoigne d'une séparation profonde entre foi et raison. L'originalité cependant de leur approche est, en l'absence de tout dialogue entre la Parole révélée et son intelligence[42], de se fonder sur les Écritures saintes et sur la tradition dogmatique pour équilibrer l'évolution de la papauté en Occident. Le deuxième chapitre de la deuxième épître de Paul aux Thessaloniciens, en particulier, est fréquemment cité pour rappeler ce « mystère de l'impiété » que représente cette vision du « Fils de la perdition » qui s'assied en personne dans le « temple de Dieu » et proclame qu'il est Dieu (II Thess., 2, 4). L'association de la papauté à cette vision de l'apôtre aboutit à une telle polémique qu'elle dévalua pour longtemps le tournant critique de l'historiographie ecclésiale. Très vite, les postures confessionnelles l'emportèrent sur l'orthodoxie en tant que recherche de la connaissance droite.

Ces *Centuries de Magdebourg* provoquèrent en effet les catholiques et les poussèrent à étudier l'histoire. Dès 1561, un chanoine d'Augsbourg, Conrad Brun, publia une réfutation. Mais la réplique la plus argumentée provint d'Italie. Saint Philippe Néri eut le premier la conscience de l'enjeu et encouragea César Baronius (1538-1607) à préparer la riposte. Le fondateur de l'Oratoire exigeait des membres de sa communauté la lecture quotidienne des Pères. Après sa mort, Baronius prit sa succession, devint le confesseur du pape Clément VIII et fut élevé au cardinalat. Le cardinal Baronius, aidé par des secrétaires et par sa profonde érudition, rédigea sous sa seule responsabilité les *Annales ecclesiastici*[43]. Il parvint à composer douze volumes in-folio partant de la naissance du Christ à l'année 1198. Son œuvre fut rééditée et remaniée à plusieurs reprises. Jean-Dominique Mansi a publié, entre 1738 et 1759, à Lucques, une nouvelle édition en trente-huit volumes. Antoine Pagi (1624-1690) continua le travail de Baronius et publia quatre volumes en 1705.

Baronius, qui, dans la préface de son œuvre, appelle les *Centuries de Magdebourg* des « centuries de Satan », préfère le modèle des annales des historiens antiques, et, à la polémique du temps présent charriée par l'histoire, que le récit s'inscrive dans la temporalité paisible et objective des temps passés. Il présente avec franchise l'objet de son projet :

> Ma tâche est de montrer à travers les siècles combien était reconnue et préservée la tête visible de l'Église catholique, établie par le Christ Seigneur, fondée sur Pierre et ses justes et légitimes successeurs, les premiers hiérarques romains, protégés par la grâce et jamais corrompus, montrer qu'a toujours été reconnue et protégée l'unique tête visible de ce corps mystique du Christ devant laquelle s'inclinaient les autres membres[44].

Cela ne l'empêche pas de faire preuve d'esprit critique. Il reconnaît, à la suite de l'humaniste Lorenzo Valla, que la « donation de Constantin », selon laquelle le pape Sylvestre aurait reçu de Constantin les droits impériaux sur l'empire d'Occident, est un faux du VIIIe siècle. Mais il ajoute perfidement que c'est l'œuvre des Grecs en vue de compromettre les Romains. En revanche, il nie que le pape Honorius ait été condamné pour hérésie par le sixième concile œcuménique de 680-681.

À Magdebourg comme à Rome, la conscience historique était encore marquée par la logique médiévale de l'enchaînement des faits et des dates, les uns insistant sur les erreurs des papes, les autres s'attachant à en montrer la gloire. Mais, comme l'écrit A.P. Lebedev, l'Église devait selon les historiens de Magdebourg « comprendre à la lettre et transmettre fidèlement[45] » ce qui a été proposé au temps du Christ et des apôtres. Toute la réflexion portait simplement sur l'adéquation de la transmission. La question des débats entre les différentes écoles théologiques et celle de la créativité théologique au sein de la tradition orthodoxe n'étaient pas encore posées.

La fondation de l'ordre jésuite en 1540 par Ignace

de Loyola contribua à l'élaboration d'une nouvelle orthodoxie intellectuelle dans la seconde moitié du XVIe siècle. Cette orthodoxie fut définie dans un document interne à l'ordre intitulé le *Ratio studiorum*. Rédigé entre 1580 et 1599, il témoigne du rapport nouveau entre quête d'orthodoxie et production de normes, rapport essentiellement dicté par le vœu d'obéissance des membres de la Compagnie au pontife romain. Le devoir d'intelligence est défini d'abord, par les maîtres d'œuvre du *Ratio studiorum*, le général Acquaviva et Robert Bellarmin, comme un devoir de fidélité. D'où le désir de « suivre la doctrine la plus sûre et la plus approuvée », à savoir le thomisme en théologie et l'aristotélisme en philosophie[46]. Cette nécessaire obéissance favorisa dès 1565 l'autocensure au sein de la Compagnie. Malgré ça, le Saint-Office interdit la publication du texte en 1590, ce qui en dit long sur la tension interne entre orthodoxie jésuite et orthodoxie catholique, présente dès les origines de l'ordre.

LA CONFRONTATION DES MÉMOIRES À L'HISTOIRE (XVIIE-XIXE SIÈCLES)

Le piétisme fut une réaction au dogmatisme polémique et intolérant porté par les historiens luthériens des *Centuries de Magdebourg*. Philipp Jakob Spener (1635-1705) inaugura un mouvement se voulant plus spirituel qu'intellectuel, la vérité ne se trouvant pas dans le dogme mais dans l'ouverture du cœur et dans le repentir. La piété consistait alors à accomplir ses devoirs à l'égard de la religion et à rechercher la paix par l'union individuelle du cœur à la divinité. Ce mouvement, méfiant à l'égard des théologiens, encourageait les fidèles à interpréter par eux-mêmes les Écritures. Il conduisit logiquement à une remise en cause du paradigme d'orthodoxie comme vérité droite. Gottfried Arnold (1666-1714), élève de Spener, publia à Francfort, en 1699, une *Histoire impartiale de l'Église et des hérésies* dans laquelle il se trouvait plus d'affinités avec les mouvements hérétiques de l'histoire qu'avec les structures de pouvoir incarnées par l'Église instituée et les académies de théologiens. Son projet était donc de mettre en valeur une conception non politique de l'orthodoxie, antérieure à sa mise sous tutelle par l'empereur Constantin, ce qui eut une profonde influence sur toute l'historiographie protestante du XIXe siècle. Il exerça également une forte emprise sur des penseurs non conformistes tels que l'écrivain russe Léon Tolstoï. Son projet fut repris par Christian Weismann († 1747) qui rédigea une histoire au titre éloquent : *Introductio in memorabilia ecclesiastica historiae sacrae,* publiée à Stuttgart en 1719. L'histoire se veut objective et, s'il admet l'action de la Providence dans le monde, Weismann se montre extrêmement circonspect sur le phénomène des miracles dans l'histoire. Il y a là un point commun avec Johann Lorenz von Mosheim (1694-1755), chancelier de l'université de Göttingen, qui fut considéré en Allemagne, après la publication de ses *Institutiones,* comme le père de cette nouvelle historiographie ecclésiale. L'historien ne se réfère plus qu'à la Bible pour juger de la valeur d'un événement. Il prétend ne plus vouloir justifier telle ou telle confession. L'Église, pour lui comme pour J.S. Semler (1725-1791), est une société parmi d'autres. Il cherche à expliquer l'enchaînement des faits par les motivations de ses personnages. On comprend dans cette perspective que l'histoire sécularisée, c'est-à-dire l'histoire dont le salut chrétien ne forme plus l'horizon, prit une importance croissante en marge de cette histoire sacrée vidée de son objet[47].

Au XVIIe siècle, l'historiographie protestante française fut représentée par plusieurs courants[48]. S. Goulart chercha à établir que le vrai christianisme a toujours été professé par une minorité opposée aux pontifes romains, dès la fin de la période apostolique. Philippe de Mornay, seigneur du Plessis-Marly (1549-1623), gouverneur de la cité de Montauban à partir de 1581, opposé à l'union des pouvoirs politique et religieux, fut l'un des théoriciens de l'édit de Nantes de 1598. Devenu gouverneur de Saumur, il justifia historiquement ses convictions en 1611 dans *Le mystère d'iniquité*, qui dénonçait le pape comme antéchrist. J. Daillé (1594-1670) voulut, quant à lui, accorder la doctrine protestante avec l'orthodoxie patristique. Ces recherches historiques favorisèrent la naissance d'une histoire critique, séculière. Pierre Bayle (1647-1706), auteur du *Dictionnaire historique et critique* et des *Nouvelles de la République des Lettres*, en fut le plus éminent représentant[49]. Il fut l'un des premiers promoteurs en France de la tolérance civile envers toutes les confessions chrétiennes, mais également envers le judaïsme, l'islam et l'athéisme. Selon Jacques Solé, Bayle « appelait d'abord ses coreligionaires à envisager leurs origines avec fidélité, certes, mais aussi avec tout l'irrespect qu'apporte la lucidité[50] ». C'est pourquoi, si Bayle défendit l'« orthodoxie » de la Réforme, il s'appliqua également à refuser une vision hagiographique des origines de la Réforme et à « distinguer soigneusement la fin poursuivie et les moyens employés ». Le point commun à tous ces réformateurs, selon Élisabeth Labrousse, est leur optimisme rationaliste, leur foi selon laquelle la vérité religieuse est démontrable par des déductions correctes tirées des postulats qu'ils ont en commun. Philippe de Mornay écrit en 1585 à Henri III :

> Les dissenssions en la Religion ont travaillé l'Église ancienne : plusieurs heresies ont pullulé entre le peuple, ont mesme infecté des Empereurs. Qu'a fait l'Église ? Qu'ont fait les bons Empereurs, qui la gardoient ? L'histoire en est pleine. Ils ont veu que l'heresie estoit une opinion, que toute opinion avoit son siege en la teste ; que c'estoit une image fausse de raison, qui ne pouvoit s'effacer que par la presence de la raison mesme. Ils ont donc assemble des conciles, ils ont appele nombre de gens suffisans de toutes parts. Chacun a mis en avant paisiblement ce qu'il a sçeu. L'opinion en fin a cede à la science, l'ombre à la lumier, la vray-semblance à la verité, la sophisterie à la raison. [...] La mesme raison, qui démesle les difficultez des Loix, les peut démesler en la Theologie[51].

L'historiographie catholique française du XVIIe siècle connut un profond renouveau. Grâce aux traductions d'Henri de Valois furent publiées l'*Histoire ecclésiastique* d'Eusèbe (1659) et plusieurs autres œuvres de Sozomène (1668) et de Théodoret (1673). À partir de 1615, un jésuite flamand, Jean Bolland, et sa communauté des bollandistes entreprirent de publier une monumentale collection de vies de saints avec les textes originaux grecs et latins. Philippe Labbe publia en 1672 les actes des conciles de l'Église. Dom Hugues Ménard (1585-1644) et dom Luc d'Achery (1609-1685), directeurs de la bibliothèque de l'abbaye de Saint-Germain-des-Prés, s'attachèrent à l'édition et à la publication des textes patristiques. La Congrégation des bénédictins de Saint-Maur publia, avant sa suppression en 1790 par l'Assemblée constituante, plus de 700 œuvres de 220 auteurs, parmi lesquels saint Athanase, saint Basile, saint Jean Chrysostome, saint Grégoire de Nazianze. Elle contribua également, grâce à des érudits hors pair tels que Jean Mabillon (1632-1707), à développer les sciences auxiliaires de l'histoire comme la diplomatique[52]. Les mauristes ne firent pas que publier mais établirent également des plans d'études des textes des Pères à destination des moines et des membres du clergé.

Cela n'empêcha pas la polémique de se poursuivre, surtout après la révocation de l'édit de Nantes par Louis XIV, en 1685. Jacques Bénigne Bossuet (1627-1704), précepteur du dauphin, évêque de Meaux et inspirateur de la déclaration sur les libertés de l'Église gallicane en 1682, publia un premier essai, qu'on peut qualifier aujourd'hui de mytho-urgique en raison de son absence assumée d'esprit critique. Il s'agissait d'une justification historique de l'Église catholique contre la nouveauté du protestantisme. L'ouvrage fut publié en 1688 (*Histoire des variations des Églises protestantes*) et suscita une âpre polémique[53]. On doit également au « gendarme théologique du XVIIe siècle » (Duchesne) la condamnation de Richard Simon (1638-1712), l'un des initiateurs de la critique biblique en langue française et l'un des promoteurs avant la lettre du mouvement de réconciliation des Églises. Après son ordination en 1670, et la publication d'une brochure pour défendre les juifs de Metz menacés injustement d'expulsion, Simon rédigea dans un premier temps un livre intitulé *Fides Ecclesiae orientalis* (Paris, 1671) qui montrait l'unité de croyance sur l'eucharistie de l'Église grecque et de l'Église latine. Son *Histoire critique du Vieux Testament*, publiée en 1685 à Rotterdam, ne put voir le jour en France en raison de l'opposition tant de Jacques Bossuet que d'Antoine Arnauld. Avec son *Histoire critique des principaux commentateurs du Nouveau Testament depuis le commencement du Christianisme jusques à notre temps*, publié en 1693, la compréhension critique de l'orthodoxie apparut comme la conséquence logique du renouveau mémoriel de la conscience ecclésiale. Mais, après sa condamnation par ses propres collègues de l'Oratoire et son exil, plus personne ne prêta attention au petit curé de Bolleville.

Cependant l'historiographie ecclésiale catholique française connut ses lettres de noblesse au XVIIe siècle, en élaborant la nouvelle représentation de l'orthodoxie comme mémoire fidèle, et en tirant un certain nombre de conséquences en matière de critique historique. Sébastien Le Nain de Tillemont (1637-1698) et l'abbé Claude Fleury (1640-1723) comprirent que la dissidence au temps du Roi-Soleil ne donnerait aucun résultat. Néanmoins, ils accomplirent un véritable travail d'orthodoxie historique. Le janséniste Tillemont eut pour maître Godefroy Hermant qui avait publié une vie de saint Basile et de saint Grégoire de Nazianze en 1674. C'était encore, dans la logique de la connaissance droite, la qualité du témoin qui intéressait avant tout Hermant. Tillemont, pour sa part, voulut développer une approche plus critique. Proche de la spiritualité de l'abbaye de Port-Royal et d'Antoine Arnauld, Tillemont confia un jour à Marguerite Périer, la nièce de Pascal, que la lecture de Baronius ne le quittait pas, mais qu'il cherchait les « fondements de la foi dans les sources mêmes, c'est-à-dire dans l'étude de l'Écriture sainte et des Pères[54] ». Plus tard, le père Laderci, le continuateur de Baronius, voulut le condamner. Mais les papes Clément XI puis Benoît XIV exprimèrent leurs éloges à l'endroit de l'historien français. Le ressourcement mémoriel de la nouvelle historiographie apparaît clairement dans le titre de son ouvrage qui paraît en seize volumes à partir de 1693 : *Mémoires pour servir à l'histoire ecclésiastique des six premiers siècles, justifiez par les citations des auteurs originaux, avec une chronologie où l'on fait un abrégé de l'histoire ecclésiastique et profane et des notes pour éclaircir les difficultez des faits et de la chronologie*. La recherche de « la vérité des faits », contre tout pyrrhonisme sceptique, accusation portée par les classiques contre les modernes, passe donc par un travail de mémoire[55]. Conscient de la puissance de la logique rationnelle qui charrie aisément tant de mythes sans même s'en rendre compte, Tillemont s'arc-boute sur les faits et les témoignages. Si aucun témoignage fiable ne lui indique qu'un âne et un bœuf se trouvaient dans la grotte au moment de la naissance de Jésus-Christ, Tillemont n'en dira pas un mot. Pour éviter toute pression politique ou ecclésiale, en 1679, lors de la fin de la paix de l'Église, il s'éloigna de l'abbaye de Port-Royal où il résidait. Il vécut alors près de Montreuil, éloigné du monde. Sa critique de la légende dorée des saints qui se propagea au Moyen Âge s'appuyait sur saint Paul lui-même. Celui-ci, disait-il, « nous ordonne d'éprouver et d'examiner tout, pour approuver ce qui est bon (I Th., 5, 21[56]) ». Si Tillemont fut un grand érudit, capable de remettre en question le mythe de l'apostolicité des Gaules, B. Neveu considère qu'il ne fut pas pour autant un historien prophétique. Il admirait l'Antiquité chrétienne, la considérait comme un âge d'or auquel il faudrait revenir. Pour B. Neveu, « l'idée d'une certaine évolution, d'un progrès de la théologie, s'était fait jour lentement : la pensée chrétienne a eu beaucoup de peine à se défaire d'une conception systématiquement défavorable du temps[57] ». La fidélité mémorielle de Claude Fleury fut teintée d'orthodoxie gallicane. Il publia une *Histoire ecclésiastique* en vingt volumes, entre 1691 et 1720, qui couvrent la période commençant à la naissance du Christ et s'arrêtant prudemment avant la Réforme. Cet ouvrage monumental connut plusieurs rééditions et façonna la mémoire catholique française de l'histoire de l'Église. Dans son *Histoire ecclésiastique*, l'abbé Fleury n'hésita pas à écrire que les papes avaient gonflé leur autorité en s'appuyant sur de fausses décrétales, d'où la nécessité de revenir à l'époque patristique[58]. En France, en Italie et en Espagne, on trouve également, à la même époque, les historiens suivants : Bérault-Bercastel (1722-1794), Muratori (1672-1750), Mansi (1692-1769) et Flórez (1701-1773). En Angleterre, il y eut également des érudits qui défendirent l'orthodoxie, avec notamment le *Defensio fidei Nicanae* publié par George Bull (1634-1710), membre de la High Church, en 1685[59].

La Révolution française modifia le paysage politique et intellectuel de l'Europe. Les monarchies firent peu à peu place à des régimes républicains. Le déisme devint la religion officielle de nombreux États européens. Voltaire fut l'auteur d'une *Histoire abrégée des religions du monde* (Genève, Cranmer, 1770). Son utilisation de la notion de progrès témoigne de son affinité intellectuelle avec nombre d'historiens protestants, tels que P. Bayle. Mais chez l'adversaire de Pangloss, le professeur leibnizien de métaphysico-théologo-cosmolo-nigologie, ce n'est plus en raison de l'assistance que l'Esprit Saint fournit à l'Église. Pour l'auteur de *Candide* (1759), en désaccord avec Rousseau qui justifiait encore le rôle de la divine Providence dans l'histoire, on peut améliorer la vie sur la terre des hommes, malgré le mal, dans la mesure où celui-ci n'a été généré que par les hommes. Le sage de Ferney préconisa, par exemple, la conversion des couvents en biens publics[60]. Pour une nouvelle génération d'historiens, le sens de l'histoire n'était plus transcendant, tourné vers le Royaume de Dieu, mais immanent, déterminé par un avenir imaginé parfait, dominé par la notion de progrès. Dans la philosophie de Hegel (1770-1831), l'histoire devient autoréalisation dialectique de l'idée absolue. Leopold von Ranke (1795-1886), d'origine luthérienne, auteur d'une *Histoire de la Papauté pendant les XVIe et XVIIe siècles*, maintient une distinction entre un Dieu de plus en plus objectivé et l'histoire de l'humanité. Mais sa véritable religion est le positivisme. Prêt à rejeter des pans entiers de l'histoire de l'humanité au nom de celle-ci, le père de l'historiographie moderne ne « croyait » plus que les témoignages directs et les sources les plus authentiques. On peut dès lors poser la question de la relation entre Réforme et mouvement révolutionnaire. Pour Charles de Villers, un catholique disciple de Kant, auteur en 1804 d'un *Essai sur l'esprit et l'influence de la Réformation de Luther*, la Révolution ne fut pas une catastrophe mais un accomplissement de la Réforme. Inversement, grâce à la Révolution, la Réforme trouva ses dimensions politique et socioculturelle. Elle fut source de lumières nouvelles en histoire, en métaphysique et en science politique. D'après Villers, grâce à leurs critiques des chroniques médiévales, les Melanchthon, Grotius, Pufendorf, Bayle ont inventé l'histoire. Grâce à leurs héritiers, Hume, Gibbon, Robertson, les protestants en ont fait « une des branches les plus importantes du savoir humain ». Pour lui, si François Ier avait adopté la Réforme, les guerres de Religion et la Révolution auraient été évitées. Son plaidoyer fut aux sources de la pensée libérale, de Mme de Staël à Benjamin Constant et Victor Cousin[61]. En revanche, Balzac, qui condamnait la Réforme comme la Révolution, établissait dans son essai de 1842 *Sur Catherine de Médicis* un lien direct entre l'une, « esprit de libre examen en matière de religion », et l'autre, « esprit de libre examen en matière de politique ». La *Revue historique* de Gabriel Monod chercha à défendre et l'une et l'autre[62]. Les historiens catholiques et les historiens protestants se livrèrent un combat acharné sur ce sujet en France jusqu'à la Première Guerre mondiale.

En France, apparurent de nouveaux historiens catholiques, tel R.F. Rohrbacher (1789-1856), auteur d'une *Histoire universelle de l'Église catholique* en vingt-neuf volumes. Pour contrer les assauts dont la religion catholique est victime, ils s'arc-boutèrent sur la défense de la papauté. Mais une minorité d'intellectuels catholiques, comme Frédéric Ozanam (1813-1853) et Henri Lacordaire (1802-1861), prirent le parti de la république démocratique. Parmi ces penseurs Félicité Robert de Lamennais (1782-1854) se tourna vers le Saint-Siège et contre le gallicanisme et plaida en faveur de la liberté de conscience, de la séparation de l'Église et de l'État. Mais après la condamnation de *L'Avenir* par le pape Grégoire XVI, en 1832, Lamennais se fit le chantre du christianisme social. Il en vint à imaginer la conception d'un christianisme sans Église. H. Leclercq considère que ces deux tendances de la pensée catholique française trouvent leur source dans le désaccord entre Rohrbacher et Lamennais et sur « l'autorité à reconnaître au sens commun[63] ». Tandis que le premier s'appuyait sur les « premiers principes de la raison naturelle » pour comprendre la doxa chrétienne authentique, le second identifiait ce sens commun à une « Église chrétienne primitive ». Dans le cas de Lamennais, c'était le *sensus fidei* qui était le moteur de l'histoire, mais cette vision aboutissait selon Rohrbacher au mythe d'une Église primitive « antérieure et supérieure à l'Église judaïque et à l'Église chrétienne[64] ». Dans celui de Rohrbacher, c'était la raison, libre de tout soutien de la grâce, qui conduisait l'histoire. Mais celle-ci ne pouvait s'incliner que de façon aveugle, selon Lamennais, devant l'autorité du siège de Rome. On comprend bien, à travers ce débat, la source du non-dialogue entre foi et raison, et du développement pour y remédier du paradigme d'orthodoxie comme mémoire fidèle.

L'historiographie religieuse du XIXe siècle creusera

encore cette différence avec, d'une part, l'œuvre positiviste d'Ernest Renan (1823-1892) et, de l'autre, celle ultramontaine de Mgr Louis-Marie Duchesne (1843-1922). Ernest Renan, professeur d'hébreu au Collège de France, chantre de l'antisémitisme et adepte des théories de Darwin, publia, de 1863 à 1881, une *Histoire des origines du christianisme* en sept volumes, dont le premier, *Vie de Jésus,* fut l'un des principaux succès d'édition en France au XIXe siècle. Renan écrivait sur Dieu et l'Église, mais niait le surnaturel et même l'existence d'un Dieu distinct du monde. Pour lui, ce qu'on appelle le miracle de la multiplication des pains ne fut rien d'autre que l'exagération de la vie frugale menée par Jésus avec ses disciples au désert. Louis Duchesne ne se priva pas de faire apparaître le parti pris masqué par des allures d'érudition : Renan « qui parle volontiers et très légèrement du dogmatisme des autres a lui-même son dogmatisme propre. [Pour lui] l'esprit scientifique est la négation du surnaturel[65] ». Renan préférait la sagesse de Marc Aurèle, l'empereur philosophe, à celle du Dieu-Homme Jésus-Christ. Son succès pourtant tint à ce qu'il montra le génie de la religion chrétienne et en particulier l'élan de solidarité entre les hommes qu'elle suscita et la place nouvelle faite aux femmes. Mais l'Église, pour lui, n'était par rapport à la modernité rien d'autre qu'un « contre-courant d'eau stagnante et croupie[66] ».

Mgr Duchesne centra de façon significative ses recherches sur le fondement même de la mémoire identitaire catholique, à savoir le *Liber pontificalis*, ou collection d'archives, initiée au VIe siècle, de la vie des papes des origines à nos jours. Jeune prêtre ultramontain, il fut favorable au concile de 1870 et à la proclamation de l'infaillibilité pontificale. Il ne prit pas garde au fait que le Saint-Siège « s'engageait dans une dogmatisation progressive des fondements de la foi » selon l'expression de Christoph Theobald[67]. Vatican I, en effet, s'inscrit dans un refus de l'histoire. Les pères conciliaires, qui introduisaient pourtant une vérité nouvelle dans le catéchisme chrétien en proclamant l'infaillibilité de Pierre et de ses successeurs, résistaient à admettre l'historicité du dogme. L'historien A. Günther fut mis à l'index car on craignait à Rome « une conception rationaliste du développement dogmatique avec l'histoire du savoir humain ». Le rejet du monde moderne de Duchesne, connexe à l'encyclique *Quanta cura* et au *Syllabus* de 1864, son hostilité au protestantisme et son ignorance de l'Église orientale le confortaient dans son identité confessionnelle. Sa visite du mont Athos, en 1874, ne fit que renforcer son mépris à l'égard « des Églises schismatiques d'Orient ». Logiquement, il se fixa à Rome, ce qui lui valut, de la part de ses supérieurs en France, nombre de reproches. Il soutint sa thèse à la faculté des lettres de la Sorbonne en 1877, reçut la chaire d'histoire de l'Église de l'Institut catholique de Paris et publia sa thèse en deux volumes en 1886 et 1892. En 1880, il créa le *Bulletin critique* dont l'objectif, original pour l'époque, était de marier l'« orthodoxie » de la doctrine avec le caractère « inexorablement scientifique » de la recherche. Mgr Duchesne s'était en effet convaincu, par sa thèse, que les fondements identitaires de la foi catholique n'étaient pas menacés, ce qui autorisait une nouvelle attitude de dialogue avec la logique rationnelle. Il fut soutenu par le recteur de l'Institut catholique qui assura au cardinal Franzelin que

Mgr Duchesne développait des « vues orthodoxes » sur « le développement du dogme et le rôle des pontifes romains »[68]. Cette attitude nouvelle n'était pas encore du goût de la majorité des catholiques, peu enclins à admettre la notion de développement dans l'histoire de l'Église. Le dernier numéro du *Bulletin* date du 10 novembre 1908, à peine un an après l'encyclique antimoderniste *Pascendi dominici gregis* du 8 septembre 1907.

Mais Mgr Duchesne avait suscité un renouveau intellectuel dont profitèrent également ceux qui, comme Alfred Loisy, contestaient à l'autorité ecclésiastique « un droit absolu sur l'intelligence et la conscience des croyants ». Parmi les premiers rédacteurs du *Bulletin critique*, qui fournit vingt et un volumes, on compte en effet Alfred Loisy (1857-1940). Ce théologien et prêtre catholique français devint en 1900, après sa démission en 1893 de l'Institut catholique de Paris, professeur à l'École pratique des hautes études. Il raconta lui-même comment il fut contraint de quitter sa chaire :

> En octobre 1892, le Supérieur de Saint-Sulpice, M. Icard, interdit à ses étudiants mon cours d'Écriture sainte parce que j'avais contesté le caractère historique des premiers chapitres de la Genèse. Le recteur de l'Institut catholique, Mgr d'Hulst, crut bon alors d'orienter le débat vers le côté le moins réel et le plus dangereux, celui de l'inspiration. Une controverse violente et confuse en résulta, en suite de laquelle, le conseil des évêques protecteurs de l'Institut catholique me retira d'abord l'enseignement de l'Écriture sainte, puis celui des langues[69].

Malgré sa réfutation, en 1902, dans *L'Évangile et l'Église*, de l'œuvre du théologien protestant Adolf von Harnack (1851-1930) *L'essence du christianisme* (1900), ses thèses furent condamnées par l'encyclique *Pascendi* et il fut excommunié le 7 mars 1908. Il devint, l'année suivante, professeur à la chaire d'histoire des religions au Collège de France. Dans son journal, il note qu'à partir de cette date il se consacra à l'étude des rites des religions de l'Antiquité « abstraction faite de toutes les orthodoxies théologiques et de tout dogmatisme scientifique ». Ce fut Augustin Fliche (1884-1951) qui reprit le flambeau du projet de Duchesne. Le professeur de l'université de Montpellier forma un collectif d'historiens qui publia, à partir de 1934, une volumineuse *Histoire de l'Église des origines jusqu'à nos jours* en vingt-quatre volumes. L'entreprise était d'une indiscutable érudition. Elle avait le mérite de ne pas se contenter de l'histoire extérieure de l'Église (rapports avec les États). Elle consonnait avec l'entreprise de la revue des *Annales* qui visait elle aussi, au-delà du politique, les questions économiques, sociales et de civilisation. Mais elle restait dans le paradigme de mémoire fidèle en centrant l'histoire de l'Église sur la personnalité des papes de Rome. Le *Bulletin critique* fut, quant à lui, remplacé par la *Revue d'histoire de l'Église de France* grâce à l'impulsion de Mgr Baudrillart, recteur de l'Institut catholique, du libraire-éditeur Léon Letouzey et de l'abbé Albert Vogt, auteur d'une thèse sur « Basile Ier empereur de Byzance (867-886) et la civilisation byzantine à la fin du IXe siècle ». Comme l'écrit Bernard Barbiche, président de la Société d'histoire religieuse de la France, « la *Revue* a été créée pour encadrer et maintenir dans l'orthodoxie romaine le clergé érudit[70] ».

En terres protestantes, le « père de la nouvelle histoire ecclésiale » fut Auguste Neander (1789-1850). Né l'année de la Révolution française à Göttingen dans une famille de religion juive, il se convertit en 1806 au luthérianisme après avoir lu Jakob Böhme et Schleiermacher (1768-1834). Devenu professeur de théologie à Heidelberg, il publia, entre 1825 et 1845, une *Histoire générale de la religion chrétienne et de l'Église* en cinq volumes, qui part du Christ et s'achève au concile de Bâle. L'historien allemand, fidèle à ses prédécesseurs piétistes et lecteur de *La Vie de Jésus* de Hegel, considérait que l'Église était entrée en décadence à partir du IVe siècle. Il portait une attention particulière à toutes les hérésies chrétiennes. Mais, refusant de porter un jugement sur l'orthodoxie des doctrines, il limita son récit à celui des grandes personnalités du passé. Le christianisme, pour lui, était devenu une religion de l'Esprit. Il n'était pas incarné de façon visible et continue. Il émergeait historiquement par l'action des baptisés. Ses ouvrages eurent une influence considérable tant en Allemagne qu'en Russie.

Son spiritualisme provoqua également une réaction rationaliste de la part de Ferdinand Christian Bauer (1792-1860) et de l'école de Tübingen (à laquelle appartenait David-Frédéric Strauss, l'auteur de *La Vie de Jésus*, qui, traduite par Émile Littré en 1853, inspira Renan). Bauer, marqué par la gnose hégélienne panthéiste, publia entre 1852 et 1862 une *Histoire de l'Église chrétienne* dont la préface s'intitulait « Les époques de l'historiographie ecclésiale ». On peut considérer ce texte comme l'un des premiers moments, de la part des historiens appartenant à l'époque moderne, de prise de conscience de la signification essentielle pour la mémoire collective de l'historicité de la science ecclésiale. L'histoire des dogmes devint le fil directeur de l'orthodoxie ecclésiale. Mais sa logique dialectique le conduisit à élaborer des antagonismes structurels le plus souvent imaginaires, par exemple entre pétrinisme et paulinisme, pour rendre compte de la vérité en marche. Johann Karl Ludwig Gieseler (1793-1854), professeur à Göttingen, et auteur d'une *Histoire de l'Église* en six volumes publiée entre 1824 et 1855, se situe à mi-chemin entre ces deux points de vue spiritualiste et rationaliste. Pour lui, c'est précisément le critère de fidélité des acteurs historiques à la vérité de l'Évangile qui permettait à l'historien de juger d'une situation. La macrohistoire de l'Église s'expliquait en fonction des représentations que les acteurs d'une époque avaient du Royaume de Dieu.

Au XXe siècle, après le séisme de la critique par Schopenhauer puis Nietzsche de la morale kantienne et de la notion de vérité abstraite qui lui était attachée, le paysage intellectuel changea radicalement. Les théologiens protestants Karl Barth, Rudolf Bultmann et Paul Tillich ont critiqué le jésuanisme de leurs prédécesseurs, mais, dans leur souci de distinguer la temporalité divine de la temporalité historique, ils ont réduit au minimum les « intrusions » de Dieu dans l'histoire[71].

L'historiographie catholique allemande

L'historiographie catholique allemande fut stimulée par le renouveau de l'historiographie protestante. Après des études de philosophie et de théologie,

Johann Adam Mœhler (1796-1838) fut ordonné prêtre en 1819. Il effectua un séjour de deux ans à Berlin, en 1822-1823, où il rencontra les principaux historiens, philosophes et théologiens protestants de son temps. Il enseigna l'histoire de l'Église à partir de 1825 à l'université de Tübingen, et à l'université de Munich à partir de 1835. Sa première œuvre, publiée en 1825, s'intitule *L'unité dans l'Église ou Le principe du catholicisme*. Deux ans plus tard, parut son livre sur *Athanase le Grand et l'Église de son temps en lutte avec l'arianisme*, livre traduit en français en 1840. En 1832, il publia son maître ouvrage *La Symbolique* (ouvrage traduit en français et publié en 1859[72]). Mœhler veut éviter la polémique. Il assure que « l'Église grecque n'est en opposition avec les catholiques dans aucun point concernant la foi ». Avec le monde protestant, il est conscient que la tâche est plus ardue. Mais, d'une part, il se facilite la tâche en déclarant que les bulles des papes n'ont pas de caractère symbolique, d'autre part, il cherche à trouver des alliés en désignant l'ennemi commun : « Le rationalisme n'ayant point de symbole ne peut prétendre à la moindre place dans la *Symbolique*. » Surtout il tente d'élaborer une méthodologie pour présenter de la façon la plus consensuelle la saine doctrine à partir d'une redécouverte des symboles de foi des quatre premiers siècles. « Par *Symbolique*, écrit-il, nous entendons l'exposition raisonnée des contrariétés dogmatiques entre les Églises chrétiennes opposées par suite de la révolution religieuse du seizième siècle, exposition tirée de leurs confessions de foi, de leurs symboles. » Son travail consiste à étudier de près les livres symboliques protestants pour y déceler les moments de déviation, mais pour en montrer également les sources communes. Le théologien allemand sut s'attirer les faveurs du théologien protestant Gieseler qui voulut bien dialoguer avec lui. Il fut de la sorte à l'origine d'un profond renouvellement de la définition de l'orthodoxie. Mais Mœhler appartenait aussi à son époque. Il ne pouvait renoncer à la symbolique du concile de Trente. Comme le titre de son premier ouvrage le montre, Mœhler comprit qu'il était urgent de retrouver le sens de l'identité catholique. Pour lui, seule une redécouverte de la tradition apostolique permettait de retrouver la puissance de certitude que confère l'orthodoxie. La citation suivante montre l'ampleur de sa vision œcuménique, tout en révélant la combativité de son propos à l'égard des protestants de son temps. Il écrit :

> Parce que l'Église et ses différents membres ne pourraient pas prouver l'identité de leur foi, la nôtre même nous paraîtrait douteuse ; nous n'aurions aucune certitude que ce fût la foi chrétienne ; nous nous trouverions isolés, et notre situation par cela même serait intenable. Pour cette raison même il n'y aurait pas d'Église ; car autant que l'unité même de la vie intérieure, la continuité de la connaissance de cette unité lui est indispensable dans toutes les variations de son existence, ce que, comme personne morale, *elle doit prouver par sa mémoire*[73] (c'est ainsi que nous pouvons appeler aussi la tradition corporifiée). Mais comme on peut prouver par la tradition comment l'esprit du Christianisme s'est manifesté de tout temps, et qu'il s'est toujours manifesté *de la même manière*, on peut aussi savoir positivement quelle est la véritable manière de saisir la doctrine chrétienne, celle notamment qui a toujours existé. Si l'on ne pouvait pas se fier à celle-ci, les chrétiens désespéreraient avec

raison de ne jamais apprendre ce que c'est que le Christianisme ; ils désespéreraient avec raison qu'il existe un Saint-Esprit remplissant l'Église, qu'il existe en général un esprit et une connaissance certaine du Christianisme. Voilà l'état, comme nous le verrons par la suite, où se trouvèrent ceux qui rejetaient la tradition, et il ne pouvait pas être question chez eux d'un Christianisme objectif[74].

Parmi les grandes figures de l'école de Tübingen, il convient également de mentionner Karl Joseph von Hefele (1809-1893), qui y fut professeur d'histoire ecclésiastique à partir de 1836. Proche de Johann Adam Mœhler, il publia, dès 1839, une édition complète des Pères apostoliques. Son grand œuvre fut la publication d'une *Histoire des conciles* en sept volumes entre 1855 et 1874. Devenu évêque en 1869, il fut invité à participer au concile du Vatican en 1870. Il se prononça contre la déclaration d'infaillibilité du pape, mais sa position se trouva minoritaire.

À peu près au même moment où se constituait cette brillante génération d'historiens protestants et catholiques au sein de la Confédération germanique, au Royaume-Uni apparut le mouvement d'Oxford (J.H. Newman, E. Pusey, J. Keble, H.J. Rose, R. Froude...). Il représenta le courant le plus créateur dans l'historiographie ecclésiale anglicane et le mouvement probablement le plus typique de la période mémorielle de l'orthodoxie. Ce mouvement se distingua par son soutien à la doctrine de la succession apostolique de l'Église anglicane, à l'utilisation du *Book of Common Prayer* dans son intégralité et au désengagement de l'Église de la couronne britannique. Son plus célèbre représentant fut John

Henry Newman (1801-1890), un prêtre anglican qui commença à publier de façon anonyme à partir de 1833 des *Tracts for the Time.* Il s'agissait pour lui, à la suite de ses propres recherches historiques (il publia la même année *Arians of the Fourth Century*), d'attribuer une identité spécifique à l'Église d'Angleterre. Conscient que son Église se trouvait à la croisée des chemins entre protestantisme et catholicisme, Newman affirma que c'est par sa fidélité à la tradition apostolique et dogmatique que celle-ci trouvait sa pleine légitimité. Les Écritures ne pouvaient être intelligibles sans la médiation de la tradition épiscopale et de la tradition prophétique. Pour cette raison, il se plongea dans l'étude des Pères de l'Église et dans l'étude des dogmes qui n'étaient que les « symboles de faits divins[75] ». Sa défense du dogme l'amena à dénoncer les thèses unitariennes professées par Renn Dickson Hampden, professeur de théologie à Oxford en 1836. Ce dernier fondait l'identité ecclésiale dans la mémoire des Écritures, mais sans que cela implique de croire dans la Trinité et l'Incarnation. Ce fut pour Newman l'occasion de lutter contre le libéralisme en religion, qui accorde le droit pour chaque individu de croire ce qu'il veut, et de défendre la vérité de la religion révélée. Cette polémique fut décisive pour l'histoire ultérieure de l'historiographie religieuse, et pour l'évolution de l'orthodoxie au sein des universités de Harvard (qui choisit la voie libérale de l'unitarisme) et d'Oxford (qui maintint son identité anglicane).

Mais sa vision de l'Église d'Angleterre comme une *via media* entre Rome et Genève, entre mémoire institutionnelle et mémoire eschatologique, se lézarda à partir de sa redécouverte de la notion de tradition apostolique. La distinction entre tradition christocentrée et tradition pneumocentrée était hasardeuse. L'orthodoxie, en effet, est un retour permanent et fidèle, en Christ dans l'Esprit, à la tradition apostolique. Les paroles d'Augustin à l'issue de la crise donatiste[76] le frappèrent : « *securus judicat orbis terrarum* », « le verdict du monde est concluant ». Elles signifiaient pour lui que la vérité était dans l'Église universelle, la même en tous lieux et en tout temps. La modernité, comme système juxtaposant le magistère des docteurs à côté de celui des papes, était donc une erreur historique.

En 1838, il publia ses *Lectures on Justification* dans lesquelles il inaugura une nouvelle historiographie sémantique et œcuménique. Dans ce livre, il réconciliait luthérianisme et catholicisme en encourageant les uns et les autres à retrouver le sens des mots employés lors des polémiques sur la justification. Pour lui, la foi seule justifie, mais seulement si on entend par foi ce mouvement de l'âme qui permet par la grâce le changement intérieur de l'être du pécheur. Le retour aux Pères de l'Église provoqua donc une réconciliation sémantique entre la foi et la raison, entre les mots et les choses :

> Vidés de leurs trésors cachés, les mots de l'Écriture se diluent dans une foule de sens, aussi incertains et disparates que le vrai sens, lui, est clair et gracieux comme un grand luminaire. Notre tâche si possible consiste à fixer ce sens réel devant notre esprit. [...] Notre devoir est de viser les choses, et non pas les noms ou les termes, de joindre le mot à son objet, au lieu de le jauger par sa définition. [...] C'est la manière typique des Pères quand ils exposent l'Écriture. Ils font ce qu'aucune étude d'un contexte particulier ne

> peut faire d'une façon valable ; ils nous font connaître les choses dont parle l'Écriture. Ils nous disent non pas ce que les mots peuvent signifier dans leur étymologie, dans le langage philosophique ou classique, mais ce qu'ils veulent dire en fait, ce qu'ils veulent dire aux yeux de l'Église du Christ et de la théologie[77].

En 1839, comme il le raconte dans son *Apologie*, se produisit le choc décisif. Alors qu'il travaillait sur l'histoire du monophysisme, il réalisa soudain que les monophysites avaient les premiers voulu choisir une voie médiane entre les eutychiens et les théologiens d'Alexandrie. Newman conclut : « J'ai regardé mon visage dans un miroir, j'étais monophysite[78]. » Deux ans plus tard, Newman rédigea son *Essai sur le développement de la doctrine chrétienne*. Il y proposait sept « critères de discernement », de vérification de l'orthodoxie, permettant de faire la distinction entre les vrais et les faux développements de la foi[79]. Le critère de mémoire fidèle commença ainsi à faire place à celui de connaissance juste[80]. Il s'agissait pour le théologien anglican de retrouver la dimension ontologique de la vérité, tout en autorisant son questionnement par la rationalité éclairée d'« un faisceau de probabilités qui a valeur de certitudes ».

La notion de conscience fut l'outil conceptuel qui permit à Newman de considérer l'orthodoxie de la foi sous l'angle de la justice et de l'orthopraxie. La conscience, en effet, était pour lui « la voix divine qui parle en nous ». « La conscience, écrivait-il, n'est pas un jugement sur quelque vérité spéculative, sur quelque doctrine abstraite, mais elle décide de la conduite à tenir, de ce qu'il faut faire ou ne pas faire. Elle est une règle pratique[81]. » La vérité religieuse était donc, pour Newman, d'ordre éminemment pratique. Elle est donnée pour agir, c'est-à-dire pour conformer la conduite à l'exigence morale qu'elle révèle et pour acquérir la sagesse spirituelle qui est la vertu de l'intelligence. Mais Newman n'eut personne à qui en parler dans l'Église anglicane à cette date. Le 9 octobre 1845, il rejoignit l'Église catholique et devint cardinal en 1879. Pourtant Newman resta un chrétien d'un nouveau type. Comme son biographe Jean Honoré le raconte avec humour, lorsque le cardinal portait un toast à la fin des repas il demandait à boire d'abord à la conscience, et ensuite seulement au pape.

L'historiographie dans l'Église d'Orient

À partir du XVIIe siècle les débats de l'historiographie catholique et protestante atteignirent les académies de théologie orthodoxes. La tradition historiographique de l'Église d'Orient chercha elle aussi à trouver son identité au travers d'une fidélité mémorielle. Cette historiographie fut cependant nettement polémique et réactive à l'égard des nouvelles représentations de l'histoire de l'Église en Occident. La fidélité des historiens orientaux s'attacha essentiellement à préserver la mémoire des conciles et la mémoire des sièges apostoliques. Dosithée de Jérusalem (1641-1707) naquit en Grèce et fut ordonné diacre en 1652 à onze ans. Il fut patriarche de Jérusalem de 1669 à 1707. Il combattit l'influence du calvinisme sur la *Confession de foi* (1629) du patriarche Cyrille Loukaris, qu'il fit condamner par le synode de Jérusalem en 1672. Suscitée par Nointel, l'ambassadeur de Louis XIV auprès de la Porte, inspirée par la *Confession de foi* de Pierre Moghila, métropolite de Kiev (1640), la *Confession* de Dosithée, adoptée par le concile de Jérusalem, eut une influence importante sur la théologie orthodoxe et en particulier sur le métropolite Philarète de Moscou. Dosithée critiqua également le tsar de Russie Pierre le Grand pour avoir aboli le patriarcat de Moscou. Il publia une *Histoire du patriarcat de Jérusalem* en douze volumes, ouvrage qui couvre toute l'histoire des Églises orientales, dans laquelle il défendit une vision conciliaire de l'orthodoxie. Dosithée s'opposa à la nouvelle mission, entreprise dans le sillage de la Contre-Réforme, de la Congrégation pour la propagande de la foi en Palestine. Il en vint à dénoncer le papisme latin. Il fit alors de l'ouvrage de S. Syropoulos sa principale source sur le concile de Florence et condamna sévèrement le décret d'union de 1439. Proposant une réunification de tous les chrétiens à l'intérieur de l'Église Orthodoxe, la seule qui soit pour lui catholique et apostolique, il publia à Jassy, en 1692, une anthologie de traités antilatins des XIVe et XVe siècles[82].

Hormis le travail de Dosithée, on trouve peu d'ouvrages historiques d'importance dans le monde orthodoxe aux XVIIe et XVIIIe siècles. Il existe un débat parmi les historiens contemporains au sujet de ce silence de l'historiographie ecclésiale de l'Église d'Orient à l'époque moderne. Les uns, comme Georges Florovsky (1893-1979), convaincus par la thèse du philosophe allemand nietzschéen Oswald Spengler (1880-1936) sur la pseudomorphose des idées d'une culture à l'autre, considèrent que la théologie russe fut victime d'une invasion catholique et protestante, ce qui expliquerait sa faible productivité entre la chute de Byzance et la chute de l'Empire russe en 1917[83]. Les autres, avec Georges Fedotov (1886-1951), considèrent que l'histoire de la théologie russe, tout en ayant été ouverte aux influences extérieures, fut elle-même actrice de son propre destin et responsable de la censure qu'elle subit sous le joug ottoman ou à l'époque tsariste[84]. Plutôt que d'entrer dans ce débat théorique, on s'attachera à présenter trois figures majeures de l'historiographie orthodoxe au XIXe siècle, représentant chacune à sa façon le courant de l'historiographie ecclésiale de l'Église qui se définissait alors comme « catholique-orthodoxe ».

Eugène Boulgaris (1716-1806) fit le pont entre les historiographies grecque et russe, mais aussi entre l'historiographie des Lumières et l'historiographie chrétienne traditionnelle. Né à Corfou, une île grecque sous dépendance de Venise, il devint moine en 1737. Ayant étudié à l'université de Padoue, il dirigea entre 1753 et 1759 l'académie athonite au monastère de Vatopédi, où il enseigna la philosophie et les mathématiques. Il en fut chassé par la hiérarchie du mont Athos en raison de ses opinions jugées trop proches des Lumières. Puis il dirigea l'académie de théologie patriarcale à Istanbul. Il voulut y introduire un enseignement « éclairé » mais fut, là encore, poussé à se retirer (en 1761).

La Congrégation pour la propagande de la foi, créée à Rome en 1622, s'appliquait, dans le cadre de la Contre-Réforme, à réintégrer sans distinction les populations païennes, protestantes et orthodoxes dans le giron catholique[85]. En réaction à ses agissements prosélytes, un synode des Églises Orthodoxes se réunit à Constantinople en 1755. Le patriarche Cyrille V, mais aussi les patriarches d'Alexandrie et de Jérusalem y participèrent. Ils décidèrent de modifier la décision du synode de 1484 au sujet de l'admission des Latins dans l'Église d'Orient sans rebaptême. Les patriarches affirmèrent que le baptême des Latins était invalide et qu'un baptême par immersion était nécessaire pour leur permettre de participer à la vie sacramentelle de l'Église Orthodoxe. Très hostile au prosélytisme catholique, Boulgaris correspondit sur ce sujet avec le janséniste français Pierre Leclercq, mais cette correspondance n'aboutit à aucun mouvement de solidarité de la part de l'Église de France à l'égard de l'Église grecque. En 1771, Boulgaris fut appelé à la cour de Catherine II, à Saint-Pétersbourg, pour prendre en charge la bibliothèque impériale. Il en profita pour rédiger un pamphlet anonyme contre les agissements de la papauté en Pologne. À l'encontre des historiens catholiques qui assimilaient toutes les unions du passé à une seule *Unio* ou *Ounia,* Boulgaris insista sur les différences qui les opposent. Tout autant cohérent avec le paradigme de son époque mais d'une autre façon, il considérait que l'*hénosis,* ou union véritable — comme celle de 879 qui mit fin au schisme entre le pape Nicolas et le patriarche Photius —, ne pouvait être que doctrinale et ne pouvait s'appuyer que sur un corps de croyances statiques données de toute éternité. Il devint archevêque du nouveau diocèse de Kherson, mais résida à Poltava. Il y administra ce vaste diocèse qui relevait, avant la conquête russe, de la juridiction de l'Église de Constantinople. Il traduisit Voltaire et John Locke, et rédigea un essai publié en 1838 et intitulé *De la tolérance de ceux qui ne partagent pas notre religion*[86]. Ce texte révèle une nouvelle représentation confessionnelle de l'Église d'Orient qui se définit désormais essentiellement contre le catholicisme et le protestantisme. Boulgaris déconseille aux fidèles de dialoguer avec les hétérodoxes. « L'hétérodoxe, écrit-il, est certainement extérieur à notre foi, soit qu'il n'y soit jamais entré par infidélité, comme le païen ou le juif, soit qu'il en soit sorti, se soit égaré et ait suivi son propre parti comme le schismatique et l'hérétique. » Le chrétien orthodoxe « ne doit entrer dans le combat pour la foi que lorsque le besoin l'exige[87] ». C'est alors qu'il trouve à sa disposition les « textes antirrhétiques que les Pères de l'Église ont écrits contre les hétérodoxes ». Il ne doit pas hésiter dans ce cas à « imposer le silence à l'erreur » et à rompre avec l'hérétique selon le commandement apostolique (Tite, 3, 10) et patristique (Basile de Césarée, *Sermo*, 12, 1). Au siècle suivant, la Grèce recouvrant son indépendance en 1830, une nouvelle génération d'historiens ne se contentera pas de condamner l'historiographie prosélyte occidentale. Avec Constantin Paparrigopoulos, auteur d'une *Histoire du peuple grec*, parue à Athènes en 1877, elle affirma une vision panhellénistique de l'orthodoxie, « essence de la tradition grecque », à partir de la civilisation du Péloponnèse au XVe siècle et de l'œuvre de Gémiste Pléthon. Ce dernier, fondateur de l'académie platonicienne de Florence, était un philosophe néoplatonicien et néopaïen qui, après avoir participé au concile de Florence, avait rejeté la réunion des Églises.

Vassili Vassilievitch Bolotov (1853-1900) est considéré par un grand nombre de penseurs du XXe siècle

(Boulgakov, Fedotov, Kartachev, etc.) comme l'un des plus grands historiens de l'Église. Il est né à Kravotyn, village de la province de Tver. Fils d'un diacre, il fit ses études de théologie au séminaire de Tver puis à l'académie de Saint-Pétersbourg. Extrêmement brillant, il connaissait plus d'une vingtaine de langues parmi lesquelles le copte, l'arménien, le géorgien, l'hébreu, le syriaque, l'arabe. En 1863, on créa un enseignement de l'histoire de l'Église dans les universités d'État. Six ans plus tard, grâce à la proposition de Mgr Makari, l'histoire de l'Église devenait l'une des quatre spécialisations obligatoires enseignée pendant quatre ans dans les académies de théologie. Une école historique ecclésiale pouvait apparaître au sein de l'Église d'Orient. Bolotov s'engouffra dans la brèche. En 1879, il soutint sa thèse consacrée à *La doctrine d'Origène sur la Sainte Trinité*. Il devint à vingt-quatre ans professeur d'histoire de l'Église ancienne. Il publia de nombreuses études spécialisées, notamment sur des questions âprement discutées, comme l'année et le jour de la mort de l'évangéliste Marc en Égypte (le 3 avril 63). En 1896, il devint docteur de la nouvelle chaire créée par le tsar en histoire de l'Église. Il mourut la même année que son ami le philosophe Vladimir Soloviev. Ses derniers mots avant de mourir furent : « Le Christ vient. » Il rédigea une *Introduction à l'histoire de l'Église* en quatre volumes qui ne fut publiée, une fois la censure allégée, qu'entre 1907 et 1918. Le premier volume est une volumineuse introduction méthodologique à l'histoire de l'Église, dans laquelle il présente ses sources, analyse l'historiographie grecque et latine, ainsi que l'historiographie contemporaine, et justifie sa propre périodisation. Bolotov était d'une grande ouverture spirituelle tout en se définissant comme un fils de son Église. Il définit l'Église comme le peuple de Dieu. Sa conception de l'orthodoxie dépassait le cadre étroit des frontières institutionnelles du corps mystique de l'Église. Bolotov avertit le lecteur que sa démarche confessionnelle est le prix qu'il paye à la censure :

> On demande parfois que l'histoire soit non seulement universelle, mais aussi l'histoire d'une confession particulière. Présentée de cette façon cette exigence n'est pas admissible car l'histoire serait ainsi une négation totale de la connaissance historique. Mais dans les limites de la loi le confessionnalisme de l'historien est un phénomène tout à fait naturel et compatible avec l'objectivité scientifique[88].

Bolotov n'est ni spiritualiste ni confessionnaliste. Il défend l'Église Orthodoxe dans son incarnation historique. Mais si cette Église que Bolotov désigne expressément comme kat'holique (en prenant soin de l'orthographier selon le mode grec, sauf lorsqu'il désigne l'Église catholique-romaine post-tridentine) est sainte, ses membres eux peuvent être pécheurs. C'est pourquoi il résume de la sorte le paradigme de l'historiographie orthodoxe orientale : « L'objectivité exige une description fidèle de l'Église historique. On ne peut voir dans son Église que de la lumière, et de l'ombre dans celle d'autrui[89]. » Cette fidélité, pour lui, sera bornée par les décisions conciliaires.

C'est pourquoi son histoire est rythmée de la façon suivante : de la fin du Iᵉʳ siècle (l'histoire apostolique appartenant, selon le métropolite Philarète, à l'histoire biblique, elle ne pouvait être sujette à la critique historique) au concile de Chalcédoine en 451 (qui représente une première coupure avec le monde monophysite, source de la grande coupure avec l'islam), de Chalcédoine à 1054 (qui correspond au schisme avec Rome) et de 1054 à nos jours (mais il s'intéressa peu à cette période). À l'intérieur de cette tradition doctrinale où l'orthodoxie comme vérité droite fut préservée, il considère, dans un premier temps, un cycle triadologique de la théologie jusqu'en 381, puis un cycle christologique jusqu'en 681. L'œcuménicité de ce sixième concile n'est pas contestée, mais Bolotov note que les Églises de Jérusalem et d'Alexandrie n'y sont déjà plus représentées. Et le concile *in trullo* de 691 adopta de nombreux canons en contradiction avec les pratiques tant romaines qu'arméniennes. Après cette date, l'avènement puis l'expansion de l'islam représentaient pour Bolotov le signe d'un échec sérieux de la pensée orthodoxe, échec auquel n'avait pas suffisamment réfléchi, d'après lui, la théologie orthodoxe.

Bien qu'il récuse tout parti pris confessionnel, Bolotov n'est pas entièrement libre de préjugés. Il compare les confessions à des types psychologiques et prend l'exemple d'un professeur donnant un examen inattendu à ses élèves. « Il se produit alors différentes réactions », explique Bolotov. Certains élèves s'appuient pour répondre sur toutes sortes d'autorité, « par exemple, sur celui qui a parlé le dernier ». Bolotov, qui vise ici les catholiques, dit qu'il y a là un danger d'en venir à falsifier l'histoire au nom de la célébration de la raison infaillible. Ceux qui s'appuient sur leurs propres forces pour répondre sont les protestants. Cette vision est dangereuse, explique-t-il en pensant aux errances de la libre pensée dans le monde protestant. Car, si la liberté de conscience a le mérite de lutter contre l'autoritarisme, elle peut se muer en rejet de toute autorité. « Qui prononce la liberté absolue de son raisonnement personnel termine en se posant des questions sur les saintes Écritures, ce qui le conduit en définitive à les rejeter. » L'élève qui ne se dépêche pas pour répondre, qui raisonne de façon dialogique, qui ne fait pas des sauts dans ses argumentations, est caractéristique de l'orthodoxe, selon Bolotov. « La conscience de soi comme partie et non comme tout de l'Église kat'holique donne lieu à un jugement juste des autres voix. Sont importants même les témoignages des sociétés n'appartenant pas aujourd'hui à l'Église kat'holique, particulièrement les témoignages anciens car ces derniers révèlent la voix de l'Église universelle[90]. » Bolotov se définissait comme un historien orthodoxe, avec toutes les limites contextuelles du terme donc. Il était cependant conscient du défi de l'islam à la théologie orthodoxe, et des conséquences désastreuses que constitua le mélange du politique et du doctrinal dans le précédent paradigme de l'orthodoxie. Il consacra les dernières années de sa vie à des recherches très érudites, qui visaient à retrouver de façon fidèle la mémoire des communautés nestoriennes. Il fut également l'auteur d'un rapport sur le *filioque* à destination de la commission du saint-synode qui traitait d'un éventuel rapprochement avec les vieux catholiques ayant rompu avec Rome après le concile du Vatican. Il y démontrait que la procession du Saint-Esprit du Père par le Fils pouvait être considérée par l'Église Orthodoxe comme un *theologoumenon*, c'est-à-dire comme une opinion légitime dans l'Église.

Le théologien et historien russe Alexeï Pétrovitch

Lebedev (1845-1908) est né dans le village d'Otchakovo, près de Kolomna, dans la région de Moscou. Son père était prêtre mais souffrait d'alcoolisme, ce qui lui valut des démêlés avec le métropolite Philarète. Il envoya néanmoins son fils au séminaire, puis à l'académie de théologie de Moscou. Celui-ci devint titulaire de la chaire de l'histoire de l'Église ancienne en 1870 et y enseigna pendant vingt-cinq ans. Très populaire, il forma de nombreuses promotions de séminaristes et une école de disciples, tels que N. Gloubokovsky et A. Spassky. Il publia plusieurs livres sur l'histoire de l'Église byzantine avant comme après la chute de Constantinople en 1453[91] et sur l'histoire des conciles[92] qui représentait pour lui, comme pour Bolotov, le cœur de l'identité mémorielle orthodoxe. En 1895, après la décision du tsar d'instaurer l'enseignement de l'histoire ecclésiale dans les universités d'État, il fut nommé titulaire de la nouvelle chaire d'histoire de l'Église de l'université de Moscou. En 1903, il publia un joyau d'érudition, *L'Historiographie ecclésiale à travers ses principaux représentants*[93]. Il devait faire sans cesse attention à la censure exercée par Constantin Pobiedonostsev, le procureur du saint-synode. C'est pourquoi, après la révolution de 1905, il réclama le rétablissement de l'institution du patriarcat dans l'Église russe.

Ses œuvres complètes comptent plus de onze volumes. Malgré toute cette imposante littérature, l'historien russe émigré Georges Florovsky (1893-1979) ne considère Lebedev que comme un simple « vulgarisateur ». Il affirme que « Lebedev n'était pas un penseur indépendant » puisqu'il tenait pour essentiel de connaître la littérature historiographique occidentale[94]. Pourtant, lorsqu'on lit attentivement son histoire de l'historiographie religieuse, on constate que Lebedev était très libre à l'égard des principaux historiens de son temps. Très au fait de la philosophie hégélienne, il savait prendre ses distances à l'égard des théories des historiens hégéliens de l'Église, tels que Friedrich Hasse. Bien qu'il connût le poids de la censure dans les universités catholiques, il possédait suffisamment son sujet pour apprécier les avancées des histoires de l'Église de Claude Fleury et de Sébastien Le Nain de Tillemont. Lecteur infatigable, il s'intéressait également à l'*Histoire de l'Église de France* de Wladimir Guettée (1816-1892), prêtre catholique français converti à l'Église Orthodoxe après que son œuvre eut été mise à l'index par le Saint-Siège. Il savait orienter ses élèves en leur présentant l'originalité de la science historique allemande, tout en constatant sa décadence et sa soumission croissante à l'État prussien. À propos de Harnack, il disait sommairement: «Ce qu'il ne faut pas faire!» Bien que Florovsky n'en souffle mot dans sa propre histoire de la théologie russe, Lebedev fut le premier à en écrire une à travers son étude de l'historiographie ecclésiale russe qui forme la troisième partie de son maître ouvrage. Lebedev, qui cite ses sources, mentionne en particulier le Mikhaïl Dobrotvorski, professeur d'histoire de l'Église à l'université de Kazan et auteur d'une méthodologie de l'histoire de l'Église russe publiée en 1868, qu'il regardait comme un modèle.

Ces historiens firent la distinction entre le point de vue «orthodoxe-*pravoslavnij*» et le point de vue «orthodoxe-*orthodoxalnij*». S'ils rejetaient la seconde approche, confessionnelle, ils définissaient la première approche comme «la conservation des principes ». Ils ajoutaient que cette seconde approche était celle des meilleurs historiens « libéraux » des différentes confessions. Lebedev ajoutait néanmoins que la clef de l'objectivité se trouvait dans une sorte d'« instinct orthodoxe », à savoir « le respect de la tradition ecclésiale[95] ».

Dans l'*Histoire des religions* qui fut publiée en 1909 à Moscou, c'est-à-dire à l'époque la plus lumineuse de l'âge d'argent, Alexandre Eltchaninoff, Vladimir Ern, Paul Florensky bénéficièrent de ce renouveau historiographique, ecclésial et intellectuel. Lecteurs critiques à la suite de Soloviev et Dostoïevski, de Kant comme de Marx, ces auteurs appartenaient au renouveau symboliste et à la redécouverte de la tradition spirituelle et patristique du christianisme. Afin de se dégager du confessionnalisme, ces auteurs proches de l'académie et de la Laure de Saint-Serge, qu'on ne pouvait donc soupçonner d'hétérodoxie, mirent en valeur la notion capitale de « degrés de la conscience religieuse ». Grâce à cette notion, une nouvelle discipline apparut, l'hagiologie, ou étude de la sainteté. Son émergence fut contemporaine de la canonisation de saint Seraphim de Sarov (1759-1833) le 19 juillet 1903 par le saint-synode de l'Église russe. L'Église russe, en effet, n'avait pratiquement plus glorifié de nouveaux saints au cours de sa période synodale. Ce renouveau intellectuel et ecclésial fut approfondi et développé dans les années 1930 en France. L'historien russe orthodoxe Georges Fedotov (1886-1951) publia aux éditions YMCA Press, dirigées, à Paris, par N. Berdiaev, deux livres majeurs. En 1929, parut *Saint Philippe métropolite de Moscou*[96], un hymne à la liberté de conscience symbolisée par le face-à-face entre le tsar Ivan le Terrible et le métropolite Philippe de Moscou (1507-1569), le chef de l'Église moscovite. Deux ans plus tard sortit l'ouvrage majeur de Fedotov, *Les saints de l'ancienne Russie*. Ce livre, préfacé par le père Alexandre Men (1935-1990), fut réédité à des centaines de milliers d'exemplaires dans la Russie postcommuniste, au cours des années 1990, période de canonisations en masse dans l'Église russe[97]. Cette nouvelle discipline mariait la fidélité de la conscience ecclésiale avec un esprit critique tourné, non vers les limites de la conceptualité identitaire, mais vers la réalité de son dépassement. On pouvait dès lors commencer à rendre compte à la fois de l'unité de l'Église et de la diversité des cheminements pris dans l'histoire par l'Orient et l'Occident chrétien. Dans le chapitre sur l'Orthodoxie, Eltchaninoff et Florensky écrivent :

> Si on reconnaît la vie religieuse comme une réalité de salut unique, alors il faut se tourner vers l'expérience des gens ayant atteint les degrés les plus élevés de la vie religieuse, à savoir ceux que l'on ne peut pas ne pas reconnaître comme saints.

Aussi n'hésitent-ils pas à inclure des saints tels que François d'Assise dans leur histoire de l'Orthodoxie. Ils ne parvinrent pas à rédiger une histoire pleinement œcuménique et orthodoxe du christianisme. Mais les fondements d'une histoire commune du « christianisme de Jean, de Pierre et de Paul » avaient été posés par le maître de cette génération intellectuelle, à savoir par Vladimir Soloviev (1853-1900). Ce dernier, dans son livre *Le développement dogmatique de l'Église* (1885), affirma avec vigueur le point suivant : « Si l'Église dans sa vie, au témoignage de l'apôtre saint Paul, se développe harmonieusement, grandissant de force en force pour devenir un homme parfait à la pleine stature du Christ, alors, de façon corrélative, elle doit se développer aussi dans l'esprit du croyant, s'élevant de lumière en lumière, de vérité en vérité[98]. » Tout comme Newman, le philosophe et poète russe choisit de communier à toute l'Église. Il considérait même que l'idée russe, la vocation propre à la nation russe, était de réaliser le christianisme universel par une synthèse entre ses traditions germano-latine et slavo-byzantine. Le 18 février 1896, il entra dans l'Église catholique lors d'une liturgie célébrée par le prêtre grec catholique Nicolas Tolstoï, tout en continuant de se sentir orthodoxe[99]. Il rédigea à la fin de sa vie, en 1899-1900, un *Court récit sur l'Antéchrist*, récit eschatologique de l'unification des Églises. À la fin de l'histoire, qui met en scène les héritiers des apôtres Pierre, Paul et Jean participant à un imaginaire concile de Jérusalem, c'est un protestant allemand, le docteur Pauli, qui sauve l'Église des attaques de l'Antéchrist et du Grand Mage. La reconnaissance par le docteur Pauli de la primauté de Pierre, comme serviteur et non comme autorité contraignante, conduit à la reconnaissance mutuelle des Églises et à la fin de l'Histoire.

Le théologien russe Georges Florovsky (1893-1979), considéré comme l'un des principaux historiens de l'orthodoxie au XXe siècle, appartient à une autre génération. Il s'opposa radicalement à la nouvelle historiographie œcuménique et eschatologique de ses prédécesseurs. Et néanmoins il appartient à cette même École de Paris qui remit en cause le paradigme d'orthodoxie comme mémoire fidèle et prépara son basculement vers celui de connaissance juste. Pour bien comprendre ce retournement complexe et lui-même évolutif, il convient de présenter brièvement la vie de G. Florovsky. Il commença à enseigner à l'université d'Odessa en 1919. Mais, dès l'année suivante, il dut quitter la Russie avec sa famille. Sa carrière universitaire fut brisée par la révolution russe. En France, sa nouvelle terre d'accueil à partir de 1924, aucune université ne lui proposa de poste. Il se résolut à enseigner la patristique à l'Institut orthodoxe Saint-Serge à partir de 1925 et fut ordonné prêtre en 1932. C'est à cette époque qu'il affirma que la crise du byzantinisme au XVIe siècle fut un abandon de la tradition patristique. Cela nécessitait en réaction un « retour aux Pères ». Cette expression, en réalité, était un leitmotiv dans le monde académique russe orthodoxe depuis au moins un siècle et avait déjà produit un grand nombre de fruits dans les académies de Kazan, de Moscou ou de Saint-Pétersbourg. C'est pourquoi les collègues de Florovsky à l'institut Saint-Serge cherchèrent dans un premier temps à tempérer ses élans de jeunesse. Mais, en 1935-1937, un différend l'opposa sévèrement à Serge Boulgakov, au sujet de la doctrine de la Sagesse de Dieu, aux professeurs de l'institut Saint-Serge, qui prirent le parti de leur doyen[100], et à Nicolas Berdiaev. Ce dernier publia cependant ses *Voies de la théologie russe* en 1936, tout en le critiquant sévèrement dans une recension pour la revue *Pout'* (*La Voie*). L'absence de communication était totale entre Florovsky et la génération passée du marxisme à l'idéalisme, puis au christianisme. Florovsky identifiait à dessein la génération de Berdiaev et de Boulgakov à l'état prérévolutionnaire de leur pensée, pour mieux la disqualifier et faire entendre la voix d'une génération plus jeune de vingt ans. Tandis que les héros de l'âge d'argent assimilaient trop rapidement le désir d'ancrage dans la théologie patristique de Florovsky à la nostalgie d'un âge d'or que Berdiaev qualifiait de maurassienne. Ce dernier considérait que Georges Florovsky, tout comme Vladimir Lossky, l'un des membres de la confrérie de Saint-Photius hostile au doyen de l'institut Saint-Serge, étaient des victimes des violences de l'histoire qui les avaient arrachés à leur mère patrie. C'est pourquoi ils désiraient en réaction retrouver la stabilité de la chrétienté byzantine ou la chaleur de l'Église mère.

En réalité, par-delà cette polémique, attisée qui plus est par les tensions politiques de l'époque[101], Florovsky reprenait bien des analyses de ses prédécesseurs. Ainsi, comme en témoigne la conclusion de son livre *Les voies de la théologie russe*, reconnaissait-il le besoin pour la théologie russe « d'une libre rencontre avec l'Occident » ; la nécessité de réfléchir aux fondements spirituels de l'« homme nouveau » que la civilisation de son temps cherchait à construire hors de toute référence à Dieu ; celle de reposer la théologie comme une question d'ordre public. Bien qu'il présente dans cet ouvrage un panégyrique de la théologie russe contre la décadente théologie occidentale, G. Florovsky ne peut ignorer l'échec cinglant que fut pour l'orthodoxie russe le communisme. Il est un des premiers historiens de l'Église Orthodoxe à avoir pris conscience des limites et des péchés de son Église dans l'histoire. Dès lors, la conscience orthodoxe ne peut plus se permettre d'être seulement mémorielle, elle se doit d'être créatrice. Ainsi, malgré les apparences parfois traditionalistes de l'œuvre du théologien russe, une direction nouvelle de la pensée orthodoxe au sein de l'Église d'Orient se confirme avec l'œuvre de Florovsky. Il écrit en conclusion :

> Le verdict sévère de l'histoire doit être transformé en une vocation créative à compléter ce qui demeure inachevé. C'est dans de grandes afflictions qu'il nous revient de rentrer dans le Royaume de Dieu. L'Orthodoxie ne représente pas seulement une tradition, c'est aussi une tâche ; ce n'est pas une inconnue, c'est un paramètre. Elle est à la fois une mission, un levain, une graine qui fermente, elle est aussi notre devoir et notre vocation. [...] C'est seulement dans un tel labeur spirituel que pourra être justifié un passé où abondent prémonitions et anticipations, mais aussi faiblesses et erreurs de toutes sortes. La synthèse historique authentique ne se trouve pas dans l'interprétation du passé, mais dans un accomplissement créatif de l'avenir[102].

Après la Seconde Guerre mondiale, au cours de laquelle il évita de justesse l'arrestation par les troupes communistes de Tito, il revint à Paris et, après la mort de Boulgakov, enseigna la théologie morale et dogmatique à l'institut Saint-Serge. Dans la revue *Dieu vivant*, où il retrouvait le père de Lubac et le père Daniélou, initiateurs de la collection des « Sources chrétiennes », il reprit en langue française la conclusion de son livre de 1936 et martela son idée principale : « Rejoindre les Pères, en tout état de cause, signifie progresser et non reculer. Il s'agit de la fidélité à l'esprit et non à la lettre des Pères, de s'enflammer au contact de leur inspiration ignée et non de constituer un herbier[103]. » Contre ceux qui pensent que la vérité chrétienne est indémontrable à partir de l'histoire et qu'elle ne peut être affirmée que par « la foi », Florovsky affirmait que l'Église reconnaissait les « événements dogmatiques en tant que faits de l'histoire ». C'est pourquoi, concluait-il, « le théologien doit découvrir et éprouver l'histoire comme un *processus théantropique,* passage du temps à l'éternité de grâce, devenir et édification du Corps du Christ[104] ». Sa réflexion sur l'évolution politique du monde l'encouragea à s'engager plus avant dans le mouvement œcuménique tout en cherchant à maintenir son identité de « fidèle orthodoxe ». Son cheminement, qu'on pourrait qualifier d'« ouverture prosélyte », fut paradigmatique pour de nombreux autres intellectuels grecs ou russes qui s'engagèrent par la suite dans sa voie[105].

Chapitre X

LA « CONNAISSANCE JUSTE ». DE RUTH ROUSE ET STEPHEN CHARLES NEILL À GUY BEDOUELLE ET OLIVIER CLÉMENT

TROIS PARCOURS VERS UNE CONNAISSANCE JUSTE

Le XXe siècle a été caractérisé par de nombreux et violents conflits s'appuyant le plus souvent sur des idéologies totalitaires. Le national-socialisme en Allemagne et le communisme en URSS, doctrines violemment antichrétiennes, sont parvenus à mobiliser d'importantes masses populaires avec des promesses de cohésion nationale et de justice sociale. Le philosophe russe Nicolas Berdiaev était réputé pour sa connaissance de la philosophie d'Emmanuel Kant (1724-1804) et du tournant anthropologique que le kantisme apporta à la philosophie européenne. À la suite de Vladimir Soloviev, il critiqua cependant la coupure que le penseur de Königsberg instaura entre la chose en soi et le monde des phénomènes. Berdiaev fut l'un des premiers à déceler la nostalgie proprement religieuse du lien théanthropique activée au sein des populations par les nouvelles idéologies. Dans son article « Vérité (*istina*) de la philosophie et vérité (*pravda*) de l'intelligentsia », publié à Saint-Pétersbourg dans le célèbre recueil des *Jalons* en 1909[1], le philosophe russe montra que le peuple russe, en raison de l'éducation religieuse qu'il reçut par la liturgie de saint Jean Chrysostome, a toujours voulu identifier la connaissance de la vérité à la conciliarité (*sobornost'*), et par voie de conséquence à la justice sociale. Le terme de *pravda*, souvent considéré comme intraduisible en de nombreuses langues, signifie donc, dans la conscience russe, la vérité en tant qu'elle est indissociable de la justice (*spravedlivost'*) et du droit (*pravo*). Ce rapport théanthropique à la vérité peut être justifié du point de vue de la pensée orthodoxe. La juste glorification, ou *pravo-slavie*, fut comprise dès l'époque de Iaroslav le Sage (978-1054), le fils de Vladimir Ier, comme une attention à la justice sociale. Ce dernier rédigea la première partie de la Loi russe, ou *Russkaja Pravda*, qui prévoyait de fortes condamnations pour tout vol, injure ou meurtre[2]. Mais, s'il est écarté de son centre christique, ce lien entre vérité et justice peut conduire, selon Berdiaev, à des extrêmes. Le philosophe russe fustige notamment le mépris par les élites de la vérité pour elle-même en tant qu'*istina* ou réalité métaphysique autonome, et non seulement en tant que *pravda*. Au début du XXe siècle, l'intelligentsia russe, écartée des cercles cléricaux de l'Église au moins depuis le schisme des vieux-croyants au XVIIe siècle, était prête, selon Berdiaev, « à accorder foi à n'importe quelle philosophie, à la seule condition qu'elle valide ses idéaux sociaux[3] ». Mais pour juste que fût le constat, la réponse de Berdiaev, comme il le reconnut lui-même plus tard dans ses Mémoires, ne fut pas adaptée. Il était à cette époque, en 1909, un philosophe symboliste appartenant aux courants littéraires de l'âge d'argent. Et il ne réalisa pas que le seul appel à une philosophie pure et désintéressée ne pouvait être entendu à un moment où les exigences des populations en faveur de la justice sociale étaient si importantes. Pourtant Berdiaev, lecteur de Soloviev et Nesmélov, les principaux critiques de l'anthropologie kantienne, ne se résolut pas au fatalisme. Il comprenait la vérité de son époque, à savoir le désir profond d'unification nationale et de justice sociale, qui d'ailleurs expliquait le succès éditorial et la polémique importante suscités par le recueil, et son article en particulier[4]. Dans sa contribution, il proposait à l'intelligentsia, comme alternative intellectuelle, l'idéalisme concret de Khomiakov et le réalisme ontologique de Dostoïevski.

> Il y a, écrivait-il, dans la philosophie russe des traits qui l'apparentent à l'intelligentsia russe : l'aspiration à une vision unifiée du monde, à une fusion de la vérité et du bien, de la connaissance et de la foi. On y retrouve, même chez les philosophes russes de tendance académique, l'hostilité au rationalisme abstrait. Et je pense que l'idéalisme concret, lié à une approche réaliste de l'Être, pourrait devenir le fondement de notre création philosophique nationale, et permettrait de donner naissance à la tradition philosophique nationale dont nous avons tant besoin[5].

Un peu plus loin il ajoute :

> Toutes les données historiques et psychologiques en témoignent : l'intelligentsia russe ne peut passer à une conscience nouvelle que sur la base d'une synthèse entre la connaissance et la foi ; une synthèse satisfaisant l'exigence (en soi précieuse) de l'intelligentsia de

relier organiquement théorie et pratique, son exigence de « vérité pratique », de « vérité-justice »[6].

Berdiaev était conscient de l'urgence du sujet. Il chercha à poursuivre sa réflexion sur le lien entre *sobornost'* et vérité. Il se lança dans une recherche sur Alexis Khomiakov, le père du néoslavophilisme et de la réflexion sur la vérité conciliaire et juste. Son livre, *Alexeï Stepanovitch Khomiakov*, parut en 1912 aux éditions Pout'. Mais son effort était déjà bien tardif. La locomotive de la révolution décrite par Boris Pasternak (1890-1960) dans *Le Docteur Jivago* (1957) et par Alexandre Soljenitsyne (1918-2008) dans *La Roue rouge* (1971) était déjà lancée. Trois ans seulement après la publication des *Jalons*, l'organe de presse des bolcheviks de Saint-Pétersbourg prenait le nom de *Pravda*. Berdiaev fut expulsé d'URSS par Lénine en 1922. Il émigra à Paris où il recréa son Académie de philosophie spirituelle. C'est là qu'il s'engagea dans le mouvement œcuménique. Il retrouvait, chez ses amis anglicans du Fellowship Saint Alban and Saint Sergius, cette prise de conscience, signe de l'émergence d'un nouveau paradigme de la vérité, qu'avait formulé presque un siècle plus tôt John Henry Newman : « La raison est faite pour le vrai et la certitude, comme la conscience l'est pour le bien et la vertu[7]. »

Saint Pedro Poveda Castroverde (1874-1936) est né la même année que Berdiaev, à Linarès, en Andalousie, dans une famille espagnole catholique de condition modeste. Il représente également, à l'autre bout de l'Europe et du champ spirituel de la conscience chrétienne, une figure caractéristique de l'évolution du sens d'orthodoxie comme connaissance juste au début du XXe siècle[8]. Jeune séminariste à Guadix, Poveda se sentit appelé à travailler à la promotion humaine et sociale des plus défavorisés. Devenu prêtre en 1897, convaincu que la vérité première du christianisme était l'engagement de tous en faveur d'un monde plus juste, il fonda en Espagne un grand nombre de centres de formation chrétienne à destination des professeurs laïcs. L'un de ses objectifs était alors de favoriser la place des femmes dans la société. Il créa le Mouvement des étudiantes catholiques et des jeunesses universitaires féminines. À Madrid, où il fut nommé chapelain de la Maison royale, il devint membre du Conseil central de lutte contre l'analphabétisme. Il participa également à la Fraternité du secours de Madrid en faveur des déshérités et des enfants abandonnés. L'académie qu'il fonda à Oviedo, en 1911, fut dédiée à la mémoire de sainte Thérèse d'Ávila. Elle se transforma par la suite en Institution Thérésienne. On trouve ici le souci de s'ancrer dans une mémoire fidèle à la tradition catholique espagnole tout en l'interprétant de façon nouvelle. Pour Poveda, la connaissance juste ne se trouve pas dans le hiératisme et la pompe de la spiritualité alors très conservatrice de l'Église espagnole, mais dans la célébration de toutes les manifestations d'humanité, dans la mise en œuvre pratique du message d'amour de l'Évangile. Dans le *Bulletin de l'Academia Santa Teresa*, en 1916, il dévoile sa logique théanthropique :

> Thérèse d'Ávila était une femme très humaine. Ses œuvres en témoignent, la lecture de ses écrits le prouve. Je souhaite que l'Institution Thérésienne ait cette qualité. Le nom qu'elle porte voudrait le mani-

fester. [...] Je prétends que ceux qui désirent mener une vie humaine accomplie ont d'abord à s'ouvrir au don débordant de Dieu. Y aura-t-il alors surabondance de générosité ? Bien sûr. Serons-nous attirants ? Impossible d'en douter. Chercher à détruire l'humain ? Jamais. C'est une chimère. Tendre à l'accomplissement de l'humain par d'autres moyens ? Effort dérisoire. Se passer de Dieu pour l'accomplissement de son œuvre ? Illusion stupide. Ne vous semble-t-il pas que cette synthèse soit très simple, ce processus logique, et son résultat infaillible ? Dieu se penche vers l'homme et l'homme tend vers Dieu. Son Fils, Dieu comme lui, est venu prendre notre humanité pour ne jamais l'abandonner, pour la mener à son accomplissement et la diviniser. L'humain a été accompli et divinisé parce qu'il a été habité par Dieu[9].

Son œuvre compte aujourd'hui plus de quatre mille membres dans trente-deux pays et dirige quantité d'écoles, de résidences universitaires, de centres de formation, d'organisations de jeunesse, de maisons d'édition et de programmes de coopération internationaux. Pendant la guerre d'Espagne, lors des persécutions religieuses de 1936, il est interpellé par les miliciens républicains qui lui demandent son identité. Il répond : « *Je suis prêtre du Christ.* » Il est arrêté, jugé sommairement et fusillé le même jour, le 28 juillet 1936. Il a été béatifié en 1993 par Jean-Paul II, puis canonisé le 4 mai 2003. Dans les conseils qu'il donnait aux professeurs et aux étudiantes de la première académie de 1911-1912, Pedro Poveda insistait sur la sagesse pratique de l'action droite caractéristique des temps nouveaux :

Demandez à Dieu la lumière, soyez prudents, agissez sans précipitation, pensez au bien-fondé de ce que vous exigez des autres, en cas de doute ou devant une difficulté, prenez le temps de prendre conseil ; en toute situation agissez avec droiture[10].

Dietrich Bonhoeffer, né le 4 février 1906 à Breslau (aujourd'hui Wroclaw), est un pasteur luthérien évangélique, théologien, écrivain et résistant au nazisme. Il fut le directeur du Séminaire de l'Église confessante à Finkenwald et reçut des missions secrètes de la part de son Église au cours de la Seconde Guerre mondiale. Durant l'un de ses voyages à Stockholm, il rencontra l'évêque anglican de Chichester, George Bell, par l'intermédiaire duquel il transmit aux Britanniques des preuves de l'extermination des Juifs par les nazis ; il lui demanda également de l'aide pour éliminer Hitler. Mais le 5 avril 1943, après ses fiançailles, il est arrêté et envoyé en prison à Berlin.

Dans l'ouvrage qu'il rédigea en prison, publié après sa mort sous le titre *Résistance et soumission*, on trouve une collection de lettres et de réflexions. À la Noël 1943, il rédige une « Prière du matin » qui nous permet de pénétrer au plus intime de sa foi en un Dieu Juge et Sauveur, sujet et objet de toute connaissance :

Dieu saint et miséricordieux,
mon Créateur et mon Rédempteur,
mon Juge et mon Sauveur,
tu me connais ainsi que tous mes actes.
Tu hais et punis le mal dans ce monde
Et dans l'autre, sans acception de personnes.
Tu pardonnes ses péchés à celui
Qui te le demande sincèrement.
Tu aimes le bien et le récompense sur cette terre

Par une conscience rassurée,
Et dans le monde à venir
Par la couronne de justice[11].

Bonhoeffer était conscient qu'il était de sa responsabilité de lutter de toute son énergie contre le mal absolu du régime antéchristique nazi. La collaboration de son Église au régime nazi nécessitait en réaction, pour le pasteur luthérien, une profonde remise en question des fondements conceptuels de la vérité. Il comprit que les valeurs de fidélité, d'obéissance et de soumission devaient être équilibrées par les valeurs de liberté, d'esprit critique et surtout de responsabilité. Il écrit :

> Le courage civique ne peut naître que de la libre responsabilité d'un homme libre. Les Allemands ne commencent à découvrir que maintenant ce que signifie la libre responsabilité. Elle procède d'un Dieu qui exige une action responsable dans le libre risque de la foi et qui accorde pardon et consolation à celui qui devient pécheur par cette même action[12].

Le théologien allemand participa à la tentative d'assassinat du 20 juillet 1944 contre le Führer. Le 8 octobre 1944, il fut transféré au camp de concentration de Buchenwald. Bonhoeffer fut pendu le 9 avril 1945 au camp de concentration de Flossenbürg, en Bavière, près de l'actuelle frontière germano-tchèque. Il est considéré aujourd'hui par nombre de chrétiens, au-delà des frontières confessionnelles, comme un martyr pour la justice du temps présent.

LE SENS CONTEMPORAIN DE L'ORTHODOXIE

Comme l'a écrit le théologien catholique et jésuite Bernard Sesboüé, de l'époque moderne à l'époque contemporaine on est passé d'un concept univoque de la vérité à une conception de l'analogie de la vérité, d'une représentation théocentrée de la justice à sa conception anthropocentrée. « Dans le premier cas la vérité est une et indivisible, elle est ou elle n'est pas, elle est totale ou inexistante. On ne prend en compte aucune distinction entre différents ordres de vérité. [Dans le second cas,] chaque forme ou niveau de vérité a un statut spécifique et un créneau propre de pertinence. L'une n'est pas l'autre. [...] L'esprit humain ne peut sans doute pas renoncer au mouvement qui le pousse à découvrir l'unité intérieure à toutes les vérités. Mais il s'agit là d'un lent travail de confrontations, qui se fera, suivant les cas, au regard d'une théorie de la science, d'une conception de l'histoire ou d'une doctrine de la vérité de la foi[13]. » Sesboüé distingue au sein même de l'orthodoxie ecclésiale trois types de vérité : la vérité révélée, irréformable par elle-même ; la vérité ecclésiale, celle des faits dogmatiques ; et la vérité juridique, l'autorité de la chose jugée. Ces divers ordres de la vérité ne signifient pas son éclatement, leur distinction permettant de mieux saisir la dynamique et donc le sens de la vérité. Cette distinction permet également à la conscience juste de se défaire de l'accessoire et du contingent et de raviver la braise qui s'éteint. Comme l'écrit Guy Bedouelle, pour le cardinal Journet, il existe quelques lois (loi de conformation au Christ, loi de tension eschatologique entre mort et résurrection...) qui structurent la sagesse théologique à partir de l'histoire. Parmi ces lois, on trouve la loi de décantation « suivant laquelle, avec le temps, l'Église se dégage elle-même de ce qui l'entourait, de ce qui n'est pas elle et qu'on confondait avec elle. L'Église prend, sous la pression de l'Esprit Saint, une conscience expérimentale de sa vraie nature[14] ». La conscience contemporaine est donc sur la voie de comprendre que la vérité peut être à la fois fidélité à une parole divine et résultat d'une construction humaine. C'est là le cœur de la pensée orthodoxe de la théanthropie soutenue aux XXe et XXIe siècles par des personnalités telles que S. Boulgakov, H.U. von Balthasar et R. Williams.

Cette évolution du sens de l'orthodoxie est particulièrement visible dans l'œuvre d'un disciple du père Serge Boulgakov, Léonide Chrol (1902-1982). Né à Saint-Pétersbourg, le jeune Léonide reçut une solide éducation musicale. Dès 1914, à douze ans, il donna des concerts de piano pour les soldats blessés. Son don musical étonnait son entourage. La révolution interrompit ses études. En 1920, il émigra d'abord à Prague, où il reçut le premier prix de piano du Conservatoire, puis à Paris. Il fit ses études à l'institut Saint-Serge où, sous l'influence du père Serge Boulgakov, il devint prêtre. Il fréquenta avec son épouse Olga le milieu de l'Action Orthodoxe. Proche de la mère Marie Skobtsoff et de Dimitri Klépinine, il resta fidèle à Mgr Euloge Guéorguievsky, métropolite de l'archevêché russe au sein du patriarcat œcuménique. Fondateur en 1934 et recteur de la paroisse orthodoxe de Montauban[15], il se distingua, le samedi

19 août 1944, en sauvant la ville de la destruction par le 4e régiment SS « Der Führer », qui y était cantonné, grâce à ses talents linguistiques et diplomatiques. Le chef de la colonne des Waffen SS était un Mongol qui avait détruit quelques semaines plus tôt le village d'Oradour-sur-Glane[16]. Pianiste et artiste, Léonide Chrol composait des puzzles polychromes à double face, qui s'emboîtaient les uns dans les autres et qu'il fixait ensuite entre deux plaques de verre[17]. Son œuvre majeure est *Alpha et oméga. Essai sur le christianisme œcuménique intégral*, rédigé au cours des années 1930 et publié en 1967 à Montauban. Il fut l'un des premiers à prendre conscience de la formation du nouveau paradigme d'orthodoxie comme connaissance juste, avec toutes ses implications : intelligence synthétique, ouverture œcuménique, exigence orthopraxique.

> Le christianisme intégral ne demande aux aspirants que de changer leur « hétérodoxie », *hétéran doxan*, pensée autre, plus étroite, que la pensée catholique, en « orthodoxie », *orthen doxan*, pensée juste, droite et divinement large. Car ce changement, si difficile soit-il, est parfaitement justifié par la suite : l'Orthodoxie catholique sait satisfaire à toutes les aspirations de chaque âme humaine cherchant Dieu et la vérité éternelle ; elle sait donner une solution juste de tous les problèmes dans tous les domaines, de toutes les questions qu'on lui pose. Elle est un chef-d'œuvre de toute l'activité humaine connaissante et créatrice, sans rien outrer, sans rien déformer ou simplifier, c'est le développement de tous les talents que Dieu nous a accordés (Matt., 25, 14-30 ; Lc, 19, 12-27[18]).

Cependant prévient Bernard Sesboüé, qui se souvient peut-être que la réaction de Pie X contre le modernisme ne date que de 1907, « le problème d'un rééquilibrage entre la nécessaire reconnaissance de la pluralité des vérités et le respect de l'absolu de la vérité, surtout de la vérité divine, est encore devant nous[19] ». De son côté, le philosophe catholique français Claude Tresmontant (1925-1997) a œuvré pour que les philosophes de son temps, et notamment les philosophes néo-idéalistes qu'il assimilait à des gnostiques modernes, apprennent à distinguer « la tradition hébraïque, le judaïsme orthodoxe, le christianisme orthodoxe » parmi les différentes métaphysiques mettant en relation l'Être et l'Univers physique[20]. Par ailleurs, le paradigme de la mémoire fidèle a l'avantage de séduire de nombreuses personnes en quête de sécurité dans un monde marqué par de perpétuelles remises en question des modes intellectuelles. Gilbert Keith Chesterton (1874-1936) se convertit au catholicisme en 1922, quatorze ans après avoir écrit son essai célèbre *Orthodoxy*, qui est une apologie de la tradition religieuse[21]. On connaît l'important renouveau des courants traditionalistes au sein des Églises, et plus largement des religions à l'époque de l'accélération de la globalisation. Le métropolite Emmanuel Adamakis partage avec les membres de la troisième conférence panorthodoxe préconciliaire de 1986 une compréhension de l'orthodoxie comme connaissance juste. Il cite la Déclaration des quinze Églises Orthodoxes :

> Nous, chrétiens orthodoxes, ayant accès au sens du salut, devons lutter pour alléger la maladie, le malheur et l'angoisse. Ayant accès à l'expérience de la paix, nous ne pouvons pas rester indifférents, face à son absence dans la société actuelle. Étant les bénéficiaires

> de la justice de Dieu, nous luttons pour une justice plus complète dans le monde et pour la disparition de toute oppression. Faisant l'expérience chaque jour de la clémence divine, nous luttons contre tout fanatisme et toute intolérance entre les hommes et les peuples. Proclamant continuellement l'incarnation de Dieu et la divinisation de l'homme, nous défendons les droits de l'homme pour tous les hommes et tous les peuples. [...] Attendant une terre et des cieux nouveaux, où régnera la justice absolue, nous combattons *hic et nunc* pour la renaissance et le renouveau de l'homme et de la société[22].

Mais le président de l'assemblée des évêques orthodoxes en France est lui aussi conscient que, en dépit de la condamnation par l'Église Orthodoxe du phylétisme au concile de Constantinople en 1872, cette « déviation hérétique » est encore à l'œuvre au sein des Églises Orthodoxes[23]. C'est la raison pour laquelle on ne peut encore parler de paradigme de la connaissance juste pour la période contemporaine, mais seulement de configuration nouvelle de l'épistémologie orthodoxe.

Cependant ce nouveau système doxique dispose déjà de signes tangibles au niveau du droit international, conséquences de la réaction des États aux idéologies meurtrières du XXe siècle, au lendemain de la Seconde Guerre mondiale. Après la Première Guerre mondiale, lors du traité de Versailles, en 1919, avait été créée, à l'initiative de Woodrow Wilson, sur une base parfaitement séculière, la Société des Nations. Michel Zyzykine, historien russe orthodoxe, considérait en 1936 que cette organisation n'était pas viable pour des motifs théologiques : « Loin d'admettre le péché originel comme le faisaient les signataires plus réalistes de la Sainte-Alliance, elle impliquait la bonté naturelle de l'homme[24]. » Elle ne résista pas aux idéologies totalitaires de l'entre-deux-guerres et fut remplacée, le 24 octobre 1945, par l'Organisation des Nations unies, elle-même fondée sur la Charte des Nations unies du 26 juin 1945. La notion de soumission des États à un pouvoir spirituel les dépassant n'était toujours pas admise. En revanche, les États signataires s'engageaient à préserver les générations futures du « fléau de la guerre » et proclamaient leur « foi dans les droits fondamentaux de l'homme, dans la dignité et la valeur de la personne humaine, dans l'égalité de droits des hommes et des femmes, ainsi que des nations grandes et petites ». Ces États s'engageaient également « à créer les conditions nécessaires au maintien de la justice et du respect des obligations nées des traités et autres sources du droit international, à favoriser le progrès social et à instaurer de meilleures conditions de vie dans une liberté plus grande ». L'Assemblée générale des Nations unies adopta à Paris, le 10 décembre 1948, une Déclaration universelle des droits de l'homme proclamant dans son article premier : « Tous les êtres humains naissent libres et égaux en dignité. Ils sont doués de raison et de conscience et doivent agir les uns envers les autres dans un esprit de fraternité. » La Déclaration fut rédigée par des personnes aux convictions principalement chrétiennes et monothéistes tout en s'ouvrant aux valeurs des autres religions : Eleanor Roosevelt (protestante), John Peters Humphrey (catholique), René Cassin (juif), Charles Malik (orthodoxe), Peng Chun Chang (confucianiste), Hansa Mehta (hindouiste). On trouve dans ces textes la volonté d'enraciner le droit international dans une vérité universelle, dont l'une des caractéristiques est la justice. À la vision théocentrique de la Sainte-Alliance, s'est substituée une représentation anthropocentrique du droit international, dans laquelle la raison pratique était fondée sur l'exigence de justice. Celle-ci bénéficia de modifications successives visant à renforcer la protection des minorités (pactes internationaux du 16 décembre 1966, conférence mondiale de Vienne en 1993, de Durban en 2001, etc.[25]).

Le temps n'était pas encore à la vision théanthropique défendue par nombre de chrétiens orthodoxes au XXe siècle. En revanche, nombre d'idées personnalistes issues des débats des années 1930 entre Maritain, Berdiaev, Mounier ont trouvé leurs premières expressions au plan du droit international. Et des idées nouvelles, telles que le droit d'ingérence, capable de remettre en cause, dans certaines conditions, la souveraineté d'un État qui persécuterait sa propre population, témoignent de cette représentation nouvelle de la justice.

Sur un plan proprement ecclésial, la réaction des chrétiens en faveur d'une vérité juste consista en un mouvement de conversion et de réconciliation interconfessionnelle. Pour une conscience chrétienne, seule l'Église réconciliée est en mesure d'offrir à ses membres un sentiment d'appartenance à une communauté corporelle, et non pas seulement contractuelle. Celle-ci s'expérimente par une solidarité fondée sur les liens de l'esprit et non sur ceux de la classe ou de la race. Comme l'écrivait Hans Urs von Balthasar, en 1944, « le château du Moyen Âge, où l'on danse et banquette dans la grande salle, au-dessus des oubliettes et des chambres de tortures, s'est écroulé et ne sera pas reconstruit». Le théologien allemand proposa de reconstruire une nouvelle vision du monde ni sur la base de l'absolutisme de la vérité, qui fut la tentation de l'Église médiévale, ni sur celle du relativisme, qui fut la tentation des Lumières modernes, mais à partir d'une théologie « qui décrive l'existence chrétienne sous l'angle du service, de la mission, de la participation au rayonnement où se consume l'Église[26] ». Cette vision était également celle de John Mott à qui les sages de Stockholm attribuèrent, après la fin de la Seconde Guerre mondiale, en 1945, le prix Nobel de la paix. En 1948 a vu le jour, sous sa présidence, le Conseil œcuménique des Églises, avec la participation de l'Église Orthodoxe (patriarcat œcuménique), de l'Église anglicane et de la plupart des Églises issues de la Réforme.

Plus tard, en 1964, le concile Vatican II a établi le Conseil pontifical pour l'unité des chrétiens. Par la suite, en 1986, l'ensemble des Églises Orthodoxes, réunies en assemblée préconciliaire à Chambésy, a adopté un texte justifiant leur participation au mouvement œcuménique. Cette évolution, malgré ses hauts et ses bas, a accouché de nombreuses déclarations communes témoignant de la foi commune retrouvée. De nombreuses initiatives de prière, de témoignage et de solidarité ont vu le jour partout dans le monde, comme la Communauté de Taizé créée en 1940, en France, par le pasteur Roger Schutz, ou la réunification des Églises protestantes et anglicanes au sein de la Church of South India en 1947. Ce mouvement, qui s'est accompagné d'une redécouverte de la tradition patristique, a suscité un rapprochement tangible de la foi chrétienne avec la rationalité humaine. Il a également favorisé de nombreuses avancées politiques et sociales, comme l'ont montré l'union des chrétiens européens en faveur de la chute du mur de Berlin (lors de l'assemblée de la CEC et du CCEE à Bâle, en mai 1989, autour du thème « Justice, paix et intégrité de la création ») ou l'union des chrétiens de Palestine dans le document *Kairos*, en décembre 2009, en faveur d'un règlement pacifique du conflit entre Israéliens et Palestiniens[27].

Depuis les années 1960, la doxa, ou éthos moral du monde démocratique libéral, est certainement l'exigence d'authenticité, comme l'a montré de façon convaincante Charles Taylor. Mais ce paradigme appartient encore à l'âge confessionnel et individualiste de l'histoire humaine. L'ortho-doxie contemporaine, après la chute du communisme et les crises à répétition du capitalisme libéral, consiste à réunir exigence d'authenticité et appartenance à une tradition-communauté de vérité. Jean-Paul II, dans son texte *Fides et ratio*, en 1998, a rendu visible ce mouvement de fond de la pensée chrétienne initié au XIXe siècle par quelques grandes figures comme Alexis Khomiakov, Johann Adam Mœhler ou John Henry Newman. Benoît XVI et Bartholomée Ier en ont tiré les conséquences politiques, économiques, écologiques et sociales dans leurs encycliques, en particulier dans le texte du premier *Caritas in veritate* publié en 2009[28], et dans la lettre adressée par le second à la Convocation internationale œcuménique pour la paix en 2011. Dans ce dernier texte, publié à la veille du rassemblement œcuménique de Kingstone, le 22 mai 2011, le patriarche de Constantinople écrit :

> Bon nombre de nos efforts en faveur de la paix sont vains parce que nous ne sommes pas disposés à renoncer à notre désir d'amasser, au gaspillage de la consommation effrénée et à l'orgueil nationaliste. C'est pourquoi, pour instaurer la paix, il est essentiel que nous prenions conscience de la portée de nos pratiques sur les autres — en particulier sur les pauvres — et sur notre environnement. Voilà précisément pourquoi il ne peut y avoir de paix sans justice[29].

Rowan Williams, archevêque de Canterbury, a évoqué également les cheminements pour retrouver ce lien entre authenticité morale et appartenance à un corps désormais planétaire, à savoir la redécouverte de l'intelligence symbolique, la pédagogie de la patience, la redécouverte de « l'Autre existant au-delà de la violence : le regard d'amour qui ne se laisse ni éluder ni dévier, et qui ne possède ni ne cherche aucun avantage[30] ». Ce niveau de conscience ne concerne encore qu'une élite spirituelle. Peu de grands médias séculiers ou d'intellectuels considérés le plus souvent aujourd'hui comme des « relais d'opinions » y accèdent. Cependant, après l'effondrement des grandes idéologies du XXe siècle, cette pensée doxique a retrouvé un regain d'intérêt. Les sociétés sécularisées, surtout en Europe, redécouvrent en leur sein de profondes pulsions religieuses et cherchent à redéfinir la place des religions au sein des institutions de l'État. L'orthodoxie de la foi est de moins en moins considérée, chez des auteurs tels que le métropolite Kallistos Ware ou le cardinal William Levada, comme un champ sémantique figé[31]. Celle-ci est plutôt considérée comme une qualité de discernement, un regard dynamique, témoignant sans cesse des mêmes vérités scripturaires, capable de se manifester dans différents milieux culturels et sociaux du monde globalisé, trouvant sans cesse de nouvelles formules pour comprendre et expliciter la complexité du monde dans sa vérité la plus profonde[32]. La pensée orthodoxe n'est plus seulement comprise comme la célébration adéquate du mystère de la lumière incarnée, ni comme la reconnaissance authentique de la dimension ontologique de la vérité, ni comme le geste d'obéissance fidèle à la tradition de son Église. Trop de chrétiens postnietzschéens, de Níkos Kazantzákis (1883-1957) à Philippe Sollers (1936), ont sapé les fondements d'une orthodoxie qui serait définie de façon non critique par rapport à elle-même. La sémantique contemporaine de l'orthodoxie est d'abord la capacité de chaque homme et de chaque communauté à accomplir justement, c'est-à-dire de façon contextuelle, herméneutique et interpersonnelle, le kérygme évangélique. En 1932, Boulgakov fut l'un des premiers théologiens modernes à prendre conscience de ce retournement de la conscience ecclésiale. Selon lui, « l'Orthodoxie est l'Église du Christ sur la terre. L'Église du Christ n'est pas une institution, c'est une vie nouvelle avec le Christ et en Christ dirigée par l'Esprit Saint[33] ». B. Sesboüé décrit ainsi ce nouveau paradigme en formation :

> La figure nouvelle de la foi est celle d'une foi raisonnable et raisonnée, inévitablement critique. [...] La foi d'aujourd'hui devient une foi volontaire (pas simplement reçue de la famille), fruit d'une décision de liberté personnelle, qui se veut informée, une foi communautaire et participante (coresponsabilité), une foi souvent remarquable de générosité et d'engagement, [...] cette foi attend un discours où le thème de l'invi-

> tation domine nettement celui de l'obligation, et elle entend se vivre sur le modèle de la communication. Elle veut qu'on s'adresse à son désir le plus profond et qu'on lui fasse comprendre quel est le plus grand bien de l'homme. [...] Cette figure nouvelle de la foi veut vivre le « rituel » en communion vivante avec l'« existentiel ». [...] Cette foi entend aussi revenir à l'Évangile. Elle veut imiter la manière d'agir du Christ et des apôtres ; elle se manifeste par un certain style chrétien de vie. La solidarité du dire et du faire, propre au message de Jésus, est invoquée de manière parfois très critique. Il faut que la prédication soit transparente à une manière de vivre[34].

Cette représentation a bien évidemment des conséquences importantes sur un plan social et politique. L'œuvre de Paul Ricœur (1913-2005), philosophe protestant français, qui fut également membre de l'Académie pontificale des sciences et lecteur assidu du disciple de Boulgakov Paul Evdokimov, se situe à la jonction entre ces deux époques de la conscience orthodoxe. Dans la continuité de la tradition post-kantienne, sa pensée sépare soigneusement le domaine de la philosophie de celui de la religion. Mais Paul Ricœur a également œuvré à une éthique caractéristique des temps nouveaux. Pour lui, la visée éthique est celle « de la vie bonne avec et pour autrui dans des institutions justes[35] ». Ricœur connaissait la primauté de l'éthique sur la morale, qu'il comprenait comme un système de règles contraignant l'individu vivant en société, tout en étant conscient de la nécessité, pour la visée éthique, de passer par le crible de la norme. Mais il contribua à montrer l'importance d'une troisième sphère de la justice en acte, à savoir « la légitimité d'un recours de la norme à la visée, lorsque la norme conduit à des impasses pratiques[36] ». Cette sagesse pratique consiste, selon lui, à inventer « les conduites qui satisferont le plus à l'exception que demande la sollicitude en trahissant le moins possible la règle[37] ». C'est le rôle des tribunaux, d'après Ricœur, d'être « ces instances publiques qui ont autorité pour construire la nouvelle cohérence requise par les cas insolites[38] ».

Dans cette perspective la séparation entre l'Église et l'État ne se comprend plus selon le modèle platonicien de la séparation entre l'âme et le corps. C'est là une prise de conscience majeure du nouveau paradigme d'orthodoxie. Ce sont plutôt des notions telles que « l'accommodement raisonnable dans une société multiculturelle » ou la « sagesse pratique » qui président aux nouvelles théologies politiques en formation dans les États ultrasécularisés contemporains. La vérité en effet, dans la logique de Serge Boulgakov (1871-1944), de Rowan Williams (né en 1950) ou de Benoît XVI (né en 1927), est la même pour tous et doit s'appliquer à tous les corps. Simplement elle doit être adaptée justement, selon les contextes, les niveaux de conscience, les degrés de corporéité. Sur le plan de la célébration cultuelle, Serge Boulgakov a proposé en 1933 que, de façon locale et ponctuelle, puissent être célébrées des liturgies communes entre anglicans et orthodoxes. Car, selon lui, les personnes concernées du Fellowship Saint Alban and Saint Sergius ont fait un cheminement suffisamment long et approfondi ensemble pour découvrir que ce qui les unissait était plus important que ce qui les séparait.

Le pape Benoît XVI a également admis que les décisions du concile Vatican II au sujet de la liturgie ne devaient pas être appliquées de façon monolithique. Puisque la liturgie du concile de Trente avait été célébrée pendant des siècles par l'Église catholique, elle pouvait légitimement continuer à être célébrée par les chrétiens qui le souhaitent. Le 7 juillet 2007, il publia le *Motu proprio Summorum Pontificum* permettant la célébration de la messe de saint Pie V (dans sa version révisée par Jean XXIII) par tous les prêtres sur simple demande des paroissiens, accompagnée d'une lettre aux évêques.

Sur le terrain de la loi, l'archevêque de Cantorbéry a suggéré en 2008 que « certaines parties de la charia islamique » puissent être appliquées en Angleterre. Il argumenta sa proposition de la façon suivante : les citoyens doivent avoir le choix, dans certains cas et de façon volontaire, entre deux types de juridiction ; l'idée des Lumières qu'une seule loi devait être appliquée à tous disposait d'un fondement religieux (l'unique paternité du Créateur envers tous les êtres humains), mais devait être affinée afin de permettre une réelle égalité entre les citoyens ; il faut donc commencer par tenir compte de la diversité des communautés au sein des nations ; puisque les musulmans ne se reconnaissent pas dans le système juridique britannique, ils pourraient recourir, pour certaines questions, comme le droit matrimonial, à des tribunaux de la *charia*, dès lors, précise Rowan Williams, que seraient retirées de ce code les punitions inhumaines et mysogines.

Il va de soi que ce regard ou ce style de vie orthodoxe, ou néohumaniste, critique, différencié, bouleverse les frontières confessionnelles de la vérité et charrie avec lui de nombreux éléments empruntés à des cultures et à des religions extérieures au christianisme. Il accompagne un mouvement de fond de la conscience planétaire. Il éclaire la portée des rencontres interreligieuses d'Assise (quatre entre 1986 et 2011) ou des réunions de plus en plus régulières des représentants des grandes religions dans le monde, tant au niveau planétaire qu'au niveau local. Il explique aussi qu'on assiste, dans des milieux peu préparés à cet élargissement rapide voire brutal de la conscience religieuse, à un grand nombre de crispations qualifiées, souvent rapidement, de fanatiques. C'est la raison pour laquelle certains intellectuels chrétiens, favorables à ce changement de paradigme, tels que C. Theobald ou C. Yannaras, plaident également pour le maintien et la défense des identités chrétiennes contre les excès du syncrétisme et de la globalisation[39]. Il permet encore de comprendre l'important succès au XXe siècle, sur tous les continents, d'auteurs tels que Khalil Gibran (1883-1931), Antoine de Saint-Exupéry (1900-1944) ou Paulo Coelho (né en 1947[40]). Chez ces auteurs, l'orthodoxie n'est pas un discours d'autorité enraciné dans le passé. Elle est plutôt éveil, force de guérison, ouverture sapientielle. Thomas Merton (1915-1968), écrivain américain devenu moine trappiste en 1949, est l'une des figures marquantes de ce renouveau littéraire et spirituel. Partisan du dialogue interreligieux, il rencontra à plusieurs reprises le moine bouddhiste Thich Nhat Hanh et combattit avec vigueur le racisme. Son best-seller *The Seven Storey Mountain* (*La nuit privée d'étoiles*), autobiographie publiée en 1948, a été traduit en de nombreuses langues[41]. Dans le dessin qui illustre le poème qu'il consacra à « Hagia Sophia », Thomas Merton représente la Sagesse, qu'il associe à la Vierge Marie, couronnant le Christ. Il écrit : « La Sagesse est Dieu qui se partage Lui-même avec les créatures. [...] Elle est dans toute chose comme l'air qui reçoit la lumière. [...] Elle est la vie comme communion, la vie comme reconnaissance, la vie comme prière, la vie comme festival, la vie comme gloire[42]. »

Il est encore prématuré de considérer cette nouvelle représentation de l'orthodoxie comme paradigmatique, compte tenu de l'organisation encore confessionnelle des Églises et des Constitutions encore fortement agnostiques de la plupart des États modernes. Cependant le mouvement de l'historiographie témoigne une fois de plus de cette évolution œcuménique et sapientielle de la conscience ecclésiale contemporaine.

L'HISTORIOGRAPHIE POSTMÉMORIELLE

Du point de vue de l'historiographie générale, il est certain qu'une objectivation de l'histoire mémorielle s'est produite au XXe siècle. Comme en témoigne *Les lieux de mémoire,* nouvelle histoire des France produite par un brillant collectif d'historiens sous la conduite de Pierre Nora, l'historiographie contemporaine a voulu prendre conscience de ses a priori mémoriels et communautaires[43]. La mémoire est même devenue un champ d'étude particulier avec la réflexion menée par un grand nombre de penseurs (H. Rousso, F. Hartog, P. Ricœur, G. Nivat...) et d'institutions (Institut d'histoire du temps présent, Mémorial de la Shoah, Mémorial de Caen, etc.[44]). Ce renouveau de l'historiographie laïque a pu parfois apparaître comme une représentation éclatée de l'histoire, au point d'être qualifié de « jeu de l'oie de l'identité française[45] ». Il eut néanmoins d'importantes conséquences sur la formation, le développement et la crise du paradigme moderne d'orthodoxie ou de scientificité historique. Ce n'est plus la nation française ni la République française qui sont l'objet d'étude des historiens. C'est le symbole de la France qu'il s'agit de retrouver. Ce n'est plus l'identité des citoyens qu'il faut conforter, mais la relation existentielle des hommes à leurs chronotopes qui doit être questionnée. Cette évolution de l'historiographie se rattache à des sources non religieuses, bien que Pierre Nora tout comme Georges Nivat reconnaissent leurs racines juives. Pierre Nora cite, à côté de ses propres recherches historiographiques sur Lavisse et Michelet, Marcel Proust et son œuvre *À la recherche du temps perdu* comme l'une de ses inspirations. Georges Nivat mentionne tout autant Alexandre Soljenitsyne que Sarah Kofman (1934-1994) comme pierres angulaires à ses *Sites de la mémoire russe*.

Ce tournant historiographique peut néanmoins être mis en convergence avec le travail mené par John Henry Newman, Vladimir Soloviev, Yves Congar, les trois principaux critiques, au tournant du siècle, de la définition mémorielle de l'orthodoxie. Ceux-ci furent des lecteurs attentifs des historiens de l'Église du XIXe siècle. Le cardinal John Henry Newman (1801-1890) était un lecteur assidu des historiens de l'école de Tübingen. Le philosophe Vladimir Soloviev (1853-1900), fils de l'historien de l'État russe, connaissait personnellement Bolotov et l'appréciait hautement[46]. Le père Yves Congar (1904-1995) publia

Mœhler et Khomiakov dans sa collection « Unam sanctam » aux éditions du Cerf[47]. Tous trois aspiraient à une définition plus profonde de l'orthodoxie. Mais leurs thèses ne furent pas entendues à leur époque par leurs Églises respectives. Newman décida de se convertir au catholicisme en 1845, sans craindre de perdre son identité anglicane, mais il fut rejeté par le mouvement d'Oxford qu'il avait contribué à créer. Soloviev choisit, en 1896, de recevoir l'eucharistie des mains d'un prêtre catholique de rite byzantin, tout en continuant à se dire orthodoxe, mais l'Église Orthodoxe lui refusa les sacrements. Le père Yves Congar définit en 1937 les principes d'un œcuménisme catholique, mais fut soumis à une âpre censure jusqu'au concile Vatican II auquel il participa activement.

L'histoire de l'orthodoxie chrétienne à l'époque moderne s'est longtemps confondue dans le monde « catholique » avec celle de la papauté (Fliche et Martin[48]), dans le monde « protestant » avec celle des Églises nationales (Cotton Mather, *Magnalia Christi America*, 1702, pour l'Église américaine) ou de la doctrine (Jaroslav Pelikan), et dans le monde « orthodoxe » avec celle de la nation (Anton Kartachev) ou de la tradition conciliaire (Kallistos Ware). Cette historiographie a été vigoureusement remise en question ces quarante dernières années par des historiens appartenant à des traditions confessionnelles différentes. On se limitera à mentionner l'article d'Émile Poulat « Anamnèse » dans l'*Histoire du christianisme* en quatorze volumes publiée par les éditions DDB sous la direction de Marc Venard, André Vauchez, Charles Pietri et Jean-Marie Mayeur[49], l'ouvrage de Diana Butler Bass *A People's History of Christianity*, et l'article d'Olivier Clément « Avenir et signification de la diaspora orthodoxe en Europe occidentale[50] ». Avec ces critiques d'une certaine historiographie du christianisme qui se voulait orthodoxe, se constitua à la fin du XXe siècle une nouvelle synthèse transdisciplinaire de la notion d'orthodoxie, comme connaissance juste. Dans cette nouvelle approche transconfessionnelle, l'histoire de l'Église se réconcilie avec sa mémoire plurielle pluriséculaire et retrouve progressivement l'histoire du monde. D'un côté, elle intègre ses aspirations à la paix, à la justice, à la dignité de l'homme, au respect de la Création, de l'autre, elle lui indique le *kairos*, ses instants de lumière.

L'HISTORIOGRAPHIE DE TRADITION CATHOLIQUE

Il fallut le choc de la Seconde Guerre mondiale, l'encyclique *Divino Afflante Spiritu* du 30 septembre 1943 marquée par les découvertes des nouvelles conceptions de l'histoire, et la tenue du concile Vatican II, avec sa mise en valeur de l'Église comme peuple de Dieu et non plus comme société pyramidale achevée, pour qu'une nouvelle génération d'historiens français se constitue autour d'Alphonse Dupront (1905-1990)[51], Jean Daniélou (1905-1974), Henri-Irénée Marrou (1904-1977)[52], ou encore le père Michel de Certeau (1925-1986)[53]. Marrou en particulier participa avec Jean Daniélou à la rédaction du premier volume publié au Seuil de la *Nou-*

velle histoire de l'Église en 1963, histoire en cinq volumes (1963-1966) qui se voulut résolument académique et internationale[54]. Contre les prétentions de l'histoire positiviste, il réhabilita la dimension apophatique de l'histoire de l'Église. Celle-ci, selon lui, n'est visible dans sa vérité que de Dieu. Il disait : « Combien de saints parmi nous et qui ne sont connus que de Dieu seul[55] ! » L'ami de Mounier, auteur d'une thèse sur saint Augustin, était favorable à une conception théandrique de l'histoire de l'Église, ce qui permettait de décrire toutes les limites humaines de l'institution. Dans la préface du premier volume, Roger Aubert, qui s'appuyait sur l'œuvre du père Congar, signalait l'évolution du paradigme orthodoxe au sein de la profession des historiens de l'Église :

> Il ne peut [...] y avoir deux sortes d'histoire de l'Église, l'une inspirée par la théologie et l'autre pas ; il n'y a qu'une histoire de l'Église, la vraie, mais elle est la même pour tous : elle est théologique, confessionnelle et traversée de la dimension œcuménique[56].

Comme l'a écrit Marc Venard, tout en continuant à identifier l'« Église » à l'Église catholique romaine, Aubert voulait qu'on étudie l'histoire de l'Église, non plus selon la définition institutionnelle de Corps du Christ, mais comme le Temple du Saint-Esprit. Elle suscita en réaction l'*Histoire de la France religieuse* (Paris, Seuil, 1988-1992) dirigée par deux historiens catholiques, Jacques Le Goff et René Rémond. Cette histoire, ouverte aux historiens chrétiens, juifs et agnostiques, « respecte son objet », « tient compte de ce qu'il dit de lui-même », « mais ne le sacralise pas[57] ».

La critique de la place excessive prise par l'évêque de Rome dans l'ecclésiologie catholique fut un passage obligé pour l'historiographie catholique contemporaine en cette nouvelle configuration de l'épistémologie chrétienne. Jean Delumeau, né en 1923, intitula de façon significative sa conférence inaugurale au Collège de France « Le prescrit et le vécu ». Cette conférence présente l'historiographie religieuse de son époque. En choisissant d'axer son cours sur la dialectique du prescrit et du vécu, Jean Delumeau aida un grand nombre de ses auditeurs à mesurer la distance séparant la vérité ordonnée aux fidèles à la vérité des consciences en quête de justice. Pour lui, « l'acculturation chrétienne s'est opérée par la culpabilisation » et le confessionnal, dont la première mention date de 1516, « devint le symbole de la nouvelle évangélisation ». Chateaubriand a raconté dans les *Mémoires d'outre-tombe* les terreurs que lui causa enfant la lecture d'un livre intitulé *Les Confessions mal faites*. « Des spectres traînant des chaînes et vomissant des flammes m'annonçaient les supplices éternels pour un seul péché dissimulé[58]. » Delumeau découvrit donc, avec Georges Duby, que le christianisme au Moyen Âge ne fut pleinement vécu que par de rares élites et ne constitua que les « apparences d'une chrétienté ».

Par la suite, dans ses différentes publications, Jean Delumeau dénonça la pastorale de la peur promue par les papes de la Contre-Réforme[59]. Cette insistance sur le péché, la mort, le jugement était selon lui pour l'Église une façon d'exercer un chantage sur les populations et de les vouer à l'obéissance. Il rappela le rétablissement de la torture par le pape Innocent IV dès 1252 et donna les chiffres de l'Inquisition. Il veilla, cependant, à les mettre en perspective en les comparant aux tragédies séculières du XXe siècle : « De 1480 à 1834 (date de son abolition), l'Inquisition espagnole a brûlé environ cent mille personnes. Cent mille de trop bien sûr ! En notre temps les camps nazis, en moins de cinq ans, ont exterminé douze millions d'êtres humains. Combien de dizaines de millions en a tué Staline[60] ? » Jean Delumeau fit également la description méticuleuse au cours des siècles du « mariage contrenature de l'Église avec l'argent[61] ». Pour lui, les innombrables formes de la fiscalité ecclésiastique comptèrent parmi les causes majeures de l'anticléricalisme. Il fustigea « la haine du juif devenue à la fin du Moyen Âge un trait de civilisation en Occident », la *conquista* espagnole qui réduisit en servitude des hommes réputés idolâtres, et le silence de l'Église sur la traite des Noirs. Certes Delumeau considère que la Contre-Réforme a contribué tout comme la Réforme à l'émergence de la modernité occidentale. C'est plutôt au XVIIIe siècle, quand elle perdit de son dynamisme, qu'elle s'enferma dans un univers clérical trop calfeutré. Pour Delumeau, « la déchristianisation actuelle constitue dans une large mesure la note à payer de cette formidable aberration qui a duré un millénaire et demi[62] ». L'historien français, professeur au Collège de France, soutint vivement la demande d'une redéfinition du pouvoir pontifical faite par Jean-Paul II en 1995 dans son encyclique *Ut unum sint*. Celle-ci avait été elle-même initiée par le cardinal John R. Quinn, archevêque de San Francisco et président de la Conférence épiscopale des États-Unis, qui plaida, avec Bruno Chenu et Jean-Marie Tillard, pour la promotion des Églises locales face à la trop grande centralisation romaine. Ce dernier voyait l'évêque de Rome dans l'Église réunifiée comme un foyer de communion, un arbitre, devant présider à la charité, et rejoignait ainsi la voix des théologiens orthodoxes comme N. Afanassiev, A. Schmemann et O. Clément. Jean Delumeau se félicita de la demande de pardon faite par Jean-Paul II lors du jubilé de l'année 2000.

Bernard Sesboüé, dans *Le magistère à l'épreuve*, a produit une critique tout autant radicale de la fonction enseignante, et non pas seulement politique et sacramentelle, de la papauté. Cette critique permet de comprendre les enjeux de la transformation du paradigme d'orthodoxie de mémoire fidèle en vérité juste. Le magistère, selon le père jésuite français, consiste dans l'Évangile en une double fonction attribuée à l'Église : « Celle de l'annonce pastorale de la Parole au nom du Christ, et celle de la régulation de cette annonce, c'est-à-dire de la vérification de son authenticité au regard de l'événement fondateur et de la prédication originelle, bref, en termes modernes, de son orthodoxie[63]. » À l'époque patristique, l'idée de chaire signifiait l'unité entre l'évêque et le peuple de Dieu. Une affirmation de foi ne pouvait être légitimée par l'autorité qui la proférait, mais parce qu'elle appartenait à la foi de toujours. Ce n'est qu'au Moyen Âge latin, avec la naissance des écoles de théologie puis des universités, que le *magisterium*, qui n'appartenait qu'au Christ jusque-là en vertu de Matt., 23, 10 (« Vous n'avez qu'un seul Maître le Christ »), a commencé à être dévolu aux docteurs et aux pasteurs[64].

En 1870, le concile Vatican I rattacha la fonction magistérielle à la juridiction et le caractère de l'infaillibilité à la primauté de la juridiction. Cependant le second concile du Vatican rappela, en 1965, par la constitution *Dei verbum*, que l'enseignement du magistère est relatif à ce qui constitue sa norme. À l'époque moderne, la notion de fidélité a donc été encadrée entre trois risques : le risque « orthodoxe » qui consiste à penser que l'immobilisme est la meilleure façon d'éviter de dogmatiser et de tomber ainsi dans l'hérésie, le risque « protestant » où l'autorité doctrinale mérite obéissance sous réserve qu'elle soit fidèle à l'Écriture (ce qui suppose une autre instance — mais laquelle ? — capable de juger de cette fidélité), et le risque « catholique », un enseignement magistériel se suffisant à lui-même pour la raison qu'il a été porté par l'autorité légitime. Pour résoudre cette limite des fonctions d'enseignement, d'application liturgique et d'autorité de l'orthodoxie moderne, Bernard Sesboüé émet l'hypothèse que les phénomènes de « réception des conciles[65] » ou de « *sensus fidelium*[66] », c'est-à-dire de reconnaissance non institutionnelle, soient appréciés, c'est-à-dire précisément reconnus à leur juste importance, par l'Église en tant que corps conscient de soi-même. Il ne s'agit pas du penchant oriental traditionnel à vouloir « laisser agir l'Esprit » pour justifier son inaction. Le travail de réception signifie un effort actif de conscientisation des fidèles aux faits et gestes de la hiérarchie ecclésiale, tandis que le *sensus fidelium* doit être entendu et pris en considération honnêtement et avec discernement par les instances ecclésiales. Bernard Sesboüé suggère également d'introduire dans le raisonnement orthodoxe moderne, tourné, comme on l'a vu, vers l'attente de la dimension éternelle de la vérité, une appréciation nouvelle de la valeur historique et donc imparfaite et contingente d'une décision ecclésiale : les théologiens et les fidèles doivent apprendre à distinguer entre une décision infaillible (qui donne sens quel que soit l'espace-temps) et une décision indéfectible (qui a un sens à un moment donné en raison d'un contexte spécifique). Sur un plan institutionnel, il recommande l'instauration d'un collège œcuménique de docteurs, s'appuyant sur le corpus des accords interconfessionnels signés depuis un demi-siècle, et assurant un véritable magistère consensuel. Il propose enfin, en dialogue et concertation avec les Églises Orthodoxes et protestantes, de subdiviser l'actuel patriarcat d'Occident de l'Église romaine devenu mondial en plusieurs patriarcats à échelle continentale.

Les discours récents de Benoît XVI témoignent que le pape est lui-même conscient que certaines déviations se sont produites dans la doctrine des Églises, y compris de l'Église catholique romaine. Il en attribue la cause à la division des Églises. Certes, comme l'a écrit Marie-Joseph Le Guillou, la redécouverte de la théologie byzantine ne signifie pas nécessairement le rejet d'un bloc de toute la scolastique occidentale. À côté de la lignée strictement augustinienne de la pensée médiévale, on trouve également une théologie trinitaire, représentée par Boèce, Gilbert de la Porrée, Alexandre de Hales et Thomas d'Aquin, qui ne désavouait pas le personnalisme des Pères Grecs[67]. Néanmoins Benoît XVI, dans son discours du 17 septembre 2006 à l'université de Ratisbonne, affirma, en parfaite consonance avec les propos de John Milbank, que c'est la séparation de la théologie latine avec la pensée grecque qui fut la source de ces distorsions :

La probité exige qu'on doive considérer ici que, au cours du Moyen Âge tardif, se sont développées en théologie des tendances qui ont fait éclater cette synthèse entre le grec et le chrétien. Contre le soi-disant intellectualisme augustinien et thomiste commence, avec Duns Scot, une position du volontarisme qui conduisit finalement à dire que nous ne connaissons de Dieu que sa « *voluntas ordinata* ». Au-delà, il y a la liberté de Dieu, en vertu de laquelle il aurait également pu faire le contraire de tout ce qu'il a fait. Ici se dessinent des positions qui peuvent être rapprochées totalement de celles d'Ibn Hazim et qui peuvent tendre vers l'image d'un Dieu arbitraire, qui n'est pas tenu par la vérité et le bien. La transcendance et l'altérité de Dieu sont placées si haut que notre raison, notre sens du vrai et du bien ne sont plus de réels miroirs de Dieu, dont les possibilités mystérieuses, derrière ses décisions effectives, nous restent éternellement inaccessibles et cachées[68].

François Laplanche a fait le récit de l'évolution de l'histoire du christianisme depuis un siècle en France. Il n'est plus question aujourd'hui pour les historiens de présenter l'histoire de l'Église catholique à partir de son centre romain[69], phénomène ecclésiocentrique corrélatif à la laïcisation positiviste concomitante de l'histoire séculière, mais de décrire la vie du peuple chrétien à travers les siècles dans la diversité de ses formes[70]. Ce retournement a permis d'ouvrir l'histoire du christianisme à la diversité des Églises en intégrant notamment de longs chapitres sur les Églises orientales orthodoxes et sur le monde protestant. Cette évolution s'est encore renforcée dans la nouvelle *Histoire générale du christianisme,* parue aux PUF, en 2010, sous la direction de Jean-Robert Armogathe, Yves-Marie Hilaire,

Pascal Montaubin, Michel-Yves Perrin. Ces auteurs ont choisi de « traiter souvent en commun les évolutions des différentes Églises chrétiennes » et de « privilégier l'impact du christianisme sur les cultures »[71]. Les nouveaux historiens de l'Église sont convaincus que « l'exigence de scientificité passe par la parcellisation des savoirs[72] ».

Mais c'est oublier que les critères de scientificité moderne ne riment pas toujours avec ceux de la vérité. Cette évolution de l'historiographie, marquée par une prise de pouvoir de l'Université sur la mémoire ecclésiale, a en effet ses limites. Dans un texte de présentation resté inédit de *L'histoire du christianisme* des éditions Desclée (en quatorze volumes de 1990 à 2001), Charles Pietri explique que le projet des auteurs est de faire le récit, parmi d'autres événements, de l'histoire des dogmes et des constructions théologiques, mais « sans chercher à trier entre elles, au nom d'une quelconque orthodoxie. [...] Du reste, le propos de cette collection est de reconnaître le christianisme dans son œcuménicité, au sens originel d'un terme progressivement étendu depuis les origines à tous les continents, dans toutes ses expressions diverses d'Églises et de sectes sorties comme les multiples ramures d'un enracinement originellement unique[73] ». Émile Poulat a tenté de résumer l'entreprise de l'*Histoire du christianisme* dans un article, « Anamnèse », qui donna son nom au dernier volume de la collection[74]. L'historien constate avec tristesse que la « nouvelle histoire », bien qu'elle dispose d'avantages importants sur celles qui l'ont précédée, est en quelque sorte une histoire hétérodoxe, « une histoire pélagienne, par opposition à un "augustinisme historique" qui considérait tout à la lumière divine ». Cette histoire entend se suffire à elle-même et ne peut admettre la notion du fait surnaturel. Elle ne prend en compte que la croyance aux faits surnaturels ce qui est une position méthodologique initiale négationniste. Selon Poulat :

> [Le christianisme] est inséparable de la transcendance qu'il revendique et que notre histoire, méthodiquement cantonnée dans son immanence, n'est pas armée pour rejoindre. Chacun est en droit de penser ce qu'il veut de la foi chrétienne, mais elle est impensable sans cet au-delà de l'histoire, sans une métahistoire qui lui est consubstantielle[75].

Poulat dénonce en particulier « la perte du sens plénier des Écritures » soumises à un démembrement systématique, l'obligation de neutralité de jugement de la part de l'historien comme si celle-ci signifiait sa vérité, et « une sorte d'histoire naturelle de l'Église commençant à la Pentecôte », qui contraste avec les histoires médiévales et classiques qui partaient, comme chez Eusèbe et Bossuet, de la création du monde et ne se choquaient pas des interventions angéliques. De fait l'attitude critique des historiens contemporains se situe de plus en plus en porte à faux de la tradition orthodoxe des Églises. Ainsi Albert Baumgarten, auteur du premier article de la nouvelle *Histoire générale du christianisme* consacrée à la figure de Jésus-Christ, affirme sans sourciller, et pour lui de façon tout à fait « non arbitraire », qu'il ne reconnaît pas comme source historique l'Évangile de Jean[76]. Il aboutit étrangement à la « certitude » que le « Jésus de l'histoire » a fait de ses disciples une « troisième race » de l'humanité à côté de la juive et de la grecque[77]... Poulat admet qu'il ne peut y avoir deux histoires de l'Église, l'une qui serait inspirée par la théologie, l'autre pas. C'est pourquoi il plaide, tout comme le chanoine Roger Aubert dans sa *Nouvelle histoire de l'Église* (1963), pour une « histoire véritative », à proprement parler orthodoxe, de l'Église. Il y a, selon lui, des « plans » différents, le temporel et le spirituel, mais une vérité. Ce fut également l'opinion de Mgr Hubert Jedin (1900-1980), historien du concile de Trente et ancien collègue de Hans Küng, qui comprenait la science de la foi comme « un savoir fondé sur la foi qui lui fournit son objet, lequel n'existe que dans la foi[78] ». Cela signifie, pour Émile Poulat, que pour écrire une histoire orthodoxe de l'Église chrétienne il ne suffit pas d'établir ce qui a réellement été.

> [Il faut encore] faire émerger l'inaperçu, le perdu, le méconnu, l'étouffé, l'oublié, le marginalisé, l'incompris : en somme une histoire cachée sous les apparences historiques qui crèvent les yeux, non pas dans un au-delà de l'histoire, mais dans ses profondeurs silencieuses[79].

On se rapproche ici autant de l'épistémologie foucaldienne que de la spiritualité hésychaste. Poulat fit un pas supplémentaire dans sa redéfinition de l'historiographie ecclésiale orthodoxe en suggérant que les historiens de l'Église, pour raconter une histoire qui soit pleinement vraie, c'est-à-dire théanthropique et vivante, s'intéressent aux pratiques des Églises, à leurs fondements communs aussi, à savoir leur foi dans l'événement de la résurrection du Christ, leur espérance et leur charité[80]. Cet événement de la Résurrection est en effet à l'origine d'une nouvelle

« notion de la vérité, inconnue des civilisations antiques et répudiée par la culture moderne, mais aussi de l'hérésie opposée à l'orthodoxie dont la défense légitime la répression de l'erreur[81] ». Il y a ici de nombreux points communs avec l'historiographie de Pierre Hadot (1922-2010) et de Serge Boulgakov[82].

On trouvera un écho aux réflexions historiographiques d'É. Poulat dans l'*Histoire de l'Église* publiée par l'historien dominicain Guy Bedouelle en 1997. L'historien français a conçu son manuel d'*Histoire de l'Église* selon un plan original où l'Église se découvre une conscience, et donc une corporéité, à mesure qu'elle subit des agressions ou entre en crise (ce que Guy Bedouelle appelle les sommets visibles de son histoire) ce qui la conduit en retour à définir une orthodoxie en mouvement, à la fois politique, culturelle et spirituelle. Guy Bedouelle résume lui-même sa recherche historique en quête d'orthodoxie. « Une histoire par les sommets, par conséquent, mais dont les événements, de défi en défi, d'ébranlement en redressement, par conversions et intégrations successives, donnent comme un rythme à ce récit où le croyant voudrait sans cesse discerner le bon grain de l'ivraie, découvrir le doigt de Dieu écrivant sur le sable du temps[83]. » Le recteur de l'Université catholique de l'Ouest (décédé en 2011) reprend dans sa conclusion toute la réflexion récente sur la théologie de l'histoire du père Gaston Fessard (1897-1978[84]), critique de Hegel, du cardinal Journet, qui avait lu S. Boulgakov, de F. Dostoïevski à travers J. Maritain[85], et de Hans Urs von Balthasar, qui reprit également chez Boulgakov cette redécouverte de la personnéité de l'Église[86]. Le père Guy Bedouelle en tire la conclusion importante que l'Église pérégrinante suit de façon asymptotique le Christ qui est sa tête. C'est cette conformité de vie et d'action « jamais atteinte » qui définit son orthodoxie et qui lui fait entendre toujours de façon nouvelle la phrase du Christ au jeune homme riche : « Si tu veux être parfait, va, vends ce que tu possèdes, donne-le aux pauvres et tu auras un trésor dans les cieux. Puis viens, suis-moi » (Matt., 19, 21). C'est cette tension eschatologique, amoureuse, entre le corps et sa tête qui unifie l'Église et la déstabilise à la fois, car elle la déborde sans cesse. Le fait que l'Église soit « sans péché mais ne soit pas sans pécheurs », selon l'expression de Journet, rend possible une histoire du christianisme qui soit postconfessionnelle, théanthropique. Les chapitres que G. Bedouelle consacre à la Réforme et aux Églises d'Orient sont à ce titre d'une grande clairvoyance. Suivant les recommandations de Poulat, mais on pourrait ajouter aussi la pensée de l'historien jésuite Bernard Sesboüé, auteur d'une histoire des dogmes[87], Guy Bedouelle conclut son histoire par une prière, appel à la recherche de la vérité dans l'Esprit.

C'est probablement lorsqu'elle ose aborder de front les blessures du passé que l'historiographie catholique fut la plus en correspondance avec le paradigme émergent de la connaissance juste. La littérature est innombrable[88]. Le livre de Francis Dvornik (1893-1975) intitulé *Le schisme de Photius. Histoire et légende* parut en 1950 dans la collection « Unam sanctam » créée et dirigée par le dominicain Yves Congar. Prêtre catholique tchèque, Dvornik fut l'un des principaux spécialistes de l'histoire du monde slave au XXe siècle. Il enseigna à l'université Saint-Charles de Prague, au Collège de France, à

Harvard. Dans son livre, il réhabilita la figure du patriarche byzantin Photius auprès du monde catholique et fit redécouvrir le concile de réconciliation de 879 comme le huitième concile œcuménique de l'Église chrétienne. Ce concile avait été oublié tant en Orient qu'en Occident en raison des outrances de la dispute qui opposa Rome et Constantinople après le XIe siècle, des faux rédigés au IXe siècle à Rome sous le pape Formose contre Photius, et des luttes internes opposants zélotes et libéraux dans l'Empire byzantin. Ce concile de réconciliation fut même remplacé dans la mémoire catholique — par l'entremise de Gratien — par le concile de Constantinople de 869, concile qui condamnait Photius. Francis Dvornik montra que le concile de Constantinople de 879, auquel participèrent les légats du pape Jean VIII, reconnut officiellement le concile de Nicée II comme le septième concile œcuménique. Dans la tradition des conciles œcuméniques, ce huitième concile adopta un symbole de foi. Il n'est à ce jour toujours pas reconnu officiellement par les Églises comme tel. Mais Jean Meyendorff, convaincu par la thèse de F. Dvornik, proposa qu'une commission mixte catholique-orthodoxe reconnaisse à nouveau ce concile comme le huitième concile œcuménique (contre la thèse de Baronius trompé par Gratien, mais en continuation avec la tradition de Nicolas Cabasilas, Marc d'Éphèse, Dosithée de Jérusalem, etc.).

Cette historiographie œcuménique concerne également l'histoire de l'Église russe. On prendra deux exemples seulement. Pierre Pascal (1890-1983), l'un des plus éminents slavistes français au XXe siècle, auteur d'une thèse sur le raskol d'Avvakoum au XVIIe siècle, prononça en 1978, à Strasbourg, une conférence intitulée « Deux similitudes catholiques-orthodoxes : religieuses larmes ; fols en Christ ». Dans son exposé, le professeur de la Sorbonne brise les clichés sur les symboles d'Orient et d'Occident. « Il y a eu, dit P. Pascal, un juridisme à Byzance, des églises romanes en Occident, des images de Giotto et Fra Angelico en Italie. » L'ancien attaché de la mission militaire française en Russie durant la Première Guerre mondiale fit un pas de plus[89]. Il considère que la prière avec les larmes ne doit pas être considérée comme un monopole de la spiritualité orthodoxe, compris au sens confessionnel du terme. Alain de Lille voyait dans les larmes un second baptême. Il en est de même de la sainteté dite des « fols en Christ », à savoir des personnes qui abandonnent leurs biens matériels et mènent une vie de transgression des conventions sociales dans un esprit religieux, et simulent la folie pour cacher leur relation à Dieu. Si Procope d'Oustioug et Xénia de Saint-Pétersbourg furent vénérés comme des saints en Russie après leur mort, on ne peut ignorer, dit P. Pascal, l'importance dans la tradition spirituelle de l'Occident de saint François d'Assise et de saint Philippe Néri. P. Pascal conclut :

> Je suis très frappé qu'au XVIIe siècle deux traités d'auteurs mystiques orientaux sont très appréciés à la fois par les plus religieux des catholiques français et des orthodoxes de Russie. Les instructions de l'abbé Dorothée, imprimées en slavon à Kiev en 1628, et à Moscou en 1652, et dans la traduction de Rancé à Paris en 1686 ; *L'Échelle du Paradis* de saint Jean du Sinaï, imprimée à Moscou en 1647 et plusieurs fois ensuite, et à Paris en 1652 dans la traduction d'Arnaud d'Andilly. Ces deux gros livres d'un Orient lointain

dans l'espace et dans le temps enchantèrent simultanément les fidèles de Port-Royal et ceux de l'archiprêtre Avvakum. Ils sont aujourd'hui de part et d'autre ignorés. La grande différence en fait de piété n'est pas dans les Églises mais dans les temps[90].

Dans le même esprit de recherche de la juste vérité en histoire, c'est-à-dire de la vérité œcuménique, le père Antoine Lambrechts, bibliothécaire du monastère catholique birituel de la Sainte-Croix de Chevetogne, a prononcé une conférence à Moscou, le 26 mai 2010, intitulée « Une lecture spirituelle de moines russes : *L'Imitation du Christ*[91] ». Il a montré que l'ouvrage de Thomas a Kempis, qui devait acquérir une mauvaise réputation au XXe siècle en URSS et en Russie postsoviétique, avait été reçu très favorablement par l'Église russe entre les XVIIe et XIXe siècles. Une des premières traductions, en 1623, de l'ouvrage principal de la *Devotio moderna* a été attribuée à l'archimandrite Pierre Moghila du monastère des Grottes de Kiev. Plusieurs nouvelles éditions du livre eurent lieu au XVIIe siècle. Saint Dimitri de Rostov, dans une homélie prononcée en 1705 à la résidence des Romanov, à Izmajlovo, fit l'éloge de Thomas a Kempis pour son humilité. Bien qu'il soit difficile de prouver une influence, le père Antoine Lambrechts établit une convergence, elle-même patristique, entre certains points de *L'Imitation du Christ* (« Garde d'abord la paix en toi-même et tu pourras pacifier les autres ») et certains enseignements de saint Seraphim de Sarov (1759-1833) : « Tends vers la paix et des milliers de personnes se sauveront autour de toi. » (Le monastère de Sarov était réputé pour ses copistes d'œuvres spirituelles et monastiques.) Au XVIIIe siècle l'*Imitation* sortit des murs des monastères et attira les élites cultivées, de Pouchkine qui en fit l'éloge à Gogol qui en recommandait la lecture. La nouvelle traduction en 1816 de l'*Imitation* par Michel Spéranskij connut douze rééditions jusqu'en 1913. Le haut procureur du saint-synode, Constantin Pobiedonostsev, légitima le texte en publiant une préface. Certes il explique que ce texte écrit par un auteur occidental ne peut être reçu avec la même autorité qu'un texte dogmatique, mais il le recommande comme un bon ouvrage de piété. Pour A. Lambrechts, le fait que le livre ait été tellement apprécié par l'élite russe de l'époque d'Alexandre Ier, marquée par son intérêt pour l'ésotérisme et la franc-maçonnerie, a discrédité l'ouvrage auprès de certains milieux ecclésiastiques. La publication de la Philocalie en langue russe fut considérée par saint Ignace Briantchaninov comme une alternative exclusive. Mais pour C. Pobiedonostsev celle-ci était tout à fait complémentaire. A. Lambrechts conclut :

> Est-ce que l'*Imitation* est un livre « non orthodoxe » ? Il va de soi qu'il contient des éléments typiquement occidentaux, voire médiévaux. C'est un ouvrage qui est né dans un contexte historique tout à fait particulier. Il n'englobe pas non plus toute la vie spirituelle du chrétien. En Occident non plus tout le monde n'aime pas ce livre. Mais est-ce que toute spiritualité concrète n'a pas en même temps quelque chose d'universel ? Est-ce que sa popularité spontanée en Russie (et ailleurs) ne montre pas qu'il a comblé une lacune, ou qu'il a touché une « corde orthodoxe », ou une corde commune entre l'Orient et l'Occident ? Est-ce que l'*Imitation* n'est pas justement un de ces livres qui

— sans le vouloir et sans le savoir — dépassent les frontières et les divisions[92] ?

L'HISTORIOGRAPHIE DE TRADITION PROTESTANTE

Dans le monde académique protestant, le pasteur luthérien américain d'origine slovaque et serbe Jaroslav Pelikan (1923-2006), professeur d'histoire à l'université de Yale, président de l'Académie américaine des arts et des sciences, docteur honoris causa de quarante-deux universités dans le monde, occupait une place importante, tout du moins jusqu'à sa conversion au christianisme orthodoxe le 25 mars 1998[93]. Son œuvre majeure, *La tradition chrétienne. Histoire du développement de la Doctrine*, a été rédigée et publiée en cinq volumes entre 1971 et 1989[94], soit avant sa conversion à l'Orthodoxie. Comme il l'écrit lui-même, toute son œuvre oscille entre ces deux géants de l'histoire du christianisme que furent Harnack et Newman. Il voulut insuffler le dynamisme de la vérité chrétienne dans l'œuvre du premier (qui méprisait profondément l'orthodoxie qu'il identifiait à l'Église d'Orient et qu'il considérait comme ritualiste), et inscrire dans celle du second (qui se préoccupait peu des méandres historiques de la vérité) le récit méticuleux des controverses dogmatiques. L'historiographie du christianisme gardera probablement à J. Pelikan le mérite d'avoir montré ainsi un grand nombre de parallélismes dans l'évolution des doctrines au sein des différentes Églises chrétiennes au cours des siècles. Pourtant son point de vue méthodologique initial, qu'on peut résumer comme une déconnexion de la vie des Églises de celle des doctrines, était encore très théorique. Bien qu'il veuille raconter de façon postconfessionnelle « l'histoire de la doctrine de l'Église dans son développement », il fait mine de ne pas remarquer la nécessaire adéquation historique entre la forme ecclésiale et le contenu de la doctrine, comme si une doctrine supranaturelle de la vérité avait flotté au-dessus des Églises pendant que celles-ci s'en disputaient la propriété[95]. Il parle à plusieurs reprises de versions différentes mais équivalentes de l'orthodoxie dans l'Europe de la fin du XVIe siècle[96]. De plus son approche le conduisit à exclure de son histoire de l'orthodoxie de nombreux pans de l'histoire humaine tels que l'histoire de la philosophie ou celle de la théologie politique. Le point de vue conservé par les Églises Orthodoxes, et notamment par Georges Florovsky au XXe siècle, qui consiste à associer la doctrine chrétienne de l'incarnation avec l'acte même d'incarnation du Fils de Dieu, et donc à identifier l'histoire de la doctrine chrétienne avec l'institution visible qui la porte, a eu raison de son projet initial[97]. Cela explique peut-être, parmi d'autres raisons, sa décision de se convertir à l'Église Orthodoxe à l'âge de soixante-quinze ans avec son épouse Sylvia[98]. Cela ne signifie pas qu'une histoire de l'orthodoxie ne puisse être que confessionnelle, point de vue contre lequel Pelikan luttait. On verra plus loin qu'une histoire postconfessionnelle de la doctrine chrétienne est possible dès lors que l'orthodoxie est comprise comme une notion elle-même théantropique. Son erreur en définitive a été d'identifier l'invariabilité de la vérité divine avec le concept d'orthodoxie. Le prêtre orthodoxe russe Alexandre Men proposait une vision différente de l'orthodoxie :

> Le christianisme n'est pas une idéologie, une doctrine abstraite ou un système fixe de rites. La Bonne Nouvelle est entrée dans le monde comme une force dynamique englobant tous les aspects de la vie, ouverte à toute chose créée par Dieu dans la nature et chez les êtres humains. Ce n'est pas seulement une religion qui a existé les vingt derniers siècles, mais c'est la Voie tournée vers le futur[99]...

Diana Butler Bass (née en 1959) est une jeune historienne épiscopalienne américaine dont le projet historiographique s'inscrit dans cette idée de cheminement dans la Voie présenté par Alexandre Men, non seulement comme fondement de la première communauté chrétienne, mais aussi comme source d'une démarche orthodoxe pour l'histoire du christianisme. Elle se trouve, par conséquent, en totale rupture avec l'œuvre de J. Pelikan qu'elle juge trop intellectuelle, voire trop masculine. Mais elle conteste également la version catéchétique de l'histoire du christianisme diffusée dans les écoles protestantes des États-Unis, qu'elle estime mythifiée à outrance. Elle cherche également une alternative aux apories de l'historiographie académique européenne, perdue dans l'érudition hyperspécialisée des phénomènes religieux. Son livre *A People's History of Christianity*, publié à New York en 2009, fait date dans les histoires de l'Église écrites outre-Atlantique[100]. Non seulement parce qu'il a reçu les félicitations de personnalités éminentes du protestantisme américain, telles que Justo Gonzalez et Jim Wallis, mais surtout parce qu'il a tordu le cou au récit mythique traditionnel de l'Église largement reçu dans la conscience populaire américaine. Butler Bass désigne ce récit de « *Big C* », à savoir « Christianisme = Christ, Constantin, Chrétienté, Calvin et "Christian America" ». Considérant que ce récit simpliste, linéaire et institutionnel, conduisant tranquillement l'histoire de Jésus-Christ en Galilée au Sénat à Washington, était révélateur d'une « amnésie spirituelle » pathologique, Diana Butler Bass a rédigé délibérément une histoire alternative, populaire, du christianisme se voulant « engendrante », c'est-à-dire dépassant l'opposition classique du paysage politico-religieux entre conservateurs et libéraux. Elle écrit : « Ce n'est pas une histoire de victoires ; il s'agit plutôt d'un récit de cheminement avec le Christ en vue de former dans la grâce une communauté humaine[101]. » Elle reprend ainsi sans le savoir l'invitation d'Émile Poulat aux historiens de se recentrer sur les fondamentaux du christianisme pour en faire le récit. Pour elle, l'incarnation historique des deux grands commandements du Christ : « aime le Seigneur ton Dieu de tout ton cœur » et « aime ton prochain comme toi-même » (Lc, 10, 25-27), représente la base de son récit. Donc pas de « métarécit », plutôt « des histoires pour feux de camps ». Pas de défense crispée du passé, mais des mémoires d'espérance. Pas de longs développements sur les majoritaires de l'histoire, plutôt une attention soutenue à tous les « outsiders » du passé. Pas d'analyse systématique des continuités, plutôt une mosaïque de faits. Pas de justification du présent, plutôt son intelligence dans l'étrangeté du passé. Pas de recherche nostalgique du paradis perdu, mais un émerveillement pour toutes les manifestations inattendues de la vérité, de la justice et de la beauté. Son histoire populaire du christianisme est résolument œcuménique. Elle rappelle que c'est la connaissance du grec Érasme qui a permis aux chrétiens de redécouvrir, contre la traduction de Jérôme (« faites pénitence ! »), l'expression *metanoiete* ! (« repentez-vous ! ») de Jean-Baptiste. Butler Bass prend au sérieux la notion de *sensus fidelium* qu'elle emprunte à la théologie catholique. Mais elle préfère éviter les *issues of orthodoxy* pour se concentrer sur « les moments où les chrétiens agissaient vraiment comme des chrétiens [102] ». Il ne s'agit pas d'un rejet de l'orthodoxie comme système d'intelligence-expérience de la vérité. Simplement l'orthodoxie comprise comme fidélité à la doctrine ne parle plus à la génération actuelle des chrétiens américains.

L'un des pasteurs les plus populaires du moment aux États-Unis, Rick Warren, a affirmé récemment que la première Réforme portait sur les croyances (*creeds*), tandis que celle qu'il voit se dessiner aujourd'hui porte sur les actions (*deeds*). Dans la continuité avec Bushnell, un théologien américain du XIXe siècle, Butler Bass préfère, elle aussi, une histoire du christianisme qui serait celle d'« une harmonie droite — non une droite opinion ». Cette nouvelle historiographie laisse inexpliquées un certain nombre d'évolutions de la doctrine chrétienne. Butler Bass comprend qu'une nouvelle réforme devrait joindre de façon plus visible les paroles aux actes, mais, en évitant d'aborder les questions de doctrine, elle ne peut donner une intelligence approfondie de phénomènes tels que le nominalisme des réformateurs du XVIe siècle. Elle se prive ainsi de pouvoir clarifier le mouvement fait d'écartèlements entre la foi et les actes, de permanents «*revivals*» dans l'histoire du protestantisme, quête jamais assouvie, toujours menacée, de retour à l'authenticité de la communauté chrétienne primitive.

Il faut donc, pour approfondir cette relecture œcuménique de l'histoire du christianisme, se tourner, d'une part, vers le travail historiographique fondateur du Conseil œcuménique des Églises (COE) et, d'autre part, vers une nouvelle génération d'intellectuels protestants en France comme aux États-Unis. L'ouvrage du COE *A History of the Ecumenical Movement (1517-1948)*, publié en 1954[103], a été réédité depuis à plusieurs reprises et s'est enrichi de deux volumes supplémentaires couvrant la suite de l'histoire du mouvement œcuménique jusqu'à nos jours, ce qui forme une histoire de plus de deux mille pages[104]. Cette histoire s'est enrichie de toute une série de livres publiés par le COE qui ont approfondi la vision de ces trois volumes. Mentionnons en particulier la publication, en 1991, du *Dictionary of the Ecumenical Movement*, volume qui dispose également d'un conseil éditorial œcuménique (V. Borovoy, M. Conway, L. Vischer...), avec cette fois des penseurs catholiques (A. Houtepen, R. Beaupère, T. Berger, etc.), et qui compte beaucoup d'articles historiques («tradition apostolique», «capitalisme», «calendrier de l'Église», etc.[105]).

L'une des premières tâches du nouveau Conseil œcuménique des Églises, en 1948, fut de s'atteler à la rédaction d'une nouvelle histoire œcuménique de l'Église. Dès 1946, le professeur Adolph Keller, de l'université de Zurich, avait proposé un plan général de l'ouvrage. Ruth Rouse (1872-1956), une Britannique anglicane, diplômée du Girton College à Cambridge, ancienne missionnaire en Inde et membre actif de la Fédération universelle des associations chrétiennes d'étudiants, devint en 1948 la secrétaire éditoriale du projet. Elle rédigea également deux chapitres pour le premier tome de *A History of the Ecumenical Movement*, qui parut en 1954. Cette histoire était encore très marquée par la vision protestante de l'histoire de l'Église. De plus, rédigée au lendemain de la Seconde Guerre mondiale, elle est encore formée d'une juxtaposition de récits mémoriels et ne constitue pas une véritable synthèse historique. Elle a eu cependant le mérite de provoquer un mouvement de rencontres entre historiens appartenant à différentes confessions et différents continents, dont l'objectif était de chercher à comprendre ensemble leur histoire commune. Des auteurs de confession orthodoxe furent invités à donner des contributions, comme Georges Florovsky (« Les Églises Orthodoxes et le mouvement œcuménique avant 1910 ») et Nicolas Zernov (« Les Églises orientales et le mouvement œcuménique au XXe siècle[106] »). Et une bibliographie imposante placée à la fin de l'ouvrage permet au lecteur d'approfondir les questions délicates.

Par ailleurs, s'il est vrai que le premier volume de cette histoire se limite à la période allant de 1517 à 1948, une importante introduction de vingt-six pages, couvrant la période des origines du christianisme jusqu'à la Réforme, fut rédigée par Stephen Charles Neill (1900-1984). Neill était l'ancien évêque écossais anglican de Tinnevelly en Inde (1939-1944), devenu évêque assistant de l'archevêque de Cantorbéry. Il était Fellow du Trinity College de Cambridge et missionnaire dans l'âme. En 1962, il devint professeur à l'université de Hambourg puis, à partir de 1973, professeur à l'université de Nairobi. Dans son récit des origines, il explique que le schisme de 1054 est plus une reconstruction mémorielle, consécutive aux blessures de la quatrième croisade, qu'une véritable coupure historique de la conscience chrétienne. Il rappelle en particulier que les premiers croisés arrivés à Constantinople en 1096 furent reçus comme des frères en Christ par l'empereur Alexis Comnène. La véritable brisure fut, selon lui, le sac de Constantinople en 1204. C'est pourquoi, pour Neill, l'histoire du mouvement œcuménique ne peut être que celle de la pacification des mémoires par un mouvement de repentance de toutes les Églises, y compris celles issues de la Réforme, « qui comme toute histoire humaine, écrit-il, est un panaché de bien et de mal[107] ».

D'une façon générale, les historiens réunis dans cette entreprise cherchèrent à réécrire l'histoire de l'Église en racontant les tentatives de réunification confessionnelle que les grandes histoires confessionnelles de la période mémorielle de l'orthodoxie ont eu tendance à ne pas retenir dans leurs manuels. Prenons, à titre d'exemple, la permission octroyée en 1707 par la ville de Genève à une communauté luthérienne de se créer dans la cité de Calvin. Cela était alors considéré comme une concession remarquable à l'esprit œcuménique de l'époque… Ce nouvel esprit doit beaucoup au mouvement de l'« orthodoxie raisonnable », initié en Suisse au XVIIe siècle par des théologiens tels que Jean Alphonse Turettini (1671-1737), Samuel Werenfels (1657-1740) et Jean-Frédéric Ostervald (1663-1747)[108]. Ce mouvement voulait former une république des lettres, intra- et extraconfessionnelle, sur la base des valeurs de la paix, de l'équité, de la modération, de la *gentleness*. Il compta parmi ses membres Descartes, Bayle, Leibniz ou encore Locke.

Sur un plan plus théorique, on retient l'analyse sémantique du mot œcuménique offerte par le premier secrétaire général du COE, Willem Visser 't Hooft. Celle-ci montre le recouvrement, dans les milieux ecclésiaux, au cours de la période contemporaine, de la notion d'orthodoxie, souvent trop associée à son sens doctrinal ou confessionnel, par celle d'œcuménisme, appartenant sans exclusive à l'histoire de l'ensemble des Églises. Dans « Le mot œcuménique, son histoire et son usage », le pasteur néerlandais comprend toute l'importance historiographique de ce terme depuis l'Évangile de Luc (2, 1) et de Matthieu (24, 14), depuis les polémiques entre patriarches et papes au sujet de son emploi par les évêques de la seconde Rome, et jusqu'à son nouvel emploi dans le monde protestant lors de l'Alliance évangélique de Londres, en 1846, de l'assemblée du YMCA à Paris, en 1855, de la Conférence œcuménique méthodiste, en 1881, de la conférence œcuménique missionnaire de New York en 1900, etc. Visser 't Hooft rappelle que Henri Dunant ne fut pas seulement le fondateur de la Croix-Rouge. Il fut également un des fondateurs du YMCA et le secrétaire, à Genève, de l'Alliance évangélique. Comme le révèle sa correspondance, il fut l'un des propagateurs du caractère œcuménique du YMCA. Pour lui, le terme œcuménisme n'était plus réservé au sens géographique de terre habitée (comme lors des quatre premiers siècles), ou au sens juridique de validité ecclésiale de manifestations de l'Église universelle comme pour un siège, un docteur, ou un concile (entre le IVe et le XVe siècle), ou encore au sens ecclésiastique institutionnel, lorsque chaque confession utilisait ce terme pour signifier les frontières de sa propre mémoire (entre le XVe et le XIXe siècle). Il désignait désormais une « conscience commune de l'Église universelle » réunissant les chrétiens au-delà des frontières confessionnelles[109]. La conférence « œcuménique » (sans participation catholique) d'Oxford, en 1937, donna une définition consensuelle nouvelle au terme. Cette définition est aujourd'hui reprise par l'ensemble des confessions chrétiennes et définit le nouveau paradigme de l'orthodoxie en formation :

> Le terme œcuménique se réfère à l'expression dans l'histoire de l'unité donnée de l'Église. La pensée et l'action de l'Église sont œcuméniques, dans la mesure où elles tendent à réaliser l'Una Sancta, le *fellowship* des chrétiens qui reconnaissent l'unique Seigneur[110].

Dans sa conclusion générale au premier volume de *A History of the Ecumenical Movement*, Neill cherche à tirer les enseignements des différents récits juxtaposés. Il est conscient des limites de l'entreprise (dans la mesure notamment où le travail effectif de réconciliation est encore largement une affaire réservée aux leaders ecclésiaux), et surtout des limites de son époque, marquée par la guerre froide que se livraient alors les blocs communiste et capitaliste. Mais il constate que, sur le long terme, la conscience ecclésiale a toujours cherché à dépasser les différentes barrières politiques, linguistiques, culturelles, intellectuelles entre êtres humains. Selon lui, il y eut trois types de tentative de réunification des Églises dans le passé : celle fondée sur l'accord doctrinal détaillé devant précéder toute union sacramentelle, celle consistant à retourner à ce qui est considéré comme la vérité essentielle de l'Évangile, celle d'un approfondissement de l'unité existante entre les chrétiens à partir de la prière et du travail en commun[111]. On retrouve ici les types structurels de mentalité orthodoxe que partagent zélotes, spirituels et prosélytes. Ce qu'il y a probablement de nouveau dans l'historiographie de S.C. Neill est son regard critique sur les trois courants et son affirmation que ces trois courants orthodoxes, et donc ces trois types de mémoire historique ne sont nullement exclusifs l'un par rapport à l'autre. Il écrit :

> Le plus ardent enthousiaste pour la pureté doctrinale doit reconnaître que le christianisme est vie autant que croyance intellectuelle ; l'avocat de l'unité à travers l'expérience ne peut devenir indifférent à la vérité, ou son entreprise est menacée de finir dans le sentimentalisme. En fait la plupart des entreprises œcuméniques ont été marquées par une combinaison de deux ou plus de ces trois types. À aucune période aucun des trois n'a réussi à dominer entièrement le mouvement œcuménique[112].

Ce travail œcuménique et international n'a pas manqué de susciter un renouveau de l'historiographie protestante. En France, Marc Lienhard a fait, en 2007, la synthèse des travaux historiques et des dialogues œcuméniques récents dans *Identité confessionnelle et quête de l'unité*[113]. Le professeur de l'université de Strasbourg a présidé l'Église luthérienne de la confession d'Augsbourg d'Alsace et de Lorraine entre 1997 et 2003. Il sait apprécier les travaux des historiens de toutes confessions ayant contribué

— par exemple, sur la question des indulgences[114] — à retrouver une connaissance droite, fidèle et glorifiante de la Tradition ecclésiale. Il en conclut que les Églises ne doivent pas nier leurs identités confessionnelles respectives, qui disposent chacune de leurs raisons d'être spirituelles. Il est possible, selon lui, d'éviter la relativisation de la vérité tout en reconnaissant « l'historicité des expressions de la vérité ». D'autant que les types de foi paulinien, pétrinien et johannique peuvent trouver leurs correspondances bibliques chez Abraham, Moïse ou Ézéchiel. C'est pourquoi, en Allemagne, Oscar Cullmann plaidait, en 1966, pour une communauté réelle d'Églises totalement autonomes, qui resteraient catholiques, protestantes, orthodoxes et qui, grâce à une structure conciliaire, pourraient conserver leurs charismes, « non pour se délimiter par rapport aux autres, mais pour former une communion avec tous ceux qui invoquent le nom du Christ ». Cela fut repris par le théologien luthérien allemand Eberhard Jüngel qui affirmait, en 2002, que les Églises doivent constituer « une communauté ecclésiale de reconnaissance réciproque[115] ».

On retrouve ici le paradigme central de reconnaissance cher à Paul Ricœur. Lienhard montre les limites de l'œcuménisme doctrinal tel qu'il se pratique de façon très officielle par les Églises et dont, estime-t-il, les populations sont très éloignées. Il suggère un œcuménisme de l'amitié qui ne viserait pas l'harmonisation systématique des positions mais faciliterait le vivre ensemble des chrétiens partout où cela est possible, selon les niveaux de conscience. En cas de désaccord profond, les uns et les autres pourraient se formuler mutuellement des objections. Il ne s'agirait donc pas d'indifférence ou de relativisme, mais de retour à la règle de l'Évangile, qui demande aux chrétiens de se corriger mutuellement de façon interpersonnelle voire, en cas d'échec, de façon publique. « Une telle approche souligne très justement la nécessité permanente d'une autoréforme des Églises particulières, y compris de l'Église catholique, et cela met en évidence, à cette fin, le service nécessaire et légitime rendu par une Église particulière à l'autre Église par les objections qu'elle lui présente[116]. » Lienhard considère que ce ne peut être qu'à partir de l'héritage de ce qui est commun que de telles objections peuvent se fonder.

Carl Braaten, Robert Jenson, David Yeago sont des historiens protestants américains regroupés autour de la revue *Pro Ecclesia*. Ces auteurs ont publié, en 1996, un livre au titre explicitement œcuménique : *The Catholicity of Reformation*[117]. Ils montrent que la Réforme aurait pu s'inscrire dans l'ecclésialité catholique et dans la tradition orthodoxe si on avait bien voulu écouter et apprécier à sa juste mesure le besoin des réformateurs de trouver, pour la vie sacramentelle, un nouvel ancrage dans les Écritures. Luther, en particulier en 1518, à Augsbourg, face au cardinal Cajétan, était prêt à reconnaître la confession comme un sacrement (à partir de Matt., 16, 19), c'est-à-dire comme un moyen de justification visible dans l'Église[118]. L'absence de dialogue entre Luther et le pape, par ailleurs traité d'Antéchrist par le moine augustin, a empêché toute une partie du peuple chrétien de redécouvrir le lien entre la vérité de la doctrine et la justification, garantie du salut, offerte par cette même doctrine. Comme l'écrit David S. Yeago, « le schisme n'était pas la conséquence nécessaire de la vision théologique de Luther[119] ». Robert Wilken, dans sa contribution « Le piétisme luthérien et la piété catholique », a pour sa part établi des parallèles convaincants entre la spiritualité de Philipp Jakob Spener et la spiritualité médiévale catholique se recommandant de Jean Tauler et saint Éphrem le Syrien. Cet historien américain invite à comprendre l'orthodoxie comme une réalité dynamique, une capacité de réaction populaire fondée sur le *sensus fidei* contre les excès des théologiens ou des clercs. L'exemple le plus éclatant de sa thèse, selon lui, est l'œuvre de Jean-Sébastien Bach et sa compréhension musicale de la Passion selon saint Matthieu. Ce dernier fut en effet inspiré non seulement par le piétisme mais aussi par ses sources médiévales et patristiques. Chez Grégoire de Nysse, les « passions » de l'âme, comme le désir ou la peur, ne sont pas seulement négatives. Elles ont été créées par Dieu et ont donc leur place dans l'économie du salut. Le désir, pour le père cappadocien, est un signe de ce qui manque. Il convient en conséquence de savoir diriger ses passions vers le bien, instrument de vertu, d'où l'importance de l'amour et de la beauté. On trouve chez Bach, conclut Wilken, « le même mouvement que chez Maxime le Confesseur (*Quaestiones ad Thalassam*) et Grégoire de Nysse (*De Anima et Resurrectione*), selon lequel la connaissance de Dieu sans "passion" ne met pas en mouvement l'intelligence. La connaissance doit être accompagnée du saint amour[120] ».

L'HISTORIOGRAPHIE DE TRADITION ORTHODOXE

Dans l'Église Orthodoxe, au sens mémoriel du terme, il existe de nombreux ouvrages de référence contemporains racontant l'histoire du christianisme et faisant autorité. On ne citera que ceux qui ont comme point commun, premièrement, d'identifier l'orthodoxie à l'Église dont la doctrine consiste en la reconnaissance des sept conciles œcuméniques et, deuxièmement, d'avoir voulu dégager les Églises chrétiennes orientales de leur définition uniquement géographique et nationale[121].

L'Essai sur la théologie mystique de l'Église d'Orient de Vladimir Lossky n'est pas un ouvrage historique à proprement parler. Mais, d'une part, son introduction « Théologie et mystique dans la tradition de l'Église d'Orient » présente des considérations historiques et historiographiques ; d'autre part, l'auteur eut une influence considérable sur la génération des historiens orthodoxes composée de J. Meyendorff, A. Schmemann, O. Clément, K. Ware, etc. V. Lossky se présente de façon caractéristique comme un théologien orthodoxe qui ne peut admettre que la vie du monde puisse avoir une influence sur la vie de l'Église étant donné la nature divine et éternelle de celle-ci. Il écrit :

> Pour un « historien de l'Église » le facteur religieux disparaît, se trouvant remplacé par d'autres, tels que le jeu des intérêts politiques et sociaux, le rôle des conditions ethniques ou culturelles, considérées comme

> forces déterminantes dans la vie de l'Église. On se croit plus malin, plus à la page, en invoquant ces facteurs comme les vraies raisons dirigeantes de l'histoire ecclésiastique. Tout en reconnaissant l'importance de ces conditions, un historien chrétien ne peut guère se résigner à les envisager autrement qu'extérieures à l'être même de l'Église ; il ne peut renoncer à voir dans l'Église un corps autonome, soumis à une autre loi que celle du déterminisme de ce monde. Si l'on considère la question dogmatique sur la procession du Saint-Esprit, qui divisa l'Orient et l'Occident, on ne peut la traiter comme un phénomène fortuit dans l'histoire de l'Église, envisagée comme telle. Du point de vue religieux, c'est la seule raison qui compte dans l'enchaînement des faits qui aboutirent à la séparation. Bien que conditionnée, peut-être, par plusieurs facteurs, cette détermination dogmatique fut, pour les uns comme pour les autres, un engagement spirituel, une prise de parti consciente en matière de foi[122].

Cette position fut contredite en 1954 par Yves Congar avec son histoire politique, culturelle et ecclésiologique du « schisme oriental[123] ». Pour le dominicain « le schisme oriental s'est fait par un estrangement progressif, et il est constitué par l'acceptation de cet estrangement[124] ». Néanmoins cette œuvre de V. Lossky, publiée en 1944 à Paris, marque un tournant dans l'histoire de la conscience historique de l'Église d'Orient. En montrant que toute théologie authentique est mystique, l'auteur, en effet, tendait la main à l'historiograhie du christianisme occidental pour un dialogue en profondeur. Il contribua à favoriser, en continuité avec le travail entrepris par S. Boulgakov, M. Lot-Borodine, G. Florovsky, un renouveau d'intérêt en Occident pour la théologie patristique. Ce renouveau s'est traduit par la création, en 1942, de la collection des « Sources chrétiennes » et par l'émergence d'une brillante génération intellectuelle aux noms éminents : Jean Daniélou, Henri de Lubac, Claude Mondésert, Victor Fontoynont. Vladimir Lossky, qui côtoyait ces auteurs au sein de la revue *Dieu vivant*, finit par réévaluer de façon significative le christianisme orthodoxe occidental bien au-delà de l'ère mérovingienne. Dans son dernier livre, *Vision de Dieu*, paru aux éditions Delachaux et Niestlé en 1962, V. Lossky se résout à réconcilier l'œuvre du théologien orthodoxe byzantin du XIVe siècle Grégoire Palamas (1296-1359) avec celle du théologien jésuite du XVIIe siècle Denis Pétau (1583-1652), érudit et professeur d'histoire ecclésiastique[125]. Lossky comprit que l'opposition entre théologie byzantine et latine, bien que réelle, n'avait été que superficielle. Certes le bibliothécaire du roi Louis XIII et éditeur de Jean Chrysostome jugeait « insensée » l'idée de Palamas selon laquelle l'homme ne pouvait voir l'essence divine. Il suffisait pour lui de consulter l'Évangile des Béatitudes pour se convaincre que les cœurs purs ont bien reçu la promesse de voir Dieu. Après avoir repris toute la tradition patristique pour opérer un jugement sur cette contradiction entre les deux hommes, V. Lossky conclut qu'il suffisait de distinguer l'approche érotique et néoplatonicienne, contre laquelle luttaient les Orientaux en raison de son caractère égoïste, de l'approche agapique et évangélique que les pères d'Orient et d'Occident partageaient. Selon cette dernière représentation de Dieu, l'homme voit la divinité à mesure qu'il se donne à elle. Mais si pour cette raison, comme s'en félicite Lossky, Pétau critiqua sévèrement la doctrine scolastique de la vision intuitive de l'essence divine propagée au XVIe siècle par des jésuites tels que Gabriel Vasquez, c'est donc, selon le théologien russe, que la théologie occidentale ne devait plus être considérée comme un bloc monolithique. V. Lossky conclut son œuvre par ces mots amers et réconciliateurs :

> Il [Pétau] n'a pas vu — et c'est là le grand paradoxe — que toute l'œuvre théologique de Palamas constitue une défense de la vision immédiate de Dieu, et que la distinction entre l'essence et l'énergie, loin d'être une séparation, une division de Dieu en deux parties, communicable et incommunicable, est un postulat théologique qui s'impose si l'on veut maintenir le caractère réel et non seulement métaphorique de notre déification sans pour autant abolir l'être créé dans l'essence divine[126].

Par cette brèche que Vladimir Lossky a ouverte dans l'intelligence de la théologie catholique à l'âge moderne, il devient légitime de relire l'histoire de la pensée occidentale dans une dynamique non confessionnelle, postmanichéenne, c'est-à-dire proprement orthodoxe[127]. De fait, selon Jean-Louis Quantin, la *Theologica dogmata* de Denis Pétau, qui parut entre 1644 et 1650, était très différente de la théologie scolastique. Elle cherchait à interpréter les Écritures à partir des conciles et des Pères. On peut dire la même chose de la *Dogmata theologica* de l'oratorien Louis Thomassin (1619-1695), parue entre 1680 et 1689[128].

Certes cette relecture orthodoxe de l'histoire de la chrétienté ne peut être assimilée à l'acceptation de toutes les évolutions du christianisme occidental. Panagiotis Trembelas (1886-1977) fut critiqué par

K. Ware pour son « occidentalisme ». Néanmoins il convient de présenter brièvement son œuvre principale, *Dogmatique de l'Église Orthodoxe Catholique*, dans la mesure où elle contribue à repenser l'histoire du christianisme dans un sens moins mémoriel et d'une façon plus critique. Ce théologien grec, titulaire de la chaire de liturgie, fut fortement influencé par la pensée académique et scolastique de C. Androutsos. Il fut durant les années 1950 l'un des principaux animateurs de la fraternité Zoï, fondée en 1911 par le père Eusèbe Matthopoulos, et, après un schisme interne en 1959, le meneur de l'aile droite conservatrice du mouvement (création du mouvement Sotir en juin 1960). Il participa à l'assemblée du Conseil œcuménique des Églises en 1954, à Evanston. En 1976, il présida le deuxième congrès des théologiens orthodoxes à Athènes. Sa *Dogmatique de l'Église Orthodoxe Catholique*, parue à Athènes en 1959-1961, fut traduite puis publiée en français en 1966-1968. Cette œuvre devint pendant trente ans le manuel officiel dispensé aux étudiants en théologie des facultés grecques. Or celle-ci n'est pas avare de généralités sur les catholiques « qui ont fait du pape et des évêques les uniques porteurs de droit divin de la Tradition » et sur « les protestants qui se sont débarrassés de l'autorité de la Tradition[129] ». Néanmoins Trembelas admet que cette situation, qu'il constate aujourd'hui, n'a pas toujours prévalu dans l'histoire. Ainsi Luther acceptait comme œcuméniques les trois symboles de foi (l'apostolique, celui de Nicée, et le *Quicumque* dit d'Athanase) et voulait que la tradition porte un caractère de catholicité et non le sceau exclusif de l'Église occidentale. De même, il reconnaissait que « l'insertion de l'autorité ecclésiastique s'impose dans les questions de foi, en raison de la relation réciproque dans un corps, et de leur dépendance naturelle dans la communauté de l'Église universelle[130] ». Trembelas ne s'interdisait pas de souligner comme bienfaisante la réaction à la scolastique de mystiques tels que Bernard de Clairvaux. Il appréciait tout particulièrement le scolastique italien Giovanni da Fidanza ou Bonaventure (1221-1274), cardinal-évêque d'Albano, qu'il tenait pour un saint et le « théologien le plus subtil de son époque ». Surtout le théologien grec portait en très haute estime le théologien calviniste hollandais Jan Jacob Van Oosterzee (1817-1882), dont il appréciait la théologie christocentrée. Le professeur d'Utrecht n'hésitait pas lui-même à se qualifier « d'évangélique, ou chrétien orthodoxe ». Trembelas critique de façon très originale l'œuvre de saint Jean Damascène. D'un côté, il se réjouit que l'Occident l'ait reconnu comme docteur de l'Église. D'un autre côté, il explique que cette synthèse patristique ne peut être satisfaisante pour la théologie orthodoxe contemporaine. En effet Jean de Damas ne traite que de deux sacrements (baptême et eucharistie), ignore toute ecclésiologie et se préoccupe essentiellement « de la lumière, du feu, des astres, du vent[131] » ! C'est pourquoi Trembelas considère, avec Grégoire Palamas, que la tradition orthodoxe ne repose pas seulement sur les sept conciles œcuméniques. Il ajoute les conciles du patriarcat œcuménique du XIVe siècle mais aussi les livres symboliques du XVIIe siècle des métropolites P. Moghila et Dosithée de Jérusalem (« dignes auxiliaires du dogmaticien orthodoxe »), ainsi que les actes des synodes de Constantinople (1638), Jassy (1643), et Jérusalem (1672), et va jusqu'aux travaux de C. Androutsos (*Dogmatique de l'Église Orthodoxe Orientale*, 1907).

Cette représentation de l'histoire de la tradition orthodoxe ne convint pas à Kallistos Ware (né Timothy Ware en 1934), théologien britannique converti de l'anglicanisme à l'Église Orthodoxe en 1958. Son livre *L'Orthodoxie* (1963), remanié plusieurs fois, à chacune de ses rééditions et traductions, jouit aujourd'hui d'un prestige considérable dans le monde orthodoxe. Kallistos Ware devint moine et prêtre en 1966, évêque de Dioclea au sein du patriarcat œcuménique en 1982 et évêque métropolitain en 2007. Il fut pendant trente-cinq ans professeur à l'université d'Oxford et publia de nombreux ouvrages dont la traduction en anglais de la Philocalie. Son ouvrage est d'une grande érudition et témoigne d'une certaine ouverture d'esprit œcuménique. Il a contribué à décloisonner le monde orthodoxe et à lui permettre de retrouver une identité conciliaire, après des siècles de divisions internes et de persécutions externes.

Il ne peut cependant répondre aujourd'hui à toutes les questions de l'historien. D'une part, il sépare de façon discutable l'histoire des Églises d'Orient, qui apparaît comme douloureuse et tragique, de leurs foi et rituels, qui semblent dès lors immuables et inflexibles. Cette position méthodologique initiale conduit K. Ware à prendre des positions déconcertantes tant sur le plan du déroulement des événements que sur celui de la définition de la vérité doctrinale et spirituelle. On ne prendra que trois exemples. K. Ware limite l'histoire de l'orthodoxie à celle des territoires sous juridiction des chefs d'Église Orthodoxe, ce qui le conduit à rejeter de l'histoire du christianisme orthodoxe la période médiévale occidentale et au-delà. Pour le théologien anglais, lorsque le pape rompt avec Byzance en 1054, c'est toute l'Église latine qui perd subitement son lien avec l'orthodoxie[132]. Bien sûr cette position, largement admise par les manuels utilisés dans les séminaires de l'Église Orthodoxe, est présentée en général de façon plus nuancée[133]. Jean Meyendorff, en particulier, insiste sur les croisades comme source de la « rupture véritable et définitive[134] ». Quoi qu'il en soit, comme l'écrit K. Ware, « l'unité du monde méditerranéen devait disparaître graduellement au cours des siècles suivants, en commençant par l'unité politique[135] ». Pas de regrets en somme pour K. Ware si le récit de l'histoire du christianisme doit se passer de la cathédrale de Chartres, de l'université de Bologne, ou de l'ordre cistercien.

Cette position a été contestée par l'historien orthodoxe Olivier Clément qui, dans ses deux livres de 1964 sur le christianisme médiéval byzantin, considérait l'histoire du christianisme occidental comme partie prenante de celle du christianisme orthodoxe. La preuve en est, pour lui, que les patriarches orientaux ont accepté sans demande de repentir préalable de participer aux conciles œcuméniques de Lyon et de Florence, conciles dont ils ont signé les actes d'union. On a peine, de fait, à se représenter l'histoire de la culture occidentale redevenant subitement orthodoxe au matin du 6 juillet 1439, lorsque fut signée la formule d'entente, la bulle *Laetentur coeli*, entre théologiens latins (fait exceptionnel dans l'histoire des conciles œcuméniques, le pape participa lui-même aux travaux) et byzantins (le texte fut signé non seulement par le patriarche et l'empereur, mais aussi par le futur patriarche de Constantinople

Georges Scholarios (734), l'humaniste Mgr Bessarion, évêque de Nicée, Mgr Isidore, métropolite de Kiev, etc.).

Plus largement, la coupure opérée par la plupart des historiens orthodoxes entre Orient et Occident orthodoxe à partir du XIe siècle pose le problème de la reconnaissance par les orthodoxes orientaux des principaux fruits de cette culture occidentale, de l'architecture gothique à la technologie spatiale, de la sainteté d'un François d'Assise à celle d'un Martin Luther King. C'est la raison pour laquelle le père Thomas Hopko, ancien doyen de l'Institut orthodoxe de Saint-Vladimir, et auteur du cours par correspondance d'Histoire de l'Église de l'institut Saint-Serge, a tenu à réserver, à la fin de chaque siècle étudié dans son cours, de courtes mentions sur l'évolution du christianisme occidental. Certes l'historien ne fait qu'énumérer des faits. Mais après avoir mentionné le concile Vatican I et sa déclaration de l'infaillibilité pontificale il ajoute brièvement, comme pierre d'attente de l'époque à venir de réconciliation des mémoires : « Le curé d'Ars et la carmélite Thérèse de Lisieux vécurent à cette époque[136]. »

Passons à un deuxième problème méthodologique posé par la coupure entre histoire et doctrine et par l'identification absolue de la doctrine des sept conciles avec l'Église d'Orient. K. Ware affirme que « tant que l'unité de foi n'est pas réalisée, il ne peut y avoir de communion sacramentelle[137] ». Cette affirmation, qui empêche non seulement la communion sacramentelle mais aussi la réconciliation des mémoires, n'a pourtant pas toujours eu cours dans l'histoire des Églises Orthodoxes. On sait en effet qu'au Moyen Âge des sièges qui n'étaient pas en communion avec Rome, tel celui de Constantinople, étaient néanmoins en communion médiate avec la chaire de Pierre au travers de sa communion avec le siège d'Antioche. Comme l'a rappelé le père Robert Taft, de nombreuses régions se situant à la frontière de l'Empire byzantin et de l'Empire latin, comme la Calabre italienne ou la Rus' de Kiev, ont pratiqué l'intercommunion au moins jusqu'à la fin du XVIIIe siècle. On peut également ajouter les cas d'intercommunion entre « orthodoxes » et « catholiques » autorisés par le synode de l'Église russe entre 1969 et 1986[138]. Plus généralement, de nombreux cas dans l'histoire de l'Église de reconnaissance du baptême d'hérétiques repentis témoignent silencieusement que les frontières de l'Église visible ne coïncident pas entièrement avec celles de l'Église mystique. C'était en tous cas, comme l'a rappelé le père André Borrély, la position du deuxième concile œcuménique de Constantinople (381) dont le sixième canon interdisait de rebaptiser les ariens repentis.

Enfin, troisièmement, l'identification posée comme orthodoxe d'une Église avec un territoire empêche de trouver une réconciliation avec les autres Églises chrétiennes historiques. Tant que la réalité de la diaspora des Églises orientales est considérée sous l'angle unique de la mission, comme c'est le cas dans le chapitre 9 du livre de K. Ware, l'Église Orthodoxe se trouve elle-même, en sens inverse, confrontée au phénomène du prosélytisme et du non-respect de son « territoire canonique ». Or la vérité historique de l'organisation ecclésiale du christianisme est que l'ecclésiologie orthodoxe a été pastorale et synodale avant d'être territoriale et verticale. A. Schmemann a montré que c'est l'empereur Constantin qui, après la légalisation de la foi chrétienne, a, d'une part, décidé d'intervenir dans les affaires de l'*ecclesia* au moment du schisme donatiste (alors que l'Église avait pris l'habitude de régler ses tensions en se confiant de façon synodale à l'Esprit Saint) et, d'autre part, territorialisé la relation de l'évêque à sa communauté (alors qu'au commencement de l'Église c'est la relation des apôtres aux communautés locales qui constituait l'Église[139]; c'est ce qui apparaît à la seule lecture des lettres de Paul aux Églises qu'il contribua à fonder).

On trouve une approche moins conceptuelle de l'histoire de l'orthodoxie chrétienne dans la communication donnée par Olivier Clément au Congrès de la Fraternité orthodoxe en Europe occidentale, à Amiens, en 1977 : « Avenir et signification de la diaspora orthodoxe en Europe occidentale ». Cette conférence remet en cause toute l'historiographie traditionnelle de l'Église Orthodoxe. Olivier Clément retrouve en effet la trace de l'Église indivise et donc de la doctrine orthodoxe dans l'histoire d'un « Occident latin » qu'il ne transforme pas en concept hermétique (ne serait-ce qu'en commençant par reconnaître que la latinité n'est pas son unique caractéristique, tout comme la byzantinité n'est pas la seule tradition de l'Orient). L'art roman et la théologie cistercienne au XIIe siècle sont indubitablement, selon lui, des signes du souffle de l'Esprit indivis. Mais l'estrangement de l'Orient et de l'Occident, qu'a décrit avec brio le père Yves Congar, n'a pas empêché, selon O. Clément, la doctrine orthodoxe de continuer à s'exprimer à l'est comme à l'ouest de l'Europe, et ce même après l'échec de la réception du concile de Florence. À Amiens, en 1977, O. Clément prononça les paroles suivantes :

> Le ferment de l'Église indivise n'a pas cessé d'agir dans ce pays. L'École française de spiritualité au XVIIe siècle et Pascal, la floraison de sainteté aux XIXe et XXe siècles, du curé d'Ars à sainte Thérèse de Lisieux, du père de Foucauld à Madeleine Delbrêl et Massignon, une puissante littérature d'inspiration chrétienne, de Léon Bloy à Bernanos, le renouveau biblique et patristique des années 1950, tout manifeste cette fécondité de la Tradition, même gênée, même éclatée : nous pourrions développer toute une conception chrétienne des ruses de l'Esprit !

Le théologien orthodoxe ajouta :

> Nous ne pouvons pas ne pas observer que le rayonnement de l'Évangile, de l'eucharistie et au moins des quatre premiers conciles œcuméniques n'a jamais cessé en Occident, suscitant une sainteté d'autant plus aiguë peut-être, d'autant plus héroïque, qu'elle manque d'espace théologique[140].

Ce point de vue, même s'il est encore minoritaire, est loin d'être tenu pour marginal. Mgr Stéphanos, métropolite orthodoxe d'Estonie, considère que, lors de cette conférence, Olivier Clément « donna le meilleur de lui-même[141] ». L'archevêque grec ajoute en outre que les propos de Clément sur le phylétisme orthodoxe restent d'une profonde actualité et cite également le texte du professeur de l'institut Saint-Serge :

> On peut d'abord se demander, entre autres choses, si le lien qui s'est établi, dans l'Église Orthodoxe,

entre la nationalité et la juridiction ecclésiastique n'a pas, dans la Diaspora, achevé de changer de sens : originellement de transfiguration (de l'ethnie par l'Église), il devient souvent une forme spécifiquement orthodoxe de sécularisation (de l'Église par l'ethnie). Perspective où l'Orthodoxie semble seulement un aspect de la culture nationale. Les descendants d'émigrés, au fur et à mesure qu'ils s'assimilent, abandonnent tout naturellement une Orthodoxie dont ils ont l'impression qu'elle ne les concerne plus. L'hémorragie est gigantesque. Elle n'a jamais été mesurée[142]...

Par ailleurs, une nouvelle génération de théologiens et historiens orthodoxes a souhaité mettre un terme à l'apologie de l'histoire de l'Église Orthodoxe. Ce mouvement, né à la fin du XIXe siècle sur l'initiative d'historiens comme A.P. Lebedev, s'est poursuivi au XXe siècle avec des théologiens et des évêques courageux comme le père Alexis Kniazev (1913-1991), le père Alexandre Schmemann (1921-1983), le père Nicolas Afanassiev (1893-1966) ou encore le métropolite Emilianos Timiadis (1916-2008). Alexis Kniazev fut le doyen de l'institut Saint-Serge à partir de 1965. Il participa au concile Vatican II en tant qu'observateur et s'engagea dans de nombreuses initiatives œcuméniques, comme la Traduction Œcuménique de la Bible en 1975. Il n'hésita pas, avec le père Alexandre Schmemann, à parler d'une crise profonde des structures de l'Église Orthodoxe « due à des excroissances historiques ». « Ces dernières, écrivait-il en 1978, sont devenues telles que l'Église Orthodoxe risque de ne plus être elle-même et de voir sa catholicité étouffée parce que tous ses organes sont de plus en plus bloqués par des causes purement humaines : nationalisme politique et religieux, provincialisme et esprit de clocher, asservissements aux buts impérialistes des États[143]. » Alexandre Schmemann considérait que ces différentes hérésies de la vie trouvaient leur origine dans « le péché historique de l'orthodoxie », à savoir la théocratie constantinienne[144]. Il y avait chez le confesseur de Soljenitsyne une double critique : à la fois du césaro-papisme, mais aussi du romantisme de V. Soloviev, auteur d'une *Histoire et avenir de la théocratie*[145], dont les thèses étaient reprises par l'historien russe émigré Anton Kartachev.

Il n'est pas sûr pourtant que les deux historiens de l'institut Saint-Serge aient bien compris ce que voulait dire le philosophe russe. Soloviev, en étudiant au cours des années 1885-1887 l'histoire de la théocratie dans la Bible, n'avait pas en vue d'orienter le tsarisme vers un nouvel âge constantinien. Son raisonnement était parti d'un fait étrange de l'histoire évangélique. Lors de son baptême, lors de son premier ensevelissement, le Christ avait justifié son geste à Jean-Baptiste par les paroles suivantes : « Laisse faire maintenant, c'est ainsi qu'il nous faut accomplir toute justice » (Matt., 3, 15). Le philosophe russe voyait dans cette scène une préfiguration de la théocratie spirituelle à venir :

> Le Christ représentant de la maison royale de David, fondateur et unique chef authentique du Royaume de Dieu dans l'humanité, a pris sur lui la charge d'accomplir toute justice par un acte d'évidente soumission à Jean, le fils du prêtre Zacharie de la famille d'Aaron. [...] Quand viendra notre tour d'accomplir un acte correspondant à celui-là, quand nous restaurerons dans toute la vérité notre lien spirituel avec l'Église universelle de jadis, lorsque avec une conscience

> claire, un libre élan moral de l'esprit national, nous nous établirons en état de filiation authentique à l'égard d'une paternité commune au monde entier, alors seulement deviendra possible cette fraternité parfaite de tous les peuples, animée par l'amour et vécue en une libre unanimité. Tel est bien l'idéal et l'avenir de l'Église universelle, en même temps que notre véritable idéal national. [L'Église] apparaîtra comme un être conscient, moralement libre, agissant lui-même pour son propre accomplissement, comme une véritable compagne de Dieu, comme une créature unie à la Divinité en une union pleine et parfaite, L'absorbant entièrement en elle-même, en un mot semblable à la Sophia, la Sagesse Suprême de Dieu, à qui nos aïeux, guidés par un sens prophétique étonnant, édifiaient des autels et des temples, sans savoir encore eux-mêmes qui elle était[146].

La théologie politique orthodoxe contemporaine ne fut donc pas uniquement une critique néoslavophile de la démocratie parlementaire (Kartachev) ou du passé byzantin césaro-papiste (Schmemann). Soloviev écrivait en 1896 à Eugène Tavernier que son projet consistait à prendre au sérieux — à considérer comme une anticipation d'un cheminement à venir de l'État comme de l'Église — le retour en gloire à Jérusalem de Jésus, juché sur le dos d'un ânon, avant son deuxième ensevelissement :

> Il faut pour de bon abandonner l'idée de puissance et de la grandeur extérieure de la théocratie comme but direct et immédiat de la politique chrétienne. Ce but est la justice, et la gloire n'est qu'une conséquence qui viendra de soi-même[147].

L'École de Paris bénéficia de cette prise de conscience du rôle central à attribuer à la justice dans la théologie orthodoxe. Nicolas Afanassiev, collègue à l'institut Saint-Serge de Schmemann et Kartachev, fonda en 1953 les « Semaines liturgiques » à Paris, avec le père Cyprien Kern et dom Olivier Rousseau. Il se consacra à l'étude de « La doctrine de la primauté à la lumière de l'ecclésiologie », titre d'une conférence faite au Saulchoir en 1953 (publiée dans *Istina* en 1957) et de deux articles « L'apôtre Pierre et l'évêque romain », et « L'Église catholique » parus dans *Pravoslavnaja Mysl'* en 1955 et 1957. Ses recherches aboutirent au grand article « L'Église qui préside dans l'Amour », rédigé en 1957 et paru dans le recueil *La Primauté de Pierre dans l'Église Orthodoxe* (Neuchâtel, 1960). Cet article, recommandé aux pères conciliaires en 1964, lui valut une invitation à participer en qualité d'observateur au concile de Vatican II en la dernière session (comme invité du Secrétariat pour l'unité des chrétiens). On peut trouver, selon dom Olivier Rousseau, au chapitre III du *De Ecclesia* définitif de Vatican II (n° 26), une doctrine apparentée à la sienne qui laisse soupçonner son influence. En 1962, il écrit « en la mémoire du pape Jean XXIII, le Pape de l'Amour » un article intitulé « Una Sancta », publié en 1963 dans *Irénikon*. Son article « Statio orbis » paraît également en 1962. Il assista le 8 décembre 1965 à la levée des anathèmes entre les deux Églises catholique et orthodoxe. En 1965 il réaffirma sa conviction œcuménique dans *Irénikon,* selon laquelle l'eucharistie est le « principal lien entre catholiques et orthodoxes ».

Le renouveau théologique de l'École de Paris eut comme conséquence de critiquer non seulement la définition confessionnelle de l'orthodoxie mais aussi sa rigidification juridique à l'âge byzantin. En 1933, dans la revue *Pout'*, Nicolas Afanassiev demanda qu'on distingue la vérité éternelle présente dans un canon de la coutume lorsque celle-ci devient désuète[148]. Comme il le rappelle dans « Les canons et la conscience canonique », les canonistes de l'époque de l'empereur Manuel Comnène (1118-1180) ne se sentaient pas prisonniers de la règle, édictée par le concile *in trullo*, de l'invariabilité des canons. Mais, à la chute de Byzance, leur créativité fut oubliée et on en revint à une représentation figée de l'orthopraxie. Pour Afanassiev, on ne pouvait parler de canonicité que dans la mesure où le canon accomplissait le but pour lequel il avait été publié. Il ne manqua pas de donner quantité d'exemples qui montraient la contradiction entre l'utilisation dite orthodoxe de certains canons et leur sens originel[149], ou encore l'oubli de certains canons dans la pratique des fidèles orthodoxes[150], et enfin la croyance de certains zélotes à la valeur éternelle des canons[151]. Le Christ, selon lui, n'a donné aucune norme canonique à son Église (en référence à Lc, 12, 14 : « Qui m'a établi pour être votre juge ou pour faire vos partages ? »). En revanche, il a donné des principes de vie et a confié à ses apôtres le pouvoir des clefs. Ce pouvoir de lier et de délier exclut, selon Afanassiev, la notion de droit divin, mais autorise l'Église à éditer des normes canoniques qui peuvent varier selon les époques et les circonstances dès lors que ces principes de vie donnés par le Christ sont respectés.

Le renouveau du paradigme orthodoxe comme connaissance juste a touché également les autres traditions de la théologie orthodoxe, de la théologie grecque à la théologie roumaine ou antiochienne. Ainsi l'approche d'Afanassiev visant à marier « tradition et créativité » a été reprise par la suite par le métropolite Maxime de Sardes[152]. Pour ce dernier, qui reprend sans rougir des terminologies latines, « la conscience ecclésiale qu'exprime à chaque fois la coutume constitue à travers les époques le témoin digne de foi de la fidélité de la *traditio continuativa* à l'authentique tradition canonique, la *traditio constituva*[153] ». Mgr Emilianos fut le représentant permanent du patriarche Athénagoras auprès du Conseil œcuménique des Églises de Genève durant vingt-cinq ans (1959-1984), observateur au concile Vatican II, évêque de Méloa depuis 1960 et métropolite de Silvyrie depuis 1977. En 1967, il publia une théologie orthodoxe de la pénitence, dans laquelle il critiqua la perte du sens médicinal des *epitimia* dans l'Église Orthodoxe et l'inflation d'une littérature pénale notamment dans le *Pedalion* de saint Nicodème l'Hagiorite. Mgr Emilianos regretta que la pastorale des peines, des indulgences et de la satisfaction soit restée figée dans la plupart des manuels[154]. Son approche fut poursuivie dans la théologie orthodoxe par des personnalités éminentes. On les trouve réunies lors du deuxième congrès des théologiens orthodoxes, en 1976, à Athènes. Conscient de la tentation récurrente du nationalisme dans le monde orthodoxe, Nicolas Lossky a appelé à « voir comment on peut lire de façon orthodoxe tels ou tels éléments qui ont souvent dévié à cause du contexte dans lequel ils se sont exprimés[155] ». Mais Mgr Stylianopoulos a fait un pas de plus dans la démarche critique en visant l'institution même de l'Église Orthodoxe historique. Il stigmatisa l'orgueil qui menace l'Église Orthodoxe, qui devient alors une institution pécheresse[156]. Estimant que la pensée chrétienne orthodoxe « considérait trop fréquemment en spectateur l'histoire et la vie ecclésiastique », le théologien Nikos Nissiotis a pour sa part demandé une autocritique de la théologie orthodoxe, insuffisamment eschatologique selon lui[157]. Jean Zizioulas, de son côté, reprocha à Athènes une vision trop traditionaliste et intellectualiste de la vérité et appela à vivre de façon eucharistique, koinonique.

> On ne peut pas dire : « D'abord tu acceptes la vraie foi, et ensuite on entrera dans une communion d'amour. » L'amour est un événement qui provient de la vie de la communauté. La communion et la communauté sont identiques[158].

En conclusion de ce panorama sommaire de l'historiographie orthodoxe contemporaine, on peut donc considérer qu'il existe actuellement trois écoles principales parmi les historiens appartenant à l'Église Orthodoxe. On trouve, d'une part, avec les ouvrages rédigés dans les années 1960 par K. Ware, une historiographie orthodoxe tournée vers la défense de l'identité mémorielle et institutionnelle de l'Église Orthodoxe où l'on insiste sur sa portée universelle dans le temps et dans l'espace. Cette historiographie intègre cependant progressivement la notion, développée par G. Florovsky dans les années 1930, selon laquelle les frontières mystiques de l'Église débordent ses frontières œcuméniques.

Il y a, d'autre part, une tradition historiographique qui, refusant de tirer les conséquences historiques du renouveau spirituel de l'École de Paris, opte en faveur de l'éclectisme encyclopédique. En 1999 le patriarche Alexis II a lancé, avec le concours de spécialistes des quinze Églises Orthodoxes autocéphales et des nombreuses autres Églises autonomes, une vaste entreprise historiographique dans le cadre d'une *Encyclopédie orthodoxe* de plus de vingt-cinq volumes, chaque volume comptant plus de huit cents pages illustrées et étant tiré à plus de quarante mille exemplaires. L'entreprise dispose aujourd'hui d'un site internet (www.pravenc.ru) qui publie de nombreux articles touchant non seulement à l'histoire des Églises d'Orient mais aussi à celles d'Occident (exemples d'articles : gallicanisme, Luther, Calvin, Henri IV, etc.). Ces Lumières orthodoxes, d'une réelle érudition pour la plupart des articles, peinent cependant avec leur seule logique alphabétique à retrouver une vision unifiée de l'histoire du christianisme, et rendent d'autant plus nécessaire une redéfinition du concept d'orthodoxie.

Enfin un troisième courant historiographique, représenté par Olivier Clément et Jean Zizioulas, a intégré, surtout à partir des années 1970, le changement de paradigme que représentent l'impératif de vérité juste et ses implications œcuméniques.

L'avenir de l'historiographie orthodoxe, et de la mémoire ecclésiale des populations orthodoxes, dépendra en grande partie du dialogue critique et fraternel qui devra s'opérer entre ces trois écoles.

Chapitre XI

L'ORTHODOXIE AU TEMPS PRÉSENT

L'HISTORIOGRAPHIE ŒCUMÉNIQUE

Ce n'est qu'au XXe siècle que l'histoire de la vérité ecclésiale, d'une part, et la doctrine de la vérité maintenue historiquement par l'Église, d'autre part, sortirent d'une représentation confessionnelle et théocentrée. Signalons pour commencer la fameuse anthologie intitulée *God, History and Historians*, publiée en 1977 à New York aux éditions Oxford University Press. Parmi les auteurs de ce recueil œcuménique (disposant d'une importante bibliographie), on trouve les penseurs les plus éminents de l'époque : Christopher Dawson, Reinhold Niebuhr, Herbert Butterfield, R. Bultmann, P. Tillich, A. Toynbee, K. Barth, J. Maritain, H.-I. Marrou, C.S. Lewis, G. Florovsky, Kenneth Scott Latourette, etc. Chez ces auteurs écrivant après la tragédie de la Seconde Guerre mondiale, on observait un même désir de se défaire d'un optimisme naïf vis-à-vis de la nature humaine, de remettre en cause la vision séculière de l'histoire comme progrès, de contester les représentations marxiste et libérale de l'histoire, et de retrouver la profondeur historiosophique de penseurs tels que saint Augustin. Malgré la diversité des points de vue théologiques, on observe chez ces auteurs un même engagement en faveur de l'œcuménisme. Leur travail œcuménique, engagé dès les années 1930 — notamment lors de la conférence d'Oxford de 1937 (Niehbur, Tillich, Barth, Dawson, Latourette, Florovsky...) dont l'un des thèmes fut « Le royaume de Dieu et l'histoire » —, aboutit en particulier à la création du Conseil œcuménique des Églises à Amsterdam (avec pour thème « Le désordre humain et le dessein de Dieu ») et à la publication d'un texte important intitulé *Dieu dans la nature et dans l'histoire*, en 1968 à l'occasion de l'assemblée d'Uppsala[1].

Dans ce même esprit œcuménique, les travaux de la commission historique de la branche américaine de « Foi et Constitution » (Conseil œcuménique des Églises) représentent une avancée supplémentaire de l'historiographie chrétienne orthodoxe. Cette commission, composée de représentants de vingt-quatre Églises (catholiques, protestants, orthodoxes), a travaillé sous la direction des professeurs Lauree Hersch Meyer et O.C. Edwards, entre 1988 et 1991, à la rédaction de quatorze principes d'histoire œcuménique publiés en collaboration avec la revue *Ecumenical Trends*. Jeffrey Gros, alors directeur de « Foi et Constitution », avait été intéressé par l'expérience du CEHILA (Comision de Estudios de Historia de la Iglesia en America Latina) et voulut la reproduire aux États-Unis. Leur base de travail fut une étude du manuel de Williston Walker, Richard Norris, David Lotz et Robert Handy, *A History of the Christian*

Church (New York, C. Scribner's and Sons, 1985) et la constitution d'une bibliographie de l'historiographie œcuménique du christianisme (Douglas Foster[2]). Le texte présenté par Charles Brockwell et Timothy Wengert est divisé en cinq sections : universalité (principes 1 à 3), contexte (4-6), points communs (7-8), particularités (9-12), perspectives (13-14), et s'appuie le plus souvent, comme forme de justification, sur des références aux récits bibliques. Le principe n° 1 affirme qu'« une histoire œcuménique du christianisme comprend l'histoire de l'Église comme l'histoire de ceux qui se désignent eux-mêmes du terme de chrétiens, et accorde une attention particulière à ceux dont l'histoire a été ignorée ou supprimée[3] ». Le principe n° 2 précise que cette histoire doit être globale. Le principe n° 3 doit permettre aux lecteurs de distinguer la catholicité des différentes Églises et de comprendre leur apostolicité dans des contextes variés. Les principes 4 à 6 demandent de mettre en valeur, à partir de sources différenciées (iconographies, traditions orales, liturgies...), les relations contextuelles entre Évangile et cultures, et de prendre en considération aussi bien les éléments doctrinaux que spirituels et pratiques de la vie des Églises. Le principe n° 7 soutient que chaque génération et tradition lit le passé à la lumière de son temps. Le principe n° 8 encourage à découvrir dans le passé des situations parallèles à celles de problèmes contemporains pour réexaminer les sources de division. Le principe n° 9 invite à donner voix à chaque groupe identitaire « dans la conversation des communautés de foi ». Le principe n° 10 explique que toute histoire œcuménique du christianisme confronte chaque tradition particulière à l'analyse critique des autres traditions. Le principe n° 11 s'appuie sur Matt., 25, 35 et Rom., 12, 13 pour inviter à prospecter le passé dans un esprit d'hospitalité. Le principe n° 12 montre qu'une histoire œcuménique doit s'écrire non dans un esprit défensif mais dans un esprit de repentir et de pardon mutuel. À partir de Matt., 7, 1-5 (« Ne vous posez pas en juge afin de n'être pas jugés »), le principe n° 13 demande à l'historien de comprendre et reconnaître ses propres a priori et de chercher à dépasser ce qu'ils peuvent avoir de préjudiciable. Le dernier principe affirme qu'une histoire œcuménique reconnaît qu'aucun récit ne peut prétendre à une objectivité complète et cherche à intégrer les histoires particulières.

Le recueil récent de l'université de Notre-Dame, aux États-Unis, intitulé *Confessing History* et publié par une génération de jeunes historiens appartenant à différentes Églises, témoigne de ce renouveau[4]. Ces historiens poursuivent le travail de leurs prédécesseurs et en particulier de la Conference on Faith and History, créée en 1968 par des historiens protestants évangéliques et qui depuis organise régulièrement des colloques, sur la question de la relation de la foi à l'histoire, dont les actes sont publiés dans la revue *Fides et Historia*. Comme l'écrit Eric Miller, professeur d'histoire au Geneva College, cette génération en vient à contester les programmes dits « académiques » d'enseignement de l'histoire dans les universités américaines, ainsi que le *cursus honorum* que doivent poursuivre les jeunes historiens au cours de leur carrière séculière. Pour « voir correctement les morts », selon l'expression de l'historienne catholique Una M. Cadegan, il convient, d'après Miller, de sortir du système des recherches hyperspécialisées, fondées sur la méthode visant à rechercher « les forces culturelles observables » et sur une pseudo-neutralité épistémique. Pour William Katerberg, un siècle de recherches historiques et quatre décennies de débat théorique n'ont pas fourni « de fondation stable sur laquelle poser les appels de la vérité, les décisions morales et les projets politiques[5] ». Au contraire, la science historique contemporaine, soutient Christopher Shannon, ne fait que légitimer le monde moderne sécularisé dont la fin ultime est « la maximisation de la liberté individuelle ». C'est pourquoi ce dernier recommande, à contre-courant de la philosophie rationaliste et individualiste de John Rawls, la lecture des ouvrages majeurs de Alasdair MacIntyre (*After Virtue*[6]), Robert Bellah (*Habits of the Heart*[7]) et Michael Sandel (*Democracy's Discontent*[8]) pour retrouver le sens de la communauté fondatrice de sens et source d'engagement pour la justice.

Un exemple de cette nouvelle historiographie visant à une juste vérité plus qu'à une autoaffirmation conceptuelle de soi est probablement celui du travail œcuménique mené sur l'histoire du concile de Florence[9]. D'abord en Occident, notamment avec les travaux de M. Viller, les historiens redécouvrirent l'Union de Florence, non comme un simple calcul intéressé de la part des principaux protagonistes, mais « plutôt comme le passage obligé des négociations entre le pape et l'empereur, le seul cadre formel dans lequel à cette époque la discussion pouvait s'engager[10] ». Replacé dans la longue durée des tractations entre Rome et Constantinople, le mouvement en faveur de l'Union du côté byzantin acquiert dès lors une plus grande cohérence. Il fait apparaître en filigrane une fracture séculaire, à l'intérieur des Églises, entre élites laïques unionistes et populations attachées aux formes stables de leurs rites. Plus récemment en Orient, c'est-à-dire dans la diaspora russe qui fut au contact de l'institut Saint-Serge dans les années 1930 et de l'institut Saint-Vladimir dans les années 1950 aux États-Unis, mais aussi en Grèce et en Russie, on assiste à une relecture plus académique des événements du concile. Jean Meyendorff et Constantin Tsirpanlis défendirent tous deux la thèse selon laquelle Marc d'Éphèse, loin d'avoir été hostile à l'Union dans l'absolu, regretta surtout de n'avoir pas été entendu sur le plan théologique[11]. D.J. Geanakoplos mit en lumière le problème politique plus que proprement religieux des unions de Lyon et de Florence, à savoir l'incapacité de l'empereur à les faire appliquer, posant ainsi le doigt sur la question des limites du paradigme césaro-papiste. L'historien grec P. Gounaridès en tire comme conclusion qu'une purification de l'intelligence de la « foi droite » aurait été nécessaire pour repenser le lien du patriarche Bekkos à l'empereur au XIIIe siècle, au-delà de l'attachement à la « romanité ».

En réalité les historiens contemporains constatent que trois instances orthodoxes légitimes s'affrontaient à l'occasion des unions, celle de l'empire, celle de la papauté et celle des théologiens[12]. C'est la raison pour laquelle dans son ouvrage *Rome autrement*, publié en 1997, Olivier Clément, qui répondait à l'appel du pape Jean-Paul II de repenser la place de l'évêque de Rome dans l'Église universelle, proposa d'imaginer une logique en tensions entre ces trois instances. Afin que chacun puisse participer à l'œuvre commune, afin qu'aucune des trois ne puisse avoir le dernier mot, afin que, dans une vision théanthropique renouvelée de l'Église, l'Esprit puisse recevoir l'autorité qui est la sienne.

Yves Congar notait que Jésus parle à deux reprises seulement de son Église, en Matt., 16, 18 et en Matt., 18, 18. On pourrait en tirer certaines conclusions personnelles, au-delà de celle que fait le dominicain lui-même, sur le fonctionnement de la conscience orthodoxe[13]. La première occasion est celle où le Christ dit à Pierre qu'il bâtira « son Église » sur sa confession de foi et lui donnera les clefs du Royaume des cieux. Désormais, dit le Christ, ce qui est lié et délié sur la terre, à savoir ce qui est reconnu ou non sur la terre, sera lié et délié dans les cieux. La seconde fois, il s'agit de l'explication du Christ à ses disciples sur les moyens d'instaurer la paix dans l'Église en cas de conflit avec un frère qui a péché. Si le dialogue seul à seul ne suffit pas, si les deux ou trois témoins ne parviennent pas à départager la violence, alors le Christ recommande de le dire « à l'Église ». Et si le pécheur « refuse d'écouter même l'Église, qu'il soit pour toi comme le païen et le collecteur d'impôts », c'est-à-dire comme des personnes ne méritant pas de reconnaissance. Il y a là deux visages de la même Église. Dans un cas, on trouve la conscience personnelle de l'Église universelle qui est reconnue comme le fondement du collège apostolique. Bien que la promesse ait été donnée sous la condition de maintenir l'identité entre la foi et celui qui la professe, le Christ s'adresse d'abord à la personne de Pierre. Dans l'autre cas, l'Église apparaît dans sa réalité locale, selon ses degrés de responsabilité communautaire, et chacun de ces degrés, en commençant par le bas, est essentiel à la paix. Dans une épistémologie orthodoxe qui synthétise la juste glorification, la connaissance droite, la mémoire fidèle et la connaissance juste, il paraît concevable de marier la logique de la nomination unifiante à celle de la subsidiarité communautaire. L'ouverture au Dieu créateur n'est pas incompatible avec l'accomplissement d'une justice personnelle. La clé de la reconnaissance conditionnelle va de pair avec celle du témoignage graduel. La verticalité de la relation théanthropique ne contredit pas l'horizontalité de la relation anthropo-cosmique.

LA REDÉFINITION PAR LES ÉTATS DE LA LAÏCITÉ

Le renouveau de l'historiographie est l'un des fruits du mouvement œcuménique, concomitant à la formation du paradigme d'orthodoxie comme connaissance juste. Grâce au mouvement de rapprochement œcuménique, marqué par l'avènement de quantités d'institutions de dialogue, de revues et de colloques, les sources de division entre les Églises apparaissent de plus en plus comme politiques ou culturelles avant d'être proprement théologiques[14]. L'effacement des principales lignes de tension confessionnelle a aujourd'hui de nombreuses conséquences. La conséquence politique est la plus immédiate. De nombreux leaders politiques des sociétés libérales du monde occidental appellent, depuis une dizaine d'années, à une redéfinition de la démocratie, des groupements idéologiques, de la place des religions dans les institutions politiques, des valeurs de l'économie. En France, le président Nicolas Sarkozy, lors de son discours du Latran, le 20 décembre 2007[15], a appelé à de nouvelles initiatives en matière de laïcité. Le 3 mars 2011, au Puy-en-Velay, contre l'usage en vigueur de neutralité républicaine, le président Sarkozy a rappelé « sans complexe », selon l'expression des médias, l'héritage judéo-chrétien de la France[16]. Au sein de l'Union européenne, les nouveaux traités européens, dits « traité de Lisbonne », témoignent de cette nouvelle volonté des États d'instaurer un dialogue constructif avec les représentants des principales religions et courants convictionnels[17]. L'élection en 2008 du président Barack Obama, aux États-Unis, témoigne également de cette évolution des sociétés démocratiques occidentales. Ce dernier, dans un discours prononcé en 2006, a admis l'échec de la politique à reconnaître le pouvoir de la foi dans la vie des gens et a appelé à un débat pour « réconcilier la foi avec notre démocratie moderne et pluraliste[18] ». Dans la généalogie de la nation américaine, le président américain inclut les noms d'Abraham Lincoln, Dorothy Day, Martin Luther King. Ami des évangélistes Rick Warren et Jim Wallis, il critique avec eux les sécularistes qui demandent aux croyants de laisser la religion à la porte de l'espace public. Demander aux hommes et aux femmes de ne pas introduire leur morale personnelle dans le débat public est, selon lui, une « absurdité pratique ». Car la loi américaine est « la codification de la moralité, dont l'essentiel est fondé dans la tradition judéo-chrétienne ». Inversement, il demande aux croyants de « traduire » leurs convictions dans un langage universel admissible par tous, « afin de réconcilier les croyances de chacun avec le bien de tous »[19]. Même s'il peut être opportun pour les leaders politiques d'afficher leur bienveillance à l'égard de la religion, il est aussi indéniable que le paradigme hégélien, si puissant au XXe siècle, de neutralité de l'État est aujourd'hui en net déclin. En Afrique du Sud, au Brésil, ou dans les pays de l'ex-bloc communiste, on observe une volonté de rapprochement entre le pouvoir politique et les institutions religieuses. Les spécialistes préfèrent plutôt parler en termes de « seuils de laïcisation » pour décrire les degrés de conscientisation par les États de leurs propres fondements religieux. Et surtout, comme l'écrivent Jean Baubérot et Micheline Milot, ils distinguent plus nettement l'agnosticisme, qui est une idéologie, de l'impartialité, qui est une valeur de justice :

> La neutralité ne signifie pas que l'État soit « sans valeur », puisque la gouvernance étatique repose sur des valeurs fondamentales comme la démocratie, la tolérance, le respect de la diversité et les droits de l'homme. Il n'existe pas de neutralité absolue. Toutefois la puissance politique doit se montrer impartiale à l'égard des différentes convictions[20].

CONSCIENCE ORTHODOXE ET ÉPISTÉMÊ PLANÉTAIRE

Un demi-siècle de débats entre historiens chrétiens et agnostiques en France a permis d'aboutir à la conclusion, partagée par la majorité des historiens, que « la vérité est donc, en histoire comme en toute science, dans ce qui permet de mieux comprendre et de comprendre plus loin un phénomène ; elle est dans ce qui est efficient. L'hypothèse de Dieu n'altère en rien la quête de la science historique[21] ». Inversement, pour l'abbé Huvelin, « il faut que l'orthodoxie s'arrange avec la vérité, c'est son affaire à elle[22] ». Le souci même de l'intégrité de la foi interdit au croyant d'écarter les vérités qui gêneraient son Credo. Certains historiens, conscients des lumières additionnelles qu'apporte la pensée orthodoxe, sont allés plus loin. Nicole Lemaître, historienne catholique, affirme que, contre les formes les plus raffinées du scientisme contemporain, l'historien croyant refuse aussi d'absolutiser des vérités humaines pour mieux respecter la seule vérité qui vaille à savoir « le Christ lui-même ». L'historien croyant doit donc admettre, selon l'historienne de la Sorbonne, que « les règles du jeu » entre Dieu et les hommes « changent à chaque partie », au risque de heurter les théologiens qui confondent bien souvent vérités infaillibles et vérités indéfectibles. Affirmer, par exemple, que seule la messe de saint Pie V est orthodoxe, c'est, selon l'historien catholique et académicien René Rémond (1918-2007), penser que « l'Église a erré seize cents ans à la recherche de la vérité en matière de célébration liturgique et interdire à l'Esprit Saint d'intervenir dans la vie de l'Église[23] ». Pierre Chaunu (1923-2009), historien français de tradition protestante, fut l'une des grandes figures contemporaines de la réconciliation en cours de la pensée épistémique avec la pensée orthodoxe. Dans une contribution très personnelle, qu'il donna à la demande de son ami Jean Delumeau, en 1996, au recueil *L'historien et la foi*, il résuma son parcours intellectuel et spirituel. Il conclut par un hymne débridé à la gloire de la création divine.

> Les sciences exactes, les nouvelles cosmologies, la physique relativiste et quantique, l'historicisation de toute la connaissance (c'est maintenant qu'il conviendrait de parler d'histoire naturelle), le rapprochement autour d'une mystique inspirée par la grandeur de la fantastique *adequatio* entre la logique de l'Univers et celle de notre cerveau, d'un Univers où tout a un sens, où chaque particule porte un destin, où chaque terme débouche sur quelque nouveau commencement, où il y a toujours derrière le voile quelque au-delà, au point que l'au-delà perce à chaque instant dans la forêt de signes qui nous assiègent, où tout porte la marque de la fantastique sollicitude du [...] grand Être, Adonaï, qui vous demandera demain, peut-être, votre aide à travers la main tendue vers vous du blessé sur le bord du chemin, celui dont le vieillard Siméon avait discerné la présence sur le visage d'un tout petit enfant[24].

Ajoutons un dernier mot pour suggérer les conséquences interreligieuses et universelles de cette redéfinition contemporaine de la pensée orthodoxe. L'attitude d'humilité nouvelle des penseurs chrétiens appartenant aux différentes confessions chrétiennes fut particulièrement vive au lendemain des deux guerres mondiales. En témoignent les Conversations de Malines entre catholiques et anglicans après les boucheries de la guerre de 1914-1918, ou la création de la revue *Dieu vivant*, après les destructions de Londres, Stalingrad et Dresde. Le comité directeur des cahiers de *Dieu vivant* était composé de Louis Massignon, Maurice de Gandillac et Marcel Moré. La revue, sous la houlette de Pierre Leyris, offrit sa tribune à Vladimir Lossky comme à Hans Urs von

Balthasar, à Jean Hyppolite comme à Gabriel Marcel. Dans leur liminaire de 1944, les rédacteurs de *Dieu vivant* partirent du constat que les chrétiens ont bel et bien « participé au meurtre de Dieu » en refusant de scruter le mystère de Dieu par l'intelligence et par le cœur. C'est pourquoi, affirment-ils, « le combat qu'il faut livrer aujourd'hui est d'abord spirituel ». Pour cela, il faut prendre conscience, disent-ils, que l'humanité se trouve « dans l'ère décrite par l'Apocalypse ». Cela a comme conséquence que l'idée de progrès n'a de sens dans cet espace-temps que si elle est liée à celle de résurrection. Les perspectives religieuses et philosophiques qu'ils dessinent consistent, en premier lieu, en un dialogue entre chrétiens désunis. Celui-ci repose sur un échange de dons. La vision de la Gloire divine des orthodoxes, il convient, disent-ils, « de la faire éclater aux yeux d'un monde qui gémit dans les ténèbres ». Les orthodoxes quant à eux, poursuivent-ils, pourraient bénéficier du souci de l'aspect social de l'Église si fort en Occident. Les catholiques et les orthodoxes ont besoin enfin du « réveil incessant qui lutte contre l'engourdissement du cœur » des protestants. Tandis que ces derniers peuvent méditer, dans le dialogue avec les autres chrétiens, la nécessité de la « complète incarnation de l'Église ». Mais, plus largement, les auteurs du liminaire considèrent que cette unité orthodoxe concerne tous les fils d'Abraham pour qui la Jérusalem terrestre n'est que la préfiguration « de cette Église qui montera à la rencontre de la Jérusalem céleste pour se fondre avec elle ». Refusant par avance toute accusation de syncrétisme, ils vont jusqu'à invoquer la spiritualité des Indes en mentionnant Jules Monchanin et toutes les expériences spirituelles vécues par « les témoins du Dieu Mort [...] en quête de l'Absolu ». En définitive ces hommes et ces femmes de *Dieu vivant* se mettaient en quête d'une orthodoxie nouvelle, fondée sur l'amitié. « Elle survole les océans disait Sophocle[25] ».

Conclusion

RETOUR SUR UN CHEMINEMENT

Notre enquête sur l'orthodoxie, comme critère de la vérité et comme qualité de la foi, invite à saisir par une nouvelle synthèse l'histoire de la pensée chrétienne et l'histoire de la pensée rationnelle. Dans une première partie, on présente de façon historique, géographique et doctrinale l'Église Orthodoxe. On explique pourquoi les définitions confessionnelles de l'Église Orthodoxe conduisent celle-ci à une profonde crise identitaire. La crise du processus conciliaire panorthodoxe est à cet égard symptomatique de cette définition confessionnelle de soi. C'est pourquoi notre thèse consiste à revisiter de façon philosophique, théologique et historique la notion même d'orthodoxie. Au cours de la deuxième partie, on se livre à une présentation contextuelle du débat contemporain sur l'orthodoxie, de Michel Foucault à John Milbank, de Jean-Marc Ferry à Charles Taylor, de Jürgen Habermas à Joseph Ratzinger, de Paul Ricœur à Serge Boulgakov. Dans la troisième partie, on expose une synthèse méthodologique possible des deux cheminements de la raison et de la foi, toutes deux en quête de la « garantie des biens que l'on espère » et de « la preuve des réalités qu'on ne voit pas[1] ». Pour respecter cependant les logiques propres à chacune des deux démarches, et pour tirer certaines conséquences contemporaines de la relation inextricable entre vérité et histoire, on cible le développement sémantique de la notion d'orthodoxie dans l'histoire de la civilisation chrétienne. Nos recherches nous ont permis de mettre au jour la présence des quatre sens initiaux de l'orthodoxie dans les Écritures chrétiennes et de montrer comment chacun de ces quatre sens a pris une position dominante l'un par rapport aux autres en fonction des contextes de chaque culture et de chaque époque. L'orthodoxie, au sens de rationalité éclairée par la foi chrétienne, peut être définie selon quatre sens fondamentaux, devenus historiquement quatre paradigmes majeurs : la juste glorification, la vérité droite, la mémoire fidèle et la connaissance juste.

Notre méthode consiste à nous appuyer sur la notion de « conscience ecclésiale » pour mettre au jour historiquement sa structure doxique et son évolution en fonction des contextes sociopolitiques et des représentations de la vérité. C'est en effet le moment de la prise de conscience, le moment d'objectivation historiographique, qui est le plus à même de montrer les mécanismes de formation des paradigmes de la conscience orthodoxe et les évolutions de sens de la notion d'orthodoxie. Cette structure de la conscience ecclésiale de la tradition judéo-chrétienne est caractérisée par une double tension antinomique entre, d'une part, les pôles de la reconnaissance et de la mémoire, et, d'autre part, les pôles de la loi et de la justice. On peut la représenter comme une croix aux extrémités de laquelle se trouvent les pôles de l'identité mémorielle et de l'altérité célébrée (axe vertical) et les pôles de la nature universelle et de la culture personnelle (axe horizontal). Ce champ doxique forme la conscience ecclésiale dont les bornes historiques sont formées par le gouvernail individuel et collectif de la pensée orthodoxe. Son centre est occupé par Jésus-Christ, qui est dans la tradition chrétienne depuis saint Paul « Sagesse de Dieu et Puissance de Dieu ». L'observation de la conscience historiographique permet de dessiner un axe vertical théanthropique qui définit la relation entre l'homme et Dieu dans l'histoire. Cet axe est marqué par une relation identité-altérité, ou encore image et ressemblance, aimanté par la logique mémorielle, d'une part, et cultuelle, d'autre part. On peut tracer également un axe horizontal, ou anthropo-cosmique, défini par les pôles de la loi universelle et de la justice personnelle. La mise au jour de cette structure doxique de la conscience ecclésiale, qui met en « jeu » son unité, sa sainteté, sa catholicité et son apostolicité, n'est pas une découverte en soi. On la trouve chez certains auteurs, tels que Jean Borella, Anton Houtepen, Hans Urs von Balthasar, Danièle Hervieu-Léger, etc. L'originalité de notre recherche consiste surtout en sa présentation dynamique dans la conscience historique. Elle permet de clarifier le sens et la dynamique des notions, ou réalités historiques, devenues institutionnelles et confessionnelles, d'orthodoxie, de catholicité ou de protestantisme.

Notre étude historiographique analyse les quatre grands discours historiques archétypiques, depuis les évangélistes, en particulier Luc et Jean, les historiens médiévaux, de Eusèbe de Césarée à Sylvestre Syropoulos, les historiens de l'âge moderne, Flacius

Illyricus, César Baronius, Vassili Bolotov, et les historiens contemporains comme Stephen Charles Neill, Olivier Clément et Guy Bedouelle. Bien qu'il soit tout simplement impossible de résumer en quelques dizaines de pages — et plus encore en quelques lignes ! — deux millénaires d'évolution, il nous a paru néanmoins utile, à titre didactique, de résumer de façon extrêmement schématique, c'est-à-dire de façon symbolique, certaines évolutions majeures de la pensée orthodoxe au cours de cette période. À l'époque du christianisme primitif, la gnose chrétienne orthodoxe s'est définie comme doxo-logique. C'est ce dont témoignent les textes du Nouveau Testament et les écrits des apologistes. L'orthodoxie des premiers siècles ne doit pas être comprise, comme on le fait traditionnellement dans le monde académique contemporain, selon ses objectivations sociologiques ultérieures, à savoir comme le discours dominant, autolégitimé et conservateur, de la majorité sur la minorité. L'orthodoxie en sa profondeur historique et sémantique est une surconnaissance, un contre-discours à l'égard des logiques, conceptualiste ou irrationaliste, de son époque. À l'époque de Paul et d'Origène, il se manifeste comme une identification entre Jésus-Christ et le Logos, affirmée par les Écritures, le témoignage de la communauté ecclésiale et l'expérience personnelle. Cette connaissance syn-hôdale et kat'holique, ou connaissance fractale[2] de cheminement communautaire et conciliaire, n'était pas fondée exclusivement sur des idées, sur l'observation de la nature, ou sur des Écritures sacrées. Elle était fondamentalement une participation symbolique, eschatologique et antinomique à la vie de Jésus-Christ ressuscité dans l'Esprit Saint.

L'époque suivante de la conscience chrétienne va de la légalisation de la « religion chrétienne » par les empereurs romains au dernier concile œcuménique de la chrétienté en 1439, concile de Florence qui fut, pour la première et dernière fois de l'histoire du christianisme, coprésidé par l'empereur et le pape. Cette période a vu triompher, par la médiation de grandes figures comme Eusèbe de Césarée et Augustin d'Hippone, la conscience politique, dogmatique, et en définitive nomocanonique du christianisme orthodoxe. À l'âge de la chrétienté, le pôle de la loi a organisé la pensée doxique. L'ortho-doxie a alors consisté à encercler la connaissance vraie, c'est-à-dire la connaissance révélée, transmise par la tradition, afin de s'opposer aux déviations proposées par les connaissances partielles de celle-ci. Cet effort dogmatique s'est accompagné d'un effort juridique et politico-militaire pour départager les « hérétiques » des chrétiens fidèles à l'empereur et au pape. Dans la théologie politique de l'époque en effet, à l'âge où dominait encore la conception néoplatonicienne de la séparation entre l'âme et le corps, la lieu-tenance du pouvoir divin devait être assurée par un médiateur universel.

L'avènement de l'époque moderne aux XVe et XVIe siècles fut marqué, entre autres phénomènes, par la chute de Byzance, l'affirmation des États-nations, l'émergence de la Réforme, l'expansion mondiale des puissances chrétiennes. La conscience chrétienne orthodoxe a été partagée par trois incompatibilités majeures entre la foi et la raison, mettant en opposition, les unes par rapport aux autres, les notions d'autorité, de synodalité et de liberté. Par ailleurs, la démocratisation du savoir réalisée à l'âge médiéval et l'échec des institutions théocratiques médiévales à maintenir la paix s'accompagnèrent d'un désir démocratique d'unité plus forte au sein des entités nationales et linguistiques entre le corps et la tête. Au vu des témoignages historiographiques, la conscience chrétienne orthodoxe est ainsi passée au XVIe siècle d'une identité politique à une identité mémorielle selon trois pôles herméneutiques majeurs : l'identité orthodoxe « catholique » a réinterprété son identité à partir du rôle spécifique, présenté dans les Écritures et dans la Tradition ecclésiale, de l'évêque de Rome dans l'Église ; l'identité orthodoxe « protestante » a privilégié la relation entre liberté de conscience et Écritures saintes pour retrouver la dimension communautaire du corps ecclésial et sa capacité à participer au salut ; enfin la place de la tradition des Pères de l'Église et des conciles œcuméniques a constitué l'axe herméneutique de la conscience identitaire orthodoxe des chrétiens s'autodéfinissant comme « orthodoxes ». Ces trois axes de la conscience chrétienne constituèrent des sources créatrices de redéfinition identitaire et firent apparaître, de façon plus ou moins confessionnelle, des différences majeures en matière de théologie politique (maintien par la puissance religieuse du pouvoir des clefs permettant d'organiser la société pyramidale parfaite ; séparation entre les Églises et l'État conduisant ce dernier à organiser le pouvoir religieux ; maintien du modèle de symphonie où le pouvoir civil et le pouvoir ecclésial se répartissent les tâches). Ils sont tous trois cependant ancrés dans la même structure dynamique de « mémoire fidèle » de la pensée orthodoxe. Cette structure de la conscience chrétienne, aveugle par rapport à elle-même, ne fut pas en mesure de prévenir les déchirements interconfessionnels du corps ecclésial. Elle suscita en réaction la formation d'une conscience sécularisée, caractérisée notamment par le refus du providentialisme, l'émergence du rationalisme individualiste et la défense de la dignité humaine. La science historique séculière contemporaine trouve ses origines chez de nombreux historiens chrétiens de l'âge moderne, tels que P. Bayle, S. Le Nain de Tillemont, L. Ranke, A.P. Lebedev.

Bien qu'il ne soit pas devenu à proprement parler paradigmatique, le sens de l'orthodoxie chrétienne évolue depuis le début du XIXe siècle vers le sens, de plus en plus prégnant à partir de 1944, de « connaissance juste », capable de réunifier le mode d'être au mode de pensée et d'action. Après la Seconde Guerre mondiale, un certain nombre d'avancées conceptuelles de la pensée orthodoxe, dues à V. Soloviev, J.H. Newman et J.A. Mœhler, notamment la redécouverte de la dimension commune, involutive et créatrice de la tradition ecclésiale, favorisèrent une intelligence nouvelle des traditions ecclésiales et, par là, une réconciliation entre la foi et la raison. Le dialogue exigeant qui s'instaura entre les confessions chrétiennes, en particulier à partir de la conférence d'Édimbourg en 1910, donna naissance au mouvement œcuménique. Il contribua à une représentation nouvelle de la vérité. Celle-ci n'est plus perçue uniquement sous l'angle de la tradition herméneutique. Elle est aussi désormais considérée selon les degrés de conscience et de communication/communion de la communauté réflexive. Par ailleurs, un certain nombre d'évolutions sociopolitiques, telles que la prise de conscience des inégalités sociales criantes et des discriminations raciales, l'émergence d'idéologies totalitaires violentes, ou encore la migration massive des peuples et des cultures, ont contribué à l'émergence de la prise de conscience que les États — traditionnellement considérés par les Églises, à l'âge de la séparation des pouvoirs politique et religieux, comme des entités transitoires et sans valeur — doivent se fonder sur les idéaux de justice, de paix, de respect de la dignité humaine et de la Création. Cette nouvelle historiographie critique, œcuménique, voire théanthropique, nous enseigne, avec Ernst Troeltsch notamment, que, plus efficacement que l'approche confessionnelle, la conscience orthodoxe doit être étudiée sous l'angle des mentalités religieuses (les types du zélote, du prosélyte, du critique et du spirituel) qu'on trouve dans les différentes confessions aux différentes périodes de l'histoire[3].

Cette étude de la conscience historique de l'orthodoxie ecclésiale, qui rend compte de la vérité des identités confessionnelles des Églises tout en accordant celles-ci à leur conscience commune partagée, rend donc possible une nouvelle histoire œcuménique de l'Église et une nouvelle histoire de la philosophie. Plus largement, en proposant une définition plus précise de ce qu'est l'orthodoxie, cette étude permet d'envisager aujourd'hui une histoire universelle de la conscience doxique et de mettre en valeur les nombreuses études sur ce sujet qui fleurissent aujourd'hui dans le monde. La redéfinition historique de l'orthodoxie ouvre sur un nouvel échange entre certains discours philosophiques et scientifiques postmodernes (J. Kristeva, M. Gauchet, J.-P. Dupuy) et la théologie contemporaine (chrétienne, mais aussi juive, islamique ou bouddhique). Comme l'ont montré en effet certains penseurs contemporains, agnostiques à l'image de Michel Foucault, ou croyants tel S. Boulgakov, l'épistémologie d'une civilisation se trouve en tension permanente avec sa pensée doxique. Aussi la mise au jour des contours de l'évolution sémantique de la pensée chrétienne ortho-doxe inaugure-t-elle une façon nouvelle de raconter l'histoire de la philosophie et des sciences. Non pas, comme ce fut le plus souvent le cas jusqu'à présent dans le discours académique, pour dévaluer systématiquement la doxa en l'assimilant au mythe, au préjugé ou au cliché. Mais pour rappeler son origine sémantique de gloire ou de sagesse. Pour montrer la permanence de créances en perpétuelle adaptation par rapport à la pensée dominante d'une époque, créances qui sont elles-mêmes sources d'évolution de la pensée conceptuelle[4].

Il ne me reste plus, dans cette conclusion sommaire, qu'à remercier chaleureusement tous ceux qui m'ont encouragé à entreprendre cette recherche puis à en faire un livre. Je souhaite en premier lieu remercier Éric Vigne, des Éditions Gallimard, qui a stimulé ma recherche par sa proposition d'écrire ce texte et qui m'a donné l'envie d'en faire une réflexion de synthèse entre la doxa contemporaine et la pensée chrétienne traditionnelle. La confiance qu'il m'a témoignée, largement surestimée, lui vaut ma plus profonde reconnaissance. Mon travail n'aurait pu voir le jour sans l'amitié et le soutien du professeur Peter De Mey, et de ses collègues de l'université catholique de Louvain qui m'ont accordé une bourse de recherches au cours de l'année 2010-2011. J'ai pris plaisir à travailler dans la bibliothèque de la faculté de théologie de la KUL et à écrire dans le béguinage de la ville, à proximité de la statue d'Érasme. Je remercie également le recteur de l'université catholique d'Ukraine, le père Borys Gudziak, et mes amis de l'Institut d'études œcuméniques de Lviv, qui ont accepté de me laisser partir au cours de cette année sabbatique. Je remercie tout autant le père Antoine Guggenheim, directeur du pôle de recherche du Collège des Bernardins, mon nouveau port d'attache depuis la rentrée 2011, d'avoir éclairé au cours de son séminaire « Théologie et histoire » cette recherche qui me passionne depuis tant d'années. J'aimerais remercier Alexandre Eltchaninoff et Didier Rance, qui ont cru à mon projet d'histoire de la pensée orthodoxe dès 2003. Ma reconnaissance se tourne également vers mes étudiants, et plus particulièrement le père Laurent Cleenewerck et Ron Harrison qui ont suivi mon cours d'histoire du christianisme dans le cadre de mon enseignement à distance au sein du mastère en études œcuméniques de l'Institut œcuménique de Lviv. Ils ont stimulé ma recherche par la qualité et l'ouverture de leurs propres travaux. Parmi mes collègues, je remercie tout particulièrement Léa Oksman qui m'a aidé pour la traduction en langue anglaise de mon cours. Il est clair que, tout au long de cette recherche, j'ai pensé avec affection à tous mes anciens maîtres et aux collègues que j'ai eu le bonheur de connaître personnellement. Je voudrais en particulier mentionner Olivier Clément, Jean Delumeau, Georges Nivat, Pierre Nora, René

Rémond, François Furet, Nicole Lemaître, Gérard Cholvy, Yves-Marie Hilaire, Mgr Yves Marchasson, Christian Buchet, René Pillorget. Tous, par leur enseignement, par leur recherche, par leur considération, parfois par leur amitié, m'ont donné le goût de l'histoire. Je remercie très chaleureusement ceux qui, comme Guy Bedouelle et Philippe de Manet, ont accepté de relire mon texte et de me communiquer leurs suggestions. Je tiens également à exprimer ma plus vive reconnaissance à Jerry Ryan pour sa traduction en langue anglaise de mon texte, traduction qui me fait expérimenter, avec une nouvelle intensité, le lien entre l'amitié et la quête de la vérité. Ce que les Russes entendent par le terme de *sobornost'* qu'on traduit difficilement par « catholicité ». Il y a bien des termes intraduisibles, comme l'affirme Barbara Cassin. Mais si on se place dans cette perspective métarationnelle de la connaissance-amitié, alors on retrouve l'accès aux universaux. Pour finir je remercie mon épouse Laure et mes enfants Mathilde et Étienne sans l'amour desquels pas une ligne de cette recherche n'aurait pu voir le jour.

APPENDICES

NOTES

AVANT-PROPOS

1. *Orthodoxie, christianisme, histoire,* édité par Susanna Elm, Éric Rebillard, Antonella Romano, Rome, École française de Rome, 2000.

2. Stéphane Legrand, *Les normes chez Foucault*, Paris, PUF, « Pratiques théoriques », 2007. Après une analyse de la manière dont des actions agissent sur d'autres actions dans un réseau disciplinaire, Stéphane Legrand montre comment les sujets sont eux-mêmes impliqués dans ces réseaux et comment des codes normatifs hétérogènes peuvent s'articuler les uns avec les autres.

3. *Ibid.*, p. 392.

4. S. Elm, « Gregory of Nazianzus Theory of Orthodox Prietshood », *Orthodoxie..., op. cit.*, p. 95.

5. *Orthodoxie..., op. cit.*, p. 356.

6. J. Nelson, « Society, Theodicy and the Origins of Heresy. Toward a Reassessment of the Medieval Evidence », dans D. Baker (éd.), *Schism, Heresy and Religious Protest*, Cambridge, 1972 (*Studies in Church History*, 9), pp. 61-67.

7. A. Vauchez, « Orthodoxie et hérésie dans l'Occident médiéval », *Orthodoxie..., op. cit.*, p. 329.

8. A. Vauchez, *Les laïcs au Moyen Âge. Pratiques et expériences religieuses*, Paris, 1987.

9. Dominique Julia, « La production de l'orthodoxie », *Orthodoxie..., op. cit.*, p. 397.

10. « Ce qui est vraiment catolique (ce qui était hérétique

dans les semi-pélagiens devient ortodoxe dans les écrits des jésuites, Pascal 1.3 Opinion ortodoxe, Pas. 1.1) » *Dictionnaire* de Richelet, Paris, 1679. Cette citation de Pascal est tirée des *Provinciales*, Paris, Cognet, 1965, pp. 9-10.

11. P.-A. Fabre, « Ignace de Loyola en procès d'orthodoxie », *Orthodoxie*..., *op. cit.*, p. 120.

12. Elle permet de penser ce qu'on a défini ailleurs comme les différents niveaux de conscience de l'orthodoxie : le type zélote, le type prosélyte ou missionnaire, le type critique, et le type spirituel. A. Arjakovsky, « Les Églises Orthodoxes et l'œcuménisme », dans *En attendant le concile de l'Église Orthodoxe*, Paris, Cerf, 2011.

13. *Orthodoxie*..., *op. cit.*, p. 379.

14. *Ibid.*

15. Bruno Neveu, « Orthodoxie et innovation », *Orthodoxie*..., *op. cit.*, p. 382.

16. Il faudrait ajouter également l'autorité sacramentelle aux côtés de l'autorité doctrinale et de l'autorité royale.

17. *Ibid.*, pp. 386-387.

18. Historienne spécialiste de l'Antiquité tardive, Claire Sotinel a été professeur dans l'enseignement secondaire (1983-1990), membre de l'École française de Rome (1990-1994), maître de conférences à l'université de Bordeaux III (1994-2004) ; elle est depuis 2004 professeur d'histoire romaine à l'université François Rabelais de Tours.

19. *Ibid.*, p. 353.

20. À l'occasion du conflit qui opposa en 1097 Daimbert de Sens à Hugues de Die autour de l'investiture du premier par le souverain, comme il était consulté, Yves de Chartres fit, le premier, une distinction subtile entre les dimensions spirituelles et temporelles de l'investiture. Il soutint que l'investiture au sens strict, celle concernant les seuls biens temporels attachés au siège épiscopal, n'était pas un sacrement et devait être distinguée du « sacrement de l'ordination par lequel le prélat recevait ses responsabilités spirituelles ». Dans ce schéma, l'investiture, devenue strictement temporelle, pouvait être donnée par un laïc, notamment le roi.

21. *Orthodoxie*..., *op. cit.*, p. 394.

22. *Ibid.*, p. XX.

23. A. Le Boulluec explique que par « dogmatique » Pierre Legendre entend « les opinions, les théories, les croyances, les

décisions d'ordre pratique résultant d'un ensemble de règles » et se rapproche ainsi de sa compréhension du couple orthodoxie-orthopraxie. *Orthodoxie…, op. cit.*, p. 363. Mais André Vauchez considère que cette représentation est surtout médiévale. *Ibid.*, p. 364.

24. P. Legendre, *L'amour du censeur. Essai sur l'ordre dogmatique*, Paris, Seuil, 1974, p. 5.

25. http ://www.persee.fr/web/revues/home/prescript/article/mefr_1123-9883_1996_num_108_1_3486.

26. Cécile Caby, « Entre observance et humanisme. Définition et pratiques d'une orthodoxie culturelle dans l'ordre camaldule », *Orthodoxie…, op. cit.*, p. 21.

27. M. Foucault, *Surveiller et punir*, Paris, Gallimard, 1975.

28. J. Rebecca Lyman, « Ascetics and bishops. Epiphanius on Orthodoxy », *Orthodoxie…, op. cit.*, p. 149.

29. V. Burrus, « Orthodoxy, Subjectivity and Institutionalization », *Orthodoxie…, op. cit.*, pp. 356-360.

30. Pierre Nora, *Présent, nation, mémoire*, Paris, Gallimard, 2011, p. 416.

31. Aristote définissait la doxa de la façon suivante : « l'opinion s'applique à ce qui, étant vrai ou faux, peut être autrement qu'il n'est ». *Seconds analytiques*, I, 33, 88b.

32. D. Julia, « La production de l'orthodoxie », *Orthodoxie…, op. cit.*, p. 402.

33. A. Arjakovsky, *En attendant le concile de l'Église Orthodoxe, op. cit.*

34. Cardinal Walter Kasper, *Harvesting the Fruits : Basic Aspects of Christian Faith in Ecumenical Dialogue*, London, Continuum, 2009.

I. L'ÉGLISE ORTHODOXE ET L'ORTHODOXIE

1. K. Ware, *Le royaume intérieur*, Paris, Cerf, « Le Sel de la Terre », 1993, p. 15.

2. J. Erickson, *The Challenge of Our Past*, Crestwood, SVSP, 1991.

3. *Confessing the One Faith*, Geneva, WCC, 1991.

4. John Jillions, « Orthodox Christianity in the West : the Ecumenical Challenge », *The Cambridge Companion to Orthodox Christian Theology*, edited by Mary B. Cunningham and

Elizabeth Theokritoff, New York, Cambridge Univ. Press, 2008, pp. 276-293.

5. Jean Zizioulas, « Orthodox Ecclesiology and the Ecumenical Movement », *Sourozh*, n° 21, 1985, pp. 16-27.

I. HISTOIRE ET MÉMOIRES DE L'ÉGLISE ORTHODOXE

1. Robert Taft, « Perceptions and Realities in Orthodox-Catholic Relations Today : Reflections on the Past, Prospects for the Future », conférence de l'université de Fordham, « Orthodoxy and the West », juin 2010, actes à paraître.

2. A. Arjakovsky, *La génération des penseurs religieux de l'émigration russe*, Kiev/Paris, Dukh i Litera, 2000.

3. R. Graffin, F. Nau, *Patrologia Orientalis*, tome XIII, fascicule 2, n° 63, Brépols, 1916 ; http ://gallica.bnf.fr/ark :/12148/bpt6k9111n.

4. Paul Galtier, *L'unité du Christ*, Paris, Beauchesne, 1939, p. 67.

5. Laurent Cleenewerck, *Methods in Ecumenical Dialogue, Lessons from Critical Thinking, Diplomacy, and Physical Sciences*, under the direction of Antoine Arjakovsky, Lviv, Master of Ecumenical Studies, 2011.

6. J.L. Nelson, « Society, Theodicy and the Origins of Heresy. Towards a Reassessment of the Medieval Evidence », dans D. Baker (éd.), *Schism, Heresy and Religious Protest*, *op. cit.*, pp. 61-67.

7. Cf. sur tout ceci George E. Demacopoulos, « Gregory the Great and the Sixth-Century Dispute Over the Ecumenical Title », *Theological Studies*, n° 70, 2009, pp. 600-620.

8. Congregation for the Doctrine of the Faith, *Responses to some Questions Regarding Certain Aspects of the Doctrine of the Church*. Cf. site www.vatican.va au 8 juillet 2007.

9. Pour une chronologie détaillée des événements touchant les Églises Orthodoxes d'Europe de l'Est depuis 1989, on peut se reporter à H. Destivelle, « Chronique des chrétiens de l'Est depuis la chute du mur de Berlin », *Istina*, 54 (janvier-mars 2009).

10. http ://fr.wikipedia.org/wiki/Quatri%C3%A8me_concile_de_Constantinople. Il faut se rendre sur une autre encyclopédie en ligne, orthodoxworld.ru, pour apprendre quel fut le

véritable, au sens historique et non mémoriel du terme, huitième concile œcuménique. « Il nous faut avant tout nous arrêter au concile convoqué à Constantinople en 879-880 pendant les pontificats du patriarche Photius et du pape Jean VIII. Tant par sa composition que par le caractère de ses décisions, ce concile porte tous les caractères d'un concile œcuménique. Tous les cinq patriarcats composant l'Église de cette époque y étaient représentés, y compris le patriarcat de Rome, de sorte que ce concile fut le dernier qui ait été commun à l'Église d'Orient et à celle d'Occident. Ces participants étaient au nombre de 383, c'était donc le plus grand concile après celui de Chalcédoine. Il fut convoqué en tant que concile œcuménique et, dans ses actes, s'intitule « grand et œcuménique concile ». Il ne fut pas, il est vrai, reconnu officiellement par l'Église comme œcuménique parce qu'une telle reconnaissance avait lieu généralement au concile suivant et qu'il n'y en eut plus. Toutefois, une série de personnalités ecclésiastiques l'appelèrent « huitième concile œcuménique ». Ce furent, par exemple, le célèbre canoniste du XIIe siècle, Théodore Balsamon, Nil de Thessalonique (XIVe siècle), Nil de Rhodes (XIVe siècle), Syméon de Thessalonique (XVe siècle), saint Marc d'Éphèse, Gennade Scholarios, Dosithée de Jérusalem (XVIIe siècle), etc. Ainsi que l'a montré le professeur Dvornik dans son œuvre connue *Le Schisme de Photius* et ainsi que cela est admis à présent par la science historique, même catholique-romaine, le concile de 879-880 fut considéré également en Occident, jusqu'au XIIe siècle, comme le huitième concile œcuménique » http ://www.orthodoxworld.ru/fr/texte/3/index.htm.

11. T. Hainthaler, « Réflexions sur la levée des anathèmes historiques », *Istina*, congrès « Rencontre des Églises syriaques », colloque n° 3, Mundelein, Illinois, États-Unis (08/07/1997) ; 1998, vol. 43, n° 2 (128 p.) (bibl. : réf. et notes dissem.), pp. 221-236.

12. Antoine Arjakovsky, « Objectivation, subjectivation et transcendement : Michel Bitbol, Nicolas Berdiaev, Jean-Marc Ferry », *Revue théologique des Bernardins*, à paraître, 2012.

13. N. Berdiaev, *Cinq méditations sur l'existence* (en russe : *Le moi et le monde des objets*), Paris, YMCA Press, 1934 ; Paris, Aubier/Montaigne, 1936, p. 208.

14. Berdiaev, *op. cit.*, p. 61.

15. *Ibid.*, p. 62.

16. *Ibid.*, p. 63.
17. *Ibid.*, p. 54.
18. Pierre Nora, *Historien public*, Paris, Gallimard, 2011, p. 412.

II. L'ÉGLISE ORTHODOXE DANS LE MONDE

1. *Atlas of Global Christianity (1910-2010)*, edited by Todd M. Johnson, Kenneth R. Ross ; Edinburgh, Edinburgh University Press, 2009.
2. Source des cartes : http ://en.wikipedia.org/wiki/Orthodoxy_by_country.
3. http//hirr.hartsem.edu/research/quick_question17.html, pour les États-Unis ; http ://www.cjoc.ca/pdf/Vol5-W-2Stats.pdf, pour le Canada.
4. Cf. les ouvrages de Christine Chaillot sur ces Églises : *The Coptic Orthodox Church*, Paris, Inter-Orthodox Dialogue, 2005 ; *The Ethiopian Orthodox Tewahedo Church Tradition*, Paris, Inter-Orthodox Dialogue, 2002 ; *The Malankara Orthodox Church*, Geneva, Inter-Orthodox Dialogue, 1996.
5. « Suivant donc les Saints Pères, nous enseignons tous d'une seule voix un seul et même Fils, Notre Seigneur Jésus-Christ, le même parfait en divinité, le même parfait en humanité, le même Dieu vraiment et homme vraiment, (fait) d'une âme raisonnable et d'un corps, consubstantiel au Père selon la divinité, consubstantiel à nous selon l'humanité, semblable à nous en tout hors le péché, engendré du Père avant les siècles quant à sa divinité, mais aux derniers jours, pour nous et pour notre salut, (engendré) de Marie la Vierge la Théotokos [mère de Dieu] quant à son humanité, un seul et même Christ, Fils, Seigneur, Fils unique, que nous reconnaissons être en deux natures, sans confusion ni changement, sans division ni séparation ; la différence des natures n'est nullement supprimée par l'union, mais au contraire les propriétés de chacune des deux natures restent sauves, et se rencontrent en une seule personne (*prosôpon*) ou hypostase ; (nous confessons) non pas (un fils) partagé ou divisé en deux personnes, mais un seul et même Fils, Fils unique, Dieu, Verbe, Seigneur, Jésus-Christ, comme autrefois les prophètes l'ont dit de lui, comme le Seigneur Jésus-Christ lui-même nous en a instruits, et comme le Symbole des Pères nous l'a transmis. » Définition du concile de

Chalcédoine traduite par Marc Duwelz. Service diocésain de formation des laïcs, http ://www.formationdeslaics.com/uploads/PDF/Peres/EXPOSE%20CONCILE%20D%20EPHESE.pdf.

6. « Nous confessons donc Notre Seigneur Jésus-Christ, Fils unique de Dieu, Dieu parfait et homme parfait, fait d'une âme raisonnable et d'un corps, engendré du Père avant les siècles en sa divinité, et à la fin des jours le même pour nous et pour notre salut, né de la Vierge Marie en son humanité ; le même consubstantiel au Père en sa divinité et consubstantiel à nous en son humanité. Car des deux natures l'union (*hénôsis*) s'est faite ; c'est pourquoi nous confessons un seul Christ, un seul Fils, un seul Seigneur. Et, à cause de cette notion d'une union sans mélange, nous confessons que la Sainte Vierge est mère de Dieu, parce que le Verbe de Dieu s'est fait chair et s'est fait homme, et que dès la conception il s'est uni le Temple qu'il a pris d'elle. Quant aux expressions des Évangiles et des apôtres au sujet du Seigneur, nous savons que les théologiens appliquent les unes indifféremment, parce qu'elles visent l'unique personne (*prosôpon* et non *hypostasis*), mais qu'ils distinguent les autres parce qu'elles visent les deux natures, et qu'ils attribuent à la divinité du Christ celles qui conviennent à Dieu, et à son humanité celles qui marquent son abaissement. » Cf. http ://www.formationdeslaics.com/uploads/PDF/Peres/EXPOSE%20CONCILE%20D%20EPHESE.pdf.

7. C. Chaillot, « Fidélité et vulnérabilité des plus anciennes Églises d'Orient », dans *Les richesses de l'Orient chrétien*, Paris, Éditions Saint-Augustin, « Le Sel de la Terre », 2000, p. 139.

8. S. Boulgakov, *Du Verbe incarné*, Paris, L'Âge d'Homme, 1982 (1933), p. 62.

9. La famille orthodoxe orientale n'a pas d'institution organisée. Depuis 1996, les chefs des trois Églises du Moyen-Orient (copte, arménienne et syrienne) ont mis en place un cadre de rencontres annuelles au cours desquelles ils discutent de préoccupations et de questions d'intérêt commun. Plusieurs groupes de travail ont été constitués pour aider les patriarches dans ce processus.

10. http ://www.vatican.va/roman_curia/pontifical_councils/chrstuni/anc-orient-ch-docs/rc_pc_christuni_doc_19840623_jp-ii-zakka-i_fr.html.

11. « *Eastern Orthodox Churches* », par Nicolas Lossky, édition révisée du *Dictionary of the Ecumenical Movement*, Conseil

œcuménique des Églises et Win B. Eerdmans, 2002, p. 346. Cf. aussi : http ://www.oikoumene.org/fr/Eglises-membres/familles-dEglises/Eglises-orthodoxes-chalcedoniennes/orthodoxie-chalcedonienne-dictionary-of-the-ecumenical-movement.html.

12. J. Meyendorff, *L'Église Orthodoxe, hier et aujourd'hui,* Paris, Seuil, 1995 (1960).

13. Le site d'informations le plus complet en langue française sur l'Église Orthodoxe est http ://www.orthodoxie.com.

14. http ://www.orthodoxa.org/FR/patriarcat/documents/constantinople.htm.

15. http ://www.mitropolia.eu/fr/site/217/.

16. En revanche certaines Églises Orthodoxes, comme le patriarcat de Kiev, dirigé par le métropolite Philarète, qui compte plusieurs millions de fidèles, ne sont reconnues par aucune Église Orthodoxe.

17. http ://www.assemblyofbishops.org/files/news/FiveFacts.pdf.

18. http ://www.aeof.fr/.

19. A. Arjakovsky, *En attendant le concile de l'Église Orthodoxe, op. cit.*

20. « The Orthodox Church is the Visible, Historical Realization of the One Church », *Guidelines for Orthodox Christians in Ecumenical Relations*, SCOBA, chapitre I.12, nov. 1973 ; cf. un peu plus loin le point 13.a : « Jesus Christ founded the one true Church on the firm foundation of the Apostolic testimony, not many churches. That Church is visibly present in the historic Orthodox community », http ://www.scoba.us/resources/ecumenical_guidelines.html ; cf. aussi pour une définition plus tautologique de l'Église Orthodoxe : chapitre 1 du texte de l'Église Orthodoxe russe « Principes fondamentaux de la relation de l'Église Orthodoxe russe à l'égard des non-orthodoxes », http :// www.mospat.ru/ru/documents/attitude-to-the-non-orthodox/i/ ; cf. aussi : « Encyclical Letter of the Holy Synod of Bishops of the Orthodox Church in America on Christian Unity and Ecumenism » ; New York, 20.03.1973 ; www.oca.org.

21. Pour une discussion sur la définition de l'Église Orthodoxe, on se reportera à la synthèse de Petro Vassiliadis, « The Universal Claim of Orthodoxy and the Particularity of its Witness in a Pluralistic World », dans *The Orthodox Churches in a Pluralistic World,* Geneva, WCC, 2004, pp. 192-206.

22. Cette organisation doit être modifiée en fonction de la

décision de la conférence préconciliaire des Églises Orthodoxes de juin 2009 : « La Conférence a décidé de créer de nouvelles Assemblées épiscopales dans certaines régions du monde pour régler la question de la Diaspora, c'est-à-dire des fidèles orthodoxes installés dans les régions situées en dehors des frontières traditionnelles des Églises Orthodoxes locales. Les premiers des évêques dans la région relevant du Patriarcat œcuménique sont présidents des Assemblées et, en leur absence, les évêques suivants conformément à l'ordre des Diptyques des Églises. Tous les évêques canoniques qui sont reconnus comme tels par les Églises Orthodoxes et qui exercent leur ministère pastoral au sein des communautés existantes dans chacune de ces régions sont membres de ces Assemblées », http ://www.centreorthodoxe.org/index.php ?lang=fr&smenu=smenu5&nav=secretariat3.

Les territoires où seront convoqués en priorité les Assemblées épiscopales sont les suivants : Amérique du Nord et du Centre ; Amérique du Sud ; Australie, Nouvelle-Zélande et Océanie ; Grande-Bretagne et Irlande ; France ; Belgique, Pays-Bas et Luxembourg ; Autriche ; Italie et Malte ; Suisse et Lichtenstein ; Allemagne ; Pays scandinaves (hormis la Finlande) ; Espagne et Portugal. http ://churchby.info/rus/322/ ; http ://churchby.info/rus/323/.

23. Sièges de Constantinople, d'Alexandrie, d'Antioche, de Jérusalem, de Moscou, de Serbie, de Roumanie, de Bulgarie, de Géorgie, de Chypre, de Grèce, de Pologne, d'Albanie, de Tchéquie et Slovaquie, et d'Amérique (cette dernière n'est pas reconnue comme autocéphale par Constantinople mais est reconnue par Moscou, la Bulgarie, la Géorgie, la Pologne, la Tchéquie et Slovaquie) ; les Églises autonomes sont les Églises du Sinaï, de Finlande, d'Estonie (reconnue par Constantinople, non par Moscou), du Japon (reconnue par Moscou, non par Constantinople), de Chine (reconnue par Moscou, non par Constantinople), d'Ukraine (reconnue par Moscou, non par Constantinople), et l'archidiocèse d'Ochrid (reconnu seulement par la Serbie) ; http ://www.orthodoxwiki.org/List_of_autocephalous_and_autonomous_churches.

24. Mgr Damaskinos, métropolite de Suisse : « L'avenir de l'œcuménisme consiste dans la mission des Églises, qui s'identifient à l'Église une, sainte, catholique et apostolique, de chercher des Églises en dehors de leurs propres frontières

canoniques. Personnellement je crois que l'existence d'une Église en dehors de l'Église — au sens fort du mot "Église" — peut être reconnue là où l'on constate l'unité dans la foi, d'une part, et, d'autre part, la succession apostolique indissolublement liée avec cette première », dans *Les dialogues œcuméniques hier et aujourd'hui, Chambésy,* éditions du COPOE, 1985, p. 50.

25. *Le mystère de l'Église et de l'Eucharistie,* Commission mixte catholique-orthodoxe pour le dialogue théologique, Munich, 30 juin-6 juillet 1982, Mesnil-Saint-Loup, Le livre ouvert, 1994, p. 22.

26. On trouve une définition « unitaire » de l'Orthodoxie dans le texte de la SCOBA de 1966 : « L'Orthodoxie est la plénitude du peuple de Dieu partageant la même foi apostolique, proclamant les œuvres remarquables de Dieu dans l'histoire totalement révélées dans la personne et dans l'œuvre de Jésus-Christ et confirmées par l'activité sanctifiante du Saint-Esprit qui nous appelle à l'unité dans l'unique Corps du Christ » ; http ://www.scoba.us/resources/ecumenical_guidelines.html.

27. N. Nissiotis, « Interpreting Orthodoxy », *The Ecumenical Review,* 14, 1961, p. 26.

28. Patriarche Daniel de l'Église Orthodoxe roumaine, *La joie de la fidélité,* précédé d'un entretien avec le frère Hyacinthe Destivelle, Paris, Cerf, « Istina », 2009.

29. *Zivoe Predanie,* S. Boulgakov, A. Kartachev, G. Fedotov..., Paris, YMCA Press, 1937.

30. C'est ce qu'a montré la réception sans confession de foi particulière des fidèles de l'Église russe hors frontières par l'Église russe ou, inversement, le rejet de l'Église du patriarcat de Kiev, Église non reconnue qui partage pourtant la même confession de foi que les Églises Orthodoxes.

31. C'est le cas, par exemple, des Églises de Moscou et d'Estonie qui ne sont pas en communion entre elles, mais le sont de façon médiate à travers leur communion avec l'Église de Constantinople.

32. G. Florovsky, « The Elements of Liturgy », in G. Patelos ed., *The Orthodox Church in the Ecumenical Movement,* Geneva, WCC, 1978, pp. 172-182.

33. Yorgo Lemopoulos, « Orthodox Diaspora in Europe : An attempt to describe a range of old and new issues" http ://www.

deltapublicaciones.com/derechoyreligion/gestor/archivos/07_10_00_895.pdf.

34. Le nombre de chrétiens orthodoxes en France est passé de 300 000 à 600 000 entre 1990 et 2010.

35. Antoine Arjakovsky, *En attendant le concile de l'Église Orthodoxe, op. cit.*

36. Mgr Hilarion Alfeyev (http://orthodoxie.typepad.com/Fichiers_2/Mgr_Hilarion.pdf) : « Le thème du règlement, au demeurant, n'a encore jamais été étudié lors des réunions interorthodoxes. Conformément à celui des commissions préconciliaires préparatoires, deux membres de chaque Église prennent part à celles-ci. En d'autres termes, une Église locale constituée de nombreux millions de fidèles est représentée par deux membres, de la même façon qu'une Église qui compte quelques dizaines de milliers de fidèles. Au demeurant, jusqu'au moment où le principe du consensus n'était pas remis en cause, un tel mode de représentation n'a pas suscité de questions de la part des Églises Orthodoxes locales, chacune d'entre elles ayant la garantie que ses intérêts seraient pris en compte. »

37. http://orthodoxie.typepad.com/Fichiers_2/Mgr_Hilarion.pdf; p. 35.

38. Pour une géopolitique du monde orthodoxe on peut consulter François Thual, *Géopolitique de l'Orthodoxie,* Paris, Dunod, 1993, et *Le douaire de Byzance, territoires et identités de l'Orthodoxie,* Paris, Ellipses, 1998. Cf. également les travaux de Nicolas Kazarian, chargé de cours à l'institut Saint-Serge et titulaire d'une thèse de doctorat de l'université Paris I - Panthéon-Sorbonne. Son mémoire est intitulé : « Chypre : géopolitique et minorités », http://www2.lse.ac.uk/europeanInstitute/research/hellenicObservatory/pdf/4th_%20Symposium/PAPERS_PPS/ETHNICITY_IMMIGRATION/KAZARIAN.pdf.

39. Cf. aussi Kathy Rousselet et Gilles Favarel-Garrigues, *La Russie contemporaine,* Paris, Fayard, 2010.

40. Entretien de F. Thual avec D. Dhombres, « Dans le monde orthodoxe la religion sacralise la nation, et la nation protège la religion ».

Le Monde, 20.01.1998 ; http://www.fsa.ulaval.ca/personnel/vernag/EH/F/cause/lectures/orthodoxie2.html.

41. Service orthodoxe de presse : « Le 1er décembre 1990, l'évêque Paul était élu patriarche par l'assemblée plénière de

l'épiscopat serbe en remplacement du patriarche Germain qui, très âgé et malade, avait été obligé de démissionner, au bout de quatorze mois d'hospitalisation, en décembre 1990. Durant dix-neuf années passées à la tête de l'Église serbe, celui que les commentateurs présentaient au lendemain de son élection comme "un homme de transition" a effectué un travail pastoral important, tout en préservant l'Église des pressions de l'État et en s'efforçant de ramener le peuple serbe aux sources de sa tradition spirituelle. Au moment de l'effondrement de la Yougoslavie communiste et des guerres qui ont suivi en Croatie et en Bosnie-Herzégovine, le patriarche Paul se distingua par ses prises de position contre les violences et les dérives nationalistes de tout bord, en particulier du côté serbe: "Ni grande ni petite Serbie, si ce doit l'être par un crime", déclarait-il ainsi en 1994. Pour tenter d'effacer les séquelles du conflit, il rencontra à plusieurs reprises le chef de l'épiscopat catholique croate, le cardinal Franjo Kuharic, et lança avec lui des appels à la réconciliation et au dialogue entre Serbes et Croates. Sur la scène intérieure serbe, le patriarche Paul engagea un bras de fer avec le régime Milosevic, dont il se démarqua résolument, allant jusqu'à prendre la tête d'une marche de protestation dans les rues de Belgrade, le jour de la Pentecôte, le 2 juin 1992. Soulignant dès cette époque que "le peuple serbe était victime de la tyrannie communiste", il exprimait, après la falsification des élections municipales de 1997, sa condamnation "sans réserve" du régime de Milosevic et appelait au respect de "l'expression librement formulée de la volonté du peuple". Il devait également dénoncer l'abandon par Belgrade des Serbes de Croatie et de Bosnie. Lors de la guerre au Kosovo, en avril 1999, en pleine période de raids aériens de l'OTAN, le patriarche Paul se rendit sur place pour constater par lui-même ce qui se passait dans la province, alors que faisaient rage les affrontements entre forces armées serbes et indépendantistes albanais et que des centaines de milliers de personnes, tant albanaises que serbes, fuyaient les combats. Après le retrait de l'armée serbe du Kosovo, il devait intervenir à plusieurs reprises auprès des autorités serbes et de la communauté internationale afin d'empêcher toute "épuration ethnique du peuple serbe et des autres peuples non albanais du Kosovo" et de protéger les églises et monastères de la province, dont plus de cent vingt sont attaqués et profanés par les indépendantistes albanais. Il réclama également le départ de Slobodan Milosevic dont la politique s'est avérée "criminelle et maléfique" au Kosovo », http ://www.orthodoxpress.com/index.php ?group=display&action=info&page=476.

42. Le 27 novembre 1991, en pleine guerre serbo-croate, dans *Le Monde*, Olivier Clément, Élisabeth Behr-Sigel et d'autres intellectuels orthodoxes ont signé un appel à l'Église de Serbie la suppliant de ne pas devenir « complice de la machine de guerre nationalo-communiste ».

43. Olivier Clément, « Comprendre les Serbes ? », *La Croix*, janvier 1994 ; http ://www.entraide-eglises.be/Archives/bulletin 19944.html.

44. http ://www.entraide-eglises.be/Archives/bulletin19944.html.

45. Isabelle Dépret, *Église Orthodoxe et histoire en Grèce contemporaine. Versions officielles et controverses historiographiques*, Paris, L'Harmattan, collection « Études grecques », 2009 ; *Religion, nation, citoyenneté en Grèce. L'Église Orthodoxe et le conflit des cartes d'identité*, Paris, L'Harmattan, 2011.

46. Isabelle Dépret, « L'Église Orthodoxe de Grèce et le "combat" des cartes d'identité (2000-2001) », *Archives de sciences sociales des religions*, 131-132, juillet-décembre 2005, http ://assr.revues.org/3254.

47. L'Église de Grèce ne fut reconnue que dix-sept ans plus tard en 1853.

48. Georges Prévélakis, *Les Balkans*, Paris, Nathan, 1994.

49. De 1830 à 1914, la Grèce progressa vers le nord avec la conquête de la Thessalie, de la Macédoine, de la Thrace, de la Crète, des îles de la mer Égée, grâce, entre autres, aux guerres balkaniques de 1912-1913 et 1913. La Première Guerre mondiale offrit à la Grèce le traité de Sèvres, mais la guerre gréco-turque (1919-1922) et le traité de Lausanne l'invalidèrent, provoquant la « grande catastrophe », la fin provisoire du projet de nouvelle grécité et les échanges de population entre Grèce et Turquie.

50. I. Dépret, « L'Église Orthodoxe de Grèce et le "combat" des cartes d'identité (2000-2001) », art. cit.

51. Antoine Arjakovsky, « L'œcuménisme en Europe : une approche religieuse et politique », *Revue des deux mondes*, avril 2012, pp. 126-138.

52. I. Dépret, « L'Église Orthodoxe de Grèce et le "combat" des cartes d'identité (2000-2001) », art. cit.

III. PIÉTÉ, DOCTRINE ET PRATIQUE DES ÉGLISES ORTHODOXES

1. K. Ware, *Le royaume intérieur, op. cit.*
2. O. Clément, *Sources, les mystiques chrétiens des origines*, Paris, Stock, 1992.
3. P. Evdokimov, *L'art de l'icône, théologie de la beauté*, Paris, DDB, 1970.
4. S. Boulgakov, *L'Orthodoxie*, Paris, Alcan, 1982.
5. Wladimir Weidlé, *Les abeilles d'Aristée. Essai sur le destin actuel des lettres et des arts*, Paris, Gallimard, coll. « Blanche », 1954.
6. S. Boulgakov, *La Sagesse de Dieu*, Lausanne, L'Âge d'Homme, 1983.
7. Archbishop Anastasios Yannoulatos, *Facing the World*, Geneva, WCC, SVSP, 2003.
8. Hiéromoine Macaire de Simonos-Pétra, *Le Synaxaire. Vie des saints de l'Église Orthodoxe*, deuxième édition revue et augmentée, tome 2, novembre-décembre, éditions Indiktos, Athènes, 2010, 661 pages.
9. Michael Plekon, *Living Icons*, Notre Dame, Univ. ND, 2002.
10. *Pravoslavna Encyclopedia*, Ruskaja Pravoslavnaja Tserkov, Moskva, MP, 1997-2012.
11. *The Encyclopedia of Eastern Orthodox Christianity*, edited by John McGuckin, New York, Wiley, Blackwell, 2011.
12. O. Clément, *Mémoires d'espérance*, Paris, DDB, 2003.
13. R. Williams, *Icônes perdues*, Paris, Cerf, 2005 ; Joseph Ratzinger, *La communion de foi. Croire et célébrer*, Paris, Parole et Silence, 2008.
14. Mohamed Talbi, Olivier Clément, *Un respect têtu*, Paris, Nouvelle Cité, 1989 ; Harry Oldmeadow, *Henri Le Saux, christianisme et spiritualité indienne*, Paris, Almora, 2010 ; Antoine Guggenheim, *Pour un nouvel humanisme*, Paris, Parole et Silence, 2011.
15. *La Philocalie*, tomes 1 et 2, présentée par Olivier Clément, DDB et J.-C. Lattès, 1995.

16. *Récits d'un pèlerin russe,* traduits par Jean Laloy, Paris, Seuil, 1966, p. 127.

17. Paul Evdokimov, *La connaissance de Dieu selon la tradition orientale,* Paris, DDB, 1988.

18. *Confessing the One Faith. An Ecumenical Explication of the Apostolic Faith as it is Confessed in the Nicene-Constantinopolitan Creed (381),* préface Jean-Marie Tillard, Geneva, Faith and Order, n° 153, WCC, 1991.

19. J. Meyendorff, *Initiation à la théologie byzantine,* Paris, Cerf, 1975, p. 253.

20. V. Lossky, *Essai sur la théologie mystique de l'Église d'Orient,* Paris, Cerf, 1990 (1944).

21. *Ibid.,* p. 18.

22. P. Evdokimov, *L'Orthodoxie,* Paris, DDB, 1979 (1965), p. 15.

23. *Ibid.,* p. 17.

24. *Ibid.,* p. 27.

25. Le père Le Guillou entra chez les dominicains en 1941. Il enseigna au Saulchoir et à la faculté de théologie de l'Institut catholique. Directeur de l'Institut supérieur d'études œcuméniques, il fut membre de la Commission internationale de théologie catholique. Parmi ses nombreuses œuvres, il publia en 1962 *L'Esprit de l'orthodoxie grecque et russe.* Il connut le père Serge Boulgakov et publia, lui aussi, un traité sur la Sagesse de Dieu (Paris, Parole et Silence, 2011). Il fut l'ami d'Olivier Clément avec qui il fonda l'Institut œcuménique de l'Institut catholique de Paris. Cf. Mgr Patrick Chauvet et alii, *Le Père Le Guillou, un maître, éveilleur de la liberté,* Paris, Parole et Silence, 2010.

26. Le Guillou, *Le mystère du Père,* Paris, Fayard, 1973, pp. 106-107.

27. Rares sont ceux qui, comme Michel Stavrou, admettent l'expérience de la lumière incréée dans la mystique occidentale. M. Stavrou, « Les énergies divines », dans *Les richesses de l'Orient chrétien,* sous la direction de Philippe Baud et Maxime Egger, Paris, Éditions Saint-Augustin, « Le Sel de la Terre », 2000.

28. Nicolas Kazarian, « L'Église dans la correspondance entre le patriarche Jérémie II et les luthériens de Tübingen », *Positions luthériennes,* n° 2007/2, pp. 111-124.

29. J.-F. Colosimo, *Le silence des anges*, Paris, DDB, 2001, p. 157.

30. http ://www.fordham.edu/mvst/conference10/orthodox/program.html.

31. A. Arjakovsky, « L'Église Orthodoxe et l'œcuménisme », dans *En attendant le concile de l'Église Orthodoxe, op. cit.*

32. Ils ressembleraient plutôt aux anciennes seigneuries médiévales. Les princes disposaient de leurs fiefs, mais ils ne s'interdisaient pas de guerroyer de temps à autre sur les territoires de leurs voisins où des enclaves pouvaient finalement se constituer.

33. Mgr Antoine de Souroge est né le 19 juin 1914 à Lausanne dans la famille d'un diplomate russe en poste en Suisse. Ses ancêtres, côté paternel d'origine écossaise, s'installèrent en Russie à l'époque de Pierre le Grand. Sa mère était de la même famille que le compositeur russe Scriabine. Il passe sa petite enfance en Iran où son père est consul. Sa famille émigre en Europe après la révolution et s'installe à Paris en 1923. André Bloom obtient le diplôme de médecine de la Sorbonne. Il est ordonné lecteur en 1931 à la paroisse des Trois Saints Docteurs (patriarcat de Moscou). Le 10 septembre 1939, avant de partir au front comme chirurgien dans l'armée française, il prononce ses vœux monastiques. En l'honneur de saint Antoine des Grottes, il est tonsuré le 16 avril 1943, jour du Dimanche de Lazare, par l'archimandrite Athanase (Netchaev). Pendant la guerre, le moine Antoine fait de la résistance. Nommé métropolite le 27 janvier 1966, il quitte cependant sa fonction d'exarque au printemps 1974. Il est membre du comité central du Conseil œcuménique des Églises de 1968 à 1975. Son œuvre commence à être publiée en Russie dans le journal du patriarcat à partir de 1968. Extrêmement populaire en Angleterre, publiant de nombreux livres d'entretiens sur la prière et la spiritualité, et particulièrement dynamique dans son diocèse, il obtient le doctorat honoris causa de plusieurs universités. Au cours des années 1990, il jouit en ex-URSS d'une très grande notoriété auprès des millions de personnes qui décident de se convertir à l'orthodoxie et se catéchisent souvent à la lecture de ses ouvrages sur la prière et la spiritualité orthodoxe. En 2002, il se heurte violemment avec le patriarcat de Moscou au sujet de l'avenir de son diocèse déjà fortement intégré à la société britannique. Il meurt le 4 août 2003 à

quatre-vingt-neuf ans après avoir refusé en février de diriger une métropole autonome d'Europe occidentale proposée par le patriarcat de Moscou.

34. Métropolite Antoine de Souroge, *La vie, la maladie, la mort*, Paris, Cerf, 2012, p. 39.

35. Mgr Hilarion Alfeyev est né le 24 juillet 1966 à Moscou. Il étudie de 1973 à 1983 à l'Institut musical Gnessine (violon, composition) et entre au conservatoire Tchaïkovski en classe de composition. Mais en 1984 il part à l'armée pendant deux ans. À son retour, il devient novice au monastère du Saint-Esprit de Vilnius. Le 19 juin 1987, il devient moine, puis hiérodiacre et, au mois d'août, hiéromoine. En 1990, Mgr Chrysostome le nomme prêtre à la cathédrale de Kaunas. En 1989, par correspondance, il termine le séminaire et, en 1991, l'académie de théologie de Moscou. Le 14 janvier 2002, il est sacré évêque de Kertch par le patriarche Alexis II. En 2002, après un passage à Londres, où de façon douloureuse il se heurte personnellement et publiquement à Mgr Antoine Bloom, il devient évêque de l'Église russe à Bruxelles auprès de la Communauté européenne. Le 7 mai 2003, il est nommé par le Saint Synode évêque de Vienne et d'Autriche. Il occupe cette position jusqu'au 31 mars 2009, date à laquelle le patriarche avec le Saint Synode le nomment président du département des relations extérieures du patriarcat de Moscou, vicaire patriarcal et membre permanent du Saint Synode. Il devient à partir de cette date l'une des principales personnalités officielles de l'Église Orthodoxe dans le monde. Il est l'auteur de dizaines de publications et compositeur de plusieurs œuvres musicales dont une *Passion selon saint Matthieu*.

36. Le plan de sa présentation de la « doctrine de l'Église Orthodoxe » est à ce titre éloquent : « Les sources de la doctrine orthodoxe ; Dieu ; Le monde et l'homme ; Le Christ ; L'Église ; L'eschatologie ». Comme si rien d'historique ou d'« humain » ne devait entrer dans le théologique, dans le « divin ». L'histoire de l'Église est présentée dans un volume à part tout comme celle de la piété.

37. H. Alfeyev, *L'Orthodoxie*, Paris, Cerf, 2009, vol. 1, p. 216.

38. A. Arjakovsky, *Essai sur le père Serge Boulgakov, philosophe et théologien chrétien*, Paris, Parole et Silence, 2006.

Cf. également Maurice Gilbert, *Les cinq livres des Sages*, Paris, Cerf, 2003.

39. H. Alfeyev, *L'Orthodoxie*, *op. cit.*, p. 215.

40. S. Boulgakov, *L'Épouse de l'Agneau*, Paris, L'Âge d'Homme, Éditeurs réunis, 1984, pp. 396-397.

41. Il considère que ce livre a été écrit pour les « ino-slavie », terme dont le sens est « glorifier autrement » et qui est entendu souvent — en raison de la proximité phonétique des termes « slave » et « gloire » — comme signifiant « non-slave ».

42. Olivier Clément est né le 17 novembre 1921 à Aniane, dans le Languedoc, terre à l'histoire religieuse tragique (les cathares, les camisards). Sorti d'un milieu déchristianisé (paysans et maîtres d'écoles), O. Clément n'est pas baptisé après sa naissance et ne reçoit aucune formation religieuse. Au terme d'une longue quête dans les sagesses orientales flirtant avec l'ésotérisme, il rencontre le Christ en grande partie grâce à la lecture de Dostoïevski, Berdiaev, Eliade et V. Lossky. Il sollicite et reçoit, le 1er novembre 1952, le baptême dans l'Église Orthodoxe à l'âge de trente ans. Sa maîtrise d'histoire en Sorbonne porte sur Pierre le Vénérable, abbé de Cluny. Agrégé de l'Université, il est l'élève d'Alphonse Dupront, un des fondateurs de l'anthropologie religieuse. Lorsque la guerre est déclenchée, en 1940, il est mobilisé et participe aux combats. Durant les dernières années de la guerre, il collabore dans la Résistance avec A. Dupront. Après guerre, il devient professeur au lycée Louis-le-Grand à Paris et le reste pendant plus de trente ans. Il reçoit de l'État français l'ordre national du Mérite. À l'époque soviétique, il milite avec Pierre Emmanuel en faveur des chrétiens de Russie et suscite à Paris, dans les années 1960, la formation d'un comité « pour faire la lumière sur la situation des chrétiens en URSS ». Après sa conversion, il suit les cours de théologie organisés par le patriarcat de Moscou, où enseignent Vladimir Lossky, Léonide Ouspensky et le père Sophrony. Après la mort prématurée de V. Lossky, il édite plusieurs de ses œuvres restées manuscrites. Il se lie également avec Paul Evdokimov et le père Dumitru Staniloae. Proche des intellectuels personnalistes français, il se rapproche de Christos Yannaras et de Gabriel Matzneff. Il reprend la rédaction de la revue *Contacts* en 1959 aux côtés d'Élisabeth Behr-Sigel, Nicolas Lossky, Jean Balzon, Germaine Revault d'Allones et du père Boris Bobrinskoy. Il s'investit en particulier dans la pré-

paration du concile orthodoxe et signe un appel en 1970 avec Paul Evdokimov. Il enseigne la théologie comparée et la théologie morale à l'institut Saint-Serge depuis 1962, où il entre par l'intermédiaire de Léon Zander qui fut le premier à l'introduire au monde orthodoxe de Paris. À l'initiative du père Lev Gillet, il est également l'un des fondateurs et animateurs de la Fraternité orthodoxe en Europe occidentale. Il fonde en 1975, avec M. Evdokimov et J. Tchékan, le *Service orthodoxe de presse*. La Fraternité publie en 1975, avec l'aide des éditions de Bellefontaine, son livre écrit avec le père Alexandre Schmemann *Le mystère pascal*. Il donne régulièrement, dès les années 1970-1980, des chroniques dans de grands magazines chrétiens comme *L'Actualité religieuse dans le monde*, et dirige la collection « Théophanie » aux éditions Desclée de Brouwer, qui publie nombre d'ouvrages de penseurs orthodoxes contemporains. Il a enseigné de nombreuses années également à l'Institut supérieur d'études œcuméniques (notamment avec le père Marie-Joseph Le Guillou en 1975 sur l'expérience charismatique), à l'école cathédrale de Paris et au centre Sèvres. De 1976 à 1994, il est président de l'Association des écrivains croyants qui regroupe des écrivains chrétiens, juifs et musulmans. Il reçoit les titres de « grand archonte » du patriarcat œcuménique et la croix de Saint-Pierre et Saint-Paul du patriarcat d'Antioche. En 1994, il rédige pour le patriarche Bartholomée un texte : *Via crucis*, « chemin de croix », qui sera lu par le pape Jean-Paul II à Rome pendant la semaine de la Passion. Il obtient des doctorats honoris causa des universités de Louvain-la-Neuve et de Bucarest et reçoit, le 16 février 1997, un doctorat honoris causa pour l'ensemble de son œuvre de la part de l'institut Saint-Serge de Paris. En 1999, il reçoit le prix Saint-Nicolas, décerné par l'Institut de théologie patristique gréco-byzantine à Bari (Italie). Le centre Aletti à Rome lui décernera également son prestigieux prix en 2001. En 1995, avec l'appui du père Boris Bobrinskoy, qui avait entamé le travail aux éditions Bellefontaine, il publie aux éditions Lattès et DDB *La Philocalie* in extenso, en deux volumes, dans une traduction de son ami Jacques Touraille. Voyageant beaucoup au Liban, en Italie, en Israël, au Japon, etc., il donne de nombreuses conférences et s'engage pour de nombreuses causes. Marqué par la philosophie religieuse russe et surtout par Nicolas Berdiaev puis Serge Boulgakov, il contribua très tôt à la faire connaître au public occidental, comme lors du colloque d'Aix-en-Provence en 1968. Il participe à la rédaction du manuel de catéchètes *Dieu est vivant* et parle à de nombreuses rencontres avec des jeunes orthodoxes (ACER, MJO libanais) et de toutes les confessions chrétiennes à Taizé. Il dialogue avec les intellectuels marxistes dans les années 1960 et avec les philosophes musulmans dans les années 1980. Dans le journal *Le Monde*, en 1991, il dénonce certaines personnalités orthodoxes coupables de mythifier la terre du Kosovo, mais il soutient la hiérarchie serbe qui milite en faveur de la paix. De même, en juillet 1998, après un voyage en Russie, il dénonce dans le journal *Le Monde* une atmosphère d'inquisition dans l'Église russe et met en cause directement le patriarche Alexis II. Olivier Clément est aussi un poète et un ami des poètes (Pierre Emmanuel). Il meurt à Paris le 15 janvier 2009.

43. Paul Evdokimov est né le 2 août 1901 à Saint-Pétersbourg. En 1905 un drame bouleverse sa vie : à l'occasion d'une parade à laquelle participait Nicolas II, un soldat révolutionnaire polonais assassine Nicolas son père, colonel de l'armée impériale revenu de la guerre en Mandchourie. Lors du jugement, sa veuve, d'origine aristocratique, demanda que le meurtrier ne soit pas mis à mort. Après avoir commencé, en 1918, des études à l'académie de théologie de Kiev, il fut mobilisé dans l'armée blanche. Il quitte la Russie par Odessa sur un navire anglais en 1921 et arrive en France via Constantinople en 1924. Il étudie la théologie avec son frère à l'institut Saint-Serge et fait partie de la première promotion de licenciés en 1928. Il s'engage également dans l'Action chrétienne des étudiants russes, dont il devient le premier secrétaire national en France. Il se marie en 1927 à Marseille avec Natacha Brunel, d'origine nîmoise par son père et russo-caucasienne par sa mère, dans la chapelle d'un bateau de la marine marchande russe. Deux enfants naissent de ce mariage, Nina (1928) et Michel (1930). Il soutient sa thèse de philosophie en 1942 sur le thème « Dostoïevski et le problème du mal ». Puis il publie en 1944 *Le mariage sacrement de l'amour* où il libère la philosophie du sens de l'amour de Soloviev de tout ésotérisme désincarnant. Sous l'occupation allemande, il s'engage avec ses amis protestants de la Cimade dans la Résistance. Après la mort de sa femme en 1945, il se consacre au sort des réfugiés

et dirige la maison d'accueil puis le foyer d'étudiants de la Cimade. Son engagement œcuménique est marqué par sa participation, de 1948 à 1961, à l'Institut d'études du COE de Bossey. Il participe à la création de Syndesmos au printemps 1953 à Sèvres et devient, à l'automne, professeur de théologie morale et d'histoire du christianisme occidental à l'institut Saint-Serge. En 1954, il épouse Tomoko Sakaï, fille d'un diplomate japonais et se remet à l'écriture : *La Femme et le salut du monde* (1958), *L'Orthodoxie* (1959) qui lui vaut un doctorat en théologie, *Les âges de la vie spirituelle* (1964), *L'art de l'icône* (1967-1970), mais aussi *Gogol et Dostoïevski* (1961) et son cours à l'Institut supérieur d'études œcuméniques de l'Institut catholique *Le Christ dans la pensée russe* (1969). Invité en tant qu'observateur orthodoxe à la troisième session du concile Vatican II, il imprime sa pensée sur certains passages de l'encyclique *Gaudium et Spes*. Avec Olivier Clément, le père Lev Gillet et Nikos Nissiotis, il participe à la revue *Contacts* et organise chaque année des journées théologiques qui seront à l'origine de la création d'une Fraternité orthodoxe en Europe occidentale. Il reçoit le doctorat honoris causa de l'université de Thessalonique en 1968. Ses œuvres sont traduites très rapidement en anglais, allemand, espagnol, catalan, grec, polonais, italien, hollandais, etc. Il meurt, le 16 septembre 1970, à Meudon.

44. « Vers le concile, appel à l'Église », dans Olivier Clément, *Orient-Occident, deux passeurs : Vladimir Lossky, Paul Evdokimov*, Genève, Labor et Fides, 1985, pp. 197-210.

45. Mgr Vladimir Ghika est né le 25 décembre 1873 à Constantinople où son père, le prince Ghika, ministre de la Guerre et des Affaires étrangères de Roumanie, se trouvait en mission. Son arrière-grand-père est le dernier souverain de Moldavie, tandis que sa mère est une descendante d'Henri IV roi de France. Il est baptisé dans l'Église Orthodoxe. À huit ans il perd son père emporté par une congestion pulmonaire. Il fait des études de droit à l'université de Toulouse et part à Rome en 1899 où il va obtenir une licence en philosophie et un doctorat de théologie. En 1902, il devient catholique sans renier sa foi orthodoxe. Avec l'aide d'une religieuse, sœur Pucci, il introduit l'ordre des Filles de la Charité en Roumanie, crée le premier dispensaire gratuit Marie-de-Bethléem à Bucarest (1906-1914) et fonde l'hôpital Saint-Vincent-de-Paul. Entre

1914 et 1917, il vit à Rome. Le 7 octobre 1923, il est ordonné prêtre du diocèse de Paris. Il fréquente le groupe des intellectuels qui se réunissent chez Raïssa et Jacques Maritain à Meudon. À partir de 1924, il se consacre à une œuvre pastorale et caritative à Villejuif tout en écrivant un grand nombre d'articles pour différentes revues (telle la *Revue des jeunes*). Il reçoit du Saint-Siège, en 1931, le titre de protonotaire apostolique et de monseigneur. Il participe à de nombreux congrès eucharistiques internationaux. En 1933, il fonde le premier carmel du Japon à Tokyo. À partir de septembre 1939, il vit en Roumanie et obtient de sa hiérarchie de pouvoir y rester. Prêtre des deux rites latin et byzantin, actif au sein de la paroisse grecque catholique comme au sein de l'église Saint-Vincent de la communauté francophone, il y déploie une intense activité auprès des plus pauvres mais aussi des étudiants et des intellectuels. Arrêté le 18 novembre 1952 par le pouvoir communiste, condamné le 24 octobre 1953, il est maltraité et torturé à la prison de Jilava près de Bucarest. Il meurt le 17 mai 1954 à quatre-vingt-un ans.

46. O. Clément, *Orient-Occident…*, *op. cit.*, pp. 207-208.

47. *Ibid.*, p. 210.

48. *Ibid.*, p. 204.

49. *Ibid.*, p. 206.

50. Olivier Clément est l'auteur d'une trentaine d'ouvrages parmi lesquels son best-seller, vendu à plusieurs dizaines de milliers d'exemplaires, *L'Église Orthodoxe*, 1961 (six éditions en 1998). On relève une approche *ad intra* sur l'Église Orthodoxe (années 1950 et 1960, à nouveau à partir de 1983), mais aussi *ad extra* avec ses livres (signalés par un astérisque) plutôt parus de 1968 à nos jours, consacrés à la rencontre de l'Orthodoxie, du christianisme occidental, de la modernité et des religions non chrétiennes : *Notes sur le temps à la lumière de la tradition orthodoxe* (1959), *Byzance et le christianisme* (1964), *Dyonisos et le Ressuscité** (1968), *Dialogues avec le patriarche Athénagoras* (1969 et 1976), *Questions sur l'homme** (1972), *L'esprit de Soljénistyne* (1974), *La liberté du Christ** (1974), *La Révolte de l'Esprit** (1979), *Le Chant des larmes, essai sur le repentir, avec une traduction du Grand Canon de saint André de Crète* (1983) ; *Sources, les mystiques chrétiens des origines* (1983, 1989, 1992, 1999) ; *Orient-Occident, deux passeurs (V. Lossky, P. Evdokimov)* (1985) ; *Les Visionnaires, essai*

*sur le dépassement du nihilisme** (1986), *Un respect têtu, islam et christianisme** (avec Mohamed Talbi, 1989), *Anachroniques** (1990), « Le Christ du Credo » dans *Le Fait religieux** (1993), *L'œil de feu deux visions spirituelles du cosmos** (1994, textes années 1960) ; *Via crucis** (1994 et 1998), *Corps de mort et corps de gloire* (1995), *La vérité vous rendra libre. Entretiens avec le patriarche œcuménique Bartholomée Ier* (1996), *Rome autrement* (1997) (réponse à l'encyclique du pape *Ut unum sint* de 1995), *Taizé un sens à la vie** (1997), préface, dossier et notes pour les *Quatre Évangiles* dans la traduction d'Hughes Oltramare* (Gallimard, « Folio », 1998), *Christ est ressuscité, propos sur les fêtes chrétiennes** (2000). O. Clément a également collaboré à l'encyclopédie Gallimard, l'*Encyclopaedia Universalis* et à l'*Histoire de la sainteté*. Il a écrit une introduction à *L'Église est une* de Khomiakov et aux *Fondements spirituels de la vie* de Soloviev (édition en catalan). Il a rédigé également de nombreux textes du patriarche d'Antioche Ignace IV. Il le représente à Bari, en 1987, au côté de Mgr Elias de Beyrouth lors de la rencontre de la commission mixte internationale catholique-orthodoxe sur « La foi, les mystères et l'unité de l'Église ». En 1998, il publie *Déracine-toi et plante-toi dans la mer*. Son prophétisme apparaît dans la cinquantaine d'articles qu'il a publiés pour le *SOP* ou dans la revue *Contacts*. Il publie en 2003, avec la collaboration de M. Rupnik qui lui a décerné le prix du centre Aletti à Rome, un ouvrage intitulé *Sillons de lumière, théo-anthropologie de la beauté*. La même année il publie avec Jean-Claude Noyer *Mémoires d'espérance*.

51. A. Arjakovsky, *En attendant le concile de l'Église Orthodoxe, op. cit.*

52. P. Evdokimov, « Message aux Églises » (1950), *L'amour fou de Dieu*, Paris, Seuil, 1973, p. 172.

53. Jim Forest, Hildo Bos, *Peace from Above, An Orthodox Ressource Book on War, Peace and Nationalism*, Athens, Geneva, WCC, Syndesmos, 1999 ; *Orthodox Peace Ethics and Oriental Christianity*, 2009, consultation in Bucarest (cf. Marian Gh. Simion) ; Olivier Clément, « The Orthodox Church and Peace, Some Reflections », *Peace from Above, An Orthodox Ressource Book on War, Peace and Nationalism*, Athens, Geneva, WCC, Syndesmos, 1999, pp. 172-179 ; *Orthodox Peace Ethics and Oriental Christianity*, consultation in Bucarest (cf. Marian Gh. Simion), Holy Cross, Peace Studies in Eastern

Christianity, 2009 ; Preconciliar Orthodox Conference, 28 October-6 November 1998, « The Contribution of the Local Orthodox Churches to the Adoption of the Christian Ideals of Peace, Freedom, Brotherhood, and Love Among the Peoples of the World, and the Elimination of Racial Prejudice », « Un regard orthodoxe sur la paix », Chambésy, 1986 ; « Orthodox Perspectives on Justice and Peace », dans *Justice, Peace and the Integrity of Creation,* Geneva, WCC, 1990, pp. 16-27.

54. Archimandrite Sophrony, *Starets Silouane, moine du mont Athos,* Paris, Présence, 1989, p. 194.

55. Boris Zaïtzev a décrit cet épisode dans son texte « Saint Serge de Radonège », *Le Roseau d'Or,* 1928 : « Saint Serge était à peu près étranger aux intérêts du monde. Son refus des hautes dignités hiérarchiques et ses difficultés avec les moines désobéissants nous ont suffisamment prouvé combien il préférait "l'œuvre purement spirituelle, le parfum de la sciure dans les bois de Radonège". Néanmoins il n'était pas homme à se dérober à la tragédie de la vie qui l'appelait : il bénit le parti qui, selon lui, possédait la vérité. Il ne se mit pas du côté de la guerre, mais du côté du peuple, de la Russie, de l'orthodoxie. Rester indifférent ne pouvait convenir à son caractère de consolateur et défenseur de la Russie. Le 18 août 1380, Dimitri arriva, avec son cousin Vladimir et d'autres princes, à la Laure. Le moment fut grave et solennel : c'est la Russie qui s'assemblait pour la première fois, toutes ses villes faisaient avancer leurs forces, non à la légère, mais en comprenant toute la portée de leur geste. Un *Te Deum* commença, durant lequel les messagers ne cessaient d'arriver, apportant des nouvelles de l'ennemi, dont les mouvements obligeaient à ne pas perdre de temps. Néanmoins Serge pria Dimitri de rester jusqu'au repas. Il lui dit au préau : "Tu ne porteras pas encore la couronne de la victoire en descendant au repos éternel ; mais des couronnes de martyrs se préparent déjà pour un très grand nombre de tes guerriers. » Après le repas, il aspergea d'eau bénite les princes et leur suite, et même, en ce moment décisif, il prononça des paroles de paix, comme s'il avait pitié de tous ces guerriers jeunes et brillants. "Ton devoir, seigneur, exige avant tout que tu te tiennes à la défense de tes sujets, que tu sois prêt à offrir ton âme et à verser ton sang pour eux. Mais va d'abord au-devant du khan, comme un vassal, tâche de l'arrêter par la soumission et la vérité. L'Écriture nous enseigne

que, si les ennemis nous réclament l'honneur et la gloire, s'ils désirent nous prendre notre or ou notre argent, nous pouvons les leur céder ; n'offrons notre âme, ne versons notre sang que pour notre foi et au nom du Christ ! Écoute, seigneur, rends-leur ta gloire et tes richesses, et Dieu ne permettra point ta défaite ; Il te relèvera, voyant ton humilité et abaissera leur orgueil indomptable." Le prince lui répondit qu'il était trop tard, que toutes les tentatives pour éviter la guerre avaient été vaines. "Alors, reprit Serge, ils périront ; Dieu viendra à ton secours ; Sa grâce, Sa gloire soient avec vous !" Dimitri se mit à genoux devant saint Serge, qui fit sur lui le signe de la croix. "Va, ne crains rien, Dieu t'aidera !" et, se penchant vers lui, il lui dit à l'oreille : "Tu vaincras !" Les larmes jaillirent des yeux du prince. On peut le croire, même si la légende est inexacte : Dimitri ne se préparait-il pas à une lutte mortelle ? Ce qui rend cette entrevue majestueuse et même tragique, ce sont les deux moines Peresvet et Osliabe, que Serge donna comme compagnons de bataille à Dimitri. Dans le monde, ils avaient été des guerriers, mais ils ne s'armèrent point pour aller contre les Tartares ; ils conservèrent leurs mantes monacales et leurs voiles avec la croix blanche. Évidemment, il s'agissait pour eux d'une croisade. Les moines guerriers ne se seraient pas associés à une guerre civile. Le 20 août, Dimitri était déjà à Kolomna ; le 26 et le 27, il traversa l'Oka et s'approcha du Don ; le 6 septembre, il hésitait encore, ne sachant s'il fallait franchir le fleuve ou attendre les Tartares. Quelles que fussent les erreurs de Dimitri pendant son règne, on peut dire que sur le champ de bataille de Koulikovo il sentait sa force et que son élan fut irrésistible : il incarna le génie de la jeune Russie. Vu la force considérable de Mamaï, du prince Oleg de Riazan et de la Lithuanie, les commandants, plus vieux et plus expérimentés que lui, parlèrent de temporiser. Mais Dimitri passa le Don, malgré leurs conseils. Les chemins se trouvèrent coupés : il fallut donc avancer vers la victoire ou vers la mort. Saint Serge, qui durant tous ces jours se sentait comme inspiré, eut l'idée de faire parvenir un message au prince : "Avance, seigneur, avance toujours, Dieu et la Sainte Trinité viendront à ton secours." Le 8 septembre 1380, une aube couverte se leva sur le Don et la petite rivière Nepriadva, qui encadrent la plaine de Koulikovo, où planait l'esprit du *Chant d'Igor*. La Russie sortit tout entière pour se mesurer avec la bête féroce.

Heure profondément grave, pleine de "tension morale". On fit la prière avant le combat, on lut la lettre de saint Serge devant les rangs des guerriers. Le drapeau noir orné de l'image dorée du Sauveur flottait au-dessus du camp du prince dans la brume de l'automne à l'aube lente, froide et comme argentée par la rosée du matin. Des sons indistincts, des gémissements se faisaient entendre des bords opposés du fleuve. Les soldats se levèrent, pansèrent leurs chevaux, mirent des chemises propres, tâtèrent leurs épées pour la dernière fois ; les rangs se formèrent. On allait vers la mort, la fatalité ; il n'y avait plus de retour possible. Débordant les cadres historiques, le combat de Koulikovo fait aujourd'hui partie de ces légendes où l'on trouve des détails incohérents, mais dont l'esprit est plus fidèle à la vérité que la science officielle. On peut contester certains épisodes, comme celui où Dimitri échange sa mante de prince contre le vêtement d'un guerrier ordinaire, se bat comme un simple soldat et, après la poursuite de l'ennemi, est trouvé évanoui et blessé à la lisière d'un bois à trente verstes du champ de bataille. Il est possible que personne ne sût exactement le nombre des soldats de Dimitri, ni des Tartares de Mamaï. Mais une chose certaine, c'est que cette bataille détermina les destinées des deux mondes ennemis. Les Tartares parurent vers midi. Selon l'usage, Dimitri s'avança à la tête de ses hommes dans la première attaque. Il ne reçut pas de blessures, mais son armure fut endommagée. La légende raconte qu'au même moment un chevalier tartare provoqua les Russes et que l'un des moines guerriers sortit des rangs à sa rencontre ; tous les deux tombèrent, transpercés par les lances. Alors commença la grande bataille sur un front, immense pour l'époque, de dix verstes au moins. Saint Serge avait eu raison de prédire que la couronne du martyre se préparait pour un grand nombre de combattants. Durant toute la lutte, entouré de ses frères, il se tint dans son église, racontant ce qui se passait au cours de la bataille, nommant les morts et priant pour leurs âmes. Vers la fin, il déclara : "Nous avons vaincu !" »

56. http ://www.vaincrelaviolence.org/fr/ressources/ressources-du-coe/documents/presentations-discours-messages/message-du-roip.html.

57. Antoine Arjakovsky, « Notre génération », *Les Jalons, cent ans après*, sous la direction d'Antoine Arjakovsky, Paris, Lviv, IEOE / F.-X. de Guibert, 2009.

58. Jean-Baptiste de Foucauld, *Les 3 cultures du développement humain*, Paris, Odile Jacob, 2002, p. 152.

59. « Avec la sécularisation, les principes inaliénables des droits de l'homme se sont commués en droits de l'individu considéré indépendamment de son lien avec Dieu. Par ailleurs, la défense de la liberté s'est transformée en défense de la volonté propre (tant qu'elle ne porte pas tort à d'autres individus), laquelle conduit à exiger de l'État les garanties d'un certain niveau matériel d'existence de la personne et de la famille. Le système de compréhension contemporain, laïc et humanitaire des droits citoyens conçoit l'homme non comme image de Dieu mais comme sujet autosuffisant et indépendant. Cependant, hors de Dieu, il ne peut exister d'homme que déchu, très éloigné de l'idéal chrétien de perfection manifesté en Christ ("Voici l'Homme !"). Par ailleurs, l'idée de liberté et des droits de l'homme est pour la conscience juridique chrétienne indéfectiblement liée à celle de service. Les droits sont nécessaires à l'homme avant tout afin que, les possédant, il puisse au mieux réaliser sa vocation qui est de devenir à "la ressemblance de Dieu", d'accomplir son devoir devant Dieu et l'Église, devant les hommes, la famille, l'État, le peuple et les autres sociétés humaines. » Chap. IV., 7, *Les bases de la conception sociale de l'Église Orthodoxe russe*, www.mospat.ru. Une traduction française a été publiée par H. Destivelle aux éditions du Cerf en 2007.

60. http ://www.foma.ru/articles/182/.

61. http ://ru.wikipedia.org/wiki/Основы_учения_Русской_православной_церкви_о_достоинстве,_свободе_и_правах_человека.

62. S. Hovorun, « Neskolko zametchanie v deklaratsi o pravakh », dans *Tchelovetcheskaja tselostnost i vstretcha kultur*, Kiev, Duh i Litera, 2007, pp. 130-134.

63. Olivier Clément, *Rome autrement*, Paris, DDB, 1997, p. 122.

64. http ://www.lefigaro.fr/actualite-france/2010/01/20/01016-20100120ARTFIG00053-moscou-veut-recuperer-la-cathedrale-orthodoxe-de-nice-.php.

65. http ://archives-lepost.huffingtonpost.fr/article/2011/09/18/2592792_le-scandale-de-l-enrichissement-de-l-Eglise-grecque-orthodoxe-en-periode-de-crise.html.

66. Le patriarche Irénée Ier de Jérusalem a été déposé en

mai 2005 à cause d'un scandale lié à des opérations immobilières à Jérusalem. Il est soupçonné d'avoir vendu (ou d'avoir laissé vendre) des terrains à des investisseurs juifs israéliens.

67. Aux États-Unis, l'intendant de l'Église Orthodoxe en Amérique a été accusé de détournements de fonds au profit de l'Église russe : http://www.ocanews.org/PlekonOnBeingtheChurch.html.

68. http://www.lavie.fr/chroniques/matinale-chretienne/l-Eglise-orthodoxe-bulgare-rattrapee-par-son-passe-15-03-2012-25242_167.php.

II. LA REDÉFINITION DE L'ORTHODOXIE

IV. LES DÉFINITIONS DE L'ORTHODOXIE

1. Olivier Favereau, « La science économique entre orthodoxie et hétérodoxie », *Problèmes économiques*, n° 2734, 31 octobre 2001.

2. Thomas Wieder, « Trente ans après, la doxa socialiste est toujours là, mais elle s'est affaiblie. Entretien avec G. Grunberg », *Le Monde* du 10 mai 2011, p. 20 ; le dossier pp. 17-22 est intitulé « Trente ans après, Mitterrand redevient l'icône de la gauche », autre captation par le discours contemporain d'un terme grec.

3. Les juifs orthodoxes considèrent comme centrale la fidélité à une chaîne de transmission de la *halakha* (*corpus* de règles établi par la tradition orale, depuis le Talmud jusqu'à aujourd'hui) de l'époque de Moïse jusqu'à aujourd'hui, en passant par les rédacteurs du Talmud et les commentateurs ultérieurs. Est juif orthodoxe celui qui reconnaît devoir se conduire selon la *halakha*. L'œuvre de Isaac Eisig Halévy Rabinowitz (1847-1914), enseignant à Vilna, fondée sur la Tora orale, est considérée à ce titre comme « orthodoxe ». À noter que l'historiographie juive dans son ensemble se distingue de l'historiographie grecque en ce qu'elle développe une conception à la fois circulaire et linéaire du temps. Cf. Alain Boyer, Maurice-Ruben Hayoun, *L'historiographie juive*, Paris, PUF, 2001.

4. C'est moi qui souligne.

5. Clément d'Alexandrie, *Stromate* VII, 16, 104, 1 ; cité par

Alain Le Boulluec dans « Orthodoxie et hérésie aux premiers siècles », *Orthodoxie, christianisme, histoire, op. cit.*, p. 305. L'historien ajoute que Clément d'Alexandrie se réfère aussi au livre des Proverbes (3, 6) en *Stromate* II, 2, 4, 2 : « Les voies de la sagesse [parmi lesquelles la philosophie grecque] sont diverses pour conduire droit vers la voie de la vérité, et la voie est la foi. »

6. A. Le Boulluec, *op. cit.*, p. 388.

7. Cf. ma définition de l'Église Orthodoxe dans A. Arjakovsky, *En attendant le concile de l'Église Orthodoxe, op. cit.*, p. 123.

8. V. Soloviev, *Trois entretiens : sur la guerre, la morale et la religion ;* suivi du *Court récit sur l'Antéchrist*, trad. et présentation de Bernard Marchadier, Éditions Ad Solem, Genève, 2005.

9. O. Clément, *Présentation de l'Église Orthodoxe*, Paris, institut Saint-Serge, 1985.

10. Alain Le Boulluec, « Hétérodoxie et Orthodoxie », *Histoire du christianisme*, I, « Des origines à 250 », Paris, Desclée, 2000, p. 268.

11. Les arguments principaux du professeur de l'École pratique des hautes études à Paris sont les suivants : d'une part, la notion d'hérésie est tardive. Avant 150, elle signifie « dissension ». Le concept ne s'affirme, avec Justin, vers 150, qu'« à partir du moment où un système de représentations se constitue autour de lui, pour condamner et exclure » (*ibid.*, p. 269). Les mots *orthodoxia* ou *orthodoxos* « n'acquièrent quant à eux qu'au IVe siècle le sens prégnant qui correspond au concept d'orthodoxie » comme « régulation particulière ». Au départ la rectitude est associée à des actions comme « marcher droit ». D'autre part, comme le montre l'exemple du conflit autour de la date de Pâques, on évite encore au IIe siècle de réduire les normes ecclésiastiques qui opposent à des énoncés dogmatiques sans pour autant tomber dans le relativisme confus.

12. Jean-Pierre Mahé, « Le défi des gnoses », *Histoire générale du christianisme*, sous la direction de Jean-Robert Armogathe, Yves-Marie Hilaire, Pascal Montaubin, Michel-Yves Perrin, 2 vol., Paris, PUF, 2010, vol. 1, p. 104.

13. Ajoutons que A. Le Boulluec est revenu sur son analyse en la nuançant sérieusement dans « Orthodoxie et hérésie aux

premiers siècles», *Orthodoxie..., op. cit.*, p. 305. Il admet en particulier que le terme d'orthopraxie, «courant dans les travaux d'histoire et d'anthropologie des religions, n'a pas d'équivalent en grec ancien». Il explique également que pour, Jean Chrysostome, il est possible d'être schismatique tout en restant orthodoxe (*Hom. 11.5 in Eph.*, dans PG, 62, col. 86).

14. P. Bourdieu, *La distinction. Critique sociale du jugement*, Paris, Éditions de Minuit, 1979.

15. Selon Charles Grivel, à côté du filtrage sémantico-logique de la langue, il existe une précompréhension «qui est sociale», fondée sur le goût, le comportement. Pour qu'un message soit acceptable, il doit être conforme à des impératifs de transmission, de compréhensibilité, mais aussi d'utilité et de persuasivité. Cela suppose le partage d'un même discours, «des mêmes créances», c'est-à-dire «une communauté de foi» entre les participants de la communication. Charles Grivel, «Savoir social et savoir littéraire», *Littérature*, n° 44, déc. 1981, d5, pp. 117-127.

16. Cf. l'article «Doxa» de l'encyclopédie Wikipédia sur le concept moderne de doxa chez P. Bourdieu, J. Kristeva, C. Grivel, etc.

17. D. Hervieu-Léger, *Le pèlerin et le converti*, Paris, Flammarion, 1999, p. 78. Ce modèle qui révèle la déconnexion en France entre foi et appartenance communautaire peut être appliqué à d'autres pays européens. Cf. *Identités religieuses en Europe*, sous la direction de Grace Davie et D. Hervieu-Léger, Paris, La Découverte, 1996.

18. C. Mohrmann, «Note sur Doxa», *Sprachgeschichte und Wortbedeutung*, Berne, Festricht A. Debrunner, 1954.

19. Hans Urs von Balthasar, *Phénoménologie de la vérité*, Paris, Beauchesne, 1952, p. 9.

20. *Ibid.*, p. 16.

21. Pour Pierre Hadot, «hérésie» signifie primitivement la capture, d'une ville par exemple. Son sens s'est étendu au choix parfois arbitraire, et enfin, par l'intermédiaire d'opinion propre, à la secte ou école philosophique.

22. S. Boulgakov, *Die Tragödie der Philosophie*, Darmstadt, Otto Reichl Verlag, 1927.

23. *Ibid.*, p. 37.

24. Pierre Hadot, «La philosophie comme hérésie trini-

taire », *Revue d'histoire et de philosophie religieuse*, Paris, PUF, 1957, p. 246.

25. Pour le philosophe et théologien français Antoine Guggenheim, auteur d'un livre intitulé *Pour un nouvel humanisme*, Paris, Parole et Silence, 2011, cette nouvelle articulation de l'empirique et du transcendantal que cherche Gauchet dans son anthropo-sociologie peut être comprise à nouveaux frais par ce que les Écritures désignent sous le terme de « sacrements », à savoir cette manière dont Dieu agit dans l'histoire pour faire advenir l'Esprit. Jésus-Christ selon lui n'a pas « institué » les sacrements, car c'est toute l'histoire de la relation entre Dieu et les hommes qui est sacramentelle.

26. Cf. à ce sujet Fabrice Hadjadj, *La foi des démons, ou l'athéisme dépassé*, Paris, Salvator, 2009 ; et la recension de François-Xavier Putallaz, « Notes et lectures ; la foi des démons », *Nova et Vetera*, avril-juin 2011, p. 241.

27. Jean-Pierre Massaut, « L'Histoire, lieu théologique », dans *L'historien et la foi*, sous la direction de Jean Delumeau, Paris, Fayard, 1996, p. 188. Cf. P. Jacquemont, J.-P. Jossua, B. Quelquejeu, *Une foi exposée*, Paris, 1972.

28. V. Lossky, *À l'image et à la ressemblance de Dieu*, Paris, p. 191.

29. Jürgen Habermas, Joseph Ratzinger, *Raison et religion. La dialectique de la sécularisation*, Paris, Salvator, 2010.

30. *Ibid.*, p. 60.

31. Jean Daniélou disait de ce dernier ouvrage : « L'intérêt de ces pages est qu'elles nous mettent en présence non d'une orthodoxie historique, objet d'études rétrospectives, mais de l'orthodoxie vivante avec le problème que lui posent les nouvelles conditions politiques de l'État russe et la rencontre de la philosophie marxiste. » J. Daniélou, « revue des livres », *Dieu vivant*, n° 8, p. 144.

32. On présente dans la dernière partie de cet ouvrage les principaux auteurs contemporains de ces traditions catholique, protestante, orthodoxe.

33. On a choisi d'utiliser la minuscule pour désigner la notion d'orthodoxie ou de vérité, compte tenu du fait que, dès l'introduction, on a signalé cette élévation possible de la qualité au sujet. On n'utilisera la majuscule que dans des cas spécifiques lorsque la notion n'est plus compréhensible que dans sa position institutionnelle.

V. LA REDÉCOUVERTE DE L'ORTHODOXIE CHRÉTIENNE

1. *Radical Orthodoxy? A Catholic Enquiry*, edited by Laurence Paul Hemming, Aldershot, Ashgate, 2000.

2. Il faudrait également mentionner l'archevêque de Canterbury, Mgr Rowan Williams, l'une des sources de J. Milbank.

3. Pour Marion, « la phénoménologie se refuse à admettre la possibilité pleine d'une révélation, parce qu'elle fixe deux bornes à la possibilité en général : le je et l'horizon ». Jean-Luc Marion, *Le visible et le révélé*, Paris, Cerf, 2005, p. 30.

4. Jean-Luc Marion, *Le visible et le révélé*, *op. cit.*, p. 17.

5. P. Ricœur, « La philosophie et la spécificité du langage religieux », *Revue d'histoire et de philosophie religieuses*, 1975, nº 1.

6. « L'espérance, ou "confiance inconditionnée", demeurerait vaine et vide si elle ne prenait appui sur une interprétation sans cesse renouvelée des événements-signes attestés par les Écritures, en particulier des récits de libération de l'Ancien Testament et de résurrection dans le Nouveau. Ce sont là les événements qui signifient les possibilités les plus extrêmes de *ma* liberté et ainsi deviennent *pour moi* Parole de Dieu. Telle est la détermination herméneutique de la foi biblique » (c'est moi qui souligne), P. Ricœur, « La philosophie et la spécificité du langage religieux », art. cit., conclusion.

7. C. Pickstock, « L'orthodoxie est-elle radicale ? », dans Adrian Pabst, Olivier-Thomas Venard, *Radical Orthodoxy. Pour une révolution théologique*, Paris, Ad Solem, 2004, p. 33.

8. C. Pickstock, « L'orthodoxie est-elle radicale ? », art. cit., p. 23.

9. Plus orthodoxe que radical, George Weigel est l'un des plus célèbres intellectuels américains conservateurs. Il considère lui aussi, en reprenant les propos de Jean-Paul II dont il a écrit la biographie, que l'alternative à la modernité minée par l'« ennui métaphysique » se trouve dans la « haute aventure du christianisme orthodoxe ». George Weigel, *The Cube and the Cathedral*, New York, Basic Books, 2005, p. 172.

10. C'est moi qui souligne.

11. http://www.vatican.va/holy_father/benedict_xvi/speeches/2010/september/documents/hf_ben-xvi_spe_20100917_societa-civile_fr.html.

12. Elles sont publiées sur le site internet du Centre de théologie et de philosophie de l'université de Nottingham : John Milbank, *Stanton Lectures* : http ://theologyphilosophycentre.co.uk.

13. Charles Taylor, *A Secular Age*, Cambridge, Harvard Univ. Press, 2007.

14. John Milbank, *Theology and Social Theory*, Cambridge, Blackwell, 1990, p. 1 ; J. Milbank, *Théologie et théorie sociale*, Paris, Cerf, 2010.

15. On trouve des propos similaires chez l'anthropologue chrétien orthodoxe Stéphane Headley. Cf. S.C. Headley, « The Crisis of Representation », à paraître.

16. *Radical Orthodoxy ? A Catholic Enquiry*, *op. cit.*

17. Le tournant représenté par la pensée du franciscain Duns Scot consiste, selon le récit des philosophes analytiques, à s'être détourné de la primauté aristotélicienne de l'actualité pour se concentrer sur la primauté du possible. Tandis que, pour le dominicain saint Thomas, les êtres finis n'étaient pas complets par eux-mêmes et ne s'épanouissaient que dans leur participation à Dieu. Pour Scot ce qui est « transcendantal » à toutes les choses finies n'est plus une actualité partagée qui participe à l'acte pur de Dieu, mais est caractérisé plutôt par toutes les conditions de possibilité de leur instanciation actuelle (*Stanton Lectures* 1, 7). Cette approche possibiliste et transcendantaliste sera reprise par Kant, qui transformera la métaphysique en épistémologie. Dans le récit de la philosophie continentale de l'histoire de la métaphysique, Duns Scot dispose également d'un rôle de pivot par son inauguration de l'onto-théologie, approche qui consiste à inscrire Dieu dans le champ transcendantal de l'être. Cela aboutit à mettre la volonté et l'amour au-dessus de toute capacité de comprendre. Dans cette ontologie univoque, l'être est affirmé non par la communion ou par la participation mutuelle mais par un acte mental unilatéral de définition conceptuelle. Cette philosophie, qui réduit la personne au sujet, rendra possible la théorie politique de la représentation détachée de toute participation et affaiblira l'intuition que la gouvernance juste est le résultat d'interactions entre personnes se considérant dépendantes d'un tout qui les dépasse et, par voie de conséquence, les unit les unes par rapport aux autres.

18. M. Foucault, *Les mots et les choses*, Paris, Gallimard, 1966, p. 223.

19. Notons que ce retour de la métaphysique est un phénomène marquant de ce début de XXIe siècle. Cf. C. Yannaras, *Postmodern Metaphysics*, Brookline, Holy Cross, 2004 (1993 en grec) ; Rémi Brague, *Les ancres dans le ciel*, Paris, Seuil, 2011.

20. En France, le physicien et théologien François Euvé redécouvre le nécessaire balancement entre le point de vue actuel et le point de vue potentiel. « L'horizon est la ligne qui sépare le "monde propre" de l'observateur (le domaine de l'actualité) de ce qui est au-delà de ce monde propre (le domaine de la potentialité). Cette approche fait donc une distinction entre le pôle "actuel" (l'horizon apparent, les traces phénoménales du réel) et le niveau "potentiel" (l'horizon profond, l'ensemble des modes logiquement possibles du réel). Le réel n'est ni seulement l'actuel, ni seulement le potentiel (le monde "imaginaire" des théories). On peut penser le monde réel comme le "lieu de toutes les lignes d'horizon possibles" (Gilles Cohen-Tannoudji). Il n'est pas représentable sur un seul horizon apparent. La méthode scientifique ne peut jamais être une saisie immédiate du tout, mais un perpétuel va-et-vient entre notre horizon apparent, auquel il convient de faire retour (c'est le rôle de l'expérimentation), et un horizon profond, ouvert par la puissance imaginative des théories. » François Euvé, *Science, foi, sagesse*, Paris, éd. de l'Atelier/Ouvrières, 2004, p. 51.

21. Ce qui signifie, comme l'avait fait en 1927 Serge Boulgakov dans *La tragédie de la philosophie*, montrer la part de vérité de Kant, Hegel, Schelling, etc.

22. Il plaide en particulier pour la doctrine de l'apocatastase, requise selon lui par un « monothéisme non idolâtre » (*Stanton Lectures*, 3, p. 35). Milbank critique également E. Levinas, M. Henry et J.-L. Marion qui, fidèles à l'idée de l'adéquation de l'être et de la connaissance, refusent selon lui toute médiation et partage (sauf de façon indirecte, non reconnue), privilégient l'immédiateté divine non participée, et ignorent ainsi toute philosophie religieuse ou toute théologie de la participation. Milbank explique quant à lui que la « participation » est le meilleur modèle pour le don. Marion est qualifié de « catholique orthodoxe », mais sa théorie du phénomène

saturé, qui repose sur un « dualisme douteux » entre l'intentionnel et l'intuitif, est, selon Milbank, plus proche de ce que Kant appelait le sublime que de la pensée patristique. La philosophie n'est pas qu'une propédeutique à la théologie. C'est pourquoi Milbank, qui ne prend pas suffisamment en compte l'évolution intellectuelle propre de Marion, place la figure de la participation au-dessus de celle, considérée comme première chez Marion, de la distance. Pour Marion la base ontologique de la réalité est la gratitude et le rendre grâce.

23. Les mathématiques ne peuvent être conçues aux seuls plans s'excluant l'un l'autre de l'immanence ou de la transcendance. Les nombres transfinis témoignent de cette réalité qui se situe entre le fini et l'infini.

24. *Stanton Lectures*, 2, p. 24.

25. J. Milbank, « The Habit of Reason », *Stanton Lectures*, n° 6, *op. cit.*

26. *Stanton Lectures*, 7, p. 7.

27. J. Milbank, *Stanton Lectures*, 8, p. 26.

28. *Ibid.*, p. 40.

29. J.H. Newman, *Grammaire de l'assentiment*, trad. Mme G. Paris, Paris, Bloud et Cie, 1907, p. 82.

30. Récit qu'on trouve sous des formes différentes chez John Milbank, Serge Boulgakov et Marie-Joseph Le Guillou. Cf. en particulier Le Guillou, *Le mystère du Père, op. cit.*

31. M.-J. Le Guillou, *Le mystère du Père, op. cit.*

32. Serge Boulgakov, *Traguedia filosofii, Sotchinenia*, tome 1, Moscou, Nauka, 1993.

33. Théologie juridique voire pénitentiaire du salut, qu'on trouve chez des théologiens « catholiques » comme « protestants » et « orthodoxes ». Il suffit en particulier, pour la théologie orthodoxe russe, de lire les ouvrages des évêques S. Stragorodski et A. Khrapovitski, fortement influencés par le théologien protestant Albert Ritschl (1822-1889) sur cette question. Pour Mgr Serge Stragorodski (1867-1944), dans *La doctrine orthodoxe du salut. Essai de dévoilement des aspects moraux et subjectifs du salut sur la base des Saintes Écritures et saints Pères*, Kazan, 1898 (en russe, 254 pages, cinq éditions), Dieu ne change pas, seul l'homme doit changer. Sa sotériologie de la kénose et du rachat est similaire à celle de Nestorius. Il affirme la présence en Christ de deux esprits, l'humain que le Christ remet à Dieu : « Père, je remets entre tes mains

l'Esprit», et le divin qui n'est pas affecté par la crucifixion. Ce kénotisme extrême nie la divinité du Christ lors de sa crucifixion. Mgr Antoine Khrapovitski (1863-1936) a rédigé pour sa part *Le dogme du rachat*, Sremski Karlovtsy, 1926 (en russe, 60 pages). Il critique la théologie de la satisfaction. Par son combat, le Christ a rétabli le lien d'amour entre Dieu et l'Homme. Mais son point de vue est psychologique et moral. Aussi le métropolite Serge critiqua Mgr Antoine en considérant que, dans cette vision, Gethsémani voile trop le Golgotha (où ne se produit que la mort corporelle et non celle de l'esprit du Christ). Chez Mgr Antoine, c'est le Logos qui souffre et même toute la Trinité. Vladimir Iljine, qui fit la recension du livre, considérait qu'il s'agit d'un nominalisme et d'un psychologisme (V. Iljine, «Recension», *Pout'*, n° 8, 1927, p. 156). Dans les deux cas, on est loin du sermon du vendredi saint du métropolite Philarète de Moscou: «L'Amour crucifiant du Père, l'Amour crucifié du Fils, l'Amour de l'Esprit triomphant par le bois de la croix, [...] ainsi Dieu a aimé le monde.» Cf. Piotr Gneditch, *Russkaia Bogoslovskaia literatura o dogmate iskuplenia v period s 1893 po 1944*, *JMP*, 8/1962, pp. 68-72.

34. C. Taylor, *A Secular Age*, *op. cit.*, p. 233.

35. *Ibid.*, p. 314.

36. *Ibid.*, p. 509.

37. Il cite un article de 2006 de M. Epstein sur la nouvelle «religion minimale» en Russie; C. Taylor, *op. cit.*, p. 535.

38. C. Theobald, *Le christianisme comme style. Une manière de faire de la théologie en postmodernité*, Paris, Cerf, 2007.

39. C. Taylor, *A Secular Age*, *op. cit.*, p. 656.

40. *Ibid.*, p. 750.

41. *Ibid.*, p. 488.

42. N. Lemaître a montré que c'est le thème de la rédemption et non celui de la déification qui a marqué le plus la théologie occidentale — N. Lemaître, «Le christianisme et son histoire», *Histoire du christianisme*, XIV, Paris, Desclée, 2001, pp. 66-67. «La théologie grecque antignostique postulait [...] que la perfection d'Adam était au terme et non au point de départ. Adam était en somme un homme-enfant, que le Christ a porté à sa dimension définitive en récapitulant son histoire. [...] En choisissant d'insister sur le péché originel, qui détruit la perfection du premier homme, au lieu de s'émerveiller de la bonté foncière et de la puissance intérieure de la création,

saint Augustin, porté par la polémique, oriente définitivement le christianisme occidental sur une voie qui lui est propre. »

43. C. Taylor, *A Secular Age*, *op. cit.*, p. 736.

44. *Ibid.*, p. 542.

45. *Ibid.*, p. 488.

46. *Ibid.*, p. 676.

47. *Ibid.*, p. 598.

48. *Ibid.*, p. 377.

49. *Ibid.*, p. 652.

50. *Ibid.*, p. 388.

51. Rappelons que c'est John Locke le premier qui réfléchit sur ce concept d'*assensus* latin, ou d'assentiment, vérité qui entraîne l'action, et sur une échelle des « degrés de l'assentiment ». Mais Newman s'opposa à la théorie de l'assentiment du philosophe d'Oxford en disant ceci : « Au lieu de voir l'esprit humain tel qu'il est sorti des mains de Dieu, il façonne les hommes comme il pense qu'ils devraient être, il les fait meilleurs, plus grands qu'ils ne sont, et il les traite de fous, que l'on me pardonne la comparaison, s'ils préfèrent se jeter à l'eau que de se confier à un pilote aussi aventureux. » J.H. Newman, *Grammaire…*, *op. cit.*, pp. 134-135.

52. « La conscience ne repose pas uniquement sur elle-même, elle tend vaguement à quelque chose qui la dépasse et discerne dans ses décisions une sanction supérieure à soi, comme le prouve le sentiment intense d'obligation et de responsabilité qui les détermine. » J.H. Newman, *op. cit.*, p. 89.

53. P. Ricœur, *La mémoire, l'histoire, l'oubli*, Paris, Seuil, 2000.

54. J.-L. Marion, *Le visible et le révélé*, *op. cit.*, p. 186.

55. *Ibid.*, p. 108.

56. J.H.H. Weiler, *L'Europe chrétienne ? Une excursion*, préface de Rémi Brague, Paris, Cerf, 2007. Weiler propose que la Constitution européenne intègre « la liberté de la religion et la liberté de culte ». Pour lui, sans convictions il n'y a pas de tolérance, il y a seulement de l'indifférence. Il cite en particulier, contre la vision orwellienne de la laïcité française, le modèle de la Constitution polonaise d'après 1989 qui intègre « les croyants en Dieu, comme source de vérité, justice, beauté, et ceux qui ne partagent pas cette foi mais respectent ces valeurs universelles ». Cf. George Weigel, *The Cube and the Cathedral*, *op. cit.*, p. 68. George Weigel remonte lui aussi, via

Josef Pieper et Servais Pinckaers, au nominalisme d'Ockham pour faire apparaître la naissance de la « liberté indifférente » face à la conception thomiste de « la liberté pour l'excellence ». La liberté, pour Thomas d'Aquin, était la capacité de choisir sagement et de bien choisir « *as a matter of habit — or to use an old fashioned term as a matter of virtue* ». *Ibid.*, p. 79.

57. Le terme de *creencias* renvoie à une locution de José Ortega y Gasset pour désigner les certitudes de la vie qui n'ont besoin d'aucune preuve. Jean-Marc Ferry, *La république crépusculaire*, Paris, Cerf, 2010, p. 13.

58. Jean-Marc Ferry, « De l'insertion du dialogue interreligieux dans un espace postséculier », Collège des Bernardins, mars 2011, manuscrit, p. 3. Je remercie l'auteur de m'avoir communiqué son texte.

59. Paul Ricœur, « Quel éthos nouveau pour l'Europe ? », dans Peter Koslowski, *Imaginer l'Europe. Le marché européen comme tâche culturelle et économique*, Paris, Cerf, 1992, pp. 107-116.

60. J.-M. Ferry, *La république crépusculaire*, *op. cit.*, pp. 8-9.

61. Pour Jean Honoré, l'argument de la *Grammaire de l'assentiment* « repose sur la distinction essentielle, dans l'acte de croire, entre la démarche de l'intelligence, qui donne son verdict dans le jugement de vérité, et la démarche de la conscience, qui, à partir de ce jugement, donne son adhésion (assentiment) à la vérité de la foi ». D'une part il y a le travail de l'esprit qui opère sur un ensemble de données pour atteindre la certitude (*illative sense*), et d'autre part il y a la décision personnelle qui engage à croire (*assent*). Jean Honoré, *Newman*, Paris, Desclée, 1988. Cette distinction témoigne d'une philosophie pragmatique : « J'aimerais mille fois mieux être chargé de démontrer qu'il est raisonnable de croire à la vérité du Christianisme que de dégager du monde physique une idée directrice et morale. La vie est faite pour agir. Si nous voulons des preuves avant d'agir, nous n'arriverons jamais à l'action ; pour agir il faut assumer une responsabilité, cette responsabilité c'est la foi. » J.H. Newman, *Grammaire de l'assentiment*, *op. cit.*, p. 79.

62. Ce qui pourrait s'apparenter à la distinction que Newman faisait entre assentiment simple et assentiment complexe, ou entre croyance et opinion certaine. On retrouve ici la notion essentielle de *doxa*, à la frontière entre théologie et philoso-

phie : « L'assentiment est inconditionnel, sinon il ne serait pas adéquat à l'affirmation. L'inférence est conditionnelle parce qu'une conclusion implique au moins la présomption des prémisses et que, dans le concret, puisque c'est ce qui nous occupe, toute démonstration est impossible. [Par ailleurs] nous ne pouvons donner notre assentiment à une proposition sans en avoir une appréhension intelligente, sans la comprendre, tandis que nous n'avons nullement besoin de comprendre pour conclure », *Grammaire…*, *op. cit.*, p. 7. Newman distingue également entre assentiment de notion (de profession, de croyance, d'opinion, de présomption, de spéculation), qui peut être confondu parfois à tort avec l'inférence, et assentiment réel, croyances, convictions ou certitudes, vraies ou fausses, accordés à des objets moraux (Newman fait une comparaison amusante au sujet de l'assentiment de croyance réelle entre « les semi-catholiques de Russie » pour qui « le Ciel, l'Enfer sont aussi réels que s'ils les voyaient » et la « religion de la Bible, religion de l'Angleterre » qui attache peu d'importance aux actes de foi, au catéchisme, « et n'a pas senti par conséquent le besoin d'avoir une base très fixe en matière d'enseignement »), *ibid.*, p. 46. Notons que, chez Newman, la *doxa*, ou opinion, relève de la sphère de l'assentiment car « elle donne explicitement son assentiment à la probabilité de telle proposition » ; mais elle se distingue de la croyance pure, ou épistémique serait-on tenté d'ajouter, dans la mesure où celle-ci « donne implicitement son assentiment à la vérité qu'elle renferme ». De plus la croyance est un acte réflexe (nous croyons une chose que nous tenons pour vraie), tandis que pour Newman, comme pour toute la tradition patristique, « lorsque nous commençons à analyser notre croyance, à la peser, à la comparer, à la modifier, nous nous formons une opinion », *ibid.*, p. 50.

63. Peter Berger (ed.), *Between Relativism and Fundamentalism*, Grand Rapids, Eerdmans, 2010, p. 13.

64. On pourrait dire en perpétuel cheminement ou en permanent *syn-hôdos* (AA).

65. J.-M. Ferry, *La république crépusculaire*, *op. cit.*, p. 6.

66. *Ibid.*, p. 3.

67. J.-M. Ferry, *La religion réflexive*, Paris, Cerf, 2010, p. 125.

68. http ://www.istitutoveneto.it/flex/FixedPages/Common/accademici_se.php/L/IT/IDS/92.

69. Paris/Bruxelles, IHTP/Complexe, 2005; http://www.ihtp.cnrs.fr/spip.php%3Farticle250.html.

70. Voici ce que Miccoli écrivait sur sa méthode dans son précédent ouvrage: «Question d'histoire, c'est en historien qu'il faut avant tout examiner le rapport de Pie XII au nazisme et à ses crimes. Le problème n'est donc pas d'établir ce que le pape aurait dû faire et n'a pas fait, ou de soutenir qu'il a fait ce qu'il devait parce qu'il ne pouvait faire autrement, mais de déterminer en premier lieu ce qu'il a fait et pourquoi, à la lumière du contexte dans lequel lui-même et ses collaborateurs ont dû agir, selon les idées, les attentes et les jugements qui les ont tour à tour orientés et motivés. En effet, c'est uniquement sur cette base que l'on pourra ensuite formuler un jugement historique, c'est-à-dire chercher à évaluer les conséquences des attitudes adoptées sur le cours des événements.»

71. «En vertu de leur dignité, tous les hommes, parce qu'ils sont des personnes, c'est-à-dire doués de raison et de volonté libre, et, par suite, pourvus d'une responsabilité personnelle, sont pressés, par leur nature même, et tenus, par obligation morale, à chercher la vérité, celle tout d'abord qui concerne la religion. Ils sont tenus aussi à adhérer à la vérité dès qu'ils la connaissent et à régler toute leur vie selon les exigences de cette vérité. Or, à cette obligation, les hommes ne peuvent satisfaire, d'une manière conforme à leur propre nature, que s'ils jouissent, outre de la liberté psychologique, de l'exemption de toute contrainte extérieure. Ce n'est donc pas sur une disposition subjective de la personne, mais sur sa nature même, qu'est fondé le droit à la liberté religieuse. C'est pourquoi le droit à cette exemption de toute contrainte persiste en ceux-là mêmes qui ne satisfont pas à l'obligation de chercher la vérité et d'y adhérer; son exercice ne peut être entravé, dès lors que demeure sauf un ordre public juste.» *Dignitatis humanae,* 2; http://www.vatican.va/archive/hist_councils/ii_vatican_council/documents/vat-ii_decl_19651207_dignitatis-humanae_fr.html.

72. Giovanni Miccoli, *Le pontificat de Jean-Paul II, un gouvernement contrasté,* Éditions Lessius, 2012, p. 202.

73. *Ibid.*, p. 348.

74. *Ibid.*, p. 347.

75. Lors de la visite du pape Jean-Paul II au Nicaragua en 1983, Ernesto Cardenal, figure éminente de la théologie de la

libération, fut humilié publiquement devant les caméras du monde entier par le pape, qui refusa de lui donner la main en le réprimandant du doigt comme un enfant. Ernesto Cardenal fut par la suite suspendu officiellement *a divinis* par Rome, et ne put donc plus célébrer la messe ni donner les sacrements. Cardenal quitta le FSLN en 1994 en protestant contre la direction autoritaire du président Daniel Ortega, tout en conservant ses opinions progressistes.

76. G. Miccoli, *Le pontificat de Jean-Paul II…, op. cit.*, p. 60.

77. *Ibid.*, p. 360.

78. *Ibid.*

79. *Ibid.*, p. 369.

80. *Ibid.*, p. 382.

81. « L'Écriture a besoin de l'interprétation, et elle a besoin de la communauté où elle s'est formée et où elle est vécue. En elle seulement, elle a son unité et, en elle, se révèle le sens qui unifie le tout. Dit sous une autre forme : il existe des dimensions du sens de la Parole et des paroles qui se découvrent uniquement dans la communion vécue de cette Parole qui crée l'histoire », http ://www.Eglise.catholique.fr/benoit-xvi-en-france/actualites/textes-et-discours/discours-de-benoit-xvi-au-monde-de-la-culture-college-des-bernardins-paris.html.

82. *Ibid.*, p. 276.

83. Card. J. Ratzinger, « Vérité du christianisme », *La Documentation catholique*, n° 2217, 2 janvier 2000, p. 35 ; cité par G. Miccoli, *Le pontificat de Jean-Paul II…, op. cit.*, p. 367.

84. M. Pera, *Pourquoi nous devons nous dire chrétiens*, préface de Benoît XVI, Paris, Parole et Silence, 2011, p. 112.

85. http ://www.diocese-avignon.fr/spip/Discours-de-Benoit-XVI-a-Assise.

86. *Ibid.*

87. http ://www.la-croix.com/Religion/Urbi-Orbi/Rome/La-Fraternite-Saint-Pie-X-a-repondu-au-Preambule-doctrinal-propose-par-Rome-_NG_-2012-04-18-795922.

88. http ://www.vatican.va/holy_father/john_paul_ii/motu_proprio/documents/hf_jp-ii_motu-proprio_30061998_ad-tuendam-fidem_fr.html.

89. *Ibid.*, point 2.

90. *Ibid.*, p. 149.

91. *Ibid.*, point 4.

92. B. Sesboüé, « Magistère de l'Église et magistère de l'histoire », dans *Le magistère à l'épreuve*, Paris, DDB, 2001, p. 179.

93. B. Sesboüé considère que ce fut en enfermant le pape Paul VI dans le dilemme de l'infaillibilité ou de l'erreur que ce dernier, qui ne pouvait admettre que l'Église se soit « trompée » si longtemps, prit position contre la contraception active lors de l'encyclique *Humanae vitae*, en juillet 1968.

94. G. Miccoli, *Le pontificat de Jean-Paul II…*, *op. cit.*, p. 12.

VI. MÉTHODE POUR UNE NOUVELLE HISTOIRE DE LA VÉRITÉ ORTHODOXE

1. John Meyendorff, « Tradition and Traditions », dans *Orthodoxy and Catholicity*, Sheed and Ward, 1966, pp. 91-106. Je remercie Stefan Barbu d'avoir attiré mon attention sur ce texte.

2. Vladimir Lossky, « Tradition and Traditions », dans *In the Image and Likeness of God* (Crestwood, NY : St. Vladimir's Seminary Press, 1974), pp. 141-168.

3. Yves M.-J. Congar, *La Tradition et les traditions. Étude historique* (vol. I), *Étude théologique* (vol. II), Paris, Fayard, 1960-1963 ; *Tradition and Traditions : An Historical and A Theological Essay*, London, Burns & Oates, 1966, p. 190.

4. http ://www.oikoumene.org/en/resources/documents/wcc-commissions/faith-and-order-commission/x-other-documents-from-conferences-and-meetings/cambridge-report-on-tradition-and-traditions.html.

5. http ://www.oikoumene.org/fr/documentation/documents/commissions-du-coe/foi-et-constitution-commission-de/x-other-documents-from-conferences-and-meetings/rapport-du-colloque-de-cambridge-sur-la-tradition-et-les-traditions.html.

6. M. Foucault, *L'archéologie du savoir*, Paris, Gallimard, 1969, p. 12.

7. Michel Foucault bénéficia probablement de l'influence de Pierre Hadot sur ce sujet. Ce dernier était un lecteur assidu de Serge Boulgakov ; cf. P. Hadot, « La sagesse divine et la théanthropie », dans Laffont-Bompiani, *Dictionnaire des œuvres*, t. IV, 1954.

8. Michel Foucault, « Discourse and Truth : The Problematization of Parrhèsia », six lectures at the University of California

at Berkeley, oct.-nov. 1983. http : //foucault.info/documents/parrhesia/.

9. Jean-Pierre Dupuy, *La marque du sacré,* Paris, Carnets Nord, 2009.

10. http ://www.carnetsnord.fr/colloques/cerisy-2007/audio/cerisy2007_3_descombes.mp3.

11. M. Foucault, *L'archéologie du savoir, op. cit.*, p. 250.

12. On reprend ci-dessous deux pages de l'introduction de notre thèse de doctorat, A. Arjakovsky, *La génération des penseurs religieux de l'émigration russe, op. cit.*

13. Jean Borella, *La crise du symbolisme religieux,* Paris, L'Âge d'Homme, 1990.

14. C. Yannaras, *Philosophie sans rupture,* Genève, Labor et Fides, 1986.

15. S.N. Troubetskoy, *Œuvres,* M., 1900, rééd., Mysl', 1994.

16. C. Yannaras, *Philosophie sans rupture, op. cit.*, p. 28.

17. S. Troubetskoy, *Œuvres, op. cit.*, p. 233.

18. J. Zizioulas, *L'être ecclésial,* Genève, Labor et Fides, 1981, p. 76-77.

19. C. Yannaras, *Philosophie sans rupture, op. cit.*, p. 85.

20. A. Arjakovsky, *La génération des penseurs religieux de l'émigration russe, op. cit.*

21. A. Arjakovsky, « Notre génération », dans *Les Jalons, cent ans après, op. cit.*, pp. 17-56.

22. J.-L. Marion, *Au lieu de soi. L'approche de saint Augustin,* Paris, PUF, 2008, pp. 383-384.

23. Paris, L'Âge d'Homme, 1990.

24. J. Borella, *La crise du symbolisme religieux, op. cit.*, p. 348.

25. *Ibid.*, p. 239.

26. *Ibid.*, p. 236.

27. P. Florensky, *La colonne et le fondement de la vérité,* Paris, L'Âge d'Homme, 1994.

28. Irénée de Lyon, *Contre les hérésies*, Paris, Cerf, 2002.

29. Comme l'a fait remarquer le père Georges Tchistiakov, on oublie généralement la traduction du premier « et ». Cela a pour effet de voiler que cette voie qu'incarne le Christ est comme définie par ce dédoublement. Le cheminement en Christ, avec le Christ et vers le Christ est une vie tournée vers la vérité et une quête de vérité vivante.

30. Jean Borella, *Problèmes de gnose*, Paris, L'Harmattan, 2007.

31. Dès 1921, Boulgakov a imaginé les notes de l'Église comme révélatrices des tensions qui organisaient le corps ecclésial. Il a réfléchi en particulier au lien entre la Vierge et la Sagesse créée, et aux relations entre Pierre et Jean. On pourrait établir un parallèle avec la tentative, en 1974, de Hans Urs von Balthasar (1905-1988) de schématiser par une croix apostolique la « structure en tension » de l'Église. Aux quatre pôles de la vérité se trouvent chez le théologien catholique les quatre apôtres, « symboles-réels », Pierre, Jacques, Jean et Paul. Au cœur des quatre missions apostoliques se trouve le fiat de la Vierge à la révélation. H.U. von Balthasar, *Le complexe antiromain, essai sur les structures ecclésiales*, Montréal, Médiaspaul, 1998. On reviendra sur ce point plus loin.

32. Ana-Maria Gîrleanu-Guichard, « Les quatre "animaux saints" ou le Tétramorphe. Sources et élaboration d'un motif iconographique médiéval », *Contacts*, n° 231, Paris, 2010, pp. 275-316.

33. Pour saint Irénée, Jean devait être associé au lion et l'aigle à Marc. Augustin associait le lion à Matthieu et l'homme à Marc.

34. Le cardinal Lustiger, qui définit de la sorte également la catholicité, considère que l'Église de Jérusalem, symbole de la permanence de la promesse faite à Israël, « a été détruite [avant le VIe siècle] sous la pression de Byzance ». J.-M. Lustiger, *La promesse*, Paris, Parole et Silence, 2002, p. 17. Il faudrait évoquer bien d'autres raisons.

35. André Laurentin, *Doxa, problèmes de christologie, Jean 17-5 et ses commentaires patristiques*, Paris, Bloud et Gay, 1972.

36. Avery Dulles, *The Catholicity of the Church*, Oxford, Oxford Univ. Press, 1985. Le sens de la catholicité a évolué au cours des siècles, comme l'a montré le cardinal Avery Dulles. Au IIe siècle, à l'époque d'Ignace d'Antioche, le terme d'Église « catholique » s'oppose encore simplement à celui d'Église « particulière », ou partie d'un tout (Smyr., 7, 2). La définition de Cyrille de Jérusalem au IVe siècle est intéressante au sens où elle révèle toute la richesse sémantique que le terme a acquis en deux siècles. Pour le Père de l'Église, « l'Église est appelée catholique parce qu'elle est répandue à travers le monde, d'un

bout à l'autre de la terre, aussi parce qu'elle enseigne universellement et complètement toutes les doctrines que l'Homme doit savoir au sujet des choses visibles et invisibles, célestes et terrestres ; aussi parce qu'elle indique le juste culte à toute l'humanité, gouvernants et gouvernés, lettrés et illettrés ; ensuite parce qu'elle traite et soigne universellement toute sorte de péchés commis par l'âme et le corps ; et elle possède en elle-même toutes les vertus concevables en paroles, en actions, ou en dons spirituels de toute sorte » (*Works of St Cyrille de Jérusalem*, Catéchèse XVIII, Washington, CUA, 1970, p. 132 ; traduction du grec, du latin et de l'anglais par AA). On observe dans cette définition que la catholicité a tendance à s'identifier, en raison de la puissance d'universalité qu'elle porte, à l'ecclésialité dans son ensemble, et à intégrer de la sorte les quatre modes d'accès à la vérité par le culte, la vertu, la justice et l'enseignement ou mémoire. À l'époque moderne, Mélanchthon définit l'Église comme catholique « en tant qu'elle est une assemblée dispersée de par le monde et parce que ses membres, où qu'ils soient, et bien que séparés selon les lieux, embrassent et professent extérieurement l'unique et même droite doctrine, à tous les âges, depuis le commencement et jusqu'à la fin des siècles » (définition fournie par A. Dulles). La période contemporaine, marquée notamment par l'effort de systématisation d'Avery Dulles, conçoit la catholicité, notamment dans la définition de *Lumen Gentium*, selon cinq niveaux de sens présentés par leurs opposés, à savoir contraires : de sectaire, de particulière, de fausse, de mystique/invisible, gouvernée sans lien entre le synode des évêques et l'évêque de Rome.

37. L'Église Orthodoxe se définissait il y a encore quelques décennies comme l'Église Orthodoxe Catholique. Cf. Panagiotis Trembelas, *Dogmatique de l'Église Orthodoxe Catholique*, trad. de l'archimandrite Pierre Dumont, Chevetogne, DDB, 1966.

38. J.-M. R. Tillard, *L'Église locale, ecclésiologie de communion et catholicité*, Paris, Cerf, 1995, p. 34.

39. Cette vision politique de l'histoire du christianisme explique en particulier le poids que J. Meyendorff accorde aux croisades, à partir de 1095, notamment à la IVe croisade de 1202-1204, comme source de l'estrangement qui va dissocier les Églises d'Orient et d'Occident.

40. T. de Foucauld, Marc-Antoine Costa de Beauregard,

Bria Ion., *L'Orthodoxie hier-demain*, Paris, Buchet-Chastel, 1979, p. 60.

41. John Erickson, « The formation of Orthodox Ecclesial Identity », *Saint Vladimir's Theological Quaterly*, vol. 42, n° 3-4, 1998, pp. 301-313. Conférence de l'Institut orthodoxe de Balamand de juillet 1997 sur « La vie et le témoignage de l'Église Orthodoxe ».

42. Jean-Marc Ferry, *Les puissances de l'expérience*, Paris, Cerf, 1991, p. 201.

43. Paul Ricœur, *Parcours de la reconnaissance. Trois études*, Paris, Stock, 2004.

44. Lucien Febvre s'est rapproché de ce modèle dans ses études sur la religion au XVIe siècle en préférant une étude typologique des figures de Rabelais (le critique), Calvin (le zélote), Luther (le prosélyte) et Érasme (le spirituel) à la doxa courante sur la formation par étapes du « schisme de la Réforme ». Cf. Robert Mandrou, « Le renouvellement de l'historiographie de la Réforme : Lucien Febvre et la Réforme », dans P. Joutard, *Historiographie de la Réforme*, Paris, Delachaux et Niestlé, 1977, p. 343. Cf. aussi mon étude sur les typologies dans « Les Églises Orthodoxes et l'œcuménisme », A. Arjakovsky, *En attendant le concile de l'Église Orthodoxe, op. cit*.

45. Thomas S. Kuhn, *La structure des révolutions scientifiques*, Paris, Flammarion, 1983 (1962).

46. Jean Damascène, *Exposé de la foi orthodoxe*, IV, chap. 10, P.G. XCIV, 1128.

47. Titre du livre publié par Olivier Clément pour sa deuxième autobiographie. O. Clément, *Mémoires d'espérance*, entretiens avec Jean-Claude Noyé, Paris, DDB, 2003.

48. On met entre guillemets ce terme de visibilité dans la mesure où la phénoménologie a montré que la visibilité dépend des degrés de la conscience, et la science œcuménique a montré que l'unité visible peut dépasser les cadres canoniques et confessionnels (comme dans la reconnaissance des sacrements des autres confessions).

49. Cette expression est souvent utilisée uniquement pour l'histoire de la culture russe, mais elle fut inventée dans un salon par N. Berdiaev et utilisée par lui dans *L'idée russe* pour désigner l'ensemble d'une période de l'histoire russe (1890-1918). Il s'agit en effet d'un moment de foisonnement intellectuel et de renouveau spirituel marqué par la redécouverte du

symbolisme (de Vladimir Soloviev à Alexandre Blok, de Carl Fabergé à Marc Chagall, de la création des sociétés de philosophie religieuse à la reconnaissance de la sainteté de Seraphim de Sarov). Il aboutit à la fin de la période synodale de l'Église Orthodoxe en Russie après le rétablissement du patriarcat par le concile de 1917-1918. Il fait suite à ce que les poètes symbolistes considéraient alors (sans le désigner ainsi) comme l'âge d'or de la culture russe, à savoir le début du XIXe siècle, moment formateur de la langue russe, marqué par l'œuvre de A. Pouchkine et M. Lomonossov. G. Nivat rappelle cependant ces paroles d'Alexandre Pouchkine qui témoignent de la conscience que lui avait de son époque : « Dans l'âge de fer, dis-moi, qui devinait le siècle d'or ? » Cf. le colloque des 21-24 juin 2006, « L'âge d'argent dans la culture russe », université de Lyon III ; *Trésors du siècle d'or russe, de Pouchkine à Tolstoï*, Paris, Éditions de Syrtes, 2009.

III. LA PREUVE PAR L'HISTORIOGRAPHIE

1. Il y a des historiens qui dénient à l'orthodoxie son caractère de vérité transcendant les époques. F. Laplanche parle en particulier de « l'ancienne orthodoxie, traînant après elle la condamnation de l'homme pécheur et le pessimisme sur la création » (F. Laplanche, « La Foi chrétienne, sources et développements », *Histoire du christianisme*, XIV, *op. cit.*, p. 45). On étudiera plus loin l'œuvre de Jaroslav Pelikan, historien protestant devenu orthodoxe à la fin de sa vie, auteur d'une monumentale « Histoire du développement de la Doctrine » intitulée *La tradition chrétienne*, Paris, PUF, 1994 (Chicago, 1989), qui se veut une histoire de la doctrine de l'Église dans son développement. Il construit une histoire de « ce que l'Église a cru, enseigné et confessé en se fondant sur la parole de Dieu ». Mais sa représentation de l'évolution des croyances ne prend pas en considération la définition de la tradition comme ce qui a été cru en tous lieux et par tous. L'orthodoxie chez lui signifie simplement la correction de l'enseignement doctrinal par rapport à une base qui peut elle-même flotter.

2. John Locke, « *Everyone is orthodox to himself* », « *Every church is orthodox to itself* », *A Letter Concerning Toleration* (1689), Indianapolis, Hackett, 1983, p. 23.

3. On reviendra plus loin sur l'histoire du sens de ces termes.

4. Le mot catholicisme est apparu dans la langue française en 1598 et n'est devenu courant qu'à partir de 1794.

5. Gabrielle Baron, *Mémoire vivante, vie et œuvre de Marcel Jousse*, Paris, Le Centurion, 1981, p. 45.

VII. LA «JUSTE GLORIFICATION» DANS L'HISTORIOGRAHIE DU Ier AU IIIe SIÈCLE

1. On trouvera une bibliographie en anglais, français et allemand dans le livre de Hubertus R. Drobner, *Les Pères de l'Église. Sept siècles de littérature chrétienne*, Paris, Desclée, 1999.

2. L'évêque Cassien (Bezobrazoff), 1892-1965, fut professeur de Nouveau Testament à l'institut Saint-Serge, depuis la fondation de celui-ci jusqu'à sa mort. Il fut également recteur de l'institut de 1947 à 1965.

3. Paul Evdokimov, *La connaissance de Dieu selon la tradition orientale, op cit.*, p. 104.

4. L'«*homologhia pros Theon*», ou alliance avec Dieu, est à l'origine du sens du terme confession, ou reconnaissance de la vérité par l'ensemble des fidèles. Léonide Chrol, *Alpha et Oméga. Essai sur le christianisme œcuménique intégral*, Montauban, 1967, p. 17.

5. *Les Écrits des pères apostoliques*, présentés par D. Bertrand, Paris, Cerf, 2006. (La *Didachè* est aussi appelée par ses adeptes «Livre des deux voies» ou «Livre de la vie».)

6. Jérôme Alexandre, *Une chair pour la gloire. L'anthropologie réaliste et mystique de Tertullien*, Paris, Beauchesne, 2001, p. 522.

7. On suit la démonstration d'André Laurentin qui s'appuie lui-même sur les travaux de E. Pax, «Ex Parmenide ad Septuaginta. De notione vocabuli doxa», *Verbum domini*, 1960, 38, pp. 92-102, et M. Heidegger sur la doxa présocratique, *Einführung in die Metaphysik*, Tübingen, 1953, p. 79 ss.

8. J. Wahl, *Vers la fin de l'ontologie. Étude sur l'introduction de la métaphysique par Heidegger*, Paris, 1956, pp. 103-120; cité par Laurentin, *Doxa, problèmes de christologie…, op. cit.*, p. 223.

9. Après Homère pour qui *doxa* signifie «ce qui est reçu», Platon va orienter *doxa* vers l'idée d'opinion (fausse ou vraie),

et en tant que telle opposée à la véritable connaissance. Le sens de l'*orthê doxa* est alors ce qui est reçu et retenu, la juste doctrine qu'on a bien reçue parce qu'elle provient d'un savoir qui a bonne réputation. Mais les autres sens ne sont pas morts, car *doxa* dit aussi l'opinion qu'on a d'autrui, ou qu'autrui a de quelqu'un. Autrement dit *doxa* dit couramment en grec classique l'opinion au sens de la réputation, de la renommée, de la bonne réputation, donc de la gloire, du renom (Philippe Arjakovsky).

10. Charles Taylor, *Les sources du moi*, Paris, Seuil, 1998, p. 243.

11. Christos Yannaras, *Philosophie sans rupture, op. cit.*, p. 58.

12. *Ibid.*

13. Philipp., 1, 9; mais aussi Rom., 1, 28: « Et comme ils n'ont pas jugé bon de garder la connaissance de Dieu, Dieu les a livrés à leur intelligence sans jugement: ainsi font-ils ce qu'ils ne devraient pas. »

14. « En effet, la puissance divine nous a fait don de tout ce qui est nécessaire à la vie et à la piété en nous faisant connaître celui qui nous a appelés par sa propre gloire et sa force agissante. Par elles, les biens du plus haut prix qui nous avaient été promis nous ont été accordés, pour que par ceux-ci vous entriez en communion avec la nature divine, vous étant arrachés à la pourriture que nourrit dans le monde la convoitise. Et pour cette raison même, concentrant tous vos efforts, joignez à votre foi la vertu, à la vertu la connaissance, à la connaissance la maîtrise de soi, à la maîtrise de soi la ténacité, à la ténacité la piété, à la piété l'amitié fraternelle, à l'amitié fraternelle l'amour. »

15. Louis Bouyer, *Sophia ou le monde en Dieu*, Paris, Cerf, 1994, p. 33.

16. Irénée de Lyon, Théophile d'Antioche, Hyppolite de Rome ont identifié la Sagesse à la troisième hypostase. Selon eux, le Père agit par son Verbe et par sa Sagesse. Cf. D. Cerbelaud, *Écouter Israël, une théologie chrétienne en dialogue*, Paris, Cerf, 1995, p. 49.

17. Saint Athanase d'Alexandrie, pour lutter contre l'arianisme, considéra la Sagesse non comme une créature mais comme le Logos, la deuxième hypostase de la Trinité. Il n'était plus question, dès lors, de rapprocher la Sagesse du Saint-

Esprit. Mais la tradition patristique savait que toute la Trinité a participé, et participe encore et toujours, à la Création et non pas seulement la deuxième hypostase. C'est pourquoi on trouve chez saint Athanase une distinction entre la Sagesse créée (Yahvé m'a créée) et la Sagesse incréée (Yahvé m'a engendrée). Cf. Antoine Arjakovsky, *Essai sur le père Serge Boulgakov, philosophe et théologien chrétien, op. cit.*

18. « Il adviendra en ce jour-là, que la racine de Jessé sera érigée en étendard des peuples, les nations la chercheront et la gloire sera son séjour. »

19. Mgr Cassien, *Khristos i pervoie khristianskoie pokolenie*, Paris, YMCA Press, 1939.

20. A. Laurentin, *Doxa, problèmes de christologie, op. cit.*, p. 213.

21. *Pistis Sophia*, dans Laurentin, *op. cit.*, p. 43.

22. A. Laurentin, *op. cit.*, p. 217.

23. Irénée de Lyon, *Contre les hérésies*, livre IV, 17, 1, édition sous la direction d'Adelin Rousseau, Paris, Cerf, « Sources chrétiennes », 1965.

24. Alain Le Boulluec, *La notion d'hérésie dans la littérature grecque (IIe-IIIe s.)*, Paris, 2 vol., 1985.

25. W. Bauer, *Orthodoxy and Heresy in Earliest Christianity*, Philadelphia, Fortress Press, 1971, p. xxiii.

26. *Ibid.*, pp. 286-316.

27. Son enquête le conduit à formuler la question centrale à laquelle nous tentons précisément de répondre. « De fait existe-t-il aujourd'hui un sens communément accepté de l'orthodoxie du type de celui que Bauer espérait présupposer ? » *Ibid.*, p. 314.

28. H. E. W. Turner, *The Pattern of Christian Truth : A Study in the Relations Between Orthodoxy and Heresy in the Early Church*, London, Mobray, 1954.

29. *Ibid.*, p. 80.

30. Alain Le Boulluec, « Hétérodoxie et orthodoxie », *Histoire du christianisme, op. cit.*, Le professeur de l'EPHE propose l'« abandon » de ces concepts, la notion d'hérésie étant tardive et ne signifiant, avant 150, que dissension, et le terme d'orthodoxie n'acquérant qu'au IVe siècle son sens de « régulation particulière » (voir aussi *supra*, chapitre IV, note 11). Cet abandon nous paraît injustifié.

31. *Ibid.*, p. 28.

32. Alexandre Schmemann, *Liturgy and Tradition*, Crestwood, NY, SVSP, 1990.

33. Cf. Paul de Clerck, « "Lex orandi, lex credendi." The Original Sense and Historical Avatars of an Equivocal Adage », *Studia Liturgica*, 24, 1994, pp. 178-200, article qui met en particulier en exergue l'œuvre de Prosper d'Aquitaine, qui formula l'expression suivante : « *ut legem credendi lex statuat supplicandi* » pour poser que « la loi de la prière établit la loi de la foi ». Cf. Kevin Irwin, *Context and Text : Method in Liturgical Theology*, Collegeville, MN, Liturgical Press, 1994. Cet adage signifie en particulier que la foi de l'Église précède la foi du croyant, ce qui a été repris par le Catéchisme de l'Église catholique. Cet adage est également important dans l'anglicanisme qui fonde son organisation et sa théologie dans le *Book of Common Prayer* de 1662.

34. C'est nous qui soulignons.

35. À propos du contexte politique de cette profession de foi, Luc note aussi dans son récit que la déclaration de Pierre eut lieu peu après qu'Hérode eut cherché « à voir » Jésus et alors que le tétrarque prononçait des paroles d'intimidation comme celle-ci : « Jean, je l'ai fait moi-même décapiter » (Lc, 9, 9).

36. C.H. Dodd, *According to the Scriptures*, Welvyn, 1952 ; *Conformément aux Écritures*, Paris, 1968.

37. Luc fit un séjour à Jérusalem vers 57-59.

38. Mgr Cassien Bezobrazoff, « La prière dans le Nouveau Testament », dans Mgr Cassien Bezobrazoff, dom Bernard Botte, *La prière des Heures*, Paris, Cerf, 1963, p. 37.

38. Simon C. Mimouni, « Les représentations historiographiques du christianisme au Iᵉʳ siècle », dans *L'historiographie de l'Église des premiers siècles*, sous la direction de B. Pouderon et Y.-M. Duval, Paris, Beauchesne, 2001, p. 81.

40. Mgr Cassien Bezobrazoff, « La prière dans le Nouveau Testament », dans Mgr Cassien Bezobrazoff, dom Bernard Botte, *La prière des Heures*, *op. cit.*, p. 35.

41. Michel Quesnel, « Luc, historien de Jésus et de Paul », dans *L'historiographie...*, *op. cit.*, p. 57.

42. H. Leclercq, « Historiens du christianisme », *Dictionnaire d'archéologie chrétienne et de liturgie*, dom F. Cabrol et dom H. Leclercq, publié sous la direction de H.-I. Marrou, Rabula-Rome, pp. 2541-2543.

43. Origène, *Contre Celse*, livre VII, 2-17, VIII, 45-47.

44. Gilles Dorival, « L'argument de la réussite historique du christianisme », dans *L'historiographie..., op. cit.*, p. 55.

45. Emmanuel Luhumdu Shodu, *La mémoire des origines chrétiennes selon Justin Martyr*, Fribourg, 2008.

46. *Ibid.*, p. 275.

47. Irénée de Lyon, *Contre les hérésies*, livre IV, 32, 1, *op. cit.*, p. 797.

48. *Ibid.*, p. 799.

49. *Ibid.*, p. 821.

50. *Ibid.*, p. 819.

51. Cela le conduit à admettre à la suite de Paul que c'est Dieu lui-même qui aveugle l'esprit des incrédules (II Cor., 4, 4). Ce fut peut-être l'une des raisons de la crise spirituelle que connut le IIe siècle. Les valentiniens, qui ne pouvaient admettre que l'Antéchrist ait été envoyé par Dieu comme l'affirmait Paul aux Thessaloniciens (II Thess., 2, 11-12), imaginèrent en réaction un Dieu d'amour au-dessus du Dieu de justice, introduisant de la sorte une dissociation au sein même de la divinité.

52. Mgr Cassien, *La prière des Heures, op. cit.*, p. 38.

53. « Ils se répartissent dans les cités grecques et barbares suivant le lot échu à chacun; ils se conforment aux usages locaux pour les vêtements, la nourriture et la manière de vivre, tout en manifestant les lois extraordinaires et vraiment paradoxales de leur république spirituelle. Ils résident chacun dans sa propre patrie, mais comme des étrangers domiciliés. Ils s'acquittent de tous leurs devoirs de citoyens, et supportent toutes les charges comme des étrangers. Toute terre étrangère leur est une patrie, et toute patrie une terre étrangère. » *Lettre à Diognète*, 4-5, trad. H.-I. Marrou, *Sources chrétiennes*, Paris, Cerf, 1951.

54. Jean Borella, « Problématique de l'unité des religions », dans Bruno Bérard, *Introduction à une métaphysique des mystères chrétiens*, Paris, L'Harmattan, 2005, pp. 267-268.

55. Mgr Cassien, *La prière des Heures, op. cit.*, p. 40.

56. Irénée de Lyon, *Contre les hérésies*, livre IV, 28, 2, *op. cit.*, p. 759.

57. *Ibid.*, p. 803.

58. *Ibid.*, p. 817.

59. Il n'est pas sûr, comme l'affirme Jean-Marc Prieur (« Les Écritures chrétiennes au IIe siècle », *Histoire générale du christianisme, op. cit.*, p. 89), que le canon chrétien ait été une

réplique au canon des Écritures juives établi à Jamnia vers 90-100. On peut considérer l'inverse, à savoir que les rabbins, refusant la révélation de Jésus-Christ; aient cherché à clore leurs Écritures compte tenu de la propagation des nouveaux Évangiles chrétiens. Le canon de Muratori, publié vers 1740, qui énumère vingt-deux des vingt-sept livres canoniques, est une liste sans doute établie à Rome vers 200. Ne manquent que l'épître aux Hébreux, celle de Jacques, les deux de Pierre et la troisième de Jean. En revanche, on y trouve également le Livre de la Sagesse, la Lettre de Jude, l'Apocalypse de Pierre, et le Pasteur d'Hermas (qui peut être lu mais pas en public...). « C'est dans la trente-neuvième *Lettre pascale* d'Athanase, de 387, que nous rencontrons pour la première fois le canon néotestamentaire de l'Église grecque sous sa forme définitive », Hubertus Drobner, *Les Pères de l'Église. Sept siècles de littérature chrétienne, op. cit.*, p. 24. Cette liste sera admise par Augustin.

60. J.-M. Prieur, « Les Écritures chrétiennes au IIe siècle », *Histoire générale du christianisme, op. cit.*, p. 94.

61. S. Boulgakov, *Dva pervoapostola*, Minsk, Lutchi Sofii, 1996 (1923).

62. Hans Urs von Balthasar, *Le complexe antiromain, essai sur les structures ecclésiales*, Paris, Montréal, Apostolat des éditions, Éditions Paulines, 1976 (traduction en français).

63. On connaît l'importance de la renomination dans l'Ancien Testament (Abram/Abraham, Jacob/Israël, etc.).

VIII. LA « VÉRITÉ DROITE ». D'EUSÈBE DE CÉSARÉE À SYLVESTRE SYROPOULOS

1. Pierre Legendre, *Sur la question dogmatique en Occident*, Fayard, 1999, p. 78.

2. Alain Supiot, *Homo juridicus. Essai sur la fonction anthropologique du Droit*, Paris, Seuil, 2005, p. 21.

3. *Ibid.*, p. 57.

4. Vassili V. Bolotov, « Vvedenie v Tserkovnoujou Istoriou », *Prilojenie k Khristianskomou Tchteniou*, Saint-Pétersbourg, 1913-1918, vol. 1, p. 226.

5. A. Schmemann, *Le chemin historique de l'Orthodoxie*, Paris, YMCA Press, 1995, p. 100.

6. Le terme *horos* signifiait initialement en Grèce antique une borne de pierre délimitant les propriétés. Par la suite, ce terme a été utilisé pour désigner les définitions des conciles. Cf. G. Papathomas, « Praxis et théorie au sein de la théologie ecclésiale », *Nouvelles de Saint-Serge*, n° 20 (1996), p. 22-24 : « L'Église sauvegarde l'événement de la Révélation et la perspective de l'économie divine. Or la vie dans l'Église se caractérise directement par le vécu, par l'expérience ecclésiale qui est la sienne, d'abord manifestée dans la pratique puis exprimée par la "théorie". Par conséquent, la foi est un événement avant d'être un enseignement, avant même de donner naissance à une notion. C'est une démarche et une rencontre. Les formules de la foi (par exemple les *horoi*) sont de courtes maximes et les systèmes théologiques échouent en fait à vouloir en exprimer le contenu. La foi inclut une conversion, un retournement, elle est consécutivement irréductible à toute normalisation rationnelle », http ://www.orthodoxa.org/FR/orthodoxie/theologie/praxisFR.htm.

7. George E. Demacopoulos, « Gregory the Great and the Sixth-Century Dispute Over the Ecumenical Title », *Theological Studies, op. cit.*

8. Vlassios Phidas, « Droit canon, une perspective orthodoxe », *Analecta Chambesiana* 1, Institut de théologie orthodoxe d'études supérieures, Centre orthodoxe du patriarcat œcuménique, Chambésy, Genève, 1998.

9. *Ibid.*, p. 1.

10. Justinien a été glorifié par l'Église Orthodoxe qui le considère comme saint et fête sa mémoire le 2 août et les 14 et 15 novembre avec son épouse Théodora.

11. Rome refusa cette collection canonique parce que le trente-sixième canon confirmait le vingt-huitième canon de Chalcédoine (qui affirmait en particulier que la préséance romaine n'avait été donnée à Rome que par convenance, en tant que ville impériale) contre lequel avait protesté le pape Léon.

12. A. Kniazev, *Cours de droit canon*, Paris, institut Saint-Serge, 1980, p. 34.

13. B. Sesboüé, *L'Évangile dans l'Église. La tradition vivante de la foi*, Paris, Le Centurion, 1975, p. 46.

14. Marie-Thérèse Nadeau, *Foi de l'Église. Évolution et sens d'une formule*, Paris, Beauchesne, 1988, p. 36.

15. Augustin, *In Johannis Evangelium*, tract. XXXIV, 2, CCSL, XXXVI, p. 311 ; PL, 35, 1652.

16. « Le saint concile a décidé qu'il ne sera pas permis de produire en public, d'écrire ou de composer un symbole de foi autre que celui défini par les saints Pères réunis à Nicée sous la conduite du Saint-Esprit », *Actes du concile d'Éphèse*, canon n° 7, cf. Adolphe Charles Peltier, « Dictionnaire universel et complet des conciles », dans Jacques Paul Migne, *Encyclopédie théologique*, 1847, tome 13.

17. Les deux rites stoudite et néosabaïte ne sont, selon les liturgistes contemporains, que des variantes de la même tradition de base.

18. *Synodikon de l'Orthodoxie*, traduction de Jean Gouillard, *Travaux et mémoires 2*, Éditions E. de Boccard, Paris, 1967, « Point III. Usage d'un siège suffragant d'Athènes », p. 12.

19. *Ibid.*, p. 4.

20. A. Schmemann, « La Théocratie byzantine et l'Église Orthodoxe », *Dieu vivant*, 25, 1953, p. 50.

21. A. Kniazev, « La lecture de l'Ancien Testament et du Nouveau Testament dans le rite byzantin », dans Mgr Cassien, dom Bernard Botte, *La prière des Heures*, *op. cit.*, p. 231. Selon le doyen de l'institut Saint-Serge, qui s'appuie sur l'œuvre de l'historien de la liturgie Karabinov, le choix des péricopes d'Isaïe utilisés par l'Église byzantine pendant le Grand Carême témoigne de l'intention de « reproduire tout un chapitre glorieux de l'histoire byzantine, en l'espèce le récit des péripéties qui ont marqué la brillante campagne militaire que l'empereur Héraclius (611-642) a conduite contre les Perses », *ibid.*, p. 239.

22. P. Evdokimov, *L'Orthodoxie*, *op. cit.*, p. 254.

23. R. Taft, *Le rite byzantin*, Paris, Cerf, 1996.

24. Job Getcha, *Le typikon décrypté*, Paris, Cerf, 2009.

25. *A Patristic Greek Lexicon*, edited by G. Lampe, Oxford, Clarendon Press, 1961, « Orthodoxia », pp. 971-973.

26. Athanase d'Alexandrie, *Epistula ad Adelphium*, *PG* 26, 1072-1084.

27. P.L. Maier, *Eusebius*, The Church History. *Translation and Commentary P.L. Maier*, Grand Rapids, Kregel, 2007.

28. J.N.D. Kelly, *Early Christian Doctrine*, London, Black, 1977.

29. *Reconsidering Eusebius, Collected Papers on Literary, Historical, and Theological Issues* ; edited by Sabrina Inowlocki

and Claudio Zamagni, Leiden, Boston, Brill, 2011 ; cf. A. Cameron et S.G. Hall, *Eusebius, Life of Constantine*, Oxford, Clarendon Press, 1999 ; S. Inowlocki, *Eusebius and the Jewish Authors : His Citation Technique in an Apologetic Context*, AJEC 64, Leiden, Brill, 2006 ; S. Morlet, *La « Démonstration évangélique » d'Eusèbe de Césarée. Étude sur l'Apologétique chrétienne à l'époque de Constantin*, Études augustiniennes, série Antiquités, 187, Paris, 2009.

30. Eusèbe de Césarée, *Histoire ecclésiastique*, G. Bardy, P. Perrichon, SC 31, 41, 55, 73 bis, Paris, Cerf, 1952-1971, vol. 4, 23, 2.

31. *Ibid.*, 3, 23, 2.

32. Eusèbe, *Vita Constantini*, F. Winkelmann, GCS Eus 1/1, 1975 ; *De laudibus Constantini*, 1, Montpellier, université Paul-Valéry, 1973.

33. Paul Veyne, *Quand notre monde est devenu chrétien (312-394)*, Paris, Albin Michel, « Bibliothèque Idées », 2007.

34. M. DelCogliano, « The Promotion of the Constantinian Agenda in Eusebius of Caesarea's *On the Feast of Pascha* », *Reconsidering Eusebius*, *op. cit.*, pp. 39-68.

35. L. Duchesne, « La question de la Pâque au concile de Nicée », *Revue des questions historiques*, n° 28, Paris, 1880, pp. 5-42.

36. Sébastien Morlet, *L'introduction de l'« Histoire ecclésiastique » d'Eusèbe de Césarée (I, II-IV) : étude génétique, littéraire, et rhétorique* ; mémoire Paris IV - Sorbonne, sd.

37. Il existe un débat sur la date de rédaction de cette œuvre. H. Drobner suggère que les sept premiers Livres ont été rédigés et publiés avant 303 et qu'ils ont été retravaillés dans des éditions postérieures. Les livres VIII à X s'étendent de la persécution de Dioclétien à la victoire de Constantin sur Licinius (324).

38. Eusèbe, *Histoire ecclésiastique*, *op. cit.*, livre V, chap. XXVIII.

39. *Ibid.*, chap. III.

40. On peut admettre avec Enrico Norelli qu'Eusèbe fut ici dépendant de Hégésippe. Cf. *L'historiographie de l'Église des premiers siècles*, *op. cit.*, p. 19.

41. H. Drobner, *Les Pères de l'Église*, *op. cit.*, p. 255.

42. Eusèbe, *Histoire ecclésiastique*, *op. cit.*, livre II.

43. *Ibid.*, chap. XXIII.

44. Glenn F. Chesnut, *The First Christian Histories*, Paris, Beauchesne, 1977.

45. Étienne Gilson, *Introduction à l'étude de saint Augustin*, Vrin, Paris, 1989. Lucien Jerphagnon, « Introduction à "La Cité de Dieu" », *Œuvre de Saint Augustin*, t. II, Gallimard, coll. « Pléiade », 1998-2002. Henri-Irénée Marrou, *L'Ambivalence du temps de l'histoire chez saint Augustin*, Vrin, Paris, 1950. Henri-Irénée Marrou, *Saint Augustin et la fin de la culture antique*, De Boccard, Paris, 5ᵉ édition, 1983. H. Holstein, « Le peuple de Dieu et la cité de Dieu », dans *Hiérarchie et peuple de Dieu*, Beauchesne, Paris, 1970. F. Donnelly et M. Sherman, *Augustine's « De civitate dei », An Annoted Bibliography of Modern Criticism, 1960-1990*, New York, 1990. J. H. S. Burleigh, *The City of God, A Study of St Augustine's Philosophy*, Londres, 1949. J.-C. Guy, *Unité et structure logique de « la Cité de Dieu » de saint Augustin*, Paris, 1961. P. Piret, *La Destinée de Dieu, La Cité de Dieu. Un commentaire du « De Civitate Dei »*, Bruxelles, 1991. *Orthodox Readings of Augustine*, G. Demacopoulos, A. Papanikolaou, Crestwood, SVSP, 2008. Serge Boulgakov, *L'Épouse de l'Agneau, op. cit.* Serge Boulgakov, *L'Échelle de Jacob*, Paris, L'Âge d'Homme, 1987. Jean-Luc Marion, *Au lieu de soi. L'approche de saint Augustin, op. cit.* ; Victor Yudin, « Refuting Porphyry with Plato. Augustine's Reading of the *Timeus*, 41 ab », *Civ. Dei*, Leuven, 2011, à paraître.

46. Saint Augustin, *La Cité de Dieu*, XIV, 28, 1.

47. Eusèbe lutta aussi contre les stoïciens qui s'appuyaient sur les oracles pour prouver que le monde était déterminé par des forces dont l'homme était inconscient. Pour Eusèbe, la prophétie ne remettait pas en cause l'action libre de la volonté humaine. Inversement, la participation de l'homme au plan divin ne remettait pas en cause la toute-puissance de Dieu.

48. Je remercie Antoine Guggenheim de m'avoir invité à donner une conférence sur ce sujet au Collège des Bernardins dans le cadre de son séminaire « Théologie et histoire ».

49. Augustin, *La Cité de Dieu*, XII, 14.

50. Le monde selon Augustin a été fait non dans le temps mais avec le temps (cf. p. 51). Mais Augustin comprend dans le principe par « dans le Verbe », cf. p. 135 (XI, 32) : « La Sagesse de Dieu était présente » cite le Livre de la Sagesse (7, 27).

51. Pour Augustin les anges ont été créés le premier jour — « au commencement Dieu fit le ciel et la terre » —, partici-

pants de la lumière éternelle qui est l'immuable Sagesse de Dieu elle-même, qu'il appelle le Fils unique de Dieu.

52. Augustin, *La Cité de Dieu, op. cit.*, p. 209.

53. Car, si commencement il y a, alors cela signifierait que sa bonté était oisive avant ce commencement ce qui contredit la définition de Dieu comme amour. Et si Dieu était lui-même impliqué sans cesse dans cet infini, faisant et refaisant sans cesse son œuvre, alors cela montrerait un dieu étrange agissant à l'improviste hors de toute science donc.

54. François Refoulé, « Julien d'Éclane, théologien et philosophe », *Recherches de science religieuse*, n° 52, 3, pp. 42-84 ; n° 8, pp. 233-247, 1964.

55. *Ibid.*, n° 8, p. 247.

56. V. Yudin, art. cit. : « *The main thrust of Augustine's attack on Porphyry is the former's insistence on the omnipotence of the demiurge. However, this emphasis is absolutely counterproductive. Porphyry never claimed that the demiurge is omnipotent, nor did he think of the demiurge in terms of the supreme god. As is clear both from Proclus' evidence and from* de consensu, *the demiurge according to Porphyry is a hypercosmic soul. In fact he is subordinated to the intelligible paradigm i.e. the world of ideas, which is the subject of the soul's contemplation.* »

57. *Ibid.* : « *It would indeed be interesting to know what Augustine would have had to say on hearing that neither Porphyry nor any other Neoplatonist ever identified the demiurge with the* summus deus. [...] *Celsus must have believed that according to Plato the demiurge was a creator of the world as well as the utmost supreme divinity. Yet the fourth-fifth century Platonist-Christian controversy definitely had limits of mutual understanding.* »

58. S. Boulgakov, *L'Épouse de l'Agneau, op. cit.*, p. 419.

59. *Ibid.*, p. 360 : « La condition créée suppose le devenir ou la temporalité, qui a effectivement une origine dans l'acte créateur et qui n'a pas de fin car l'œuvre de Dieu est impérissable. Ce n'est que dans ce sens-là que l'on peut parler d'éternité créée, *aeveternitas*, par opposition à l'*aeternitas* véritable de Dieu qui ignore tout devenir. L'éternité créée ou temporelle, en devenir, et l'éternité divine sont non seulement différentes, mais encore opposées. Cela n'empêche pas que le temps, dont le fondement est dans l'éternité (et qui en est l'« image mobile » selon Platon), rencontre l'éternité et qu'il

peut en contenir la révélation. Cependant dans cette rencontre, ni la temporalité ne perd son caractère essentiel, celui du devenir et de la mutabilité, ni l'éternité n'est diminuée dans son immobilité et son immuabilité. Mais les deux catégories se rejoignent antinomiquement dans la notion de la "vie éternelle" accordée à la créature. »

60. *Ibid.*, p. 393.

61. Henri-Irénée Marrou, *L'ambivalence du temps de l'histoire chez saint Augustin, op. cit.*

62. *Ibid.*, p. 71.

63. On trouve une trace inattendue dans le texte d'Augustin de la révolte de la modernité contre cette idée des deux cités antagonistes créées par Dieu. Une « note du traducteur » signale discrètement que les thèses d'Augustin conduisent à la croyance dans « le supplice éternel pour les méchants » (p. 218). Un peu plus loin, p. 219, il explique de façon peu historique qu'Augustin ne pense pas suffisamment au purgatoire.

64. H.-I. Marrou, *L'ambivalence du temps…, op. cit.*, p. 39.

65. J.-L. Marion, *Au lieu de soi, op. cit.*

66. Augustin, *La Cité de Dieu, op. cit.*, p. 229.

67. *Au lieu de soi, op. cit.*, p. 159.

68. *Ibid.*, p. 195.

69. *Ibid.*, p. 337.

70. Saint Augustin, *Confessions*, livre XI, trad. Péronne et Écalle remaniée par P. Pellerin, Nathan, 1998, chap. 20.

71. J.-L. Marion, *Au lieu de soi, op. cit.*, p. 271.

72. *Ibid.*

73. *Ibid.*, p. 304.

74. *Ibid.*, p. 310.

75. *Orthodox Readings of Augustine, op. cit.*

76. Jean Delumeau, *Le péché et la peur. La culpabilisation en Occident (XIII*e*-XVIII*e *siècles)*, Paris, Fayard, 1983. Nicolas Berdiaev, « Deux compréhensions du christianisme. (Au sujet de la discussion sur l'ancien et le nouveau dans le christianisme) », *Pout'*, n° 36, 12/32, pp. 17-43 (en russe).

77. G. Chesnut, *The First Christian Histories, op. cit.*, p. 123.

78. Cyrille de Jérusalem, *Opera Quae Existant Omnia*, PG 33, Catéchèse XVIII, J.P. Migne, Petit Montrouge, 1857, p. 1044 (traduction AA).

79. Une traduction arménienne découverte en 1787 à Jérusalem permet de disposer des deux parties.

80. H. Leclercq, « Historiens du christianisme », *Dictionnaire…, op. cit.*, p. 2565.

81. Vassili Vassiliévitch Bolotov, *Lektsi po istorii drevniei Tserkvi*, vol. 1, Petrograd, 1918.

82. H. Leclercq, « Historiens du christianisme », *Dictionnaire…, op. cit.*, p. 2600.

83. P. Lombard, *Sentences*, Paris, première version en 1155, premier livre, distinction 19, chap. IX.

84. H. Leclercq, *op. cit.*, p. 2610.

85. V. Laurent, *Les Mémoires du grand ecclésiarque de l'Église de Constantinople Sylvestre Syropoulos sur le concile de Florence (1438-1439)*, Rome, Institut Pontifical Oriental, 1971.

86. Il s'agit d'une expression célèbre que le chroniqueur Doukas plaça dans la bouche de Loukas Notaras avant la chute de Constantinople. V. Grecu, *Ducas. Istoria turco-bizantina (1341-1462)*, Bucarest, 1958.

87. Ducas, *Historia*, XXXI, 9 (éd. Bonn, p. 120, 121). L'historien unioniste raconte la chute de Byzance comme la conséquence du reniement du concile de Florence, aussi noircit-il à dessein les évêques ayant participé au concile en les accusant de simonie et en décrivant avec exagération leurs manœuvres postconciliaires.

88. V. Laurent, *Les Mémoires du grand ecclésiarque…, op. cit.*, p. 13.

89. V. Laurent, « Les premiers patriarches de Constantinople sous la domination turque (1454-1476). Succession et chronologie d'après un catalogue inédit », *Revue des études byzantines*, tome 26, 1968, pp. 229-263.

90. Adamantios Diamantopoulos, « Guennadios Scholarios », dans *Hellenika*, IX, Athènes, 1936, pp. 285-308. Il publia d'abord un livre sur Marc d'Éphèse à Athènes en 1899.

91. S. Boulgakov, *Sous les remparts de Chersonèse*, 1918, Moscou, Naouka, Troudy po sotsiologui, 1997 ; traduit en français par B. Marchadier, Paris, Ad Solem, 1999. Le théologien russe reconnaissait le concile de Florence comme le huitième concile œcuménique reconnu par l'Église Orthodoxe en arguant du fait qu'aucun concile œcuménique ne l'avait rejeté ; D. Geanakoplos, « Edward Gibbon and Byzantine Ecclesiastical History », *Church History*, XXXV, 1966, pp. 170-185.

92. Joseph Gill, *The Council of Florence*, Cambridge, 1959,

pp. 4-8 ; et *Personalities of the Council of Florence*, Barnes et Noble, 1964, pp. 144-177.

93. V. Laurent, *Les Mémoires du grand ecclésiarque...*, *op. cit.*, p. 32.

94. *Ibid.*, p. 493.

95. Emmanuel Lanne, dans « Uniformité et pluralisme », rappelle que, tant sur la question du *filioque* que sur celle de la primauté du pape, le concile de Florence admit la reconnaissance d'un pluralisme ou d'une diversité légitime entre les positions grecque et latine. Sur la question cruciale du *filioque*, les participants au concile eurent une vraie discussion théologique où les deux points de vue des Églises d'Orient et d'Occident purent s'exprimer. Mais la bulle d'union affirme que « tous, sous des formules différentes, voulaient entendre la même chose ». Certes la primauté romaine fut affirmée avec force, mais « tous les droits et privilèges des patriarches » furent maintenus. Le pape ne pouvait convoquer seul un concile œcuménique ni juger un patriarche à son tribunal. Les Grecs obtinrent en outre que la reconnaissance de la primauté romaine soit assortie d'une clause qu'elle était à comprendre « selon ce qui est contenu dans les actes des conciles œcuméniques et les sacrés canons ». Sur la question mineure du pain azyme, la coutume de chaque Église fut reconnue. Sur celle des fins dernières, on adopta un énoncé modéré de la formule latine, mais les Latins renoncèrent à imposer aux Grecs la contemplation de Dieu de manière immédiate par les bienheureux. *The Council of Ferrara-FIorence (1438/39-1989)*, G. Alberigo éd., Christian Unity, Leuven, 1991, p. 364 et p. 359.

96. Cécile Caby, « Entre observance et humanisme. Définitions et pratiques d'une orthodoxie culturelle dans l'ordre camaldule », dans *Orthodoxie, christianisme, histoire, op. cit.*, p. 11.

97. Dans *The Council of Ferrara-Florence...*, *op. cit.*, p. 516.

98. Ainsi, comme l'a montré I. Pavlov, en Moscovie, le traitement vexatoire du métropolite Isidore après le concile s'explique plus par ses origines grecques que par sa prétendue traîtrise à la foi orthodoxe. « S'il avait occupé le siège de Kiev-Moscou quelques décennies plus tôt, la mémoire qu'il aurait laissée parmi les Russes aurait été bien différente », I. Pavlov, « The Ferrara-Florentine Union. A View from Moscow », *The Council of Ferrara-Florence...*, *op. cit.*, p. 503.

99. W. Hryniewicz, « The Florentine Union Reception and Rejection », *The Council of Ferrara-Florence..., op. cit.*, p. 522.

100. Il eut, comme disciple en France, l'humaniste Lefèvre d'Étaples qui édita ses œuvres en 1514.

101. N. de Cues, *De la docte ignorance*, Paris, éd. De la Maisnie, PUF, 1930, livre III, chap. XII.

102. Cette vision lui inspirera aussi son *De Pace Fidei* qui montre que les divisions entre les Églises se situent au niveau des usages et des rites mais ne peuvent atteindre l'unité mystique de l'Église.

103. N. de Cues, *De la docte ignorance, op. cit.*, livre III, chap. XII, p. 55.

104. Dès le XIVe siècle en Occident, Pétrarque (1304-1374) parlait déjà d'une *docta pietas* qui combinait avec éloquence la piété avec la sagesse, et en Orient Grégoire Palamas (1296-1359) reprenait l'enseignement des Pères pour développer une théologie des énergies incréées et penser la participation des hommes à l'œuvre divine.

105. Charles Stinger, « Italian Renaissance Learning and the Church Fathers », Irena Backus, *The Reception of the Church Fathers in the West*, Leiden, Brill, 1997, pp. 473-510.

106. Pour J. Chomarat, Érasme plaçait toujours « la piété au-dessus des dogmes, l'éloquence au-dessus de la dialectique, et les êtres au-dessus des systèmes » ; J. Chomarat, *Grammaire et rhétorique chez Érasme*, Paris, Les Belles Lettres, 1981, p. 543.

107. Bien qu'il faille distinguer entre la théologie de Suso et celle de maître Eckhart, cette génération de penseurs mystiques se référait aux préscolastiques pour qui « le terme d'imitation est utilisé encore autant que celui de participation ». R. Javelet, « Image et ressemblance au XIIe siècle de saint Anselme à Alain de Lille », Strasbourg, 1967, p. 9.

108. On peut se référer à l'article de C. Stinger pour mesurer l'extraordinaire renouveau patristique et la créativité intellectuelle des humanistes byzantins et latins de l'époque. Mentionnons Marsile Ficin, qui s'intéressait à la sophiologie, Jean Pic de la Mirandole qui commenta la Cabbale, Gilles de Viterbe qui rédigea une théologie des Noms divins... Pour John O'Malley ce renouveau patristique a développé chez les humanistes romains une « sotériologie incarnationnelle ». La restauration de la dignité de l'homme rendait possible la déification

et la réalisation des intentions providentielles de Dieu dans l'histoire. La Réforme pour les humanistes qui furent marqués par la ferveur spirituelle des Pères de l'Église signifiait essentiellement une réforme morale et personnelle et devait aboutir à un engagement pour plus de justice sociale.

109. Cf. Ihor Sevcenko, « Intellectual Repercussions of the Council of Florence », *Church History*, 24, 1955, pp. 291-323. Marie-Hélène Blanchet, « La question de l'Union des Églises (XIIIe-XVe siècle) : historiographie et perspectives », *Revue des études byzantines*, tome 61, 2003, pp. 5-48.

IX. LA « MÉMOIRE FIDÈLE ». DES *ANNALES DE MAGDEBOURG* AUX *VOIES DE LA THÉOLOGIE RUSSE* DE G. FLOROVSKY

1. Pascal, *Pensées*, Paris, 1897, éd. Brunschvicg, n° 858, p. 207. Un peu plus haut Pascal écrit : « Il y aurait trop d'obscurité, si la vérité n'avait pas des marques visibles. C'en est une admirable d'être toujours [conservée] dans une Église et assemblée [d'hommes] visible. Il y aurait trop de clarté s'il n'y avait qu'un sentiment dans cette Église ; celui qui y a toujours été est la vérité [le vrai], car le vrai y a toujours été, et aucun faux n'y a toujours été » (n° 857).

2. « Je vois plusieurs religions contraires, et partant toutes fausses, excepté une. Chacune veut être crue par sa propre autorité et menace les incrédules. Je ne les crois donc pas là-dessus. Chacun peut dire cela, chacun peut se dire prophète. Mais je vois la chrétienne où je trouve des prophéties, et c'est ce que chacun ne peut pas faire », Pascal, *Pensées, op. cit.*, n° 693, p. 160.

3. Pascal, *Pensées*, *op. cit.*, n° 738, p. 181.

4. Pascal, *Pensées*, *op. cit.*, n° 287-288, pp. 68-69.

5. Philippe Boutry, « Tradition et autorité dans la théologie catholique au tournant des XVIIIe et XIXe siècles », dans *Histoire et Théologie*, sous la dir. de J.-D. Durand, Paris, Beauchesne, 1994, pp. 59-82.

6. Selon l'expression du cardinal Hyacinthe Gerdil, l'un des principaux protagonistes de la bulle. *Ibid.*, p. 79.

7. Saint Jean Damascène : « Celui qui ne croit pas selon la tradition de l'Église est infidèle », *Exposé de la foi orthodoxe*, IV, chap. 10, P.G.XCIV, 1128.

8. « [...] les fidèles n'ont aucun prétexte de suivre ces relâchements, qui ne leur sont offerts que par les mains étrangères de ces casuistes, au lieu de la saine doctrine, qui leur est présentée par les mains paternelles de leurs propres pasteurs », Pascal, *Pensées, op. cit.*, n° 889, p. 212.

9. Yves Krumenacker, *Calvin. Au-delà des légendes*, Paris, Bayard, 2009.

10. Marie-Thérèse Nadeau, *Foi de l'Église. Évolution et sens d'une formule, op. cit.*, 1988, p. 340.

11. Le travail de clarification de cette doctrine, entamé par Johann Eck dès les années 1525 dans son *De primatu Petri*, conduisit, lors du concile Vatican I, à la déclaration de l'infaillibilité pontificale, le 18 juillet 1870 par l'encyclique *Pastor aeternus*.

12. En 1516, Érasme publie le texte grec original avec la traduction latine du Nouveau Testament. La traduction de la Vulgate réalisée par Jérôme avait souffert de nombreuses critiques au sujet de son adéquation au texte original de la part de Lorenzo Valla. L'année suivante, le 31 octobre 1517, Luther placarde ses 95 thèses à la porte de l'église de Wittenberg. Les thèses 64 et 65 montrent clairement l'opposition entre deux interprétations de la tradition ecclésiale : « 65. Les trésors de l'Évangile sont des filets au moyen desquels on prêchait jadis des hommes adonnés aux richesses. 66. Les trésors des indulgences sont des filets avec lesquels on pêche maintenant les richesses des hommes. »

13. En réponse à un appel de Pie IX (*In suprema Petri Apostoli Sede*), tous les patriarches orientaux et vingt-neuf évêques publièrent, le 6 mai 1848, une encyclique solennelle pour supplier le pape, au nom de la tradition « des sept conciles œcuméniques », de ne pas introduire le dogme de l'infaillibilité, et pour préciser que la vérité est sauvegardée par le corps entier de l'Église.

14. J. Calvin, *Actes du concile de Trente, avec le remède contre le poison*, Genève, 1547, édition française, 1548.

15. *La foi des Églises luthériennes. Confessions et catéchismes*, textes édités par André Birmelé et Marc Lienhard, Paris, Genève, Cerf, 2003, p. 46.

16. « Concio latine habita, coram Regie Majestate, XIIIe Aprilis, A.D. 1613 in Aula Grenvici », in *Opuscula quaedam pos-*

thuma Lanceloti Andrewes episcope Wintoniensis, Oxford, 1852, p. 91.

17. Voir en particulier Dominique Bertrand, « The Society of Jesus and the Church Fathers in the XVIth and XVIIth Century », I. Backus, *The Reception..., op. cit.,* qui montre qu'aux XVIe-XVIIe siècles les jésuites ont publié plus de Pères grecs que latins en raison de la proximité de la spiritualité d'Ignace de Loyola avec celle des Pères du désert et leur art du discernement spirituel. Dans son *Histoire littéraire du sentiment religieux,* Henri Bremond considère que le sommet de la spiritualité française se situe au XVIIe siècle et est le résultat de cet influx de culture patristique orientale. H. Bremond, *Histoire littéraire du sentiment religieux,* 11 vol., Paris, Jérôme Millon (1916-1933) ; 5 vol., 2006.

18. Voici ce qu'écrit R. Keen au sujet des théologiens catholiques de la Contre-Réforme : « *The use of the Fathers attests to an auxiliary rather than a normative role in the life of the church.* [...] *The Christian community, under the guidance of the Holy Spirit, is the source of traditions, and the Fathers are its witnesses. The sacraments that were being defended were viewed as traditions, not as doctrines, and the controversialists who appealed to the Fathers' insistence upon the authority of the custom of the church reflected this understanding of what was at stake* », Ralph Keen, « The Fathers in Counter-Reformation Theology in the Pre-Tridentine Period », I. Backus, *op. cit.,* p. 735.

19. Théodore de Bèze (1519-1605), *Histoire ecclésiastique des Églises réformées au Royaume de France* (1580). Dans cette œuvre collective majeure, l'historien protestant, biographe de Calvin, fait intervenir l'Esprit Saint dans l'histoire institutionnelle de la Réforme.

20. Jean-Louis Quantin, « The Fathers in XVIIth Century Anglican Theology », I. Backus, *op. cit.,* p. 987.

21. Y. Congar, « Neuf cent ans après. Notes sur le "schisme oriental" », dans *1054-1954, L'Église et les Églises,* Chevetogne, éditions de Chevetogne, 1954, p. 40.

22. Il est intéressant à cet égard que certains grecs catholiques ukrainiens, en situation conflictuelle avec l'Église Orthodoxe, aient choisi de se dire « *pravovernye* » plutôt que « *pravoslavnye* », soulignant cette priorité de la vertu de fidélité

(*vernost'*) sur celle de glorification (*slava*) qui domina l'époque moderne.

23. Dom Lambert Beauduin, *La Vie liturgique*, n° 2, 1909, p. 3.

24. Jan Den Boeft, « Erasmus and the Church Fathers », I. Backus, vol. 2, *op. cit.*, p. 567.

25. A. Dupront, « Le concile de Trente », dans *Le concile et les conciles*, Paris, Cerf, 1960, pp. 195-243, cité par B. Sesboüé, *Le magistère à l'épreuve*, *op. cit.*, p. 168.

26. B. Sesboüé, *Le magistère...*, *op. cit.*, p. 175.

27. P. Veit, intervention lors de la table ronde de journées d'études sur la confessionnalisation de novembre 2001, *Études germaniques*, 3, 2002 ; cité par Y. Krumenacker, *Calvin. Au-delà des légendes*, *op. cit.*, p. 240.

28. Luther aimait rappeler que c'était l'évêque d'Antioche Eusthatius et non l'évêque de Rome qui présida le concile de Nicée. Manfred Schulze, « Martin Luther and the Church Fathers », I. Backus, *op. cit.*, p. 573.

29. Meijering, *Melanchthon and Patristic Thought*, Leiden, 1983, p. 85.

30. Y. Krumenacker, *Calvin. Au-delà des légendes*, *op. cit.*, pp. 146-147.

31. Cet adage est tiré des lettres de saint Cyprien de Carthage : « Il n'y a point de salut hors de l'Église (*Salus extra ecclesiam non est*), Lettre 73. Un travail de contextualisation de cette phrase a été fait au XXe siècle pour expliquer que le Père de l'Église pensait essentiellement aux chrétiens se détournant de l'Église de Carthage qui rejetait alors les baptêmes provenant des sectes dissidentes. Le pape Étienne de Rome n'avait pas le même point de vue. Bernard Sesboüé, *« Hors de l'Église pas de salut ». Histoire d'une formule et problèmes d'interprétation*, Paris, Desclée de Brouwer, 2004.

32. Pierre Chaunu, « La connaissance et la foi », dans *L'historien et la foi*, *op. cit.*, p. 44.

33. Marc Fumaroli, « Préface », Bruno Neveu, *Érudition et Religion aux XVIIe et XVIIIe siècles*, Paris, Albin Michel, 1994, p. VI.

34. Michel Stavrou, « Le péché des origines dans l'orthodoxie et à Port-Royal », *Contacts*, n° 230, avril-juin 2010, p. 162.

35. Marc Venard, « Réforme, réformation, Préréforme, Contre-Réforme... Étude de vocabulaire chez les historiens

récents de langue française», dans Philippe Joutard, *Historiographie de la Réforme*, colloque d'Aix des 22-24 septembre 1972, Paris, 1977, Delachaux et Niestlé, pp. 352-365.

36. A.P. Lebedev, *Tserkovnaja Istoriografia v glavnikh ieia predstaviteliakh s IV v. do XX veka*, Saint-Pétersbourg, p. 257.

37. H. Leclercq, «Historiens du christianisme», *Dictionnaire..., op. cit.*, p. 2613.

38. On trouve un projet concurrent à cette nouvelle orthodoxie historiographique dans la *Chronique, Annales et Bible historique* de Sébastien Franck de Woerd, parue à Strasbourg le 5 septembre 1531. Elle fut durement condamnée par Érasme qui y était traité d'hérétique. Jean-Claude Colbus a expliqué dans sa thèse qu'il s'agissait en fait d'un titre de noblesse que Franck réservait aux martyrs de la vérité ayant lutté contre l'Église romaine. J.-C. Colbus, *La Chronique de Sébastien Franck (1499-1542)*, Berne, Peter Lang, 2005.

39. *Per aliquot studiosos et pios viros in urbe Magdeburgicae. Accessit... rerum in singulis centuriis...*, index, in folio, Basileae, 1559-1574.

40. *Quorum curam suscipiet qui praefationes etiam singulis voluminibus addet S.J. Baumgarten* [et J.S. Semler; édité par J.J. Kauckius], 4 vol. in-4°, Norimbergae, 1757, 1758, 1765, 1768.

41. *Centuriae Magdeburgenses*, tome 1, Praefatio, p. 1, Norimbergae, 1757.

42. Luther a écarté la théorie des quatre sens de l'Écriture au profit du seul sens littéral. Si obscurité il y a, une meilleure connaissance de la langue suffit à la dissiper. Cela conduisit Mathias Flacius Illyricus à rédiger *Clavis scripturae sacrae* en 1567.

43. C. Baronius, *Annales ecclesiastici*, vol. 1, Antverpiae, 1597.

44. C. Baronius, *Annales..., op. cit.*, praefatio.

45. A.P. Lebedev, *Tserkovnaja..., op. cit.*, p. 275.

46. Antonella Romano, «Orthodoxie intellectuelle en milieu jésuite», *Orthodoxie, christianisme, histoire, op. cit.*, p. 244.

47. K. Löwith, *Histoire et salut. Les présupposés théologiques de la philosophie de l'histoire*, Paris, Gallimard, 2002.

48. *Dictionnaire critique de théologie*, sous la dir. de J.-Y. Lacoste, Paris, PUF, 1998; trad. anglaise *Encyclopedia of Christian Theology*, New York, Routledge, 2005.

49. Philippe Joutard (sous la direction de), *Historiographie de la Réforme, op. cit.*

50. J. Solé, « Pierre Bayle, historien de la Réforme », *ibid.*, p. 79.

51. Propos de M. Dompnier lors de la discussion à l'issue du « Rapport de Mme Élisabeth Labrousse », *ibid.*, p. 114.

52. Dom Denis, *Dom Mabillon et sa méthode historique*, Paris, 1910.

53. Le ministre protestant Pierre Jurieu ayant répondu à cet ouvrage, Bossuet répondit par des *Avertissements aux protestants sur les lettres du ministre Jurieu contre l'« Histoire des variations »*, essai maladroit où il en vient à faire l'apologie de l'esclavage.

54. H. Leclercq, « Historiens du christianisme », *Dictionnaire..., op. cit.*, p. 2625.

55. Paul Hazard, *La crise de la conscience européenne, 1680-1715*, Paris, Gallimard, 1968, chap. II, pp. 48-77.

56. B. Neveu, *Un historien à l'École de Port-Royal. Sébastien Le Nain de Tillemont, 1637-1698*, La Haye, M. Nijhoff, 1966.

57. *Ibid.*, p. 288.

58. Jean-Louis Quantin, « The Fathers in XVIIth Century Roman Catholic Theology », dans I. Backus, *The Reception..., op. cit.*, p. 970.

59. J.-L. Quantin, « The Fathers in XVIIth Century Anglican Theology », *ibid.*, p. 1005.

60. Louis Trénard, « Voltaire historien de la Réforme », dans *Historiographie de la Réforme, op. cit.*, p. 165.

61. Yvonne Knibiehler, « Réforme et révolution d'après Charles de Villers », *ibid.*, p. 171.

62. Intervention de M. Carbonell dans le débat ayant suivi le « Rapport de M. Daniel Robert », *ibid.*, p. 288.

63. H. Leclercq, « Historiens du christianisme », *Dictionnaire..., op. cit.*, p. 2641.

64. *Ibid.*, p. 2643.

65. L. Duchesne, « Les Évangiles de M. Renan », *Revue du monde catholique*, 1877, t. LI, pp. 314-315.

66. E. Renan, *Marc Aurèle ou La fin du monde antique*, Paris, 1882, p. 537.

67. Bernard Sesboüé et Christoph Theobald, *La Parole du Salut*, dans *Histoire des dogmes*, t. IV, Paris, Desclée, 1996, p. 227. Cité par B. Sesboüé, *Le magistère..., op. cit.*, p. 166.

68. H. Leclercq, « Histoire du christianisme », *Dictionnaire..., op. cit.*, p. 2692.

69. A. Loisy, « Le chemin vers l'excommunication », dans *Mémoires pour servir à l'histoire religieuse de notre temps (1857-1927)*, Paris, E. Nourry, 1930-1931.

70. B. Barbiche, « La *RHEF* a cent ans », *Revue de l'histoire de l'Église de France*, n° 237, juil.-déc. 2010, p. 257.

71. Ernst Breisach, « Historiography an Overview », dans *Encyclopedia of Religion*, edited by Lindsay Jones, Gale, Thomson, 2nd edition, p. 4034.

72. *La Symbolique, ou Exposition des contrariétés dogmatiques entre les catholiques et les protestants d'après leurs confessions de foi publiques*, de Johann Adam Mœhler, Besançon, Outhenin Chalendre, 1836.

73. C'est moi qui souligne.

74. Johann Adam Mœhler, *De l'unité de l'Église, ou Du principe du catholicisme, d'après l'esprit des Pères des trois premiers siècles*, Bruxelles, H. Rémy, 1839, pp. 47-48.

75. Roderick Strange, *John Henry Newman. A Mind Alive*, Darton, Longman and Todd, 2008, p. 38.

76. Il s'agit de l'hérésie des évêques de Numidie, en Afrique du Nord, qui ne reconnaissaient ni la validité des évêques ordonnés par des *traditores*, évêques ayant accepté de brûler des livres sacrés pendant la persécution de Dioclétien en 295-299, ni l'autorité de l'évêque de Rome qui les condamna, et qui firent appel à l'empereur Constantin. Le concile d'Arles du 1er août 314 trancha en leur défaveur et aboutit, pour la première fois dans l'histoire de l'Église, à l'intervention des forces de police contre des communautés chrétiennes au nom de l'orthodoxie. Les biens des évêques schismatiques furent confisqués et leurs communautés dissoutes.

77. J.H. Newman, *Lectures on Justification*, Rivingstone, 1840, deuxième éd., pp. 132-137.

78. J.H. Newman, *Apologia pro vita sua*, London, Dent and Sons, 2006, p. 114.

79. Permanence du type ; continuité des principes ; pouvoir d'assimilation d'une idée ; suite logique d'une idée à une autre ; présence d'ébauches originelles, anticipation de l'avenir ; conservation active du passé (par une continuité de l'idée au sein de son développement) ; vigueur dans la durée.

80. Jean Honoré, *Newman : sa vie et sa pensée*, Paris, Desclée, 1988, p. 61.

81. *Ibid.*

82. Il inclut dans cette anthologie les actes d'un synode qui se serait tenu à Constantinople en 1450 pour rejeter et anathématiser l'Union. Bien qu'il s'agisse d'un faux, selon Allatius, un Grec favorable à l'Union (plusieurs invraisemblances jalonnent le texte, comme la participation de Marc d'Éphèse alors que sa mort date de 1445 au plus tard), le document est reconnu par l'Église grecque comme authentique. Cf. Marie-Hélène Blanchet, « La question de l'Union des Églises (XIIIe-XVe siècles)... », *Revue des études byzantines, op. cit.*, p. 22.

83. G. Florovsky, *Les voies de la théologie russe*, Paris, YMCA Press, 1936 (chapitre II, 10).

84. Cf. son introduction à Georges Fedotov, *Les saints de l'ancienne Russie*, Paris, YMCA Press, 1931.

85. Le statut d'Église ne fut reconnu par Rome aux Églises orientales orthodoxes qu'en 1917, à la faveur de la création par Benoît XV de la Congrégation pour l'Église orientale à l'intérieur de la Congrégation pour la propagande de la foi. Cette année-là, à l'initiative de Louis Petit, recteur du séminaire unioniste de Kadikoy, près d'Istanbul, fut également créé à Rome l'Institut pontifical oriental.

86. Le texte a été traduit par V. Conticcello et est en ligne sur: www.ephe.academia.edu/VassaKontouma/.

87. *Ibid.*, p. 7.

88. Vassili V. Bolotov, « Vvedenie v Tserkovnoujou Istoriou », *Prilojenie k Khristianskomou Tchteniou, op. cit.*, p. 30.

89. *Ibid.*, p. 31.

90. *Ibid.*, p. 36.

91. A.P. Lebedev, *Istoria Greko Vostotchnoi tserkvi pod vlastiou Tourok*, Saint-Pétersbourg, Touzov, 1903.

92. A.P. Lebedev, *Istoria vselenskikh soborov*, Serguiev Possad, Typ. Sneguirevoi, 1896-1897.

93. A.P. Lebedev, *Tserkovnaja Istoriografia v glavnikh ieia predstaviteliakh s IV v. do XX veka*, Saint-Pétersbourg, éd. I.L. Touzova, 1903.

94. G. Florovsky, *Les voies de la théologie russe*, Lausanne, L'Âge d'Homme, 2001, p. 347.

95. A.P. Lebedev, *Tserkovnaja..., op. cit.*, p. 566.

96. Ce livre fut adapté par Pavel Lounguine dans son film de 2009 *Tsar*.

97. G. Fedotov, *Sviatye dryevniei Russi,* Paris, YMCA Press, 1931.

98. V. Soloviev, *Le développement dogmatique de l'Église,* Paris, Desclée, 1991, p. 74.

99. Le père N. Tolstoï confessa le philosophe et ne lui demanda, avant le moment de la communion, que de prononcer en slavon le symbole de foi du concile de Trente, c'est-à-dire avec le *filioque.* http ://krotov.info/library/18_s/solovyov/okolo.html.

100. L. Zander, « Notice biographique de S. Boulgakov », *Irénikon,* n° 2, 1946, pp. 168-185.

101. Cf. A. Arjakovsky, *La génération des penseurs de l'émigration russe, op. cit.*

102. G. Florovsky, *Les voies de la théologie russe,* Paris, YMCA Press, 1936 ; traduction fr. Jean-Louis Palierne, *op. cit.*, pp. 452-453.

103. G. Florovsky, « Les voies de la théologie russe », *Dieu vivant,* n° 13, Paris, p. 48.

104. *Ibid.*, p. 49.

105. Florovsky rédigea en prévision de l'assemblée du COE à Amsterdam deux communications : « La nature et la mission de l'Église » ; « Le Corps du Christ vivant : une interprétation orthodoxe de l'Église ». Au mois d'août 1948, il participa à la première assemblée du Conseil œcuménique des Églises où il fut élu membre du comité exécutif jusqu'à la troisième assemblée du COE, à New Delhi, en 1961 (il resta membre de la commission « Foi et Constitution » jusqu'en 1971, lors de la cinquième conférence de Louvain). Compte tenu de ses relations houleuses avec les institutions orthodoxes parisiennes, il chercha un nouveau port d'attache. Il partit en 1948 aux États-Unis et enseigna la théologie dogmatique au séminaire Saint-Vladimir de New York, où se trouvaient également Georges Fedotov, Nicolas Arsenev, Nicolas Lossky. Il eut alors la satisfaction d'être invité à enseigner l'histoire à l'université de Columbia et de Harvard, où il retrouva Roman Jakobson, Dmitro Tschijevski, Paul Tillich. À Toronto, en 1950, il obtint du COE que l'intégration au Conseil n'implique pas, pour chaque Église membre, l'obligation de reconnaître aux autres Églises membres la qualité d'Église au sens strict du mot. Il devint le doyen du séminaire en 1951, fonda le *Saint Vladimir's Seminary Quarterly* en 1953 et décida que l'enseignement

se déroule en anglais. Enseignant également à Columbia, où il créa une Fraternité chrétienne orthodoxe, et à l'Union Theological Seminary, il devint le collègue de P. Tillich et R. Niebuhr. Il prit alors la citoyenneté américaine. En 1954, il dut quitter le séminaire Saint-Vladimir sur pression des membres conservateurs de la hiérarchie russe locale. Il retourna dans la juridiction de Constantinople, et partit enseigner, en 1955, au séminaire grec de théologie de Holy Cross. À Harvard, entre 1956 et 1964, il enseigna l'histoire de l'Église orientale et organisa un séminaire de civilisation russe où il rencontra A. Blane, M. Raeff, J. Billington. Jusqu'à la fin de sa vie il publia en anglais des ouvrages théologiques tels que *Bible, Church, tradition* (1972) et participa à quantité de congrès théologiques du COE, de patrologie à Oxford en 1955, de byzantinologie en 1958, à Munich, au sixième centenaire de Grégoire Palamas à Thessalonique en 1959. En 1965, Paul VI le nomme coresponsable de l'Institut œcuménique de Jérusalem ouvert à l'occasion de sa rencontre avec le patriarche Athénagoras. Il meurt en 1979.

X. LA « CONNAISSANCE JUSTE ». DE RUTH ROUSE ET STEPHEN CHARLES NEILL À GUY BEDOUELLE ET OLIVIER CLÉMENT

1. *Jalons*, recueil édité par M. Guerchenzon, Saint-Pétersbourg, 1909.
2. http ://ru.wikipedia.org/wiki/.
3. N. Berdiaev, « Vérité de philosophie et vérité-justice d'intelligentsia », *Les Jalons*, traduction française, Paris, Cerf, 2011, p. 23.
4. *Les Jalons, cent ans après*, édité par A. Arjakovsky, *op. cit*.
5. *Ibid.*, p. 37.
6. *Ibid.*, p. 40.
7. J. Honoré, *Newman…, op. cit.*, p. 74.
8. *Pedro Poveda, quelques pages*, Bruxelles, Institution Thérésienne, 2004.
9. *Ibid.*, pp. 29-30.
10. *Ibid.*, p. 96.
11. D. Bonhoeffer, *Résistance et soumission*, Paris/Genève, Libraire protestante, Labor et Fides, p. 66.
12. *Ibid.*, p. 5.

13. B. Sesboüé, *Le magistère à l'épreuve, op. cit.*, p. 152.

14. Cardinal Journet, *L'Église du Verbe incarné*, vol. III, *Essai de théologie de l'histoire*, Paris, DDB, 1969, p. 691.

15. Dans le documentaire que Vladimir Kozlov lui a consacré en 2002, *Musique et couleurs du père Léonide*, on le voit à vélo, faisant plus de cent kilomètres par jour, pour célébrer un baptême ou un enterrement. Il acheta ensuite une 2 CV que conduisait le prince Alexis Kropotkine.

16. Une avenue de Montauban lui est dédiée en reconnaissance de son geste.

17. Ses œuvres sont présentes au musée Ingres de Montauban et dans la collection de l'Aracine à Villeneuve-d'Ascq.

18. *Alpha et oméga. Essai sur le christianisme œcuménique intégral, op. cit.*, p. 18.

19. B. Sesboüé, *Le magistère à l'épreuve, op. cit.*, p. 182.

20. Claude Tresmontant, *Les métaphysiques principales*, Paris, F.-X. de Guibert, 1995, p. 308.

21. G. K. Chesterton, *Orthodoxy*, Londres, 1908 ; Paris, Gallimard, 1984. En 1905, il avait commencé par publier un livre intitulé *Hérétiques*.

22. Emmanuel Adamakis, « Heureux les doux, ils obtiendront la terre promise », dans *Qui nous fera voir le bonheur ?*, Paris, Presses de la Renaissance, 2004, pp. 57-58.

23. *Ibid.*, p. 48.

24. M. Zyzykine, « L'Église Orthodoxe et le droit international », *Actes du premier congrès de théologie orthodoxe, Athènes, 29 novembre au 6 décembre 1936*, publié par Hamilcar Alivisatos, Athènes, Pyrsos, 1939, p. 417.

25. Joseph Yacoub, « Les droits de l'Homme : une œuvre collective de l'humanité », *Aspects*, hors-série, 2008, pp. 31-43.

26. H.U. von Balthasar, « Raser les bastions », *Dieu vivant*, n° 25, Paris, p. 32.

27. http://www.oikoumene.org/gr/resources/documents/other-ecumenical-bodies/kairos-palestine-document.html.

28. « L'amour dans la vérité (*Caritas in veritate*), dont Jésus s'est fait le témoin dans sa vie terrestre et surtout par sa mort et sa résurrection, est la force dynamique essentielle du vrai développement de chaque personne et de l'humanité tout entière. L'amour — "*caritas*" — est une force extraordinaire qui pousse les personnes à s'engager avec courage et générosité dans le domaine de la justice et de la paix. C'est une force

qui a son origine en Dieu, Amour éternel et Vérité absolue. Chacun trouve son bien en adhérant, pour le réaliser pleinement, au projet que Dieu a sur lui : en effet, il trouve dans ce projet sa propre vérité et c'est en adhérant à cette vérité qu'il devient libre (cf. Jn, 8, 32). Défendre la vérité, la proposer avec humilité et conviction et en témoigner dans la vie sont par conséquent des formes exigeantes et irremplaçables de la charité. En effet, celle-ci "trouve sa joie dans ce qui est vrai" (I Cor., 13, 6). Toute personne expérimente en elle un élan pour aimer de manière authentique : l'amour et la vérité ne l'abandonnent jamais totalement, parce qu'il s'agit là de la vocation déposée par Dieu dans le cœur et dans l'esprit de chaque homme. Jésus-Christ purifie et libère de nos pauvretés humaines la recherche de l'amour et de la vérité et il nous révèle en plénitude l'initiative d'amour ainsi que le projet de la vie vraie que Dieu a préparée pour nous. Dans le Christ, *l'amour dans la vérité* devient le Visage de sa Personne. C'est notre vocation d'aimer nos frères dans la vérité de son dessein. Lui-même, en effet, est la Vérité (cf. Jn, 14, 6). » http ://www.vatican.va/holy_father/benedict_xvi/encyclicals/documents/hf_ben-xvi_enc_20090629_caritas-in-veritate_fr.html.

29. http ://www.oikoumene.org/fr/nouvelles/news-management/a/fr/article/1634/pour-bartholomee-ier-la.html.

30. R. Williams, *Icônes perdues, réflexions sur une culture en deuil*, Paris, Cerf, 2005.

31. Cf. en particulier ce texte du 10 juillet 2011 du cardinal Levada annonçant la prochaine rencontre d'Assise et commentant Benoît XVI : « Le titre choisi pour la prochaine rencontre d'Assise — "Pèlerins de la vérité, pèlerins de la paix" — nous offre une seconde indication : pour pouvoir raisonnablement espérer construire ensemble la paix, il faut prendre comme critère la vérité. "L'ethos sans le logos ne tient pas" (J. Ratzinger, *Je vous ai appelés mes amis. La compagnie sur le chemin de la foi*, 71). Instruit par les douloureuses expériences des idéologies totalitaires, le pape a en horreur toute forme de subordination de la raison à la pratique. Mais il y a bien plus. Le lien originel entre l'ethos et le logos, et entre religion et raison, s'enracine en définitive dans le Christ, le Logos divin : c'est précisément pour cela que le christianisme est en mesure de restituer au monde ce lien, en participant, comme signe véridique et efficace de Jésus-Christ, à sa mission unique

de salut (cf. *Lumen gentium,* 9). Il convient donc de rejeter fermement "ce relativisme qui affecte plus ou moins clairement la doctrine de la foi et de la profession de foi" (*Je vous ai appelés mes amis,* 71). Mais, loin de constituer une sous-estimation des diverses expressions religieuses ou de la dimension éthique, cela la met plutôt en valeur : "Nous devrons chercher à trouver une nouvelle patience — sans indifférence — les uns avec les autres et pour les autres ; une nouvelle capacité de laisser être ce qui est l'autre et l'autre personne ; une nouvelle disponibilité à différencier les plans de l'unité et, donc, à réaliser les éléments d'unité qui sont possibles aujourd'hui" (*ibid.*). La paix n'est pas possible sans la vérité et inversement : l'aptitude à la paix constitue un authentique "critère de vérité" » (J. Ratzinger, *Europe. Ses fondements aujourd'hui et demain,* 79). http ://www.cardinalrating.com/cardinal_202__article_10785.htm.

32. R. Williams, *Icônes perdues, op. cit.*

33. S. Boulgakov, *L'Orthodoxie, op. cit.*, p. 1.

34. B. Sesboüé, *Le magistère..., op. cit.*, pp. 291-292.

35. Paul Ricœur, *Soi-même comme un autre,* Paris, Seuil, 1990, p. 202.

36. *Ibid.*, p. 201.

37. *Ibid.*, p. 312.

38. *Ibid.*, p. 323.

39. C. Theobald, *Le christianisme comme style, une manière de faire de la théologie en postmodernité,* Paris, Cerf, 2007.

40. *Le Prophète* de K. Gibran, paru en 1922, après avoir été traduit dans plus de vingt langues, est devenu l'un des best-sellers des livres du XXe siècle aux États-Unis. Conte poétique et philosophique, *Le Petit Prince* de A. de Saint Exupéry est d'abord publié aux États-Unis, en avril 1943, puis en France en 1946. Ce livre est l'ouvrage de littérature française le plus lu et le plus connu dans le monde. *L'Alchimiste,* Paris, Anne Carrière, 1988, de P. Coelho a été vendu à plus de cent millions d'exemplaires et traduit en soixante-six langues.

41. La *National Review* classe ce livre dans la liste des cent livres (hors ouvrages de fiction) les plus vendus au XXe siècle.

42. T. Merton, « Hagia Sophia », dans Christopher Pramuk, *Sophia. The Hidden Christ of Thomas Merton,* Collegeville, Order of St Benedikt, 2009, p. 304. Je remercie le père Michael Plekon de m'avoir fait découvrir cette œuvre.

43. *Les Lieux de mémoire*, Gallimard, « Bibliothèque illustrée des histoires », Paris, 3 tomes : t. 1 *La République* (1 vol., 1984) ; t. 2 *La Nation* (3 vol., 1986) ; t. 3 *Les France* (3 vol., 1992).

44. G. Nivat, *Les sites de la mémoire russe*, vol. 1, *Géographie de la mémoire russe*, Paris, Fayard, 2007.

45. Henry Rousso, « Un jeu de l'oie de l'identité française », dans *Vingtième Siècle. Revue d'histoire*, n° 15, 1987, pp. 151-154.

46. V. Soloviev, « Vassili Vassilievitch Bolotov, Nécrologue », *Vesnyk Evropy*, 1900, juillet, p. 416.

47. J.A. Mœhler, *L'unité dans l'Église ou Le principe du catholicisme*, Paris, Cerf, 1938.

48. A. Fliche et V. Martin, *Histoire de l'Église depuis les origines jusqu'à nos jours*, Belgique, Bloud et Gay, 1935-1964, 24 volumes.

49. Jean-Marie Mayeur, Charles et Luce Pietri, André Vauchez, Marc Venard, *Histoire du christianisme*, 1990-2001, Paris, Desclée, 14 tomes.

50. Olivier Clément : « Avenir et signification de la diaspora orthodoxe en Europe occidentale », *Contacts*, Paris, n° 103, troisième trismestre 1978, pp. 259-283.

51. Maître de conférences à l'université de Montpellier, il soutient en 1957 sa thèse de doctorat consacrée au *Mythe de croisade. Étude de sociologie religieuse*, qui, après être restée très longtemps inédite, sera publiée chez Gallimard après sa mort (1997).

52. *De Renan à Marrou. L'histoire du christianisme et les progrès de la méthode historique (1863-1968)*, édité par Yves-Marie Hilaire, Paris, Septentrion, 1999.

53. Ce dernier participa au Groupe de la Bussière (collectif d'historiens travaillant sur des questions religieuses) à partir de 1958.

54. Pour des raisons évidentes notre bibliographie est principalement francophone. Mais il faut ajouter que, selon Paul VI, « c'est la France qui cuit le pain intellectuel de la chrétienté ». Cf. Gérard Cholvy, dans *L'historien et la foi*, *op. cit.*, p. 65.

55. Ottorino Pasquato, « Les caractères originaux de l'historiographie religieuse de Marrou », *De Renan à Marrou...*, *op. cit.*, p. 149.

56. R. Aubert, « Introduction », dans J. Daniélou, H.-I. Marrou, *Nouvelle histoire de l'Église*, Paris, Seuil, 1963, pp. 19-20.

57. Marc Venard, « Dieu conduit l'histoire », dans *L'historien et la foi, op. cit.*, p. 331.

58. Chateaubriand, *Mémoires d'outre-tombe*, Paris, Levaillant, 1964, I, p. 79. Cité par J. Delumeau, *Un christianisme pour demain*, Paris, Hachette (1977), 2005, p. 423.

59. J. Delumeau, *Le péché et la peur. La culpabilisation en Occident…, op. cit.*

60. *Ibid.*, p. 273.

61. J. Delumeau, *Un christianisme pour demain, op. cit.*, p. 268.

62. *Ibid.*, p. 302.

63. B. Sesboüé, *Le magistère à l'épreuve, op. cit.*, p. 20.

64. L'Église Orthodoxe orientale n'a pas créé d'universités rassemblant tous les savoirs pour cette raison. En Russie, c'est la tsarine Élisabeth qui aida Lomonossov à créer l'université de Moscou par un décret du 12 janvier 1755. L'Église Orthodoxe ne dispose pas non plus de Congrégation pour la doctrine de la foi et continue à régler le contrôle de l'orthodoxie de façon conciliaire, en commençant par le niveau le plus bas et le plus local du différend. Ce fut le cas au XXe siècle, lors de la dispute sur la Sophia en 1935-1937, quand le métropolite Euloge convoqua une commission pour traiter de l'orthodoxie de la doctrine du père Serge Boulgakov. La commission conclut en l'orthodoxie des *theologoumena* du doyen de l'institut Saint-Serge. Mais près de soixante-dix ans plus tard, il n'y a toujours pas de consensus dans l'Église Orthodoxe au sujet de la doctrine de la Sagesse de Dieu élaborée au sein de l'École de Paris dans l'entre-deux-guerres. Il y a là une marque de faiblesse que voulut éviter la tradition magistérielle occidentale. A. Arjakovsky, *Essai sur le père Serge Boulgakov, philosophe et théologien chrétien, op. cit.*

65. Le concile de Chalcédoine de 451 a mis seize siècles avant d'être reçu par les chrétientés d'Égypte ou de Syrie.

66. B. Sesboüé prend l'exemple du prêt à intérêt pour montrer la supériorité de la perspicacité des fidèles sur celle du magistère papal, qui ne reconnut dans son droit le bien-fondé du prêt à intérêt qu'en 1983.

67. « Pour saint Thomas comme pour cet auteur [Vladimir Lossky], la théologie trinitaire s'exprime sur le plan des valeurs de conscience, d'amour et de liberté, et fonde la communion

de l'Église », M.-J. Le Guillou, *L'esprit de l'orthodoxie grecque et russe*, Paris, Parole et Silence, 2006, p. 182.

68. http ://storico.radiovaticana.org/fr1/storico/2006-09/95586_texte_integral_du_discours_de_benoit_xvi_a_ratisbonne.html.

69. Il faut néanmoins porter à la décharge d'Augustin Fliche (1884-1951) et de Mgr Victor Martin, qui souhaitaient réaliser pour l'histoire de l'Église ce que Lavisse avait fait pour l'histoire de France, leur souci de s'adresser à des équipes de spécialistes, et de parler de la vie interne de l'Église et non pas seulement de ses rapports avec les États. Cf. Jean-Rémy Palanque, « Notice sur la vie et les travaux de M. Augustin Fliche », *Compte rendu des séances de l'Académie des inscriptions et belles lettres*, vol. 118, 1974, pp. 238-249. L'inflexion académique de leur histoire avait été préparée en France par Mgr Duchesne et son *Histoire ancienne de l'Église*, qui fut un temps mise à l'index.

70. F. Laplanche, « De l'*Histoire de l'Église* de Fliche et Martin à l'*Histoire du christianisme* », colloque « Un siècle d'histoire du christianisme en France », Rennes, 1999, *Revue de l'histoire de l'Église de France*, vol. 86, 2000, pp. 685-690.

71. *Histoire générale du christianisme*, *op. cit.*

72. C. Langlois, « Faire l'histoire du christianisme », *Histoire du christianisme*, XIV, *op. cit.*, p. 19.

73. Marc Venard, « Dieu conduit l'histoire », dans *L'historien et la foi*, *op. cit.*, p. 334.

74. É. Poulat avait participé également à l'enquête de la revue *Concilium* sur « l'histoire de l'Église comme autocompréhension de l'Église », publiée dans son livre *Modernistica*, Paris, Éditions Latines, 1982.

75. É. Poulat, « Anamnèse », *Histoire du christianisme*, IX, *op. cit.*, p. 261.

76. Albert I. Baumgarten, « Jésus de Nazareth », *Histoire générale du christianisme*, *op. cit.*, vol. 1, p. 22.

77. *Ibid.*, p. 31.

78. É. Poulat, « Anamnèse », art. cit., p. 268.

79. *Ibid.*, p. 271.

80. Cf. également les analyses intéressantes sur ce sujet de Hyacinthe Destivelle, « L'œcuménisme entre histoire et mémoire dans l'enseignement catholique récent », conférence prononcée à Kiev en 2008. Pour le rédacteur de la revue *Istina*,

la seconde moitié du XXe siècle a contribué à la redécouverte du statut théologique de l'histoire de l'Église. Le concile Vatican II a consacré l'histoire comme lieu théologique. L'histoire est devenue moins ecclésiastique et l'ecclésiologie plus historique. Cette pensée œcuménique a été enrichie par la pensée juive, marquée douloureusement par la Shoah, et a suscité une réflexion sur l'éclipse de Dieu dans l'histoire. E. Fackenheim, *La Présence de Dieu dans l'histoire. Affirmations juives et réflexions philosophiques après Auschwitz,* Avant-propos de B. Dupuy, Lagrasse, Verdier, 2. http ://clement.kiev.ua/ru/node/299.

81. É. Poulat, « Anamnèse », art. cit., p. 278.

82. Pierre Hadot, « La philosophie comme hérésie trinitaire », *Revue d'histoire et de philosophie religieuses,* 1957, pp. 236-251. P. Hadot considérait Boulgakov comme un « théologien de première valeur et d'une lumière spirituelle extrêmement pure » (p. 239).

83. Guy Bedouelle, *Histoire de l'Église,* Paris, Cerf, et Luxembourg, Saint-Paul, 1997, page 4 de couverture.

84. G. Fessard, *De l'actualité historique,* Paris, 2 vol., 1959, 1960.

85. Cardinal Journet, *L'Église du Verbe incarné,* vol. III, *op. cit.*

86. H.U. von Balthasar, *De l'intégration. Aspects d'une théologie de l'histoire,* trad. de l'allemand, Paris, 1970.

87. *Histoire des dogmes,* sous la dir. de B. Sesboüé, 4 vol., Paris, Desclée, 1994-1996.

88. On mentionnera simplement le livre important pour le sujet de l'historiographie conciliaire de G. Alberigo, *Christian Unity, The Council of Ferrara-Florence, 1438/39-1989, op. cit.*

89. Pierre Pascal, *Avvakum et les débuts du raskol. La crise religieuse au XVIIe siècle en Russie,* Paris, 1938.

90. P. Pascal, « Deux similitudes catholiques-orthodoxes : Religieuses larmes ; Fols en Christ », *Aspects de l'Orthodoxie,* Paris, PUF, 1981, p. 167.

91. A. Lambrechts, « Une lecture spirituelle de moines russes : *L'Imitation du Christ* », Moscou, 2010, texte manuscrit. Je remercie le père Antoine de m'avoir transmis sa communication.

92. *Ibid.,* p. 7.

93. L'historien allemand Karl Christian Felmy représente

un autre exemple d'historien protestant ayant suivi le même cheminement intellectuel et spirituel vers l'Église Orthodoxe à l'époque contemporaine.

94. J. Pelikan, *La tradition chrétienne. Histoire du développement de la Doctrine;* vol. 1 : *L'émergence de la tradition catholique 100-600* (1971); vol. 2 : *L'esprit du christianisme oriental 600-1700* (1974); vol. 3 : *Croissance de la théologie médiévale 600-1300* (1974); vol. 4 : *La réforme de l'Église et du dogme 1300-1700* (1984); vol. 5 : *Doctrine chrétienne et culture moderne depuis 1700* (1989), publiés aux États-Unis par l'université de Chicago et en France par les PUF.

95. Les seules formes que reconnaissait Ernst Troeltsch (1866-1923) étaient celles de l'Église institutionnelle, de la secte et du mystique, mais cette approche exclusivement méta-confessionnelle le conduisit à former des jugements totalement anhistoriques. Sur les mille pages de son livre *The Social Teaching of the Christian Churches,* Troeltsch n'en consacre qu'une seule au christianisme oriental pour expliquer que l'Église d'Orient a été absorbée par l'État, sans terrain possible pour la réforme autre que l'ascétisme individuel proposé par Dostoïevski et Tolstoï.

96. [...] Le fait de répéter les définitions du temps de la Réforme, qui étaient alors issues d'une compétition entre des versions de l'"orthodoxie", prenait un ton différent maintenant qu'il y avait une fondamentale "distinction entre Église et religion" et que, de plus en plus, la compétition avait lieu entre toutes ces versions, d'un côté, et leur rejet radical, de l'autre », J. Pelikan, *op. cit.*, vol. 5, Paris, PUF, 1994, p. 13. À noter que, lorsque Pelikan est mal à l'aise avec le concept d'orthodoxie, il le met entre guillemets. Il parle également de la crise qu'ont subie « toutes les variétés de l'"orthodoxie" », *op. cit.*, p. 23.

97. Georges Florovsky, *Aspects of Church History,* in *Collected Works,* vol. 4, Nordland, 1975.

98. Conversion qui a été suivie plus récemment par un autre expert de l'histoire de l'Église d'Orient, le père Gabriel Bunge : http ://orthodoxologie.blogspot.com/2010/09/pere-gabriel-bunge-devient-orthodoxe.html.

99. *Christianity for the Twenty First Century : The Prophetic Writings of Alexander Men,* ed. Elizabeth Roberts and Ann Shukman, New York, Continuum, 1996, p. 68. Cité par M. Plekon « An Eastern Church Perspective from the Paris

School and *Living Tradition*», dans P. Berger, *Relativism and Fundamentalism, op. cit.*, p. 202.

100. *A People's History of Christianity*, New York, Harper One, 2009.

101. *Ibid.*, p. 11.

102. *Ibid.*, p. 15.

103. *A History of the Ecumenical Movement (1517-1948)*, vol. 1, edited by Ruth Rouse and Stephen Charles Neill, Geneva, WCC (1954), 2004. Ruth Rouse (1872-1956) fut une pionnière du mouvement œcuménique. Elle a accompagné John Mott au sein de la Fédération universelle des associations d'étudiants et fut présidente du Young Women Christian Association entre 1938 et 1946. Stephen Charles Neill (1900-1984) fut l'évêque anglican fondateur de l'Église d'Inde du Sud.

104. Le volume 2 couvre la période 1948-1968 (avec parmi les historiens Leslie Newbigin, Vasil Istavridis, Eugen Carson Blake, etc.), et le volume 3, 1968-2000 (avec parmi les historiens Michael Kinnamon, K.M. George, Emilio Castro, etc.).

105. *A Dictionary of the Ecumenical Movement*, N. Lossky, J.M. Bonino, J. Pobee, T. Stransky, G. Wainwright, P. Webb, Geneva, WCC (1991), 2002.

106. *A History of the Ecumenical Movement, op. cit.*

107. S.C. Neill, «Division and the Search of Unity Prior to the Reformation», *A History of the Ecumenical Movement, op. cit.*, p. 24.

108. M. Schmidt, «Ecumenical Activity on the Continent of Europe in the Seventeenth and Eighteenth Centuries», *History..., op. cit.*, vol. 1, pp. 105-109.

109. W. Visser 't Hooft, «The Word "Ecumenical", Its History and Use», *History..., op. cit.*, p. 738. (Cf. également W. Visser't Hooft, *The Meaning of Ecumenical*, The Burge Memorial Lecture, London, 1953.)

110. *History..., op. cit.*, p. 740.

111. S.C. Neill, «Épilogue», *History..., op. cit.*, p. 726.

112. *Ibid.*, p. 726.

113. Marc Lienhard, *Identité confessionnelle et quête de l'unité*, Lyon, Olivétan, 2007.

114. Ainsi, selon Bernard Poschmann, les indulgences reposent sur une révélation implicite (Matt., 16, 19), mais ne disposent pas d'une connotation juridique au sens romain du terme. Le pouvoir d'accorder une indulgence sur la vie après

la mort ne peut, selon lui, relever du pouvoir des clefs. De plus, l'efficacité des indulgences est incertaine. Le pape et l'Église ne disposent pas de manière autoritaire des mérites du Christ et des saints. L'indulgence ne peut relever que de l'ordre de la prière. En 1999, le pape Jean-Paul II a admis que les indulgences, « loin d'être une sorte de "remise" de l'engagement à la conversion, sont plutôt une aide à un engagement plus empressé, plus généreux et plus radical ». Lienhard, *Identité…*, *op. cit.*, p. 267.

115. E. Jüngel, *Il Regno*, 15 mars 2002, pp. 145-150.

116. *Ibid.*, p. 290.

117. *The Catholicity of Reformation*, ed. Carl Braaten and Robert Jenson, Grand Rapids, Eerdmans, 1996.

118. « Je te donnerai les clefs du Royaume des cieux ; tout ce que tu lieras sur la terre sera lié aux cieux, et tout ce que tu délieras sur la terre sera délié aux cieux. »

119. *The Catholicity…*, *op. cit.*, p. 34.

120. *Ibid.*, p. 90.

121. A. Eltchaninoff, V. Ern, P. Florensky, *Istoria religuii*, Moscou, 1909. Serge Boulgakov, *L'Orthodoxie, op. cit.* Jean Meyendorff, *L'Église Orthodoxe, hier et aujourd'hui, op. cit.* K. Ware, *L'orthodoxie, L'Église des sept conciles*, Paris, DDB, 1997. A. Schmemann, *Le chemin historique de l'orthodoxie, op. cit.* Jean Meyendorff, Aristeides Papadakis, *L'Église dans l'histoire* ; vol. 1 : *Unité de l'Empire et division des chrétiens*, Paris, Cerf, 1993 ; vol. 2 : *L'Orient chrétien et l'essor de la papauté*, Paris, Cerf, 2001. T. de Foucauld, M.-A. Costa de Beauregard, Bria Ion., *L'Orthodoxie, hier-demain, op. cit.* Olivier Clément, *Byzance et le christianisme*, Paris, PUF, 1964. *Id.*, *L'essor du christianisme oriental*, Paris, PUF, 1964.

122. V. Lossky, *Essai sur la théologie mystique de l'Église d'Orient*, *op. cit.*, p. 11.

123. Y. Congar, « Neuf cents ans après. Notes sur le "schisme oriental" », dans *1054-1954, L'Église et les Églises, op. cit.* Ces thèses ont reçu une large approbation du monde universitaire. En revanche certains penseurs orthodoxes continuent à défendre la thèse de V. Lossky d'une explication dogmatique de l'histoire de l'Église. Claude Laporte, *Tous les saints de l'Orthodoxie*, préface de Mgr Luka, évêque de l'Europe occidentale, patriarcat de Serbie, Éditions Xénia, 2008. L'auteur est également un spécialiste de la « titrisation d'actifs en Suisse ».

124. Y. Congar, « Neuf cents ans après. Notes sur le “schisme oriental” » *op. cit.*, p. 8.

125. Pétau se flattait d'avoir relevé pas moins de huit mille erreurs dans les *Annales* de Baronius.

126. V. Lossky, *Vision de Dieu*, Neuchatel, Delachaux et Niestlé, p. 138.

127. Cf. les œuvres de Henri de Lubac, Yves Congar, Louis Bouyer, H.U. von Balthasar, etc. Cf. en particulier Pierre Gouraud, *La gloire et la glorification de l'univers chez saint Jean de la Croix*, Paris, Beauchesne, 1998.

128. Jean-Louis Quantin, « The Fathers in XVIIth Century Roman Catholic Theology », dans I. Backus, *The Reception...*, *op. cit.*, p. 963.

129. P. Trembelas, *Dogmatique de l'Église Orthodoxe Catholique, op. cit.* (cf. introduction).

130. *Ibid.*, p. 54.

131. *Ibid.*, p. 72.

132. « Tel est l'incident qui marque conventionnellement le début du grand schisme entre l'Orient orthodoxe et l'Occident latin... », K. Ware, *L'orthodoxie...*, *op. cit.*, p. 60.

133. « [...] Mais cette séparation, ainsi que le reconnaissent maintenant la plupart des historiens, n'est pas un événement dont on puisse fixer la date avec précision », *ibid.*, p. 60.

134. Jean Meyendorff, *L'Église Orthodoxe, hier et aujourd'hui*, Paris, Seuil, 1960, p. 50. L'auteur utilise également cette dichotomie entre histoire, d'un côté, et doctrine et spiritualité, de l'autre. On retrouve ce même plan dans l'ouvrage d'Olivier Clément, *L'Église Orthodoxe*, écrit à la même période. V. Lossky ne s'intéresse pas à l'histoire dans son *Essai sur la théologie mystique de l'Église d'Orient*, tandis que A. Schmemann, dans *Le chemin historique de l'Orthodoxie*, ne traite pas des questions de doctrine et de spiritualité. Il faudra attendre, dans cette génération de la synthèse néopatristique, l'œuvre du théologien Jean Zizioulas, *L'être ecclésial*, pour dénoncer une dichotomie entre histoire et eschatologie, qui pousse les uns au positivisme et les autres au millénarisme. C'est parce que, chez les Pères, et chez Ignace en particulier, la vérité devient historique sans cesser d'être ontologique, que Zizioulas propose, dans un article publié par la revue *Istina*, en 1974, « la continuité avec les origines apostoliques dans la conscience théolo-

gique des Églises Orthodoxes », une synthèse entre approche historique et eschatologique.

135. K. Ware, *L'orthodoxie…, op. cit.*, p. 61.

136. T. Hopko, *Cours d'histoire de l'Église,* Paris, institut Saint-Serge, 1984, p. 70.

137. K. Ware, *L'orthodoxie…, op. cit.*, p. 401.

138. Cf. A. Arjakovsky, *En attendant le concile, op. cit.*, p. 311.

139. A. Schmemann, *Le chemin historique…, op. cit.*, p. 23 et p. 90.

140. O. Clément, « Avenir et signification de la diaspora orthodoxe en Europe occidentale », art. cit., repris par M.-J. Le Guillou, « Les chances du dialogue entre l'Église catholique et l'Église Orthodoxe », dans *Aspects de l'Orthodoxie,* Colloque de Strasbourg, novembre 1978, Paris, PUF, 1981, p. 113.

141. Mgr Stéphanos, métropolite de Tallinn et de toute l'Estonie, « Olivier Clément et l'unification de l'Orthodoxie en France », Paris, 16 janvier 2010, www.orthodoxa.org.

142. *Ibid.*

143. A. Kniazev, « La crise des structures et le concile panorthodoxe », dans *Aspects de l'Orthodoxie, op. cit.*, p. 107.

144. A. Schmemann, « La Théocratie byzantine et l'Église Orthodoxe », *Dieu vivant,* n° 25, Paris, pp. 33-54.

145. V. Soloviev, *Histoire et avenir de la théocratie,* trad. Mireille Chmelewsky, Paris, Cujas, 2008.

146. *Ibid.*, pp. 32-33.

147. *Ibid.*, p. 270.

148. N. Afanassiev, « Kanony i kanonitcheskoie soznanie », *Pout',* n° 39, prilojenie, 16 c., 1933.

149. Le cinquantième canon apostolique prévoyait d'excommunier le prêtre ou l'évêque baptisant en n'appliquant qu'une seule immersion au baptisé. Mais le sens de ce canon était de respecter les paroles du Christ de baptiser au nom du Père et du Fils et du Saint-Esprit.

150. Les huitième et neuvième canons apostoliques prévoient l'excommunication de tous les laïcs et de tous les clercs qui ne restent pas jusqu'à la fin de l'office liturgique.

151. L'organisation ecclésiale donnée par Paul aux Corinthiens n'a duré que quelques dizaines d'années.

152. Métropolite Maxime de Sardes, *Le patriarcat œcumé-*

nique dans l'Église Orthodoxe, Thessalonique, IPEP, 1973, Paris, Beauchesne, 1975.

153. *Ibid.*, p. 332.

154. La recension du livre de E. Timiadis, *Metanoia*, Athènes, 1967, a été réalisée par A. de Halleux pour le compte de la *Revue d'histoire ecclésiastique,* Louvain, 1969, vol. LXIV, n° 1.

155. N. Lossky, *Procès-verbaux du deuxième congrès de théologie orthodoxe, Athènes, 19-29 août 1976,* publiés par Savas C. Agouridès, Athènes, 1978, p. 411.

156. T. Stylianopoulos, *Procès-verbaux..., op. cit.*, p. 196.

157. N. Nissiotis, « Introduction », *Procès-verbaux..., op. cit.*, p. 75.

158. J. Zizioulas, « 1st Comment », *Procès-verbaux..., op. cit.*, p. 143.

XI. L'ORTHODOXIE AU TEMPS PRÉSENT

1. *God in Nature and History. Appendix to Workbook for the Assembly Committees, Fourth Assembly,* Uppsala. Sweden, 1968. Reprinted from Faith and Order Paper 50, WCC, 1968, 31 pp. (e).

2. *Telling the Churches' Stories, Ecumenical Perspectives on Writing History,* edited by T. Wengert and C. Brockwell, Jr., Grand Rapids, Eerdmans, 1995.

3. *Ibid.*, p. 4.

4. *Confessing History, Explorations in Christian Faith and the Historian's Vocation,* edited by John Fea, Jay Green, Eric Miller, Notre-Dame, NDUP, 2010.

5. *Ibid.*, p. 11.

6. A. MacIntyre est né en 1929. Il est professeur de philosophie à l'université Notre-Dame.

7. R. Bellah, né en 1927, fut professeur de sociologie à Berkeley. Cf. http ://www.robertbellah.com/lectures_5.htm.

8. Né en 1953, M. Sandel est professeur de philosophie politique à Harvard. http ://www.justiceharvard.org. Il a publié un best-seller intitulé *Justice : What's the Right Thing to Do ?,* New York, FSG, 2009.

9. *The Council of Ferrara-Florence (1438/39-1989), op. cit.*

10. M. Viller, « La question de l'union des Églises entre Grecs et Latins depuis le concile de Lyon jusqu'à celui de Flo-

rence (1274-1438) », *Revue d'histoire ecclésiastique*, 17, 1921, pp. 260-305 et 505-532 ; 18, 1922, pp. 20-60.

11. C. Tsirpanlis, *Mark Eugenicus and the Council of Florence : a Historical Reevaluation of his Personality*, Thessalonique, 1974.

12. D.J. Geanakoplos, « Church and State in the Byzantine Empire. A Reconsideration of the Problem of Caesaropapism », *Church History*, 34, 1965, pp. 381-403.

13. Y. Congar, « Neuf cents ans après. Notes sur le "schisme oriental" », *op. cit.*, p. 82.

14. Les dialogues officiels entre les Églises ont révélé les problèmes de traduction et d'évolution sémantique de certains termes comme ceux, par exemple, de *ekporesis* (débat sur la procession du Saint-Esprit dans la Trinité entre Églises d'Occident et d'Orient) ou de *physis* (débat sur la reconnaissance de la divino-humanité du Christ entre Églises chalcédoniennes et non chalcédoniennes). Le dialogue entre l'Église catholique et l'Église luthérienne a conclu que les raisons culturelles de division du passé au sujet de la justification ne touchaient plus le temps présent.

15. http ://www.voltairenet.org/article153862.html.

16. http ://www.la-croix.com/Actualite/S-informer/Monde/Discours-de-Nicolas-Sarkozy-au-Puy-en-Velay-_NG_-2011-03-03-564431.

17. Cf. article 17 du Traité constitutionnel : « 1. L'Union respecte et ne préjuge pas du statut dont bénéficient, en vertu du droit national, les Églises et les associations ou communautés religieuses dans les États membres. 2. L'Union respecte également le statut dont bénéficient, en vertu du droit national, les organisations philosophiques et non confessionnelles. 3. Reconnaissant leur identité et leur contribution spécifique, l'Union maintient un dialogue ouvert, transparent et régulier avec ces Églises et organisations. » Cf. http ://ec.europa.eu/dgs/policy_advisers/activities/dialogues_religions/index_fr.htm ; Conseil de l'Union européenne, versions consolidées du traité sur l'Union européenne et du traité sur le fonctionnement de l'Union européenne ; Charte des droits fondamentaux de l'Union européenne (*JO* C 83, 30.3.2010), http ://www.consilium.europa.eu/showPage.aspx ?id=1296&lang=fr, 2011.

18. http ://www.nytimes.com/2006/06/28/us/politics/2006obamaspeech.html ?pagewanted=all.

19. « Democracy demands that the religiously motivated translate their concerns into universal, rather than religion-specific, values. »

20. J. Baubérot, M. Milot, *Laïcités sans frontières*, Paris, Seuil, 2011.

21. N. Lemaître, « Vérité historique et vérité de foi », dans *L'historien et la foi, op. cit.*, p. 166.

22. Propos rapporté par A. Loisy dans *Mémoires pour servir à l'histoire religieuse de notre temps*, t. 1. Paris, E. Nourry, 1930, p. 286. Cf. Jean-Pierre Massaut, « L'Histoire lieu théologique », dans *L'historien et la foi, op. cit.*, p. 188.

23. R. Rémond, « Ce que la foi apporte à l'historien », dans *L'historien et la foi, op. cit.*, p. 297.

24. Pierre Chaunu, « La connaissance et la foi », dans *L'historien et la foi, op. cit.*, p. 51.

25. « Liminaire », *Dieu vivant*, nº 1, 1944, pp. 1-13.

CONCLUSION : RETOUR SUR UN CHEMINEMENT

1. Paul, Héb., 11, 1.

2. On nomme figure fractale, ou « fractale » par substantivation de l'adjectif (ou encore en anglais *fractal*), une courbe ou surface de forme irrégulière ou morcelée qui se crée en suivant des règles déterministes ou stochastiques impliquant une homothétie interne. Le terme « fractale » est un néologisme créé par Benoît Mandelbrot en 1974 à partir de la racine latine *fractus*, qui signifie « brisé, irrégulier » (fractales n.f). Dans la « théorie de la rugosité » développée par Mandelbrot, une fractale désigne des objets dont la structure est invariante par changement d'échelle. http ://fr.wikipedia.org/wiki/Fractale.

3. On trouve aisément le calque de ces mentalités en quête de vérité dans l'univers sécularisé et agnostique devenu dominant au XXe siècle (le « laïcard », l'« humanitaire », l'« indigné », le « sincère »). L'équivalent américain du mouvement des indignés se retrouve dans l'action « Occupy Wall Street » dont le représentant typique est l'« anonyme ». Selon Chris Lander, du *Baltimore City Paper* datant du 2 avril 2008, « *Anonymous* est la première superconscience construite à l'aide de l'Internet. *Anonymous* est un groupe semblable à une volée d'oiseaux. Comment savez-vous que c'est un groupe ? Parce qu'ils voyagent dans la même direction. À tout moment, des oiseaux

peuvent rejoindre ou quitter le groupe, ou aller dans une direction totalement contraire à ce dernier », *Landers Chris*, « Serious Business : Anonymous Takes On Scientology (and Doesn't Afraid of Anything) » sur *Baltimore City Paper*, 2 avril 2008.

4. « Les Français sont prisonniers d'une doxa au sujet de l'islam », Moncef Marzouki, http ://www.lejdd.fr/International/Maghreb/Actualite/Moncef-Marzouki-le-nouveau-president-tunisien-fustige-la-condescendance-francaise-envers-son-pays-441047/?from=cover.

INDEX

TABLE DES MATIÈRES

III

LA PREUVE PAR L'HISTORIOGRAPHIE

APPENDICES

DANS LA COLLECTION FOLIO / ESSAIS

513 Jared Diamond : *Effondrement (Comment les sociétés décident de leur disparition et de leur survie).*

514 Dominique Janicaud : *La phénoménologie dans tous ses états (Le tournant théologique de la phénoménologie française* suivi de *La phénoménologie éclatée).*

515 Belinda Cannone : *Le sentiment d'imposture.*

516 Claude-Henri Chouard : *L'oreille musicienne (Les chemins de la musique de l'oreille au cerveau).*

517 Stanley Cavell : *Qu'est-ce que la philosophie américaine ? (De Wittgenstein à Emerson, une nouvelle Amérique encore inapprochable* suivi de *Conditions nobles et ignobles* suivi de *Status d'Emerson).*

518 Frédéric Worms : *La philosophie en France au* XXe *siècle (Moments).*

519 Lucien X. Polastron : *Livres en feu (Histoire de la destruction sans fin des bibliothèques).*

520 Galien : *Méthode de traitement.*

521 Arthur Schopenhauer : *Les deux problèmes fondamentaux de l'éthique (La liberté de la volonté — Le fondement de la morale).*

522 Arthur Schopenhauer : *Le monde comme volonté et représentation I.*

523 Arthur Schopenhauer : *Le monde comme volonté et représentation II.*

524 Catherine Audard : *Qu'est-ce que le libéralisme ? (Éthique, politique, société).*

525 Frédéric Nef : *Traité d'ontologie pour les non-philosophes (et les philosophes).*

526 Sigmund Freud : *Sur la psychanalyse.*

527 Sigmund Freud : *Totem et tabou.*

528 Sigmund Freud : *Conférences d'introduction à la psychanalyse.*

529 Sigmund Freud : *Sur l'histoire du mouvement psychanalytique.*

530 Sigmund Freud : *La psychopathologie de la vie quotidienne (Sur l'oubli, le lapsus, le geste manqué, la superstition et l'erreur).*

531 Jared Diamond : *Pourquoi l'amour est un plaisir (L'évolution de la sexualité humaine).*

532 Marcelin Pleynet : *Cézanne.*
533 John Dewey : *Le public et ses problèmes.*
534 John Dewey : *L'art comme expérience.*
535 Jean-Pierre Cometti : *Qu'est-ce que le pragmatisme ?*
536 Alexandra Laignel-Lavastine : *Esprits d'Europe (Autour de Czeslaw Milosz, Jan Patočka, Istán Bibó. Essai sur les intellectuels d'Europe centrale au XXe siècle).*
537 Jean-Jacques Rousseau : *Profession de foi du vicaire savoyard.*
538 Régis Debray : *Le moment fraternité.*
539 Claude Romano : *Au cœur de la raison, la phénoménologie.*
540 Marc Dachy : *Dada & les dadaïsmes (Rapport sur l'anéantissement de l'ancienne beauté).*
541 Jean-Pierre Luminet : *Le Destin de l'Univers (Trous noirs et énergie sombre) I.*
542 Jean-Pierre Luminet : *Le Destin de l'Univers (Trous noirs et énergie sombre) II.*
543 Sous la direction de Jean Birnbaum : *Qui sont les animaux ?*
544 Yves Michaud : *Qu'est-ce que le mérite ?*
545 Luc Boltanski : *L'Amour et la Justice comme compétences (Trois essais de sociologie de l'action).*
546 Jared Diamond : *Le troisième chimpanzé (Essai sur l'évolution et l'avenir de l'animal humain).*
547 Christian Jambet : *Qu'est-ce que la philosophie islamique ?*
548 Lie-tseu : *Le Vrai Classique du vide parfait.*
549 Hans-Johann Glock : *Qu'est-ce que la philosophie analytique ?*
550 Helène Maurel-Indart : *Du plagiat.*
551 Collectif : *Textes sacrés d'Afrique noire.*
552 Mahmoud Hussein : *Penser le Coran.*
553 Hervé Clerc : *Les choses comme elles sont (Une initiation au bouddhisme ordinaire).*
554 Étienne Bimbenet : *L'animal que je ne suis plus.*
555 Sous la direction de Jean Birnbaum : *Pourquoi rire ?*
556 Tchouang-tseu : *Œuvre complète.*